红库

先辈丛书·回忆录卷

伍修权回忆录

中共党史出版社

图书在版编目（CIP）数据

伍修权回忆录 / 伍修权著 . -- 北京 : 中共党史出

版社, 2024.6

（先辈丛书 . 回忆录卷）

ISBN 978-7-5098-6511-8

Ⅰ . ①伍… Ⅱ . ①伍… Ⅲ . ①伍修权（1908-1997）

－回忆录 Ⅳ . ①K827=7

中国国家版本馆 CIP 数据核字（2024）第 041574 号

书　　名 : **伍修权回忆录**

作　　者 : 伍修权

出版发行 : **中共党史出版社**

责任编辑 : **贾欣琪**

责任校对 : **申宁**

责任印制 : **段文超**

社　　址 : 北京市海淀区芙蓉里南街 6 号院 1 号楼　　**邮编 :** 100080

网　　址 : www.dscbs.com

经　　销 : 新华书店

印　　刷 : 北京中科印刷有限公司

开　　本 : 710mm×1000mm　1/16

字　　数 : 430 千字

印　　张 : 25.5

版　　次 : 2024 年 6 月第 1 版

印　　次 : 2024 年 6 月第 1 次印刷

书　　号 : ISBN 978-7-5098-6511-8

定　　价 : 65.00 元

伍修權

（1908—1997）

代　序 *

中国共产党优秀党员，忠诚的共产主义战士，久经考验的无产阶级革命家、军事家、外交家，原中共中央顾问委员会常委、中国人民解放军原副总参谋长伍修权同志，因病医治无效，于 1997 年 11 月 9 日零时 25 分在北京逝世，享年 90 岁。

伍修权同志 1908 年 3 月出生于湖北武昌一个城市贫民家庭，祖籍湖北大冶。青少年时期，在陈潭秋、董必武同志的引导下走上革命道路。1923 年冬，经陈潭秋同志介绍加入社会主义青年团。1925 年 10 月，由我党派赴莫斯科中山大学学习，系统地学习了马克思主义理论。1927 年 9 月，进入莫斯科步兵学校学习。1929 年到苏联远东边疆保卫局工作，1930 年转为苏联共产党（布）候补党员。1931 年 5 月，在中国革命的困难时期，他几经努力，不畏艰险，毅然回到祖国，投入艰苦的武装斗争。回国后即转为中国共产党党员。到中央苏区后，先后担任闽粤赣军区司令部参谋，瑞金红军学校第一期连指导员、第二期政治营教导员、第三期军事团教育主任，军委模范团政委，军委直属第三师政委，福建军区汀（州）连（城）分区司令员兼政委等职务。其间，参与编写了我军早期的军事教材，编译了苏军战斗条令，参加了第三、第四次反"围剿"。在芦丰战斗中，英勇作战，身负重伤。1933 年秋，任共产国际派驻中共中央军事顾问的翻译，参加了第五次反"围剿"。1934 年 10 月，参加二万五千里长征。1935 年 1 月，列席遵义会议。在与"左"倾错误路线的斗争中，始终旗帜鲜明地拥护以毛泽东同志为代表的正确路线。遵义会议后，任红三军团副参谋长，参与组织抢渡金沙江、吴起镇、直罗镇等战役战斗。过草地时，提出了战胜敌人骑兵的有效战术。在红军陕甘支队期间，遵照毛主席的指示，起草了发布全军的政治训令。1936 年 4 月，任红十五军团七十三师参谋长，参加了东征战斗。1937 年 2 月，任陕甘宁边区政府秘书长，负责边区

＊　本文摘自《人民日报》1997 年 11 月 21 日，原题为《伍修权同志生平》。

政府日常工作。

全民族抗日战争爆发后，1938年2月，伍修权同志任八路军驻兰州办事处处长。在党中央代表谢觉哉同志指导下，积极宣传党的政策，广泛开展抗日救亡运动，不断扩大抗日民族统一战线，动员和争取了大批进步青年到延安和抗日前线，为革命输送了一批批新生力量；积极营救和收容原西路军被俘及失散人员，尽最大努力保存和送回了这批革命力量；利用其公开合法的身份，帮助指导党的地下组织，培训干部，发展党员，扩大组织；作为沟通延安和苏联联系的主要通道，接收和转运了苏联援助的及西北地区支援的大量抗战物资；接送了周恩来、王稼祥、任弼时等党的主要领导和大批革命同志，使办事处成为我党在西北地区的一处"战斗指挥所"和"革命接待站"。1941年7月，伍修权同志返回延安，担任中央军委一局局长。其间，在叶剑英同志的领导下，参加粉碎国民党顽固派发动的第三次反共高潮的斗争，主持研究制定了用政治手段粉碎敌人军事进攻的方案，被党中央、毛主席采纳，从而在解放区和全国公开揭露和声讨了国民党顽固派分裂、破坏抗日民族统一战线的图谋；认真研究分析日、伪、友、我各方及前方战场情况，对国际国内战局情况进行重点研究，对日军战略动态作出了准确判断，为中央和军委制定战略决策和作战方针提供了重要依据；收集整理和总结了各解放区战场的斗争经验，并由中央通报到各解放区迅速推广。这些工作受到党中央、毛主席的赞扬。1945年参与起草了朱德同志在七大的军事工作报告。同年8月，任总参谋部作战部副部长。

抗日战争胜利后，中央派伍修权同志赴东北工作，历任中共中央东北局委员，东北军区司令部参谋长，东北民主联军第二参谋长等职。按照中央的部署，在粉碎国民党反动派军事进攻，壮大人民力量，迅速扩大部队，建立民主政权，开辟根据地，以及开展对苏军事外交，争取驻东北苏军的支持和援助等方面，作出了重要贡献。1946年4月，任军调处执行部长春分部我方负责人，同国民党及美方代表进行了针锋相对的斗争，有力地配合了党的军事、政治斗争。1947年后任东北军区参谋长兼军工部政委。他深入一线了解情况，指导工作，解决问题，使东北地区的军工生产有了迅速发展。他参与组织指挥了东北战场的多次战役，特别是在辽沈战役中，向党中央提出了全歼东北国民党军队的重要建议，为解放东北作出了重要贡献。在此期间，他还担任东北军区军政学校校长，参与筹建了我军第一所航空学校和第一所海军学校，为我军海、空军的创建作出了重要贡献。

新中国成立后，1950年至1958年，伍修权同志先后担任外交部苏欧司司长、副部长，中国驻南斯拉夫首任大使等职。他坚定执行党中央制定的外交路线，为开创新中国外交新局面，捍卫国家的独立和主权，建立和发展同苏联、东欧等国家的友好合作关系做了大量富有创造性的、艰苦细致的工作，取得了显著成就，为新中国外交事业作出了开拓性贡献。1950年1月，伍修权同志随周恩来总理赴莫斯科参加中苏会谈，并参与起草中苏友好条约等一系列工作。1950年11月，联合国安理会审议中国提出的"美国武装侵略台湾案"，伍修权同志作为中国政府特派代表赴会，在联合国讲台上慷慨陈词，严厉驳斥美国及其同伙对我国的种种诬蔑和诽谤，痛斥了美国对我国领土台湾的入侵和战争威胁，维护了我国的主权和尊严。在担任驻南斯拉夫大使期间，他积极开展工作，深入调查研究，实事求是地向党中央提出建议，为建立和发展中南友好合作关系、传播两国人民的友谊，作了不懈的努力。

1958年10月至1967年4月，伍修权同志担任中共中央对外联络部副部长，并曾兼任机关党委书记。在当时国际国内形势十分复杂的情况下，他坚持实事求是，潜心研究国际形势和共产主义运动形势，支持配合王稼祥部长向党中央提出对外政策建议。他多次随团或率领我党代表团参加外国共产党代表大会，在与各国共产党的交往活动中，坚持我党的原则立场，运用灵活巧妙的工作方法和斗争艺术，为维护我党的独立和尊严、扩大我党的国际影响和对外交往，倾注了大量心血，做了卓有成效的工作。

"文化大革命"中，伍修权同志不畏邪恶，刚直不阿，正气凛然。他在极其困难的条件下，挺身而出保护王稼祥等领导干部和受迫害的群众，坚决抵制林彪、康生一伙的倒行逆施并与之进行了针锋相对的斗争，遭到残酷迫害，被关押监护长达八年。

1975年4月，伍修权同志任中国人民解放军副总参谋长，分管情报和外事工作。他坚决落实邓小平同志"军队要整顿"的指示，清除林彪反革命集团的影响，顶住"四人帮"的干扰，对情报、外事工作进行整顿，保证了情报、外事工作队伍思想政治上的坚定和组织上的稳定。十一届三中全会后，他认真贯彻党中央和中央军委的指示、决议，拟制了新时期情报、外事工作方针和规划，主持修改了军队外事工作的有关规定，加强了国际战略形势的调查和综合研究，为党中央、中央军委若干重大决策提供了依据。伍修权同志为我党我军情报工作作出的卓越贡献，受到各级领导的充分肯定。他主持和参与了大量的军事外交活动，加强了我军与外军的相互了解和友谊，为扩大我军在国际上的影响，维护世界和平作出了积极贡献。他十分重视军队院校建设，多次深入有关院校检查指导工作，为加强军队院校建设作出了贡献。

1980年6月，党中央决定伍修权同志为审判林彪、江青反革命集团的审判工作指导委员会成员和特别法庭副庭长、第二审判庭审判长，领导参加了对林彪、江青反革命集团的审判工作，胜利完成了这一世人瞩目的历史性审判。

伍修权同志是第三届中国人民政治协商会议常委，第四届全国人民代表大会常委，中国共产党第七、第八、第十一、第十四次全国代表大会代表，第十五次全国代表大会特邀代表，第八届、第十一届中央委员，在党的第十二次、第十三次全国代表大会上，当选为中央顾问委员会委员、常委。

在担任中顾委常委期间，伍修权同志经常深入基层，联系群众，调查研究，积极向党中央提出建议。他担任中顾委在京委员临时党委书记时，组织学习贯彻中央的方针政策，领导完成了中顾委在京委员的整党。他努力贯彻邓小平同志的指示，积极支持第一线同志的工作，以自己的模范行动协助党中央为废除实际存在的领导职务终身制，作出了积极贡献。他在中顾委的工作，得到了委员们的称赞和党中央的肯定。他还担任中共中央整党工作指导委员会委员兼检查组组长，主持查处了若干大案要案。参加了党的十三大筹备工作。担任过中央外事工作领导小组副组长，中央安全工作领导小组副组长。他还担任了中苏、中俄友好协会会长，北京国际战略学会会长，老区建设促进会名誉会长，欧美同学会副会长，中国关心下一代工作委员会顾问。在祖国统一、香港回归、维护国内安定团结、倡导两个文明建设等方面做了许多工作。他晚年撰写了大量回忆文章，为后人留下了宝贵的精神财富。

伍修权同志的一生，是革命的一生，光辉的一生，为人民无私奉献的一生。在长达七十多年的革命生涯中，无论遇到任何艰难曲折，始终具有坚定的共产主义信念，对党对人民无限忠诚。他具有坚强的党性原则，实事求是，坚持真理，公道正派，不畏邪恶，敢讲真话。他顾全大局，胸怀坦荡，光明磊落，从不计较个人得失。他勤于学习，勇于探索，团结同志，爱护下级，谦虚谨慎，平易近人。他自觉执行党内政治生活准则，廉洁自律，艰苦朴素，严格要求亲属子女及身边的工作人员，教育他们继承和发扬党的优良传统。他认真学习马列主义、毛泽东思想和邓小平理论，坚决贯彻执行党的十一届三中全会以来的路线方针政策，衷心拥护以江泽民同志为核心的党的第三代领导集体。

他以共产党人的高尚品质和无产阶级革命家的高风亮节，身体力行实践了为共产主义奋斗终生的誓言。

伍修权同志和我们永别了！他把毕生的精力献给了党，献给了祖国，献给了人民，他的光辉业绩将永载史册，他崇高的革命精神和无私的革命品德，将永远铭刻在人们心中！

伍修权同志永垂不朽！

目　录

第一章　青少年时期

一、苦难中成长

故乡武昌

"茫茫九派流中国，沉沉一线穿南北。烟雨莽苍苍，龟蛇锁大江……"这是毛泽东同志早年在我的故乡所写的著名词句。漫长的岁月，像滔滔江水般地奔流而去，世事大变，人寰一新，故乡的面貌，经过了几十年革命斗争和建设，早已难以辨认了。恰似毛泽东同志所写的："黄鹤知何去？剩有游人处。"可是，作为大江畔、蛇山下出生的游子，不论人在何时、身在何处，只要提到自己的故乡，仍禁不住心潮翻滚。那烟雨中的滚滚浪涛，似乎还在耳畔喧响；那镇锁大江的龟蛇二山，依稀又在眼前浮现。我曾在那里度过了饥寒凄苦的童年，度过了对人间不平很不理解的少年阶段，又度过了一段几分兴奋、几分希望，还有几分神秘感的青年时期。正是在那既秀丽宜人又饱受苦难的土地上，我跨出过牙牙学语时的第一步，又迈出了决定自己一生道路的第一步。故乡不仅是生我养我之地，更是我的革命摇篮，是我全部生命和生活的起点。也正因此，我愈近晚年，愈是常常怀念故乡。只是由于年深月久，许多往事旧情，很像故乡特有的"烟雨莽苍苍"景色一样，都罩上了一层朦胧雾气，加之当年中国正处于黑暗动荡的历史时期，我就借毛泽东同志这一词句来开始我对故乡生活的回忆。

武汉三镇之一的武昌城内，离江边不远有一条弄堂，其中住着一户姓伍的人家。这家不是武昌的老住户，伍家的先人曾居大冶，后来又辗转到了阳新。阳新那里有着伍家的祠堂，按照当时的规矩，每隔三年要修一次宗谱，凡伍氏家族，届时都要去上报这几年中出生的男丁，一一列名上谱入册，以示其后嗣不断，繁衍流长。不过宗谱是续上了，祠堂再大也不管给儿孙后代们开饭，还得各家各户自谋生路。我家这支伍氏儿孙，不知怎么离开了原籍故土，同许多外

20 世纪 30 年代的武汉三镇图。

出逃生的破产农民一样，背井离乡，流入城镇，渐渐在武昌落脚站定。据说是靠了祖上的阴德，其实是仅凭自己的努力，到我祖父那一辈，居然混得颇有起色。我的祖父伍伦奎和父亲伍理钊，都在大清朝驻武昌的湖广总督衙门下属的一个小机构里，谋到了一个专管抄抄写写的文书之类的差事。虽然俸禄有限，倒也收入固定，生活正常，全家人衣食有靠，一度达到了小康之家的生活水平。

就在这时，即 1908 年 3 月，伍家又添了一名男丁，这就是我。我的母亲朱三姑，原是湖北阳新的农家女儿，19 岁就来到伍家，一共生过八儿二女，我是其中的老四。可惜我以后的一弟一妹幼年时就不幸夭亡，留下的七个儿子和一个女儿一半没能活到解放，只有我和一位七弟幸存至今。可喜的是我们的老母在古稀之年盼到了解放，活到104岁，于1985年去世。至于她的另八个儿女，为何不是幼年夭亡，就是先她而去，自是一部辛酸家史，这里先说说我出生后的事。

我国有句老话，叫作"国泰民安，天下太平"。可是我来到人间时，正是国不泰，民不安，天下更不太平。就在我出生的这一年，正赶上光绪皇帝"驾崩"，慈禧太后"归天"，3岁的溥仪登基称帝，帝国主义列强势力大肆侵入神州大地，灾难深重的中华民族在水深火热中煎熬挣扎。终于，1911年10月10日，在我的家乡武昌爆发了孙中山先生领导的辛亥革命。我当时3岁半，自然什么也不懂，只知道那年那月和那天晚上，忽然又打枪又开炮，吓得我们全家娃娃不敢动弹，大人不敢出门。很久以后，才逐渐从大人们口中知道，那次是"孙文造反"和"武昌首义"，是改变我国历史面貌的一次伟大革命。

家境的衰落

开始我们没有意识到，这次革命不仅震动了全国，还将极大地影响我们一家。就在10月10日夜吓人的枪炮声之后，所有的男人就都不准留辫子了。在此以前，按照清朝王法，除了女人蓄发，男人都得留辫子，是谁也不能动的。辛亥革命一起，首先革了辫子的命，革命党人满街上拖人剪辫子，见到拖着"猪尾巴"的男人，拉过去就是几剪刀。平民百姓倒也听之任之，有些恪守古训的遗老遗少，都被弄得十分狼狈。除此以外，还有一些趣事性的"革命行动"，如起义以后，革命党到处搜捕捉拿清朝官兵，因为这些人大都是外来的满族人，虽然换了装，口音却改不了，起义军就拦在城门口一一盘查，遇有可疑的人，就命他念几遍"六百六十六"这几个数字，凡湖北人都念成"陆百陆十陆"，外地人特别是来自北方的满族人一念就露馅了，有不少人就这样被查获抓走了，其中有的确实是欺压过百姓的贪官恶棍，有的却是一般的小吏以至清兵，结果都被不分青红皂白地砍了头。那时正是八月中秋节前后，这次大肆捕杀清朝官兵中的满人，被武昌当地的人称为我国历史上的又一次"八月十五杀鞑子"。

我们一家人作为武昌的本地居民，当然没有当"鞑子"之嫌，还以能流畅准确地连说几个"陆"而自慰，但是"武昌首义"很快直接影响了我们全家的经济生活。随着清朝总督衙门的突然垮台，它的下属机构也树倒猢狲散，我祖父和父亲在那里的差事一下子也被"革"掉了，我们全家人赖以生存的唯一经济来源，同时宣告中断。最初几个月还靠一点可怜的积蓄勉强生活着，后来就得靠变卖一些东西才能维持水平大大降低了的生活，再往后的日子就越来越不好过了，家境迅速降为城市贫民。我的祖父又愁又急，再受了些饥寒，一病不起，1913 年溘然长逝。我们家支撑门面的一根最重要的顶梁柱突然倒下了，全家的生活每况愈下，从此与贫困结下了"不解之缘"。

尚留人间的老祖母同我的父母一起，拖着我们一群嗷嗷待哺的娃娃，过起了捉襟见肘的艰苦生活。我的一弟一妹，就是在这种困境中相继病死的。由于我们无力交付原来的房租，全家只得搬出住了多年的较好的房子，换到一处差些的屋里安家。不想住了一阵，这样的房子也住不起了，又被迫搬到更差的房子里住。后来就连这更差的地方也不能住了，就一搬再搬，一连搬了四次家，才在一处实际上的贫民窟里安下身来。我家的连续搬迁，是我家生活水平急遽下降的明显例证，也给我这个开始知道世事的娃娃，留下了深刻的印象。

我的家庭迅速衰败，当然有其复杂的社会原因和历史背景，但其直接的"导火线"却是清朝衙门的倒台，砸破了我们全家人的饭碗。所以实际结果是：武昌首义虽一举成功，我的家境却是江河日下。不过，城市贫民的家庭生活和环境，却让我从小认识了最底层的社会，经受了艰难生活的磨炼。事实说明，作为资产阶级民主革命的辛亥革命，在推翻帝制、结束了延续几千年的封建统治这一点上，有其不朽的功绩，但是这场革命的阶级性质决定了它没有也不可能根本改变劳苦大众的地位与生活，老百姓并未从中得到多少实际利益，因为它丝毫没有改变阶级压迫和阶级剥削的现状。借用毛泽东词句"龟蛇锁大江"形容，中华民族这条源远流长的滔滔大江，依然被封建地主阶级的"龟子龟孙"及帝国主义和官僚资产阶级的"大蛇小蛇"紧紧镇锁着。

父母的艰辛

辛亥革命以后，由于祖父去世，父亲失业，我的家境就沦为城市贫民了。我们国家当然也没有因为这场革命马上富强起来，相反出现了官僚争权、军阀混战的局面。袁世凯当上了临时大总统还不过瘾，又于 1915 年宣布取消共和，恢复帝制，刚做了 83 天"洪宪皇帝"的美梦又被推倒，由黎元洪当了大总统。老百姓搞不清上头的事，关心的是自己及全家人要吃饭。在那种年月里，我的父亲为全家人的生计和自己的出路，到处求亲托友，找到他过去相识的吴元泽，请他给予帮助。旧社会也有很多很讲义气的人。吴元泽原籍湖北襄阳，我

伍修权的父亲伍理钊。

伍修权的母亲朱三姑。

党的一位老同志吴德峰就是他的侄儿。他本人毕业于日本士官学校，由于家境较好，我父亲曾经在他家帮助管过文牍上的杂事，也算有点宾东之谊。他在黎元洪就任大总统后，正要去北京谋事，见我父亲求助于他，不免动了恻隐之心，决定带我父亲同去北京，看看能否捎带着也找点事做。我父亲好不容易得到这一机会，也就怀着满腔热望，告别了老母和妻小，随吴元泽进京去了。

他们到京后，吴元泽找到在陆军部任职的李书城。这位李先生也是一位著名人物，他是我国较早的马克思主义者李汉俊的哥哥，我党一大在上海的会址，就是他的房子。新中国成立后他还健在，并曾担任过中央人民政府第一任农业部长。吴元泽找到他后，在自己谋职的同时，也请他为我父亲找点事做。但是那年头求职谋事的人很多，没有特别来头和很大靠山是不行的。他们帮助的结果，只给我父亲挂上了一个"候差"的空衔，大概同现在"待业"的意思差不多。不过当时有了那个空衔，就可以向官府领得一份数量很少的干薪，比一文不名是强了一点。

我父亲在京"候差"期间，借住在湖北会馆里。他那点可怜的干薪，本来只够他自己勉强度日，可是武昌家中还有一群张口待食的妻儿老小，只得尽力节衣缩食，一个小钱也恨不得掰成几瓣来花。积攒几个月，才能给家里寄几个钱，虽然不能解决什么大问题，却也给我们这个饥寒之家一点精神上的安慰，希望父亲不久能谋到正差，好使我们全家有口饱饭吃。但是我父亲在北京"候"了很久，却什么"差"也没有"候"到，一人落魄在外，分外潦倒凄凉，加之悬念家小，心境可以想见。他又"候"了一阵，谋"差"的希望终于完全落空了，只得垂头丧气地返回武汉。

父亲为了给久别的家人和孩子多少一点欢乐，还特地千里迢迢地为我们带回来一点"珍贵礼物"，就是几个"心里美"大萝卜，在北京大街上是到处可见的，但在武昌的街上却是见不到的东西。此外，还有两样药品，都是家里正用得着的，一种是北京同仁堂的眼药水，还有一种名字很稀罕，叫"金老鼠屎"，但并不珍贵，只是一些治感冒的普通药丸，因为一粒粒搓得同老鼠屎差不多大，又略带金色，因而得其名。当父亲拿出这些礼品时，引起我们几个孩子一阵欢喜。我们这群连饭都不易吃饱的穷娃娃，居然吃到了来自京城的号称"赛梨"的"心里美"，岂不是一大快事？可是我们当时不太懂事，只顾欢乐地分食这几个萝卜，却没有注意父母双亲正背着我们在悄悄拭泪呢……

父亲是 1918 年回来的。京城"候差"无望，故乡谋事更难，连那点可怜的干薪也没有了，父亲终日东奔西走，到处求告无门，家里凡是能换钱的东西早已变卖一空，为了不使全家人饿倒街头，只得多方寻找零活干。父亲发挥所长，找到某家学校，为校里抄写讲义和誊写石印蜡纸，每写一页可得几文铜钱，苦抄两日也可挣下几升米粮。但是这活儿并不是每天都有，所以家里仍然常常无米下锅，无柴生火，因此，我们兄弟几个不得不到处拾柴草、掏煤渣以至捡菜帮等等。单靠这些当然无以为生，父母又找到门路，为火柴厂糊火柴盒子。每当家里领来工料，上至年迈的祖母和父母二老，下至我们全体娃娃兵，一齐动手，埋头苦干。只是此事可不像学生在课堂做手工学劳作那样有意思，每天每时，从早到晚，不断重复着同样几个动作，摸弄着同样几件东西，枯燥无味，又累又困，常常眼涩手疼腿发麻。但是为了全家人能吃上饭，仍得硬起头皮强打精神往下干。就这样苦战几日，倒也能挣得几分血汗钱。除了这项糊火柴盒的"事业"，我们还为人叠选票挣过钱。说来可笑，当时虽然改称民国，国民却依然不知民主为何物，可是官府却又不断玩弄着"选举"的把戏。不过这倒给我们家带来一点好处，就是每次选举以前，都有大量选票要叠，父母就通过门路揽来这项活计。又是全家一齐出动，将这些选票一一折叠整齐，每叠一批，又能得点钱好去购买活命口粮。所以从这一点来说，我们对这种"选举"活动一直是热心拥护的，并且希望它经常举行。

好多年来，我们家就靠糊火柴盒、叠选票和抄写讲义等等零活，挣得一份很不固定的微薄收入，使用时当然格外精打细算。由于米面太贵，我们不得不以粗粮杂粮为主，最便宜的红苕，北方叫白薯，就成了我家最经常也最美味的主食。不过就是买红苕也有讲究。本来在市内也可买到，但我们总是还嫌贵，就由我同哥哥沿江边跑出城外十几里路，找到正装运红苕进城的船，求农民直接卖些给我们，经过讨价还价说好话，多少就便宜一点。这样尽管我们每趟来去都要费几个小时，又扛又背累得上气不接下气，但是能买到较多一点家用口粮，还是蛮高兴的。

这样的情况下，保证我们全家人食能糊口，衣能蔽体，应该归功于我的妈妈。她以自己的全部心血和辛劳，支撑起我们这个十来口的家。她不仅管给全家人做饭、洗衣、缝补和收拾里外，我家上至老祖母，下至我们这群娃娃，每个人脚上穿的鞋，也全部出自她的巧手。从我记事时起，就见她年年月月不间断地糊鞋帮、扎鞋底和绱新鞋。她还自备了一把剃头刀，亲自动手按时给我们剃头理发。仅仅这两项，就为全家人节省了不少开支。几十个春秋过去了，可是母亲当年劳苦的身影，却一直镌刻在我的心上：她在烟熏火燎中为我们烧饭煮红苕；她在昏暗灯光下为我们做鞋补衣衫；天不亮她就在扫地提水，别人已歇息，她还在刷锅洗衣；她从不为家穷唉声叹气，也从不对我们生气发火，一年到头，每天每晚，都是这样默默地劳动着。在她40多岁时，我的父亲就去世了，以后我的三个哥哥又相继病故，我则早年离家参加革命，全凭母亲独力支撑着这个日渐衰败零落的家。几十年后，我们家又是儿孙满堂了，若不是当年我母亲的苦撑苦熬，又哪来今天的一切呢！

我的人生第一课堂

前面说过，我家连搬四次，才在一个地方定居下来。由于家庭人口多，开始的住房还分成四小间，以后为了再省开支，又让出了一间，全家十口人，挤住成了堆。那房子，薄瓦盖顶可以见天，破板做墙难遮风寒，下雨就漏，刮风就透。夏天热得无处可躺，冬天又冷得无洞可钻。每天睡觉时都要临时搭铺，天明后马上掀到一边，不然全家人就没处落脚了。我因为每晚同奶奶一床睡，总算有个比较固定的床位。

我们的左邻右舍，看来同我家的情况也差不多。他们都是处于社会最底层的劳苦群众，是共同的命运和境遇，使我们聚居到一起来了。时间不长，我们相互间就都熟悉了。我的近邻一家是汉阳兵工厂的工人，一家是卖甘蔗、橘子等的小贩，另一家则挑着剃头担子满街转。他们的职业看来低贱，可是为人却都心地善良。他们的孩子也逐渐成了我的好朋友，我正是从他们那儿，吸取到许多别处得不到的知识以至品德的影响。我少年时的家境和社会环境,实际上成了我的人生第一课堂,我在这里得到的教育,大大有助于自己后来的投身革命。不仅如此,还由于邻居小伙伴的帮助,使我获得了一个影响我一生道路的幸运机会。

一个"迟到"的学生

我国辛亥革命后的第六年,北邻俄国发生了伟大的十月革命,世界上出现了第一个工农劳动者当家作主的国家。同时,中国的大地上也正孕育着一场新的革命风暴。果然,1919 年就爆发了著名的五四运动。我那时才 11 岁,当然不会懂得甚至都不大知道新发生的这场革命,不过我却亲眼看到五四运动波及武汉时的情景。有一天,我正到蛇山去挖做炭巴的红土,看到满街都是游行示威的学生。原来,武昌的各个大中学校得知北京发生了这一革命运动,纷纷起来响应支持。武昌的两条主要大街,一条是南北走向的长街,一条是东西走向的察院坡。这天到处都是各校的学生游行队伍,街道两边挤满了围观的人群。我看见那些游行的大中学生,手里挥动着各色小旗,一边慷慨激昂地高呼着口号,一边兴奋地大步前进着。他们喊的口号我不大明白其中意思,只听出是反对什么"二十一条",要打倒某个"卖国贼"。从学生们的街头演说中,我还听出这样的游行示威不只是武昌有,北京、上海、天津和长沙等大城市到处都有,还听说北京的学生火烧了卖国贼住的赵家楼。

当天晚上,武昌各校学生又举行了提灯大游行,场面更是壮观。我作为一个最热心的观众,忍不住又去看了热闹。当时真是灯走蛇龙,明光闪耀,映红夜空,满城生辉。虽然我还不太理解这一行动的重大意义,但是却被那些青年学生们的热情精神所感染,对他们这样有声有色的活动十分敬佩和羡慕,那个声势浩大的场面,更是令人难忘。在当时看来,这个运动似乎同我没有什么直接的关系,但是它作为一场反帝反封建的伟大群众运动,对我国的政治生活以至文化领域,其影响是相当深远的。就在五四运动的第二年,随着新文化运动的开展,我竟得到了上学的机会。

由于家境贫困,我一直没有机会上学,只由父亲间或教我们兄弟几个认过一些字,一位叔父还教我读过《四书》。因此我虽未入学,却已识字,还会背诵几段"子曰:学而时习之"等等。至于意思,我看连教我的叔父在内,也未必真的懂得。当时我正是求知欲旺盛的少年,也渴望能像许多别的孩子一样上学读书，但我的家境使我的这一愿望只能是梦想。正在这时，我的邻居一位工人的孩子，帮我实现了这一梦想。

前面说过，我同周围邻居的孩子都成了好朋友，我想上学的心思他们也早就了解，其中有一位设法进了武昌高等师范附设的一所"单级学校"读书。1920年春节前夕，他找到我说，他们那个学校过年以后准备招收几名插班学生，问我想不想去，又说这个学校是试办性的，学生可以免缴学费。我一听自然喜出望外，说当然想去，忙回家禀告了父母，强调那个学校不收学费，要求让我去试试。父母哪有不希望自己的孩子上进成才的，只是因为家里太穷，徒有空想无法实现罢了。现在既然有不要钱的学校，他们当然赞成我去。这样，年节一过，那位热心的邻居小伙伴就把我领到他所在的"单级学校"里，由老师对我进行了一番考试。由于我已经认得不少字，还会一点简单的算术，加上我那邻居兼同学从中帮助，我就被顺利地录取了，成为小学二年级第二学期的插班生。那时我已经12岁了，按正常情况，应是进中学的年龄了，可是我才刚刚跨进小学校门，是个"迟到"的学生。这虽然有点难堪，但更激起我的奋发上进之心，这个学习机会对我太珍贵了，我决心不辜负父母的厚望和邻居伙伴的热心帮助，努力学习，发奋苦读。

难忘的母校

我进入学校以后，感到自己开始了一种陌生而新鲜的生活，觉得一切都是那么有意思。其实它是一所很不正规的学校，同现在城市中的学校是大不一样的。全校只有一个老师和一间教室，但是却有四个班，也就是初小的四个年级。每班十多个学生，总共40多名，全由这一位教师来教。老师上课时是先给一个班教算术或其他课，同时布置另一个班写作文或做别的作业，一节课讲完，马上换一个班讲另外一门课。学生各听各的，老师有条不紊，各班互相配合，各课交替进行，学生确有收获，老师工作却十分紧张，这更激起我们对他的尊敬，并培养了我们学习的自觉性。老师讲得似乎不多，学生实际练习却不少，是一种"精讲多练"的教学方法，这使我们学得比较扎实。现在虽然未必还需要这样做了，但是这种因陋就简的精神，高度节省人力物力的方法，还是值得后人学习和借鉴的。

可惜我们这所"单级学校"并不受当时官府的重视。1921年夏，我才在那里上了一年半学，省里的教育部门就说经费不够，要下令停办这所学校，使

伍修权的母校——原武昌高师附小，现为中共五大旧址。

我又面临失学的危险。当时我的学习兴趣正浓，这个消息无疑是对我迎头浇下一盆凉水。不过好在我平时学习一贯用功，成绩也一直遥遥领先，我一年多如饥似渴地苦读，并没有白费功夫，老师也为我可能失去这个难得的学习机会惋惜。就在他的大力推荐下，疏通了有关方面，让我免费进入武昌高师附属小学继续读书，并且照常升入四年级，这才使我没有中断学习。不过，我的继续升学又带来了新的问题。原来，这所学校不同于"单级学校"，十分讲究正规，每个学生必须按学校规定穿统一的校服才能入学。我家穷得连饭都吃不上，哪里有钱做什么校服呢？经过再三请求申述，加上有关老师的同情谅解，终于在同意我免缴学费之后，又允许破例地不穿校服上学。于是，我就穿着家常的旧布衫，背着自制的小书包，出现在整齐划一的学生行列里。外来的讥讽和嘲笑是免不了的，自惭形秽的情绪也不是完全没有，可是我咬咬牙挺住了。我已不是一个不明事理的懵懂少年，周围的社会生活已经使我懂得，一个人要能自立并受别人尊重，不在于他的衣着外表，而在于他的品行和学识。我在穿着上比不了人家，但是我在另一方面丝毫不比别人差。正由于我不断这样提醒自己，所以我一面更加刻苦地学习，一面特别注意待人谦和诚恳，结果使我居然赢得了许多人的好感，老师和同学们与我处得十分融洽，并未因我的贫穷寒酸而受到歧视以至侮辱，这在当时是并不容易的。这样，我在那里又学习了三年，一直读到高小毕业。

1921 年伍修权在武昌高师附小就读时的座位。

　　至今我还怀念我的这座母校，那里的活跃生活，尤其是许多导师和挚友，更使我一直难忘。老师中第一个给我留下深刻印象的，是我到四年级时的级任老师熊器叔先生。他是湖南长沙人，毕业于长沙第一师范（指湖南省立第一师范学校——编者注），与毛泽东同志是先后同学。熊老师思想进步，教学有方，性格也很开朗，同学们都喜欢听他的课，平时也乐意接近他，学校的各种文娱活动，他是主要的组织者和主持人。我校每隔两周（至少每月）都要举行一次游艺会，组织全校师生进行联欢，通常是先作讲演，后作表演，有话剧和双簧等各种形式。演讲稿和话剧脚本大都是熊老师自己编写出的，他写的讲稿又通常是交给我去讲，他编的剧本也大都由我担任主要角色。这些丰富多彩的课余活动，使我获得了多方面的知识与技能，得到了不少锻炼，对我以后的工作和活动也是颇有裨益的。

　　由于老师和同学的帮助，加上自己的勤奋学习，我在学校的功课一直很好，从入学到毕业，每年考试我都是名列第一。我不仅在主课上总是名列前茅，体育成绩也很出色。有一次全校开运动会，按年龄分为甲、乙两组，我被分在乙组，结果乙组的冠军几乎全被我囊括了。当时的运动项目除了跳高、跳远、赛跑和高低栏外，还有算术竞走和提灯竞走。前者边走边算题，一到终点马上写出答案，体力脑力一齐赛；后者既要走得快，又要走得稳，要保证烛火不灭，还要争取首先跑到目的地。这些项目也都由我取得了优胜。由于我抓紧体育锻炼，身体相当结实，同学们送给我一个绰号，叫作"台炮"，这是湖北人形容体格健壮人的叫法。本校的各种文娱和体育活动，我成了每次不缺的老演员和运动员，又经常代表本校参加校外的活动。武昌高师附中、附小的游艺会演，我也去参加了演出。我有一位老同学，新中国成立后在武汉从事文化工作，前几年他对我说："武汉地区的戏剧史，应该把你也写上去，因为在20年代的前期，你曾经是一个相当活跃的业余演员。"这话倒也有点根据，那时我校每次排演新剧目，照例都有我的角色，还总是演主角，也许老师们认为我的体格和气质比较合适，又总是让我担任正面角色。记得有一回我演了一个正直的法官，主持审判了几个坏蛋，没想到几十年后我竟当上了真的"法官"，参加审判了林彪、江青反革命集团的十名罪犯，使我少年时的假戏成了真事。我在参加革命以后，所以能完成党所交付的一些任务，应该说有不少是得益于母校对我的教育和影响，特别是我在附小的第二年，遇到了我一生中最重要的一位老师。正是他，使我的整个生活道路，发生了根本的变化。

二、走上革命道路

我的级任导师——陈潭秋

陈潭秋

1922年秋，我正升入高师附小五年级，一位新来的陈老师担任了我们的级任导师。这位陈老师二十五六岁，生得方方正正，浓眉大眼，对人满面春风，又透出一股正气，一见他就觉得可敬可亲。那时的级任导师，相当于现在的班主任，既管学生的功课学业，又管大家的操行思想，与同学们的接触很多，他的言行对我们的影响也很大。也许因为我在班上成绩比较突出，年龄又稍大一点，他来到不久，就同我经常交谈，相互间很快熟悉起来，建立起了相当密切的关系。在与他越来越多的接触中，我感到这位陈老师不仅是我学习上的老师，更是我人生的导师。从他那里，我听到了许多从未听过的却又是无可置疑的生活真理。他在我面前，打开了一扇明亮的思想之窗，使我看到了一个新世界。

这位老师，就是中国共产党的创始人之一，党的一大代表和湖北地区负责人之一的陈潭秋同志。

陈潭秋同志到我们学校，一面担任着教师的公开职业，一面领导着湖北地区党的工作。他的活动基点，也就设在高师附小内，除了不间断地保持着同党内外人士的联系，不少时间都同我们在一起。在学校外面，还有党的工作机关。他的革命活动不仅没有影响他的教学工作，而且他还利用老师的身份，进行了有效的革命工作，随时传播革命思想，发现并培养革命青年。为此，他作为级任老师，亲自承担了几门课的教学任务，不断地利用讲课的机会，将许多革命道理和社会知识，点点滴滴又深入浅出地灌输到我们的头脑中。例如他在讲授历史课时，反复地对我们说，不要仅仅从历代帝王的更迭来看待历史的演变，而要从经济生产的发展和社会制度的变迁，来考察历史在如何前进。他还对我们讲解了社会发展史，从劳动怎样创造了人类本身，讲到一种新的更先进的社会制度，必然要取代旧的落后的社会制度，是不以人的意志为转移的历史发展规律，每个要想对社会有点贡献的人，必须了解和顺应这条社会发展规律，努力使自己站在推动社会前进的一方面，而不是站在与它相对立的反动势力方面。

由于陈老师知识广博，口才又好，他在讲解这些重要的革命理论时，不仅善于联系实际，又不超出讲课的范围，把历史唯物主义和辩证唯物主义观点，渗透到他要讲的课题中，使学生在不知不觉间接受了不少马克思主义的基本思想。他讲的道理既新鲜又深刻，语言又很生动和浅显，对于我们这群正处于求知欲旺盛期的青年来说，无疑是在革命知识的荒漠上，浇洒下一阵阵甘霖；在正待开发的处女地上，播下了一粒粒种子。我由于自己所处的家庭地位和环境，正对社会上的许多不平现象感到不可理解，听了陈老师的讲课和言谈，受到了很大的启示，开始拨开思想上的重重迷雾。

当时的中国，各派人物竞相表演，各种主义众说纷纭，有些人不断宣传"教育救国""实业救国"等"治国良策"，听起来似乎也有一定道理。陈潭秋同志就针对这些不切实际的言论主张，结合社会上的现实情况，对我们进行耐心的解释开导。他说那些所谓"治国良策"，都不能使我国根本改变面貌，实际上也实行不了；只有彻底改变现存的社会制度，推翻反动统治，消除社会上人压迫人、人剥削人的不平等现象，才是救国富民的唯一道路。有一次我问他："许多像我这样的穷孩子，都上不起学，你看该怎么办？"他说："这不是个别人的问题，而是一个社会问题，即使由于某种原因，个别人偶然上了学，整个社会的问题仍然存在，你自己就是个例子。要根本解决问题，只有彻底推翻旧社会，让劳动人民当家作主，所有的穷孩子才能都获得上学的机会。"

20世纪20年代的武汉，是一个典型的半殖民地城市，陈潭秋同志又用现实例子，启发我们反对帝国主义的思想。他指着在武昌和汉口之间停泊着的一艘艘外国军舰，让我们好好想想，为什么这些洋船兵舰能在我国内河长驱直入？这些外国军舰上的大炮，日夜对着我们的国土，到底是要干什么？作为中华民族的新一代子孙，能不能长期容忍这种状况？这些问题，很快在我们心头激发出反帝的火花。当时武汉有一些外国租界，许多洋人阔佬在我们的国土上像在自己家里一样肆无忌惮，对我国人民作威作福。我曾亲眼看到不少十分气人的事。有回在汉口的租界上，我见一个坐黄包车的外国阔佬，车夫将他拉到目的地后，小心地请他付钱，他在交钱时竟故意把钱扔到地上，叫车夫到地上去捡。车夫忍气吞声地趴下捡起来后，一点数目很少，忙请他增加些，那家伙竟骄横地理也不理，挺着肚子扬长而去。以前看到这些令人痛恨的现象，我们只是一般地气愤，经过陈潭秋老师的启发教育，我们开始懂得了，这是由于我国反动统治者的腐败无能、社会制度的腐朽落后，才招来了帝国主义的侵凌掠夺，使我们这个古老而伟大的中华民族，一再被外国列强侵略欺压、掠夺瓜分，蒙受着难以忍受的奇耻大辱，这种状况也不应该继续下去了！

社会的不平，国家的不幸，深深地刺痛了我们这些开始观察社会和思索人生的少年的心。陈潭秋同志成为我们思想上的启蒙人，也成为我走上革命道路的第一个引路人。

我的革命引路人

经过陈潭秋同志对我们进行了一年多的教育和考察，党组织决定将我和另外两名同学吸收入社会主义青年团，陈潭秋同志亲自做我的入团介绍人。1923年冬，他同武汉党组织负责青年团工作的何恐同志一起，主持了我们的入团仪式。所谓仪式，既没有激昂的大会宣誓，更没有洪亮的集体唱歌，只是在下课以后，由陈潭秋和何恐同志带着我们几个人，在一间小屋子里，悄声地、更是庄严地通知我们说："组织上批准了你们的要求，同意你们成为党所领导的中国社会主义青年团的团员。从今以后，你们就不再是普通的学生了，而是一名先进的革命青年，我们也不仅是普通的师生关系，而是革命的同志。我热烈祝贺你们成为我们的同志。"他和何恐同志还对我们讲了不少青年团的任务、对团员的要求、今后的工作等等，同时决定由我和另两名一起入团的同学，组成高师附小的第一个团小组，并指定我为第一任小组长。

这一天对于我来说，意义太重大了。它是我一生中第一个最重要的转折点，从这一天开始，我正式成为革命队伍的一员。当时我非常激动，抑制着满心兴奋，向两位领导同志特别是我最尊敬的导师、我的思想启蒙者和革命引路人陈潭秋同志，表示了自己的决心：决不辜负党的培养和潭秋同志的教育，从今以后革命需要我做什么就做什么，党叫我干啥就干啥，一定在党的领导下，为推翻旧制度、建立新社会而努力奋斗！

从那一天起，我虽然还像平时一样地上学做功课，但是内心里好像突然长大了。当时人们把共产党员叫作CP。社会主义青年团团员本应称作SY，但是多数人却沿用了共青团的简称，即CY。那时全国还处于反动政府和军阀的黑暗统治下，加入CP或是CY都是极其秘密的，根本谈不到有什么个人利益和好处，相反要准备被捕、坐牢，甚至掉脑袋。不过因此却使每个CP和CY成员，增加了一种光荣感和神秘感。我也觉得自己成了一名CY，确是件十分了不起的事，认为自己已不再是一个平常的受人欺凌的穷孩子了，而是一名有理想、有目的和有组织的青年革命者，心中常常充满了一种英勇献身的自豪感。

我加入青年团以后，团小组的主要任务是继续物色志同道合的革命青年，对他们进行考察和了解后，逐步吸收到团组织中来，以不断发展扩大CY的队伍。经过一段时间的工作，我们有选择地向组织上推荐了一小批进步青年，不久，组织上批准我们一一吸收了他们。我们这个团小组，就由最初的三个人，发展为十名团员了。在当时的情况下，团小组对党在高师附小和当地的工作，起了一定的助手作用。只是经过几十年革命的兴衰起落以后，我们团小组的十个人，都发生了很大的变化。有两位同志很值得怀念。一位叫吴楚桢，他原籍湖北黄冈，为人生性耿直，后来进了黄埔军校，于1926年参加了北伐战争，可惜在进攻武昌的汀泗桥战役中不幸中弹牺牲了。还有一位叫范正松，家在本省黄陂，入团后一直坚持斗争，1927年大革命失败时不幸被捕，当时他已经入了党，他的亲属劝他不要承认是共产党员，可以设法保全生命。但是范正松同志毫不畏惧，公开宣称自己是共产党员，决不乞求饶命，最后被敌人枪杀了。这两位同志不愧为我们的好战友，他们是我们那个团小组的光荣。可惜我们小组其余的人，并非都像他们那样革命到底，其中大多数人在大革命失败的时候，由于种种原因先后离开了革命队伍。他们在我们团小组书写过自己革命历程的第一页，可是以后却成了空白，有的甚至染上了污点，我至今还为他们、更为我们那个年轻的战斗集体感到无限惋惜。如果曾经苦心教育和引导我们的陈潭秋老师尚健在，大概也会感到惋惜的。

在小小的革命摇篮里

陈潭秋同志在高师附小任教期间，曾经一度离开湖北，到江西安源从事过一段工运工作，不久又返回武昌，继续领导着武汉地区党的工作。1923 年下半年，我已由高师附小五年级升到六年级，陈潭秋同志也不再担任我们的级任老师了。不过我又遇到了另一位好老师，他是六年级的级任老师张朗轩先生。张老师也是一位进步的知识分子，他与陈潭秋同志关系非常密切，其言行作风在许多方面很像陈老师。我早就猜想他可能是一位党内同志，至少也是党的外围进步分子，只是由于组织纪律的规定，一直没有当面询问和向人打听过。张老师同潭秋同志一样，学识很广，有文采和口才，对同学十分亲切，对我尤其关心和信任。记得他曾经写过一篇驳斥张君劢的哲学论文，定稿后由我帮助他重新抄写誊清了一遍。平时无论在思想上还是在学习上，他都给了我许多帮助，特别是在我已自高师附小毕业以后，不再是他班上的学生时，他对我依然关切如故，更在我一生的又一个关键时刻，给了我巨大的支援，使我克服了一个重大的困难，他成为我的又一个终生难忘的恩师。

20 世纪 20 年代前期的武汉，革命气氛还比较浓厚，我们学校的党团组织经常根据上级的指示，组织发动一些革命活动。这些活动通常由几位进步老师公开出面主持，我们则当他们的助手和活动骨干。比较大的活动有好几次，有次似乎是在 1924 年春，我校三年级以上的同学一齐走上街头，进行了一次颇有声势的游行示威。这次活动的具体目的和背景情况已经淡忘了，但是当时的情景，倒还历历在目。记得我们的游行大队从学校出发时，同学们每人拿着一面小纸旗，上面写着"打倒帝国主义""打倒军阀"等等革命口号，一边振臂高呼，一边阔步走向街头。由于我党正同国民党进行第一次合作，支持孙中山先生实行"联俄、联共、扶助农工"三大政策，所以队伍中也打着青天白日的国民党党旗。整个游行的领队是钱介磐老师，他也是一位共产党员。在国共合作时期，他和许多党员同志一样，兼有国民党员的双重身份。这种由国民党员带队、又打着国民党党旗的游行，就使这次活动增加了一层保护色，避免了反动势力可能的纠缠与捣乱。

作为游行大队的殿后，是一支由几十名学生组成的笛鼓队，其中有十多支竖笛、几支铜号，还有几面大小军鼓。一路吹吹打打，加上游行大队的高亢口号声，十分嘹亮引人。我也在这支笛鼓队中，不仅是这次活动的积极骨干，也是实际上的吹鼓手之一。我们每过热闹街头，都格外起劲地吹打起来，吸引了不少群众。几年前的五四运动游行时，我曾对当时参加游行的学生羡慕不已，如今我也成为游行队伍的一员，并且是其中的活跃分子，心中不免泛起一股兴奋的自豪之情。这次游行进行得相当顺利，一路没有发生什么意外。我们的笛鼓队为游行大队增色不少，大家都十分得意。事后回忆这次活动，似乎也只是测试了一下武汉反动势力对革命活动的态度和反应，并没有很强的政治色彩。

1924 年夏，我在高师附小六年级毕业，结束了连"单级学校"在内的共达四年多的学习生活。在毕业离校时，我对这个小小的革命摇篮万分留恋。我在这里的生活，实际上影响和决定了我一生的道路。不仅如此，高师附小的校址，在我们党的历史上，尤其是对于湖北的党组织来说，它还是一处很有纪念意义的地方。当年武汉地区的党的工作，大都是在这里进行研究并作出决定的，许多在群众中造成影响的活动，也常是在这里计议策划出来的。陈潭秋同志为中共湖北支部的第一任书记，也曾把这里当活动基点，以此为中心团结了一批革命力量，培养了一批革命骨干，使附小成为武昌的革命活动中心之一。也正因此，1927 年 4 月召开的我党第五次全国代表大会，就在附小的礼堂里举行。毛泽东、瞿秋白、蔡和森和刘少奇等党的领导同志，以及罗易、鲍罗廷和维经斯基等共产国际的代表，都在这里参加过会议。

武昌高师附小的校址还在，现在叫武昌中华路中学，听说有些建筑已经被拆除了。有的同志认为这个地方应该适当保存下来，因为它是我党的革命纪念地之一，对于教育后代知道创业的艰难，提醒老同志不忘革命的传统，还是很有好处的。我觉得这个意见值得重视。

从共进书社到高师附中

我从高师附小毕业后，考虑到家庭的经济状况，不可能再升学读书了，便外出寻找职业，好分担家庭的困难，用劳动养活自己。正好打听到武昌的共进书社要招收学徒。这是一家有名的进步书店，经常销售一些革命书刊，还兼卖部分文具，很为青年学生和知识界所欢迎。我参加了书社的考试，结果被顺利地录用了。我告别了学校和家庭，成了一名自食其力的劳动者，年龄才刚过16周岁。

我到书社时，那里也有两位青年团员，一位男同志叫贝云峰，另一位是女同志，加上我正好又组成了一个团小组。由于我刚当学徒，书店的业务还不太懂，经理开始只让我做些粗活跑跑腿，里里外外搬运书籍，再给几家学校送书。天热时为经理打扇子，也是我职责范围内的事。那时没有电风扇，房子里吊了个大布幛子，用绳子不断地拉来拉去，就生出阵阵凉风，我则是这个风扇的唯一动力。干了一阵杂活，经理又叫我帮助誊写账目，在体力劳动之外，又增加了脑力劳动的内容，似乎是"提升"了，其实只是加大了我的劳动量。不过我正年纪轻，劲头足，多干活也不在乎，一直埋头苦干，事事认真负责，大家对我都很满意。

正当我因为已能自食其力而感到自慰时，我的生活却又发生了意外的转机。我原来在高师附小的同学经常来共进书社购买书籍和文具。由于我在校时成绩很好，经常在学习上帮助一些同学，他们都把我当作小先生，相互间建立了很深的感情。他们见我一下子放弃学业，到书店当了学徒，都为我的失学感到非常惋惜，三番五次地动员我去继续读书。面对他们的热心建议，我只得以实情相告，说我的家庭实在负担不起一个中学生的上学费用。他们了解了我的情况，经过商议，又来找我说，几个家境较好的同学自愿凑钱帮助我缴学费，希望我能同他们一起上学。我当然为同学们的深情所感动，就回家与父母亲反复商量。他们原来也是因为不得已才同意我弃学谋生的，现在既然又有了免费升学的机会，当然是再好不过的事，就接受了同学们的建议，只望我努力学习，继续上进，不要辜负那些同学的好心和全家人的厚望。这样，我就中止了书社的学徒生活，在同学们的热心支持和实际支援下，插入武昌高师附属中学的一年级，继续上学读书了。

高师附中离我家有十来里路，我每天步行上学，来去得费两个小时。由于路远，中午就不能回家吃饭，又没钱在学校里搭伙，只得用零钱买点大饼充饥。有时零钱花完了，家里更挤不出一个子儿给我，我就得饿肚子。那时不仅我自己经常饿肚子，有一次连家里也断了炊，连着几天揭不开锅，全家人饿得东倒西歪，我还得咬着牙强打精神照常去上学，那股忍饥挨饿、辛酸苦涩的滋味，真令人永世难忘！正在我和全家人一筹莫展走投无路时，又是我的一位最亲密的同学，看我的气色不对，细心地问出了我的隐情，马上解囊相助，送我一枚银元救急。我双手接过了这枚银元，更收下了这位同学的好心和无限的同情，急急送回家去，用它买了一些米粮，使全家人渡过了一次不小的难关。

一枚银元，在有的人看来，似乎算不得什么，但是我却几十年忘不了它。我一生中曾经多次受到别人对我的帮助和支援，因此，我自己也一直把能够帮助别人和为人解难，视为应尽的责任。这种助人为乐的精神，是中华民族的美德，在新社会更应该发扬光大，把关心群众疾苦，解救他人危难，视为每个公民，尤其是共产党人义不容辞的责任。

大革命中的小青年

我在高师附中读书时，生活异常清苦，学习也很紧张。可是我参加革命活动的热情依然十分高涨。我们的任务同在附小时相比，也更加复杂多样了，最经常的工作是外出散发革命传单，张贴革命标语。当时的舆论工具全部掌握在官僚和军阀手上，我们只有用这种"手工业"方式，去宣传党的主张，扩大党的影响。每次上级交下任务，我就同自己团小组的同伴们一起，三两成组地分散到各个预定地点，伺机完成各自的任务。1924年五一国际劳动节，我们奉命沿着武昌长街直接向过往的行人递送传单，这就要靠自己选择并看准对象，哪些人可以直接塞给他，哪种人相反得防着他。开始比较拘束小心，慢慢地就有了经验，连坐在黄包车上的人也敢塞几张给他。我们也有自己的标准，有的人虽然坐车，但是穿着朴素，态度谦和，看来是一般的知识分子或职员，就大胆地将传单一下递到他手上；有的人穿着讲究，戴着金丝眼镜和手表之类，加之那副不可一世的神气，准是一个官僚，至少是个有产阶级，这种人是不会接受革命思想的，我们的传单不仅不能给他，还不能让他看出我们的活动。虽然这多少有点简单化，只是从外表形式上看问题，但也说明我们这些小青年开始运用阶级观点来观察和对待周围的事物了。

另有几次奉命到武昌最繁华的街道上张贴新发下来的革命标语，可是那些地方照例不断巡行着反动的警察或宪兵，要完成任务不仅要敢于冒险，更要机智灵活，我们便根据情况制定了多种方案。例如上街后先派一个人去同警察乱扯打岔，分散他的注意力，别的人就乘机快速贴出，然后各自若无其事地分散走开，等到敌人发现标语，我们早已无影无踪了。

我还参加过陈潭秋、董必武等党在湖北地区的领导同志亲自组织或主持的一些活动，比较重要的有这样几次：一次是1924年列宁逝世以后，陈潭秋和董必武同志在高师附小临街楼上的会议室里，召开了一个党团员会议，有20多人参加，其中有何恐、林育南、刘昌群和李子芬等活跃人物。会议的内容主要是悼念和学习列宁，陈潭秋同志作了重要发言，他讲的大意是列宁的逝世与巩固苏维埃政权和国际共产主义运动的关系问题，董必武等同志也在会上讲了话。我在这次会议上是个名副其实的"小字辈"，第一次参加这样重要的集会，并第一次一下子见到那么多闻名的党的负责人，只觉得一切都是那么新鲜、庄严和令人振奋。

1925年孙中山去世时，陈潭秋等同志又组织了一次规模很大的公开活动，在武昌阅马场召开了一个有几千人参加的纪念大会，用各种形式大力宣传孙中山的正确主张，特别是他的"联俄、联共、扶助农工"三大政策，还在会场上大量散发和出售介绍新三民主义的书籍，以及孙中山及夫人宋庆龄的合影照片等等，形成了一次大规模的宣传活动。由于活动组织得好，加之是以纪念孙中山名义召开的，所以冲破了吴佩孚、萧耀南等军阀统治的禁令，使他们无可奈何，收到了很好的效果，扩大了我党的影响，也给武汉各界留下了比较深刻的印象。从开始筹备到胜利召开这次大会，我都是积极参加的工作人员之一。

上海发生的五卅惨案，也在武汉激起反响，大批工人、学生和职员迅速卷入了这场新的反帝运动。武汉的党组织发动全体青年团员，带动进步青年参加了这一运动。各个团小组被重新组合，编成三个人一个小组，分派到武汉三镇的各个重要地点，在街头进行口头宣传，向群众揭露帝国主义者屠杀中国工人和学生的罪行，动员大家反对侵略、抵制日货，激发群众的爱国热情。在我的记忆中，这次运动是我参加过的规模和影响都是最大的一次活动。

在五卅运动中，我被分派到汉口市内进行宣传活动，我们除了不断发表演说，还反复唱过一首题为《打东洋》的革命歌谣，记得其中有这样一些歌词："高丽国（指朝鲜），琉球岛，与台湾，地不小。可怜都被他（指日本）侵吞了。为奴为仆眼前到，这国耻，几时消……"唱得激动时，我们自己也不禁潸然泪下。虽然我们当时年纪不大，水平不高，但是那股爱国精神和对帝国主义的愤恨情绪，却也感染了不少听众。

那几天我们每到一处，就先用歌声和口号吸引来群众，聚集到一些人后就开始进行演讲。听众有时多到上百人，少时也有几十人。他们大都是年轻的工人、学生和职员，也有不少知识分子和普通市民。我在高师附小时，就经常参加戏剧表演和演讲比赛，算是有了一点实践经验，经过了一定的基本训练，所以这次正好一显身手，讲得颇受好评。这次活动虽然不算违法，可是仍然受到反动军警的无理干涉，他们持枪舞棍，我们当然对付不了，遇见他们要来破坏，就及时转移地点，用"打不赢就走"的办法继续进行宣传。

白天这样连续战斗，夜里走到什么地方，就在什么地方找个小旅馆，随便休息一下。那种蹩脚小客店里，臭虫、蚊子特别多，咬得人无法入睡。幸亏我们年纪轻，热情高，也就毫不在乎地挺了过来。这样干了好几天，才奉命收兵回营。虽然搞得很累，情绪却仍然高昂，那么多人听了我们的宣传，就是对我们的最大褒奖，身体疲劳一点，就根本不在话下了。

社会调查和革命理论学习

1925 年 1 月，中国社会主义青年团正式改名为中国共产主义青年团，团的队伍及其活动也有了很大发展。陈潭秋同志在领导湖北地区党的工作时，时时注意培养和利用共青团的这批有生力量。他主持武汉市的工人运动时，曾经在武昌城郊长江边上一个叫徐家棚的工人区办了一所工人子弟学校。没有校舍就搞来些竹子和稻草，搭了几间凉厂式的棚子，用木板和土坯或树棍，连钉带架地做了些极粗糙的桌子、凳子，招收了一批 10 岁上下都未能入学的工人子女，来这里读书识字学习文化。这所简陋的工人子弟学校建立以后，陈潭秋同志经常分派一些共青团员到那里去，一面帮助校中的工人子弟学习，一面深入工人区内了解工人阶级的生活状况，听取他们的意见和愿望。我们通过观察、访问和调查，接触了许多工人，结交了他们的子女，还深入他们的家庭内部，得到了许多在学校里得不到的感性知识，特别是对社会生活和阶级矛盾的现状，有了比较具体深切的了解。这种活动对于我们来说，确是一堂活生生的阶级教育课，不仅扩大了自己的眼界和生活圈，还启发了思想，提高了认识，从而更激发了自己的革命决心。

陈潭秋等同志领导下的武汉地区党团组织，除了经常分派我们参加上述各项活动外，还不断组织我们进行马克思主义理论知识和团课学习。负责共青团工作的何恐同志几次利用野游的形式，到洪山等名胜游览地上团课，使我们接受党的教育。有一次，给我们讲课的是武汉市党的负责人之一的彭泽湘，主要内容是讲马克思主义哲学的唯物辩证法。虽然我对那些陌生而新鲜的哲学名词

1993 年，伍修权为陈潭秋中学题词。

及其概念并没有完全听懂和理解，不过正是在那时，我第一次正式地接触了唯物辩证法的哲学概念，知道了它是马克思主义最基本的思想原则之一，开始懂得应该以此来指导自己今后的一切思想和行动。

这种一面野游一面学习的活动，既可避开敌人的破坏干扰，又能增加参加者的学习兴趣，收到了很好的效果。当时我们经常参加的有十多个人，何恐、许之桢等同志也给我们讲过课。有一回何恐同志还自费买了许多面包和黄油，让我们大家来了一次愉快而有意义的野餐。当时对我来说，这是生平第一次吃到的"洋东西"，尤其是何恐同志本人也不富裕，不知他是如何节衣缩食才挤出钱来，使我们开了这次"洋荤"的。

除了一些集体的学习活动外，团组织还经常分发一些革命书刊给我们，让大家分别秘密阅读。当时很有影响的《新青年》《中国青年》和《向导》等革命刊物，我都认真地读过，还曾得到国家主义派办的《醒狮》，用来与革命的刊物对照着读，好了解一些反面的观点材料。马克思主义的理论书也是我们的经常读物，我印象最深的是布哈林的《共产主义ABC》，它使我了解了许多共产主义的基本知识。

当时直接给过我们教育和指导的，还有原来高师附小的钱介磐、张朗轩、何春桥、刘季良、熊器叔和江子麟等老师。他们有的就是共产党员，有的虽然不直接教我的课，但却一直关注着我的成长，对我的思想和学习有过很大的影响。当时武汉的一些有名的大中学校大都集中在武昌，各校先后都建立了党团组织，开展了不少革命活动。武汉市的党组织还曾派一个叫卢春山的同志，负责联系和指导各校的活动，我校也有一个团员专门帮助他从事联络工作。

我正过着半是学生半是革命者的紧张生活时，我的前进道路又发生了一个巨大转折。

喜从天降——党要派我去苏联学习

1925 年秋天，我已升入高师附中二年级。开学一个月左右，有一天放学后，我回家路过钱介磐老师家的门口，见钱老师远远地就迎上来叫住我，说有一件重要的事情要同我谈。我遵命进了他家，他用十分严肃又很高兴的语气，告诉我一件简直使人不敢相信的大喜事。他说，孙中山先生逝世以后，共产国际和联共（布）中央为了纪念这位伟大的中国革命家，决定在莫斯科创办一所以孙中山命名的学校，专门为中国培训革命人才和党的干部，以进一步帮助和支援中国革命，这就是莫斯科中山大学。现在中山大学已经筹建就绪，中共中央通知各地的党组织，选调一批年轻的党员、共青团员和进步青年，在指定地点集中，然后集体赴苏学习。湖北的党组织遵照中央的通知，对所属的党团员和青年骨干一一作了研究，确定了我和其他一批同志作为赴苏学习的人选。党组织委托钱老师将这一情况通知我，让我郑重考虑后予以答复，以便作出正式决定。钱老师还说，由于当时正处于第一次国共合作时期，共产国际要求国民党方面也推荐一些年轻的党员和进步分子，与我党选派的人员同时赴苏，一起学习。

我听了钱老师的话，觉得这个消息真是太突然，也太令人兴奋了！从我踏进革命行列的第一天起，就知道并向往着工人阶级掌了权的苏维埃国家。红色首都莫斯科，更是我们心目中的革命圣地。那里是十月社会主义革命的发祥地，是列宁主义的故乡。要能够到那里学习，简直是想也不敢想的事。现在这么个意外的好机会，居然降临到我的头上，我兴奋得心里怦怦直跳，几乎没有考虑，马上就对钱老师说："我去，我去，我当然要去！"钱老师又说，不只是要我本人同意，还要看看家里的态度，这是一件不小的事，必须争取到每个被选派者的家庭的支持，因为还有些实际问题要由家庭来解决。我忙说，我家里肯定会赞成我去的，我了解我的父母亲，他们对我的革命活动从来没有阻拦过。事实正是这样，我入团以后，按照组织纪律，从未向父母透露我的秘密身份和活动，但是他们还是逐渐发现了秘密。他们看到过我藏在家里的共青团团章和传单等一些材料，却什么也没说，只是帮我藏得更严密，一再悄悄地嘱咐我处处小心，明知我正从事着一项危险的事业，却出于对自己儿子的信任，默默地支持着我的一切行动。此外，我家兄弟很多，走一个至少可以减轻一份负担，要能有所出息，就超出他们的希望了。我把这些情况向钱老师说了，他让我还是回去征求一下父母的意见，他们能够支持当然更好。

我怀着一腔欣喜，向父母谈了这件对我及我们全家都是十分重大的事。不出所料，他们没有一点反对或为难的表示，连我的慈爱母亲，对于她的爱子将远走异国，也没有说一句难过的话，只是像她惯常的那样，长久地默默盯视着我，她和父亲究竟是怎么想的，虽然没有说出，我却能猜想出来。每一个父母都希望自己的儿女能长大成才，但是现实生活使他们完全失去了希望，不仅根本无力培养孩子，连一家人的肚子都填不饱。现在儿子自己找到了救星共产党，他们当父母做不到的事，党替他们做到了，他们当然喜出望外，万分感激。父亲以高兴夹杂着惭愧的心情，表示完全支持组织上的这一决定，让我不要辜负我的"再生父母"的"栽培"，我的兄弟们也都以羡慕的语气，向我表示了祝愿。

我就这样非常顺利地通过了"家庭关"。不过，并非每人都像我这样顺利。当初我们一起入团的另两名同学，这次也被提了名，但是他们一个因为是独生子，家里说什么也不放他走；另一个则因为家境较好，不出国也自有出路，也被家里人拖了后腿，结果就同我们许多同志分道扬镳了。

"雪中送炭"和"中秋家宴"

我和别的同学在通过"家庭关"问题上的不同结果，十分符合"穷则思变"和"存在决定意识"这两条真理。不过，我家里穷的这个"存在"，却在另一方面给我带来了难以克服的困难，几乎使我被迫放弃了这个难得的出国学习机会。

当时党内经费很少，被组织上选派赴苏的学生，出国以前的旅费和其他开销必须全部自理。按照规定，我们湖北的出国人员应该到上海集结待命，待各省人员到齐后一起赴苏。在此期间，即从武汉到上海的轮船票钱、出国一路上必需的服装和生活用品等等，都得自己筹办。我家是连饭都吃不上的，到哪儿去弄这么一大笔钱呢？我和全家人刚刚还在为自己的这个大好良机而欣喜非常，一下子碰到这些具体问题，真像一盆凉水从头浇到脚跟！这么一笔钱，别说无处可借，就是借到了，又用什么去还啊？全家人都为此愁坏了，我更是焦灼万分，眼看着穷困将绑住我的手脚，使我飞不起跳不高，即将坐失这个千载难逢的出国学习机会。世界就是这样不公平，家里有钱的人不愿走，我这愿走的家里又没有钱，想走也走不了。就在我和全家人无计可施到几乎绝望之际，又是革命的师友，向我伸出了温暖的友谊之手，将我一下子拽出了困境。我在高师附小六年级时的级任老师张朗轩先生了解到我的情况以后，马上慷慨地拿出了40元钱，亲自送到我的手中，并帮助我作了筹划，一部分用来购买去上海的船票，一部分用来购买必需的学生装、卫生衣和胶鞋等等衣物用品，再余一部分带在路上和到上海时零用。他还一再安慰和鼓励我出国后好好学习，努力掌握革命理论和本领，早日回来报效祖国。他对我的这一片深情，使我感激得一句话也说不出来，只得含泪默默地向他宣誓：我决不辜负您对我的长期教导、无私支援和无限厚望，一定以自己的学习成绩和工作战斗成果来报答我最敬爱的老师。

别的同学和友好知道了我的事，也以各种方式尽力给我帮助和支援。何立人同学特地给我送来了一件半旧的短大衣，让我一路上用它遮遮风寒。这真是一件雪中送炭的礼物，我正是穿着这件短大衣，在从上海到苏联海参崴的远航时，挡住了日本海上的逼人寒气；又正是裹着这件短大衣，在从苏联远东到莫斯科长途列车的硬席车厢里，闯过了西伯利亚的冰雪世界。革命师友给我的一次次帮助和支援，给了我无限的温暖，也给了我巨大的鼓励和有力的鞭策，任何时候我都不会忘记他们对我的深情厚谊。

当我准备好行装时，也就到了出发的日期。这天正是八月中秋，中华民族传统的团圆佳节。按照通常习俗，每家的子女儿孙这天都应该聚集到父母祖辈身边，共享天伦之乐。我家虽穷，往年此日也得坐在一起，啃几口母亲自做的粗糙月饼。可是今年正是此日，我却要与家人长别，远走他乡异国，并且不知何年何月才能返里重逢。此时此刻，谁也难免有点儿女情长，可是我为了不勾起父母亲人的伤感之情，便装得若无其事甚至欢喜的样子，同家人又说又笑。临行前，父亲特地打来了二两酒，母亲又炒了一盘鸡蛋，外加一盘我家罕见的肉片，趁此团圆佳节，为我设宴饯行。

当时谁也没有想到，这既是我家多年来第一个酒菜最丰盛的中秋家宴，也是我们家最后一次家人最齐全的团圆聚会。正是从这以后，我们家的人就走的走，死的死，再也团聚不成了！在这次难得的中秋家宴中，父母兄弟们用最简单的语言，预祝我一路平安，早日归来。我也以无限的依恋之情，祝福他们一切安好，等待重逢。我们都努力克制着自己的感情，尽力安慰对方，只把一眶热泪和着杯中的苦酒，一齐吞入肚中！

再见，我的故乡、师友和亲人！

吃过中秋宴，喝罢告别酒，我也该出门上路了，母亲又只是无言地盯视了我一会儿，父亲和三个哥哥帮我提起几件简单行装，一起送我摆渡过江。月到中秋分外明，可是此时此刻，我们一家人谁也无心赏月。父亲领着我和三个哥哥，披着惨淡的月光，来到汉口第六码头，在那里等候并会合将一起出国的同志，相伴搭乘去上海的轮船。

不久，那些同志先后都来到了，包括我在内，一共是 11 个人。当时我是 17 岁半，年纪最小，带的行李物品也最少，其余人都比我年长，行装穿着也比我讲究。我毫不在乎这些，我只觉得心中的热情、怀着的亲人希望、领受的组织和师友重托，丝毫不比别人少。我不愿在同行者面前流露出对亲人的依恋，爽快地同父亲和哥哥们告了别，提着自己的行囊，抢在同行者们前头，挤上了轮船。当我站在甲板上，用目光借着月色寻找为我送行的亲人时，他们已淹没在码头上的人群之中。我没有想到，这一别竟成了我们最后的诀别，我的父亲和这三位哥哥，在我走后，都一一相继去世了！

一阵锚链响、汽笛鸣之后，我们所乘的轮船就缓缓地离开了码头，沐浴着中秋佳节的皎洁月光，划破滔滔奔流的大江波涛，朝着东方、向着远方开航了！接着，龟蛇二山的深蓝色剪影，渐渐沉入茫茫夜色之中，武汉三镇的灯光，也慢慢暗淡、模糊，留下了一片光晕。迎面而来的江轮航船，凄厉而悠长地鸣着笛音，此呼彼应地打着呼哨，既像在送行，又像在追问：你去哪儿？几时回程……

只有离乡人，才知故乡亲。我思恋故乡亲人，我怀念这个生我、养我、教我、炼我和爱我的地方。17 年来，我从一个极普通的穷孩子，偶然成为一名学生，又成了一个革命小兵，是穷困和苦闷的生活环境，给了自己现实的教育，是半封建半殖民地的社会现实，促使人们寻求解放之路，也萌发了我们朦胧的初步的革命愿望。正是在这时，我幸运地遇到了党派来的陈潭秋等同志，是他们，在我们这些要求变革不平社会的"干柴"中，点燃了革命思想之火，终于使我们找到了正确的革命道路，并直接引导我投入了无产阶级的革命大军。这个过程，形象地说明了这样几条革命真理，一是"穷则思变"，二是"存在决定意识"，三是"社会主义思想不是自发产生的"。不是环境所迫，我不会要求革命；不找到中国共产党，也不会走上正确道路。我正是这样走过来的，又正在这样继续走下去。今日离乡，是我沿着既定的方向，开始了一段更新更壮阔的历程。

1993 年 5 月，伍修权（右）回武汉时在东湖边留影。

江浪拍打着船舷，应和着我激荡的心绪，汇成了一片铿锵的进行曲。江轮离武汉越来越远，航行的速度也越来越快。别了，我的故乡，我的亲人，我的战友，特别是我的恩师！你们此刻在干什么呢？会不会正在念叨刚远离你们的我呢……

我抬头望见中秋明月，它像一面圆镜，似乎一一映照出我正想念着的所有亲人和师友们的熟悉面影：

那最初帮助我进"单级学校"的童年伙伴，若不是你当初的热心鼓动，我能有今天的一切吗？你帮我上了学，自己却被迫做工谋生去了，如今你又在何处呢？

我从小学到中学的一位又一位亲密学友，若不是你们一次次对我的帮助、支持和鼓励，我能渡过那一道道难关吗？最好的可能大概还是在共进书社当学徒吧！

我敬爱的张朗轩、钱介磐等各位先生，言词无法完全表达出我对你们的感激和尊敬，你们不仅是我一时的老师，更是我一世的恩师！

特别是我的革命导师、我的思想启蒙者和革命引路人，我的心上将永远镌刻着您的英名——陈潭秋。

如镜明月上好像又出现了母亲那苍白羸弱的面影，我的骨肉亲人们，你们也在看望这轮月亮吗？"但愿人长久，千里共婵娟"，即使在异国他乡，我们相隔千山万水，我们头上闪亮的不都是这一轮明月吗？

夜深了，明月西斜了，离故乡也更远了！别了，不，再见，我的故乡、师友和亲人，我会回来的！

第二章　赴苏学习和工作

一、漫长的旅程

从汉口到上海

1925 年旧历八月中秋这一天，我们一行由汉口出发，共 11 个人，由胡彦彬（又名胡伊默）带队，男生有贝云峰、熊效远、梁仲民、潘文育、知可（又名濮世铎）、高衡（又名高理文）和我共八名。还有三名女生，她们是黄励、杜琳和宋伟。当时我们是怀着同一个目标去苏联的。后来，随着形势的发展和变化，我们走上的却并非同一条道路。有的同志在斗争中不幸牺牲了；有的同志解放后还在为党工作；也有些人走了不同的道路，变成了国民党员。特别值得一提的是黄励同志，在我们由武汉动身时，她是进步的国民党员，到莫斯科后加入了共产党，1931 年 10 月回国工作，1933 年 4 月在上海被捕入狱，7 月在南京英勇牺牲。在敌人的屠刀面前，她慷慨激昂地说："革命者不怕死，革命者杀不完，国民党政府的寿命不会长了！"牺牲时她才 28 岁。

我们出发时，正值军阀混战时期。船经过南京时，不知是哪一方的军队要征用我们乘的船，旅客统统被赶到了岸上。但是为了遮丑，他们还是安排我们在下关坐火车去了上海。

从上海到海参崴

到达上海后，我们住在中央指定的一家旧式小旅馆里。一间大屋子里面用木板隔开了一个个小房间，每间住三四个人，地点在法租界内。此时正进行江浙军阀战争，租界边上都堆了沙包，筑了工事，气氛相当紧张。因此，我们很少外出，每天在旅馆中读书看报，等待出国。我们的领导胡彦彬经常同党中央保持联系。直到 10 月下旬，才得到了出发的通知，说有一艘回海参崴的苏联煤船，可以把我们带到海参崴，再转乘火车去莫斯科。这一天，我们带着自己的简单行李，步行到黄浦江码头，在茫茫夜色的掩护下，乘小舢板划出吴淞口，登上了停泊在长江口的苏联煤船。先后上船的共有 100 多人，是从上海、江苏、安徽、江西、湖南、湖北、河南、山西、陕西和北京、天津等地选调来的。他们中有张闻天、王稼祥、乌兰夫、吴亮平、孙冶方、潘自力、杨放之、刘少文、沈泽民、张琴秋、李培之、马骏、马骅、于树功、刘辉、曾鸿毅、罗文炳等同志。

为了应付可能发生的意外情况，我们上船前都准备好应付盘查的话，说自己是去苏联当劳工的。其实我们这批人中，除了有我这样的穷学生外，还有西服革履的知识分子，有的还是大学教授。我那时的行装最少，有人带着阔气的大皮箱，根本不像去当劳工的样子。那时，我们革命者方面没有经验，反革命方面也没有什么经验，当时的军阀政府还不像以后的国民党反动派那么组织严密，所以我们并未经受到什么波折，全部顺利地登上了苏联的煤船。这艘船约有三千吨级，船上并没有煤。我们大部分人都睡在下边的统舱里。因为都是从各省来的，大家互不相识。特别是我那时年纪又小，文化又低，样子也最穷，算是"第三等级"，加之口音关系，很少和人交谈。由于怕晕船，大家静卧在舱内，只是偶尔到甲板上透透空气，观赏一下海上的景色。

1925 年 10 月下旬，我们的船由上海开航，驶向苏联的海参崴。当时带领我们的两个人，一个叫杨明斋，他原来是苏联的华侨，俄文很好，曾于 1920 年陪同共产国际东方局局长维经斯基来华，参与过中国共产党的建党活动；还有一个叫周达文，贵州人，他是与瞿秋白一起，在过去的北京俄文专修馆学会俄文的。他们这次受党中央的委托，专门为着送我们去苏联，一路负责照管我们，为我们向苏方联系各种事情。

在海上航行了几天，正赶上十月革命节八周年纪念日。船上举行了纪念会，由苏联船长主持，讲演十月革命的意义，又邀请中国同志讲话。我们推选了上海来的老资格党员俞秀松做代表，他在发言中赞扬了十月革命的伟大胜利和对中国革命的影响。接着又欢迎同船的日本和朝鲜同志讲话。在这艘船的甲板上，充满了无产阶级国际主义的友好气氛。在这次集会上，我第一次听到了《国际歌》。那悲壮的歌声一下子就抓住了我的心。开始，我只是跟着哼哼，慢慢地也就会唱了。

在船上每天吃面包，加大块糖，我们中有的人不习惯这种生活，晕船呕吐，不能吃东西。但我的情况还好，较快地适应了船上生活。虽然是第一次出远门，却像出笼之鸟，心中充满了各种美好的想象，只盼早日到达久已向往的莫斯科，旅途的单调和疲劳，也就忘在脑后了。

从海参崴到莫斯科

1925年11月10日前后，我们到达了海参崴。苏联船长带着杨明斋和周达文先行上岸去与苏联的有关方面联系，很快为我们安排好火车。黄昏时，我们一下船就上了火车，当夜就向莫斯科进发了。那时的苏联火车，就是电影《共产党人》中的那个样子，每节车厢安了个取暖的大油桶火炉，火车头要靠烧劈柴生火，每走几站就要停车搬装新的木柴上车，不然车就开动不了。车厢内是上中下三层木板铺，什么铺的盖的都没有。我幸好有同学送的那件短大衣，才在通过冰天雪地的西伯利亚时没有挨冻。那种生活现在看来似乎难以想象，可是那时年纪轻，身体好，情绪高，也就这么闯过来了。那时的苏联还很困难，车上的伙食有面包、黄油、方糖和开水这样一些东西，已经算是优待我们了。我们中的许多人却吃不惯，特别是黄油。不过我倒觉得很可口，还创造了自己的吃法，把黄油和糖放在一起，用开水一冲，又甜又香，它的味道和营养，比我家里的伙食要好得多了。这样一面喝着特制的黄油汤，吃着面包，一面看着西伯利亚铁道沿线的站台一个一个地往后退去，离我心目中的革命圣地莫斯科越来越近了。我们怀着对未来的新生活的憧憬，克服了生活上的种种不习惯与不方便，一直保持着一种兴奋愉快的心情，终于走完了这段漫长的旅程。

二、在莫斯科中山大学

美丽的校园；报到编班，我的学生证是73号

我们的列车在路上走了约两个星期，于11月底到达莫斯科。那时天已经很冷了，我们被接到位于莫斯科沃尔洪卡大街的中山大学校舍住下。学校面临大街，对面是一个大广场，还有一座俄罗斯有名的大教堂。我们开学后，每天早晨都到那里去做体操，听说体育教员还是从瑞典专门请来的。广场南端还有个不小的公园，正好成为我们常去散步、休息的地方。学校楼前也有个小型的花园，我们常在下课后去那里散步，和同学们聊聊天。中山大学校舍是几层

楼的宽大楼房，有宿舍、教室、食堂、小吃部和学校的办公用房等，不久后还修了俱乐部。从当时的眼光看，真是富丽堂皇了。开始时学员人数不多，都住在校内。我们进学校后的第一件事，就是由学校工作人员和教员同我们每一个人谈话，问各自的姓名、籍贯、家庭成分、文化程度、学历和经历，曾读过什么书，参加过什么革命活动，等等。然后开始编班，发学生证。记得李培之同志的学生证是第1号，我是第73号。我一生有两个号码记得最清楚，一个是这个73号，还有一个是"文化大革命"中关"牛棚"时的42号。

国共两党都派了学员

在我们这一批学生到达以后，又来了两批学生。一批来自我国广州，也是乘船经海参崴来的。他们中有后来东北军区炮兵司令朱瑞同志、张如心同志等。这批学员成分比较复杂，国民党员较多，且有不少右派，如后来国民党特务头子之一的康泽，抗战时重庆的宪兵司令张镇，以后是南京伪政权骨干人物的林柏生、陈春圃和他们漂亮的未婚妻等。另一批是从法国、德国、比利时等西欧国家来的。他们中有邓小平、傅钟、徐冰同志，其中还有谷正纲、谷正鼎兄弟二人。潘自力是我们的团小组长，刘仲容是学生会会长。曾和我同班的有乌兰夫、张如心、张锡垄，还有张镇，他是黄埔一期学生，因为是湖北人，同我关系不错。后来我曾想做他的统战工作，但没有成功。

学校根据我们每个人的文化程度编成几个班，每班20多人。从法、德等国来的同志外语水平较高，编为法语、德语班。从中国去的英语较好的则编成英文班，直接用外语上课。我们同一批来的张闻天、王稼祥、吴亮平、沈泽民等同志学习俄文进步特别快，不到一年时间就一面学习一面当翻译。后来张闻天、王稼祥、沈泽民同志考进了红色教授学院。

1925年，伍修权进入中山大学时留影。

学习内容丰富系统

我们学习的课程有马列主义哲学、政治经济学、科学社会主义、联共党史、西方革命运动史、东方革命运动史和俄语。在班上我的文化程度最低，别的同学都有大学程度，至少也是高中生，而我才读完初中一年级，但是我的学习成绩却居于中等。因为有些文化程度高的人对课程不在乎，学习不认真；有的人则是带着敌对的反共情绪在学，例如康泽、谷正纲等人，当然是学不好的。而我有自知之明，"笨鸟先飞"，全力以赴，非常认真地学，结果成绩是比上不足，比下有余。

学校的课程中，我对俄语和政治经济学的兴趣最大。当时我曾总结了学习俄语的三条经验：一是抓好文法的学习，当时只有刘泽荣先生编的一本俄语语法，一回宿舍我们大家都争着看，我把那些名词、代词、形容词的变格和动词的变化规律等等，都死背下来；二是抓记单词，把所接触到的新单词都抄到小本子上，将它们反复记熟，背熟后把这一批去掉，换上新的不熟的单词，再反复背，如此不断反复，积累了大量单词；三是利用各种机会去练习听和讲俄语，通过实际使用来提高自己的俄语水平，这当然难度更大些，机会也不太多。政治经济学我也比较喜欢，教科书中有关剩余价值的理论，引起了我的很大兴趣，我找了不少这方面的教材和辅导材料阅读。所以后来由我来担任这门课的翻译，就能够比较准确地翻译和讲解老师的论述，同学们听了也比较满意。

苏联对学员的生活很照顾

我们在学习期间的生活是很受优待的，1926年5月，学校还把我们送到莫斯科郊区的休养所去。那里环境优美，虽然设备一般，但每天早餐是牛奶、可可、鸡蛋、黄油和面包，伙食很好。上午专门有位教员给我们读报，讲当天的形势，其余时间就是休息、散步、体育活动。那时苏联建国还不到十年，就组织这些活动，使我们觉得社会主义制度真关心每一个人，生活好得很。平时学校对我们的学习和生活也是千方百计安排好，曾经专门派人到远东采购海参、香菇等名贵食品，为我们改善伙食。住宿等方面搞得也很好。开始人少，集中住在校内大寝室里，后来学生多了，就分些人到外面好几个地方住。

斯大林到中山大学讲话

我们后来住的地方离克里姆林宫不远，有时在路上还可以碰到正步行上班去的斯大林。他总是穿着一身红军的呢大衣，一个人很随便地走着，不见身边有警卫人员。当然，也可能警卫人员化了装，隐蔽得看不出来。他曾经到我们学校讲过话，所以大家都认得他。他来中大时，也是穿着红军大衣，很朴素，老是抽着那个成为他的特征之一的大烟斗。由于他是格鲁吉亚人，俄语发音不那么地道，所以讲话比较慢，但用词很准确，有一股深沉、坚定的力量。他的讲话经过一层翻译，听得并不是那么清楚，直到以后看到了正式的译文，才有较深的理解。例如他在 1927 年 5 月 13 日那次答复中大学生十个问题的讲话，我是后来才领会了它的意义的。

当时中山大学的校长是拉狄克，波兰人，是国际共运中的有名人物，德文、俄文都很好，常常不拿稿子一讲就是三四个小时，很有学问，他后来也成了托派的重要成员。副校长是米夫，以后是共产国际的东方部（部）长，1927年、1930 年两次来过中国。我党的六届四中全会是他一手导演的。学校里的党的书记是个工人，长得很结实，叫阿戈尔，波兰人，教育处长叫波古良也夫。

苏共反托派斗争波及中山大学

到中山大学不久，联共（布）十四次代表大会召开，展开了反托派斗争。报纸上公布了苏共中央同托派的不同纲领，中大的学生也卷入了这场争论。我当时虽然没有很高的政治水平，却有着传统的正统观念，一直很明确地支持斯大林的联共中央路线，但是同学中有些人却支持托派的观点。他们中主要有两种人：一种人特别欣赏托洛茨基的才华和知识分子气度。我校学生都听过托洛茨基的讲演，他能用英、法、德、俄各种语言演讲，他的才气是颇能吸引一部分脱离实际的知识分子的。另一种人是以康泽、张镇等为代表持国民党反动观点的人拥护托派，反对斯大林。学校中支持托派观点的同学，在辩论会上，捧着一大摞列宁著作，一面翻书一面发言，说在什么书多少页上，列宁是怎么说的，引经据典、振振有词地为托派辩护，很有煽动性。

从我们来到莫斯科不久，直到 1927 年 11 月把托洛茨基和季诺维也夫两人开除出党，这一期间的中山大学也处于很紧张的气氛中，同学们都被不同程度地卷入了斗争。有的同学，如我们同船去苏联的陆渊等人，竟成了学校中托派的头头；还有人因此受到开除党籍、团籍，流放和遣送回国等处分。不过，这场斗争对我个人影响不大，我的主要精力仍然用在学习上。当然我也不是完全不闻不问，还是有着自己的观点和倾向的。我同某些有托派观点的人，虽然在思想上格格不入，但是还有个人交往，有的还比较亲近。例如我的小学同学濮世铎，在小学时我们就很要好，我有时就住在他家，他也住过我家。一同到中山大学以后，我们每月发十个卢布零用钱，我那时很节约，也没有什么嗜好，钱总是有存余的，看到濮世铎抽烟钱不够用，我就把节余的钱给他。他后来受到托派观点的影响，我们之间在政治观点上有分歧了，但还是保持着个人的交往。他在 1927 年回国后同我走了完全不同的道路，投到国民党方面去了，解放前后，他参加了民革，住在北大他儿子那里。

有一回讲西方革命史，学校请来了一位 80 岁的巴黎公社老社员，给我们讲巴黎公社的经验。给他当翻译的是叶青，那时叫任卓宣，他也是从法国来的。听说他回国以后曾经担任过负责工作，被国民党抓去未死成，以后却成了中国托派的一个重要成员。

1927年大革命失败在中大的强烈反响

1927 年大革命失败后，李立三曾到莫斯科，在中山大学作过报告，向我们讲上海工人的三次武装起义，还讲了陈独秀的机会主义路线。谭平山也在大革命失败后到过苏联，在我们学校图书馆里作过报告，讲到他一度负责的国内的农民运动时，也作了自我批评。第一次国共合作时，他当过国民党中央的秘书长兼组织部长，1927 年马日事变后，陈独秀下令停止农民队伍进攻长沙，就是通过他去执行的。他讲话时有口头语，每一句话中都要带一个"这个"，从头到尾说了无数的"这个"，给大家留下了谈笑的资料。

1927 年蒋介石叛变，大肆屠杀共产党人和进步分子，中国一片白色恐怖，大革命失败。这些消息很快传到学校里，同志们对此也展开了议论和争论。当时苏联报纸上也登了有关中山舰事件、农民运动的消息和批评陈独秀机会主义的文章。我当时水平不高，对机会主义实质理解不深，不过陈独秀不让农民围攻长沙，让武汉工人缴了枪，我是表示了不满意的。在马列主义基础课中，结合历史上的和现实的斗争，例如对中国的北伐战争和蒋介石叛变、对苏共当时的反托派斗争进行分析和认识，不仅提高了自己的理论水平，更坚定了自己的革命意志。通过政治经济学的学习，看清了资产阶级和无产阶级之间剥削与被剥削的阶级关系，懂得了剩余价值理论和认清了资本主义必然让位于社会主义的历史发展规律。这些学习在确立我的革命人生观方面，是起了奠基作用的。

学生内部也存在着复杂的斗争：一种是对少数国民党分子的斗争；一种是对共产党员内部动摇派的斗争。大家都思想活跃，态度明朗。持国民党观点的人到处宣传他们的旧三民主义，有的党员受他们的影响，转向了国民党方面。在我的印象里，原来是国民党观点转到我们这边来的好像不多。

王明、博古先后到了中山大学

在我们以后，王明、博古等也先后到了中山大学。王明他们看不起国内有实际工作经验的同志，拉帮结派，控制了学校党组织"共产党支部局"，形成了一个教条主义小宗派。他们最活跃的时候是 1929 年，那时我已经离开了中山大学，到军事学校去了。

在那一段时间，同学中还议论着有什么"江浙同乡会"，因事不关己，我也从来没有注意过。对托派问题，我虽然因为水平不高，没有在讨论会上作过有系统的发言，但平时与同学们交换意见，我拥护联共（布）中央和斯大林，反对托派的态度一直是明朗的。当时中大不少学生支持了托派，后来他们中的一部分人被送到西伯利亚等边远地区劳改，一部分人被遣送回国，以后也陆续受到审查和处理。我回国到苏区以后，一直没有碰到一个真正的托派，但是我却见到不少同志因此被审查。

1927 年 9 月，我们在中山大学的学习告一段落。我进入莫斯科步兵学校。

三、在莫斯科步兵学校

中共中央指示我们报考苏联军校

1927 年，我在莫斯科中山大学学习了近两年时间，正要结束学业时，从国内传来了蒋介石发动四一二反革命政变的消息，一度热火朝天的中国大革命运动被国民党内的反动分子给断送了，由孙中山先生和我党中央共同开创的第一次国共合作的良好局面也被完全破坏了。四一二政变和"宁汉合流"引起的动乱，也波及远在国外的莫斯科中山大学，同学们都从不同的利益和立场出发，对这一事件作出了不同的反应和评价，平静的学习生活被搅乱了。鉴于当时形势，校方决定将原来由国民党选派来的学员，主要是一些国民党员和倾向国民党观点的人，首批结业并送回中国。随后又将一些学习成绩好并且活跃能干的共产党员和共青团员，挑选出来组成第二批回国人员，为国内斗争输送新的干部。他们回国的路线是通过蒙古越境进入我国，这是共产国际开辟的一条秘密交通线。但是由于国内情况的恶化，这条通道不久就被切断了，迫使我们准备相继回国的同志改变了计划，并被滞留在莫斯科。

与此同时，在国内坚持斗争的同志中，从四一二政变以来，成千上万名共产党人和进步群众被反动势力大肆逮捕，并惨遭杀害。各地党组织从革命活动受到严重破坏的惨痛教训中，开始认识到要革命必须有武装，必须建立我国无产阶级和我党自己的军队，以便用革命的武装来反对武装的反革命。由周恩来等同志在江西南昌领导了震惊全国的八一起义，紧接着又由毛泽东等同志在湘赣边界领导了著名的秋收暴动，使大批革命人民主要是农民拿起了武器，联合原国民党军队主要是北伐军中接受了我党影响的广大官兵，一齐用武装起义来回答国民党反动派的武力镇压。但是由于敌强我弱及军事知识和经验不足等种种原因，各路起义部队都先后受到挫折甚至失败。我党于是决定选派一批斗争骨干和起义部队的指挥人员，分批送往苏联进行军事学习和深造，同时通过共产国际中共代表团，从已在莫斯科中山大学结业并准备回国的学员中，抽选一批转入苏联各个军事学校，专攻武装斗争需要的军事知识和战术、技术，为新生的我国人民军队培养经过正规教育和训练的军事人才。

当时，我正在为不能马上回国参加斗争而不安，听到校方传达了中共中央的指示，要我们根据国内斗争需要和个人志愿，再报考苏联的军事学校。组织上派人一一向我们征求意见时说，我们每个人可以按照自己的条件和爱好，任意选择不同的军兵种及学科，举凡步兵、炮兵、工兵、骑兵和海军、空军等等，都可以自由报名应试。我当即愉快表示服从组织上的决定。

决心从头学起——报考莫斯科步兵学校

按照我当时的条件，学哪个军兵种都行，但是我考虑到国内的作战形式主要将是游击战争，有些兵种在中国一时会用不上，更谈不到建立海军、空军，只有步兵最有用武之地，当即决定学习步兵。不过我来苏联时才是个刚参加革命不久的青年学生，对于当兵打仗还不知道是怎么回事，连枪都没有摸过，就下决心从头学起，报考专门训练初级军事指挥员的莫斯科步兵学校。领导上支持了我的想法，我就和一些有同一志愿的同学们一起，于当年 9 月去步兵学校报到，未参加考试即被接收入校。

特别的中国班

和我同时应考合格并被批准入学的原中山大学同学共有 11 个人，学校将我们单独编成一个特别的中国班，班长是来自我国广东的梁振鸿。其余的同学有从法国转到苏联来的甘瑞和傅汝霖，江西的郭景淳和罗文炳，河南人李星若，陕西人董汝诚，上海邮电工人出身的尤赤，还有上过黄埔军校的彭文畅，另一位的姓名已记不起了，连我一共是 11 名，正好同我们于 1925 年由湖北被选派来苏联的人数相等。我们是莫斯科步兵学校的第一批中国学员。

一大批中国同志在苏军各类院校学习

在同一时期内，分别转入各个军事学校的中国同志，有相当一大批，其中有我这样的投笔从戎的青年革命者，也有具有一定军事经历和作战经验的革命老兵。如著名的川军将领刘伯承同志，他在参加领导八一南昌起义后来到苏联，与原在中山大学的左权、陈启科和屈武等一起，先到专门训练师、团、营等中级指挥员的莫斯科高级步兵学校，以后又转入苏联最高军事学府伏龙芝军事学院，深入研究军事理论和指挥艺术。与我同年进莫斯科中山大学的朱瑞等同学，考入了莫斯科炮兵学校；同我一起从湖北出来的熊效远等同志，进了工兵学校；王弼同学上了航空机械学校，去学飞机制造专业。此外，又有一批中国同志被选送到列宁格勒军事政治学院学习，他们中有萧劲光、傅钟、曾涌泉、李卓然、陈昌浩和李特等。在此以前，原在基辅军官学校学习的王智涛、吉合（田德修）等同志已转入莫斯科高级步兵学校学习；还有师哲、李汇泉等同志也转到了莫斯科工兵学校。在国内参加领导广州起义的叶剑英同志也于次年赴苏，进了莫斯科中国共产主义劳动大学的特别班。正是这几批人，组成了我国较早到苏联学习军事的第一支队伍，莫斯科步兵学校则是其中人数比较多也比较集中的一部分。

步校的校园和编制

我们所在的步兵学校设在莫斯科郊外。那里在沙皇时代就是军事学校的集中地，革命后创办的步兵学校、炮兵学校和工兵学校等等，都利用了旧俄军校的原址。炮校与我们只有一墙之隔。校舍全是兵营式建筑，主楼只有二层，楼上是学生宿舍、学校领导机构办公室和大食堂，楼下是教室、礼堂和设有各种运动器械、能打篮球和网球的室内运动场，院子里另有进行制式训练的大操场，同时也是足球场。学生宿舍的开间很大，每间屋能住 30 多人，正好放下一个排。里面每人一张木床、一个小柜，此外是集体的枪架等。寝室外头是一条宽大的走廊，我们一有集体活动，都首先在这里集合整队。步校的苏联学员原来都是红军中的班排长和优秀战士，有一定的军事知识和部队生活经验，学习后多数回部队当排长、副连长，甚至连长。中国学员还有一定的生活待遇，每月每人有 30 个卢布的零用钱，比在中山大学时的每月 10 卢布宽裕多了。只是伙食比中山大学稍差，少了对中国学生的特殊照顾。不过与苏联居民甚至地方机关相比，生活供应还是丰富一些，每月能吃到 10 公斤左右肉类，这对于军校学员的活动量大、体力消耗多和适应苏联又长又冷的冬季提供热量，还是十分需要的。

　　莫斯科步校在我们这一期共有三个学员连队，其中主要是俄罗斯人。外籍学员除了我们中国人外，还有一些波兰人和朝鲜人。朝鲜同志大都是在本国被日本侵占以后流亡来的，有的已经在远东入了苏联国籍或成为侨民。校方大概考虑到我们都是黑发黄肤的东方人，将我们同他们合编为一个排。中国同志单独组成一个班，大家习惯地称为"中国班"。负责我们队列训练的班长却是个朝鲜同志，叫金国龙，我们与他们相处得很好。领导我们中朝两国学员的连长是苏联同志，是红军中的战斗英雄，获得过苏联的红旗勋章。步校除了学员连队，还有一个专职的军乐队，凡有重要集会和集体活动，他们都要出动伴奏，以壮军威。特别是在列队外出时，照例都由他们奏乐引导，我们大队人马踩着军乐节拍随后前进，步伐整齐一致，人也格外精神。当时苏联红军虽未实行正式的军衔制，但却已经佩戴了不同的军阶识别符号。步校的学员相当于过去的士官生，领章上是三角形符号，最低是一个三角，等于副班长，最多四个三角，和红军中的司务长一样。连排级干部的符号是几个方块，相当于尉官。营团级的则是几个长方形。步校的教员和干部大都是营团级，戴着一到四个校官式的符号。师以上高级军官戴的是菱形符号。步校校长斯多诺森柯领章上是两个菱形，相当于中将级军长。他离开步校时被晋升为三个菱形，我们曾参加为他举行的欢送会。步校学员穿的都是红军士兵服装，夏季是套头式的俄罗斯式单衣，冬季是拖到脚面的粗呢大衣和高达膝盖的马靴和毡靴，虽保暖，却笨重。

步校的教学和生活

学习内容主要有军、政两大类，军事课占教学总时数的三分之二，政治课占三分之一。军事项目有步兵战术、制式教练、兵器学、射击学、地形学、筑城学和内务条令、纪律条令及卫戍勤务等规定或守则；政治课有马列主义基础、政治经济学、联共党的历史、党的建设和军队政治工作等等。那时苏联红军中科班出身的军事人才也不多，步校的军事教员有不少是过去的白军军官，虽然军阶级别不低，却大都不是共产党员。但是他们的军事学识比较丰富，教学态度也很严肃认真。他们上课时很注重形象化的直观教学方法，通常是先提纲挈领地讲一下，然后让学员接触实物作实际练习，从中具体领会教员所讲的内容，之后又回到课堂，用提问等方式启发学员自己思考答案，这使大家学得都比较扎实。政治课的内容则基本是照搬书本上的，并且大都是我们在中山大学已经学过的。这对一般学员是新课，我们却是驾轻就熟，不费多大力气了。最初学校曾经为我们中国班专门找来一个汉语翻译，在课堂上帮助教员讲解教学内容。可是那位翻译是个毫无军事知识的老华侨，一般的通话还可以，遇到专门的军事术语他就干瞪眼了。许多军事术语和专用名词他听都没有听说过，当然无法给我们翻译和讲解清楚。这迫使我们索性不依赖他了，运用自己已经掌握的俄语，直接听取教员的讲课，这倒反而提高了我们的俄语水平。

步校的生活方式和作息制度基本是军队式的，比中山大学可紧张多了。每天很早起床出操跑步，吃过早餐就上课，一上就是五个小时，中间加一顿非正式的饭。上午的操课全部结束后才开午饭，午休后又是三个小时的操课，整整八个小时的正课，直到晚饭后才有一段自由活动的时间。大家分别去踢足球，打打篮球和网球，练练单杠、双杠等。晚上是自习时间，除了各自温习功课、整理笔记和阅读有关的书，有时还得去听教员辅导。这种生活虽然比较紧张刻板，却有十分丰富、充实的内容，感到每天都有一定的收获与长进。军事项目的许多课程是在室外进行的，如步兵队列教练、瞄准射击和投弹练习等等，都得上操场，讲地形学和筑城学，就得拉到野外去，还得上靶场去练实弹射击。大家先掌握步枪射击技术，又一一学会使用德国式马克沁重机枪和捷克式轻机枪，还有迫击炮等各式步兵武器，要求既懂得其射击和构造原理，又会熟练地使用和拆卸装修。苏联军队比较重视骑兵，步校的学员也得学习马术，从用双手驾驭战马到放开缰绳纵马飞奔，只用两腿夹住马肚，腾出双手来射击和劈刺。我以前没有骑过马，开始训练时吃了不少苦头。好在那时年轻有劲又好强，加之感到十分新鲜有趣，所以还是较快地掌握了课程要求的骑术。

野营训练和演习

冬、夏两季都要拉到校外以至远郊区进行野营训练和攻防演习。夏季野营中，有时自己搭帐篷住。除了步校本身的教学训练，还同红军部队一起进行合练，有一次出动了一个师的部队。演习分为两个阶段，开始由我们步校学员与步兵连队一起演练，后来又将我们调到指定的位置上，观察部队的战术、技术训练。在观摩过程中，教员结合实际给我们一一讲解。野营中有时不带帐篷，分散住到当地的农民家里，每户住上三五人。俄罗斯农村每家都砌有挺高的大炕，那就成了我们野营中的临时住处。冬季训练一般早出晚归，不在外头过夜。俄罗斯的严寒是很够人受的，我们在训练中既要注意保持队形做好动作，又要防止冻伤。我们每人头戴只露出面部的红军毡帽，身穿又长又厚军大衣，脚登皮毛里的高筒靴，在深达一二尺的积雪中摸爬滚打，前进时一踩一个深坑，每一步都要付出不小气力。训练中常常外面冰冻如刀割，里头却又热得如火烧，这种冷热夹攻，也是一种特殊的锻炼，对于我们适应各种气候和环境，培养克服困难的意志和能力，还是很有好处的。

参加十月革命10周年红场大阅兵

我们在莫斯科步校还曾参加过一次重要的活动，那是到校后不久，正赶上十月革命10周年大庆，步校学员奉命参加这次庆典的阅兵仪式。我们入校后首先进行的队列训练，实际上也是为了这次检阅。从9月练到11月初，算是达到了要求。11月7日那天，我们很早就起了床，迅速穿上了最新的红军服装，一切武器装备也都佩带得整整齐齐，提前早餐后就列队步行入城，早晨八点以前到达位于莫斯科市内鲍曼区的集结地点。11月的莫斯科已进入冬季，7日一早就纷纷扬扬地飘起了雪花，为欢腾热烈的革命节日增加了一种特别气氛。冬日早晨的气温很低，但是这天我的心里却是热腾腾的。我作为一个中国的青年革命者，来到了十月革命的故乡，以苏联军事学校学员的身份，如同一个红军战士似的，来接受苏联革命领袖斯大林等同志的检阅，心中充满了一种庄严和自豪的感情。随着庆典时刻的临近，参加节日游行的莫斯科各界人民群众也陆续到达指定位置。远远看去，到处是鲜花和旗帜的海洋。街道两旁的建筑物上，都挂上了巨幅标语和革命领袖的画像。庆典终于开始了，苏联党政军领导人登上了列宁墓，发表了简短的讲话，紧接着就是阅兵式。我们步校的学员同各个受阅部队一起，排成了一个个整齐的方队，在红旗引导和军乐伴奏下，迈着阔步，端着步枪，精神抖擞地行进到列宁墓前。一声号令，整个方队唰地一下向右看，对正在检阅我们的斯大林等领导同志行了注目礼。他们在检阅台上一一向我们举手答礼。直到我们走出红场很远，耳畔好像还在回响着受阅时正步走的"咔、咔、咔"声。我们步兵方队后面是骑兵、炮兵等各个兵种的部队，接着是几十万人的游行大军。只听到红场上传出的欢呼声浪，长时间地在莫斯科上空回荡。可惜我们是集体行动，队伍很快被带出市区，没能让我把这节日盛况看饱看够。几十年后，我在北京天安门城楼上参加我国的建国 10 周年阅兵典礼，不由想起那次在莫斯科红场的阅兵式。从那一个 10 周年到这一个 10 周年，世界形势发生了多么大的变化！我们的党和国家以及军队，获得了飞速的发展，我们个人也逐步成长以至成熟了。而这与我们当初作为一名普通战士接受过严格的训练和艰苦的考验，是有密切关系的。所以，我们在莫斯科步校的学习生活，包括这次参加阅兵庆典，是我一生难忘的。

步校成立中国连，毕业留校当翻译

我们作为莫斯科步校的第一批中国学员正在学习时，国内又陆续派出几批人，先后来到莫斯科学习军事，到 1928 年夏季，总数达到 300 多人。他们中有四一二政变后跑出来的斗争骨干，有八一南昌起义后转道来到苏联的军队干部，有参加过上海武装起义的工人积极分子，又有受我党影响的地方农民起义组织红枪会中的先进分子，还有一部分来自冯玉祥部队的进步青年军官。共产国际东方部决定将他们集中到共产国际所属的东方大学，专门成立了一个军事班，利用夏季天热，在莫斯科郊区用野营形式进行军事训练。三个月后训练结束，一部分人分批回国参加斗争，一部分人转到别的学校，另有 100 多人则选送来莫斯科步校，继续学习军事。原在东方大学军事班工作的王智涛、吉合（田德修）同志和这批学员一起来到步校，时间约在 1928 年 9 月。

步校对这批学员的教学工作十分重视，新成立了一个中国科，主持并研究中国学员的教学问题。中国科的负责人叫彼得洛夫斯基，是个波兰人，军阶相当于上校。副科长叫瓦特曼，原先是教员，中校军阶，后来也成为科长。由于这批中国学员较多，被集中编为一连，大家习惯地叫"中国连"。连长却是一个苏联籍的朝鲜人，级别相当于少校。中国连下辖三个排，曾经在苏联基辅军官学校和莫斯科高级步兵学校学习过的王智涛和吉合同志分别担任了第一排和第三排排长，第二排排长则由与我同时来到步校的原黄埔军校学生彭文畅同志担任。我原来所在的步校中国班经过了一年的学习和训练，至此也宣告结业，学员被陆续分配了工作。我和梁振鸿同学被留校，担任中国连的俄语翻译。由于翻译任务较重，又从中山大学调来四个人，他们一个是从法国转来苏联的乔丕成，一个叫傅清华，另外二位虽还记得他们的言谈笑貌，名字却想不起来了。这样我们一共有了六个翻译。

教学内容基本上还是我们在前一年中学过的，所以翻译起来还不算困难。只有军事工程学翻译起来比较头疼，它有许多生僻的专用术语和名词，我虽明白其中含义，却找不到确当的中文单词来表达它。例如讲构筑工事时的"胸墙""背墙"等等，当时的汉语中还没有这个词，又没有可资参考的中文书籍，只能硬着头皮在课堂上连比画带解释地直译，所以有时也出过类似将中国成语"胸有成竹"译为"胸中有根竹棒"的笑话。

兼做辅导教员

中国连学员开始也有俄文课，由我们几个翻译负责辅导。但是他们的文化水平参差不齐，有些工农出身的同志中文基础本来就差，再学习外文当然更困难，加之他们想在有限的时间内尽可能多地掌握必要的军事知识和作战技术，后来就停了他们的俄文课。这虽然减少了我们辅导俄文课的负担，但却加重了教学翻译的责任。我当时既翻译军事课，又翻译政治课，有些已经学过的课，就翻译得比较顺畅，例如政治经济学课，我过去在中山大学时就比较有兴趣，来步校后又重学了一遍，许多内容都能背下来了。步校讲这门课的是学校的政治部主任，他上课只是照本宣科地向学生灌输，没有过多的阐述讲解。这样，我对于他讲的课，不仅能马上清楚准确地翻译出来，还能就他的讲题作适当的解释和发挥。当学生向教员提出问题时，我就代替他一一予以解答，实际上起了翻译和辅导教员的双重作用，因而颇得教员和同学们的好评。

瞿秋白同志来步校作报告

这批学员大都是我国革命斗争中涌现出来的优秀分子，学习的自觉性都很高，在校期间一点时间也不肯荒废，那股刻苦学习和抓紧训练的精神，十分令人钦佩。当时我党正处于困难时期，不惜代价送人出国学习；苏联也才立国不久，就尽可能帮助我国培养人才，这都是很不容易的。中共中央也很关心这批学员的情况。党的第六次全国代表大会在莫斯科召开以后，中央领导人瞿秋白同志曾应我们共青团支部的邀请，专门来步校给大家作报告。他向中国同志讲了六大的精神和国内的斗争形势，还对他主持中央工作时党内存在的"左"倾盲动错误作了自我批评。他平易近人的谦诚态度和学者风度，特别是对我们青年同志热情关怀，给了大家很深的印象。

反托派斗争波及步校

20 世纪 20 年代的苏联内部斗争也很尖锐，政治运动不断，联共中央反对托洛茨基派的斗争，也曾波及步校内。1927 年与我一起从中山大学转来的 11 个人中，有几个就是拥护托派观点的。当时在苏联学习的中国学员，特别是些阅历不深的青年学生，包括有的由国民党左派选派来的人，不少人也是以为越"左"越革命，唯恐自己被人认为是"右派"，把成为"左派"当成莫大光荣。一度担任过联共中央领导人的托洛茨基，一向以"左派领袖"自居，加之本人确有一定的才能与影响，在苏联有相当数量的追随者。我国赴苏学习的青年知识分子中，也有人盲目地崇拜他。到步校来的那几位赞同托派观点的同学，每到星期天都要回中山大学去，同他们一派的人联系和交谈，用现在的话来说，就叫作搞串联。这一方面说明他们不放弃自己的观点，另一方面也说明他们那一套在步校同学中没有市场，只得回中山大学去寻找"知音"。我当时的思想比较倾向于联共中央即斯大林的观点，认为托洛茨基一派的观点是不对的，因此从不参加他们的活动，还常常同他们一些人进行争论，不过仅限于理论观点上的分歧，不影响我们间的个人关系与日常相处，在生活上仍旧互相照顾与关心，不像我国后来搞派性那样严重对立，更没有搞"划清界限"那一套。

步校的清党审查

1929 年，联共党内进行大规模的清党运动。我们步校中国连奉命停止了正常的教学和训练活动，党团员集中起来接受清党审查。但是中国连的学员来自国内的各个省份，相互间过去都不认识，临时聚集到一起后也难以有深入的了解。步校组织上连他们的档案材料都没有，轮到谁接受审查时，就首先由谁自报家门地说自己的情况和问题，然后别人根据他讲的情况再提出问题，进行审查和追问。我当时才是共青团员，出身城市贫民，本人经历又很简单，所以很顺利地就通过了审查。有的同志就比较麻烦，例如出身于地主、富农等非劳动人民家庭的，或者是在旧军队旧机关干过事的人，审查时就比较啰嗦。有的本人并没有什么问题，就因为家庭出身不好，不得不被别人反复追问甚至严厉批判，也是搞人人过关、无限上纲那一套。多数同志虽然没有因此挨过什么整，却都陪着紧张了一阵，至少赔了一段宝贵学习时间，好在只搞了一个月左右就过去了。

步校的业余生活

步校的物质待遇和文化生活不如中山大学好，纪律也比较严，不过我们也在可能范围内做些自我调剂。星期天休息时，就约上二三知己，在莫斯科近郊的一家中国饭馆里，要上几样菜，一方面改善一下生活，一方面通过品尝久违了的祖国菜肴的特别风味，借以寄托怀念故土之情。我当时也没有别的开销，每月的津贴费有一部分就花在这上面了。也就在那家中国饭馆里，我们几次碰到也去那儿吃饭的刘伯承、左权等同志，他们正在伏龙芝军事学院学习，也常到这儿要点回锅肉、辣子鸡丁之类的川味菜，在异国领略一下家乡风味。平时的周末，步校不定期地举行一些文艺晚会，学员们自己拉手风琴、唱歌和表演小节目，有时还邀请附近工厂的女工来跳舞，也有时看看电影或文艺演出。1929年夏，中国连学习结业时，我与一起当翻译的乔丕成得到去南方海边休假的机会。当时乔丕成已经结了婚，他的妻子和我们一起到了黑海之滨的安拉普。我们去后没有住在正式的疗养院里，被安排在集体农庄的农民家里。这家房东住得相当宽敞，经济状况相当于中农。乔丕成夫妇住在里头的房间里，我就在那家走廊上安了张床。好在那时天气很暖，我身体又好，晚上听着阵阵海涛声，享受着海风的轻拂，倒也十分舒适自在。我们在那里每天下海游泳和到附近观光休息，真是悠闲得很。当地盛产葡萄，我们天天足吃一气，休假结束时还买了许多带回莫斯科，送给在家的同志们分享。我们在休假中自然地成了集体农庄里的客人。农庄主席曾邀请我们参加他们的集会，并要求我们中国同志给大家讲话，乔丕成推我来讲，我也就应承下来，略加思索就作了即席发言，我讲了些中国概况及我国革命的情况，赞扬了苏联人民对中国革命的关心和支持。在场的俄罗斯乡亲们见我这个中国客人，能非常流利地用俄语讲话，感到特别亲切和欢迎，乔丕成夫妇也说我的讲话充分表达了他们的心意。

我们在步校时，与那里的苏联同志接触不少，相处得很好。他们常常帮助中国学员学习俄语，辅助训练活动。苏联教员对中国学员的刻苦好学精神很赞佩，常把我们请到他们家里去做客，相互十分尊重、友好。当时在苏联学习和工作的中国同志为了不暴露自己原来的姓名身份，也为了便于与苏联同志接触，每人都取一个俄罗斯式的姓名。我在中山大学时就被叫作皮达可夫。王智涛到苏联后就取名为泽林斯基。吉合同志原名田德修，他的俄文姓氏是吉合诺夫，回国以后留下前两个音作为自己的名字，并且用了整个后半辈子，结果使他的原名反而鲜为人知。这事也多少反映了当年中苏两国人民之间的一种革命友谊与亲密感情。

告别莫斯科步兵学校

中国连于 1929 年夏结业以后，学员大部分陆续被输送回国参加斗争，少数留在苏联继续学习或工作。此后不久，苏军远东部队与我国东北军阀发生了被称为"中东路事件"的军事冲突，我和梁振鸿、彭文畅等几个同志奉命调出步校去远东随苏军行动，战事结束后就被留在伯力的苏联边疆保卫局工作，这就告别了莫斯科步兵学校。王智涛、吉合等同志仍留在那里工作。以后来的中国学员由于人数不多，就没有再单独编组，和苏联学员一起学习。到 20 世纪 30 年代初中国学员更少了，步校的中国科也随之停止活动并撤销了，王智涛等同志也先后离开了步校。我们各自都在步校学习或工作了两年多。几年以前我来步校时，还是个毫无军事知识的青年革命者，经过这里紧张而又系统的学习和训练，不仅掌握了一定的军事理论和战术、技术，还通过严格的军校生活锻炼，使自己成为训练有素的军人和指挥人员。因此总的说来，我们在莫斯科步校的收获还是很大的，我们在这里得到的知识和锻炼，对于我以后长期的军队工作还是有着很大的作用的。我 1931 年回国，一进入中央革命根据地，就负责培训过马克沁重机枪射手，正好用上了我在莫斯科步校学到的知识和技术。不久我又奉调去新建立的红军学校，除了担负政治工作职务以外，还负责讲授过射击原理、步兵战术等军事课程，使我在苏联的学习收获能够为我国的革命斗争服务。在以后几十年的革命战争中，我不断遇见当年在莫斯科步校的同学，他们有的是我军的各级指挥人员和领导干部，有的在我军各个军事教育岗位，担负着培养军事人才的重任，都充分运用了在苏联学到的本领。我们对于帮助和教育过自己的莫斯科步校，还是十分感谢和深深怀念的。

回顾半个多世纪以前，在我国革命的艰难年代，特别是我国人民革命武装力量的初创阶级，党中央决定派出大批有志于武装斗争的革命者，不远万里，不顾险阻，赴苏学习军事，为我国革命造就了一大批军事人才，是十分必要和正确的。我们在苏联各个军事学校学习过的人，通过回国后的斗争实践，虽然感到苏联的军事教育也有其不足之处，我们在那里学到的东西并不尽合我国我军的实际需要，但是许多军事上的基本知识和战术、技术，他们的一些行之有效的经验和方法，还是值得我们学习和借鉴的。我们一大批在苏联学习过军事的同志，在回国以后都曾对革命战争和军队建设作出过应有的贡献，其中有的成为屡建战功的名将，有的成为桃李满天下的军事教育家。

四、在远东边疆保卫局

做苏军随营翻译

1929 年 10 月，发生了中东铁路事件。组织上决定抽调一批翻译到远东去协助苏联军队工作，一共调了约十个人。带队的是周岱云，他留在伯力，梁振鸿到海参崴，彭文畅到赤塔，王懋坚到黑河，还有分到别处的。

当时苏军正同驻黑龙江的张学良部交战，我随一个营当翻译。这个营乘着内河的舰艇，沿黑龙江向中国境内航行。航行约一昼夜，进到松花江边上的富锦，部队上岸后驻扎在县城的街道上。当地的中国军队已经撤走了。我接受了一个任务，动员当地老百姓到一个面粉仓库去拿面粉，谁愿拿多少就拿多少，还让他们招呼别人也去拿。老百姓当然很高兴，街上一时都是背着面粉的人。

在远东保卫局做了三件事

当天下午即接到上级通知，战事宣告结束，我们仍然乘原艇返回伯力。我被安排到苏联远东边疆保卫局工作，名义是见习员。去后主要做了三件事：第一件事是苏军俘虏了东北军一个旅几千人，旅长韩光第也在内，被置于红河俘虏营。我和周岱云被派去进行俘虏的调查登记工作，同去的还有几名苏联同志。这件工作进行了将近一个月，因中苏两国政府已签订了和平协议，当时中方的代表是莫德惠，不久这批俘虏便全部被遣返回国了。

第二件事是苏军在东北时，每到一个县城后，就将当地政府的公文卷宗统统缴获弄了回去，满洲里、海拉尔等好几个县的公文卷宗都搬来了，要我们清理这些材料，每一份都得看，要发现并选出其中有价值的东西，翻译给有关方面参考。这可是件沙里淘金的工作，真正有价值的东西很少，只有少数高级机关的通报之类还多少有一点内容。

第三件事是当时边界上走私的特别多，那时苏联经济上很困难，一些人从中国把半旧的西装、日用品或者高级的食品运到苏联，就能赚大钱。苏联很怕这些走私犯搞他们的情报，就把同走私犯的斗争当成一项重要的工作内容。分配我协助对走私犯的审讯工作。我发现他们大都是一般的经济犯，只要不是间谍和政治犯，对他们的处理都很轻，弄清了问题后，立即遣返他们回中国境内了。

转为苏共候补党员

1930年12月，是远东边疆保卫局成立10周年纪念，保卫局领导机关要出版一本纪念册，指定我写一篇关于中国革命的文章在纪念册上发表。当时我可谓初生牛犊不怕虎，应邀用俄文写了一篇文章，对当时中国游击战争的发展和全国革命的形势作了评说论述。这篇文章由局的负责人帮我做了文字上的修改，刊登在这本纪念册上，现在在俄罗斯可能还能找到。

在远东工作期间，领导上对我的工作有相当的好评。当时那里华侨不少，但大部分是农民，没有文化，讲的俄语是"洋泾浜"，又像中国话，又像俄国话，而我们经过了专门学习和翻译工作的锻炼，有相当的文化水平，又积极肯干，所以很自然地就得到了领导上的欣赏。我那时还是共青团员，知道在苏联入党相当困难，想回国以后再解决，所以一直没有提出这个问题。当时苏联有个传统的习惯，即每当重要的纪念日，都要吸收一批优秀的共青团员入党，也就是在那次纪念活动中，我所在的共青团组织主动找我，积极地推荐我入党。那一次共推荐了五个团员，其中一个是中国人，就是我。后来我忘了我的介绍人是三个还是五个，"文化大革命"审查时竟成了一个问题，其实查一查当时的苏共党章就知道了。就我现在不准确的记忆，介绍人是五个。我记得就在那次纪念大会上，曾经正式宣布某某同志由团员转为苏联共产党候补党员，我还被指定在会上做了几分钟的讲演，表示感谢团组织对我的培养，自己还要努力学习，更好地为中国革命和世界革命做工作。会后由本人亲自到伯力市党的机关去领取党证。从那时起，我就成为苏联共产党（布）的一名候补党员，回国后即自动转为正式党员，所以我的党龄也就从这时算起了。

业余生活和星期六义务劳动

由于我的工作得到好评，我的职务也由见习员改为正式的翻译。当时苏联很重视翻译工作，待遇也比较高。除了薪金收入，我还在业余时间将苏联报刊上的重要文章翻译成中文，由苏联宣传部门印成小册子，给当地的华侨看。有时利用一个星期天翻译上万字，得到不少稿费。所以我那时的生活是相当富裕的，常有同志敲我的竹杠，要我请他们下饭馆，吃羊肉串。那时正是苏联第一个五年计划时期，生活还很困难，鸡蛋很缺，肉很少，只有在午餐的牛肉白菜汤里才可吃上一块牛肉。有的华侨到乡下收购鸡蛋到伯力市上高价出售。

伯力市附近有个中国屯，那里有家专门演中国京剧的戏院，颇受群众欢迎，还有个俱乐部主任叫宋发明，副主任是刘凤翔（女），她是 1927 年到苏联的。她的爱人王一飞，是黄埔二期的学生，当时也是风云人物，到苏联后在远东苏军司令部工作。那时我们常到俱乐部去。"文化大革命"中，他们为此被斗得很惨，王一飞病故了，刘凤翔被开除党籍，降低了级别，换了一间潮湿的小房子，生活十分困苦，谈起来令人心酸。粉碎"四人帮"后，她来找我，我把她写的材料转到中央组织部老干部局，那里的同志热情地接待了刘凤翔，并对她说："你不仅是老干部，还是老干部中的女老干部呵！"仅这么一句话，使她在党组织——母亲的面前不停地流着热泪。好了，雨过天晴，现在她的各种问题都得到了适当的解决。她在"文化大革命"中受到过种种迫害，身体衰弱，总算能过一个愉快的晚年了。

在远东工作时，我还经常参加星期六的义务劳动。夏天，青年团组织大家到郊区的集体农庄去参加收割庄稼。1930 年，苏联集体农庄已经有一些大型农业机械，什么脱粒机、收割机等等，我过去都没见过，看了以后真是不胜羡慕，我们中国什么时候也能这样呢？晚上，我们就睡在麦草地铺上，遥想中国的今天和明天，无限感慨！同年冬天，我们还曾到车站装运木材。这是机关组织全体人员参加的，人人动手，齐心协力，一根一根的大木头被装上火车。困难吓不倒奋发的战士，真是一派革命气氛，这类活动我每次都是积极参加的。

第三章　战斗在中央苏区

一、回 国 前 后

要求回国未获批准

从 1925 年到 1931 年，我已在苏联生活了五年多时间。虽然那时候苏联的生活还比较艰苦，但与国内的同志以及和我的贫寒的家庭生活相比，已不啻天壤之别了。我除了正常所得的优厚待遇外，还有不少额外的收入，公余时间为宣传部门翻译各种文章和小册子，常有稿费可得；买公债又连得了几次奖；生活相当安定而舒适。可是我在那里却一直不安心，怀念祖国之情，渴望投身于国内火热斗争的意愿，日夜萦绕在我心头。一来报纸，我首先查找有关中国革命形势，尤其是武装斗争的消息。一想到祖国的同志们正在进行英勇斗争，不惜流血牺牲，亿万人民还在反动统治下忍受着痛苦和凌辱，我就食不甘味、夜不成寐。当年我 23 岁，正是血气方刚、精力旺盛的时候，实在不甘心于坐办公室，吃黄油面包的生涯，就向领导上提出了回国的请求。领导上说这里工作需要我，不能放我。我再三提出，领导上又答复我说，共产党人是国际主义者，在哪里工作都是为世界革命服务，不同意我走。最后又说，即使他们同意我走，伯力的党组织也解决不了这个问题，必须经过联共中央和共产国际，要我服从组织。我的请求就被搁下了。

离开远东

那时候，常有中国同志在苏联找爱人。有的同志在那里结了婚，安心待下了。当时领导上对我这事很关心，而且也有这种条件。只因我那时一心想回国参加斗争，一点没有考虑这一类事。不过这倒使我有了借口：有一回我向领导上说，我有一个女友到了莫斯科，很想去看看她，待见了她以后我马上回来，争取她同我一起到远东来。领导痛快地批准我请假，还帮我买好了去莫斯科的火车票，开了住招待所的介绍信，赞助我去莫斯科看望女友，他们没想到我所要奔向的哪里有什么莫斯科"女友"，而是祖国"母亲"，是她在吸引着我，召唤着我！为了及早回到祖国去，我撒了这么一次谎，却获得了成功。当我坐上开往莫斯科的火车时，心里真是欢快极了。我终于迈出了返回祖国的第一步，顺利地越过了由领导的关心、同志们的挽留以及优裕生活筑成的第一关。

找到中共代表团

五一节后我到了莫斯科。在招待所一住下来，就首先找到共产国际的中共代表团，向他们介绍了自己的情况，陈述了回国的愿望。我说国内革命形势的发展，一定需要大量干部特别是军事干部，我在苏联学的就是军事。早在1927年国内大革命失败，我到步兵学校学习时，就下定了回国参加武装斗争的决心。

中共代表团的同志听了我的话后，表示支持我。但我已是联共党员，在远东工作，他们不能直接调动我。他们就为我写了一封盖着中共代表团印章的信，让我拿着它直接找联共中央组织部面谈。

我的爱国热情打动了苏共中组部领导

我惴惴不安地去了那里，递上了信。看来那里十分重视，马上由一位负责同志接见了我。这是位40多岁的女同志，很有身份，也很健壮。她的办公室布置得很有气派，临街一面是她的一张大办公桌，室中有开会用的圆桌和成套的沙发。她客气地让我先谈。我知道这场谈话将决定我的去留，我一定要争取达到目的。我用诚挚的态度，讲了我对祖国的思恋，说我应该把在苏联学到的知识和本领，运用到祖国的实际斗争中去，不辜负联共党及苏联同志们对我多年的培养教育。现在我作为一名联共（布）党员，向党汇报自己的想法，恳请党能考虑我的要求。我的这一番谈话显然打动了她，等我说完，她就说她很赞赏我的态度，认为我讲得有理，应予支持，马上写了给中共代表团的复信，同意我回国工作。这时我心中像一块石头落了地，拿着复信跑回中共代表团。行了！这一关顺利通过了。中共代表团也答应尽快安排我回国。我问，是否要办什么手续？要不要回伯力去向组织上说明白，把工作也办个交代，免得人家认为我开了小差？代表团的同志说一切手续将由他们去办，他们将负责同伯力联系，我不必去了。

踏上秘密回国的路程

当时秘密回国有三条道路：一是从西欧绕行，二是走海参崴海路，这两条路比较安全，但费时太长，路费贵。我因回国心切，选取了最快也最不安全的通路，即从陆路偷越国境回国。一切手续办完，我登上了离开莫斯科的东去列车。当伯力的同志以为我正在莫斯科会女友的时候，他们哪里知道我已远走高飞，取道归国了。

离开莫斯科后第一站是赤塔，那里有一个秘密联络站。所有出入中苏国境的人员都由那里作出具体安排。我到达时，见到不少中国同志，但是按照规定不能互相打听去向，只能心照不宣，招呼示意。联络站组织我们用各种方式分批离苏，我被指定和一位中国东北籍的同志同行。他的俄文姓氏叫库图佐夫，与俄罗斯一个著名统帅的姓氏相同。我当时叫皮达可夫，也与苏联一个有名人物同姓。哪知道就为这个名字，几十年后我吃了点苦头。康生在"文化大革命"中说："查查伍修权是不是托派，他不是叫皮达可夫，在苏联《真理报》上发表过反动文章的吗？"是的，当时苏联是有个托派分子叫皮达可夫，确实发表过反对斯大林的文章，不过他当时是联共中央委员、苏联国家银行行长，同我这个才20来岁的中国留苏学生根本扯不到一起。康生这样说，完全是造谣惑众、制造整人的罪名。

偷越国境

我同那位库图佐夫同志一起，由赤塔又乘火车到中苏边境处的另一个秘密交通站，准备越境回国。那时已是6月，站上让我换了一身黑色的中式衣裤，将发给我们做越境后路费的一些美钞和中国票子用一条围腰布卷起缠在腰里；除此以外，一切可能暴露身份的东西都不让带。事实上我也是什么东西都没有，所有个人衣物全都留在伯力，确是"赤条条来去无牵挂"。站上见我身体比较壮实，让我遇到盘查时说自己是伐木工人，别的什么也不能承认。当时边界两侧居民常在两国间来回做工或倒腾买卖。有的农民家在这一边，种地在另一边，可以在特许范围内随便来去，我们就利用了这个便利。

黄昏时分，来了一辆马车，上面已经坐了几个俄罗斯人，其中有的是当地居民，有的却是有一定职业掩护的秘密交通员。交通站的同志叫我和库图佐夫上车夹在他们中间坐好，马车就在蹄声嘚嘚中向国界行进了。随着国界一步一步地接近，我心里不由一幕一幕回忆起往事。1925年10月，我作为一个才满17岁的中国共青团员，同张闻天、王稼祥和乌兰夫等同志一起来到苏联学习，在中山大学接受了马克思列宁主义基本理论的教育，在步兵学校学习了各种军事知识和战术技术等。通过一段时间的工作实践，又了解了苏联党和军队的不少实际情况和工作方法。几年中还多次参加城市的义务劳动，到集体农庄帮助收割庄稼，还参加过莫斯科红场的阅兵式，又去过黑海边的疗养地休假，亲眼看到革命以后苏联面貌的改变。苏联20世纪20年代的那种革命精神，感染过、教育过我们；初步显示出来的社会主义制度优越性，使我们的革命理想更具体化了；国际上对中国革命的关注和支持，也增强了我们的斗争信心。我个人也由一个初出茅庐的共青团员，成长为一个稍有学识和工作经验的共产党员了，这一切都是与在苏联几年的生活分不开的。如今我要离开这辽阔而美丽的土地了，忍不住依恋地回头张望。再见了！那富有中国色彩的远东城市，那一望无际的西伯利亚大森林，特别是那"红都"莫斯科，克里姆林宫的钟声，广阔的红场，静卧着伟大导师的列宁墓，金碧辉煌的圆柱大厅，令人神往的大剧院，还有那一个又一个面貌各异、热情相同的伊凡、卡佳等等苏联好友，我就此向你们告别了！

快到国境线了。我透过同车人的隙缝，探眼向前遥望，祖国的大地正藏在一片弥漫的暮霭之中，茫茫无边，深不可测。日夜怀念的祖国已近在眼前了！可是我却无法抒发自己的兴奋之情。此时的祖国，迎接我们的将不是欢笑和问好，面前的国境线上林立着反动政府的哨卡碉堡，遍布了反动军队的士兵特务，有多少同志被他们查获、逮捕和杀害了，许多无辜的人也难免被他们盘查、刁难和扣留。等待着我的是什么，很难预料。但是我们不能停留，不会退缩，相信交通站的安排和护送我们的俄罗斯老乡，相信我们的党和人民，无所畏惧地朝前闯，即使被抓，也无非一死。即使我们遭遇不幸，后继者仍将源源而来，革命者是永远抓不完杀不尽的！

国境线到了！

过国界的一瞬间我一辈子也忘不了！我在人丛中偷眼看出去，只见马车右前方有个土岗子，上面有个碉堡，那就是中国的边界哨卡。我们的马车一到那里，那上面就有个粗嗓门喊道：

"什么人？"

喊的是中国话。给我们赶车的俄国老乡也用中国话十分轻松地答道：

"老毛子！"

"老毛子"是我国东北人过去对俄罗斯人的戏称。这声回答好像把紧张的气氛一下子减弱了许多。我屏息听着哨所里的反应，却只听到几声懒洋洋的咕噜声，没听清说的什么，也没见下来人，我们的马车却没有停留，仍然用它那不紧不慢的速度，蹄声嘚嘚地向前行进着，眼看我们的马车已把那哨卡甩到车后，那哨兵也没有露面。这充满危险的国境，我回国途中最重要的一关，就意外顺利地通过了！哨兵如此地马虎松懈，正反映了反动政府的腐败无能，不过我倒是很感谢他们，不然我怎么能这样顺利地回到祖国呢！

边境秘密联络站和做向导的俄罗斯小姑娘

马车走到离满洲里一公里处，拐到了一个俄国侨民家门前，那也是一个秘密联络站。赶车的俄国老乡把我和库图佐夫向主人作了介绍和交代，赶着马车又向别处去了。主人热情地接待了我们，对我们的下一步行动作了新的计划和安排。当夜我们在他家客厅的地毯上睡了一觉，在我国境内平安地度过了第一个夜晚。第二天一早，主人叫来一位只有十多岁的俄罗斯小姑娘，让她带我们到满洲里火车站去。我们跟着她出发了，按照事先约定，她在我们前面50余米处，若无其事地引导着我们，我们则装着根本不认识似的，悄悄地跟她走到了车站。我们一到车站，她就完成任务回去了。这事已经过了半个世纪，那个俄罗斯小姑娘的形象还一直留在我的记忆里。尽管近20年来中苏两国关系恶化了，但是两国人民间传统的革命友谊还是值得怀念的，中国革命者对于真正帮助过我们的同志，是绝不会忘记的。

那位俄罗斯小姑娘走后，我们就开始自行活动了。回到亲爱的祖国，见到久别的同胞，本该引起自己的欢乐心情，但是，眼前的现实却一下堵回了心头刚刚泛起的兴奋。周围的环境还是那么贫穷和衰败，身边的同胞还是那么褴褛和忧郁。俄罗斯诗人涅克拉索夫曾经写道："俄罗斯母亲啊，你又贫穷又富饶，又强大又衰弱……"我们的祖国母亲，不也正是这样吗？正是为了改变这种状况，我们才抛弃了相当优裕、安全与和平的生活，回到受难的人民中间来，奔向艰险的斗争前线去，为祖国的解放和人民的翻身，贡献自己一份力量。好在前几关基本上都算顺利通过，以后能否这样畅通无阻呢，可就不一定了。在此以前，我们一直生活在自己同志中间，从伯力的领导同志，共产国际的中共代表，联共中央组织部的女干部，秘密联络站的负责人，到赶车的俄国老乡和做向导的小姑娘，他们都是自己的同志，而现在呢，同志见不着，敌人——车站的警察却向我们走来了。

登上开往哈尔滨的火车

这里是中国边境车站，警察虎视眈眈地打量着每一个人，随时想从中抓出什么"赤党分子"或"苏俄密探"来。这时，有个家伙冲着我们过来了。我看看自己身上不洋不土的打扮，默记着事先编好的答词，心想反正躲不过去，就坦然自若地迎着那警察走上前去，还有意同他擦肩而过。钻进人丛再回头看时，那家伙已在盯视别人了。我们常说，战

解放前的哈尔滨老火车站。

胜敌人要靠机智勇敢，在这里我更体会到两个重要的字：沉着。目前情况就是这样，如果我们缩手缩脚，畏首畏尾，反而容易出事，索性大大方方地在人群中从警察面前穿过去，堂而皇之地看看时刻表，买上火车票，又登上了开往哈尔滨的火车。

一到哈尔滨，我们先到银行把带的美钞换成中国票子，又找到一家估衣店，给自己挑选了更为适应环境和符合身份的服装。从估衣店出来，我们就同大街上多数人一样，都是长袍大褂和青衣布鞋了。我们本想在哈尔滨落一下脚，找到一家小旅店，那里的掌柜却缠着我们问这问那，打听我们的来路去向和干什么行业。我因为口音不对，就尽量少开口，全由我那会说东北话的同伴库图佐夫去应付，他告诉那掌柜的说，我们是出来找朋友谋事做的，因为没有找到，只得回去了。好容易把那家伙敷衍过去，我们悄悄一商议，摸不清他的意图，决定三十六计走为上，马上离开了这家旅店。正好还有当天晚上去大连的车票，我们就又上车开始了返回祖国的第二段旅程。

从哈尔滨陆海辗转奔向党的怀抱——上海

一路无话，火车开过了沈阳。不知大连出了什么事情，火车改点，到营口就不走了。我们在营口买了去青岛的轮船票，搭船到青岛稍做停留，又登上了开往上海的海轮。我们日夜兼程，直奔预定我们与党接关系的地方——上海而去。船进吴淞口，我眺望着阔别已久的大上海，心里有说不出的高兴。我们长途跋涉几万里，终于回到祖国怀抱和党的身边了！

下船登岸后，很快到了预先指定的旅馆，找房间住下，按照规定的方法，在旅馆的旅客房号公布板上，挂上写有自己代名的牌子，等着到时候就有人来找我们，对暗号，接关系。当时，从苏联回国的人员身上都不带任何证明文件，只由共产国际发电报到中共中央，介绍回国人员，约定接头地点和方法，然后由中央派人来取得联系。我们也这样，做好了规定的一切，就轻松愉快地等人来接头。

发生意外——接不上党的关系

谁知我们太乐观了，在连续的顺利后，却遇到了意外的情况，我们在旅馆里等着，一直等了将近一个月，却总是不见组织上派人来。我们急得坐立不安，愁得饮食无味，却又没法可想，不知到底发生了什么事情，是中央没有接到共产国际的电报，还是接头的地点或名字搞错了？再不是接关系的人出了问题？实在难以想象。

那时的上海，正处在严重的白色恐怖之中。在我们到达上海的两个多月前，党中央特科负责人顾顺章被捕叛变，供出了我党大量机密，使党的地下组织受到严重破坏，不少同志因而遭到逮捕和牺牲。因此，我们在那里滞留的每日每时都面临着危险。

我们万里奔波回到祖国，如远方归来的游子，好容易回到母亲身旁，虽然近在咫尺，却就是见不上面，连声音都听不到。我们刚到上海时的欢欣热望心情，现在完全被焦灼失望之感代替了。

大街上碰到老同志

老是坐等也不是办法，就常常出去走动，希望能碰到什么偶然的机会。这个机会居然被我碰到了！一天晚上，我正在南京路上的先施公司附近闲逛，忽然碰到一个熟人，他叫张振亚（又名张存实），也是个老同志，曾经和我同时在苏联远东工作过。我一见他，真是喜出望外，他也高兴地拉住我道："小老弟，你也回来啦？"他比我大十岁左右，平时总是这样叫我的。他关切地问我接上党的关系没有，不问犹可，一提此事，我正满腹焦愁，无人可诉呢，忍不住把面临的困难告诉了他，问他能不能帮助我们找到组织，接上关系。

按照一般情况，像这样靠大街上碰见的熟人来接关系，是非常危险的。在那样尖锐复杂的斗争环境里，有的人昨天还是同志，今天可能变成叛徒、特务。但是我坚信张振亚同志是可靠的。我对他是了解的，他是个斗争经验丰富的老同志，早年曾在冯玉祥的部队里工作过，20世纪20年代到苏联东方大学和中山大学学习以后，又到伯力苏联远东军司令部从事机密的情报工作，经常往返于中苏两国之间。他为人正直机敏，老成持重，我一向很尊重和佩服他。这次意外重逢，给了我很大希望，虽然我知道不通过组织和规定手续直接找人接头是不允许的，但是与其坐等来人，不如抓住良机摆脱困境。我利用大街上的嘈杂纷乱作掩护，向张振亚同志如实谈了情况，他听后想了想，让我把住处告诉他，说过几天再听消息。

党终于派人同我们接上了关系

几天以后，果然有人来找我们了，来的人是我早就认识的吴德峰同志。他也是湖北人，早年在武汉从事过党的地下工作，这时正在中央做秘密交通工作。我一知道他是代表党组织来同我们正式接关系的，不仅有一种他乡遇故知的喜悦，更像远归游子忽见亲人似的百感交集。我们的党终于派人来找我们了，一个月来的焦急愁苦，烟消云散！

吴德峰同志找到我们，同我和库图佐夫分别谈了话。他了解了我的情况后，说组织上已对我的工作作了初步安排，打算派我回武汉去做地下工作。他说不久前中央派陈启科同志去领导武汉的地下工作，却因他情况不熟，刚去就被捕了。这位同志我也知道，原是黄埔军校一期学生，后去苏联伏龙芝军事学院学习，与刘伯承同志同学。他的被捕，造成武汉党组织的涣散，急需中央再派人去整顿组织，恢复工作，考虑到我是武汉人，情况较熟，想派我去执行这项任务。

武汉是我的故乡，更是我走上革命道路的起点。武汉有我许多亲密战友、知己同志和可尊敬的老师，还有着我的一家人，我刚过 17 岁就离开了他们，远奔异国，一去多年无音讯，他们不知我的生死，我也不知他们的境况。我是多么希望重返故土，看望亲人啊！但是这些念头只在我心头一闪，我马上冷静地对吴德峰同志说：正因为我是武汉土生土长的，虽然熟悉情况，认识我的人却也不少，我的身份难以隐藏，对工作将带有极大的不便。同时我也只是知道一些过去的事情，现在形势已发生很大变化，我同样得从头熟悉新情况。我认为我去武汉工作不太适宜，虽然我个人十分怀念武汉，但是从党的利益出发，还是派别的同志去更好。接着我又说自己在苏联学了多年军事，回国就是为了参加武装斗争，做军事工作是我的心愿，我请求党将我派往苏区，到红军部队，到前线去打仗！

中央批准我的要求——到苏区参加武装斗争

吴德峰同志听完我的意见，认为可以考虑，就让我再等几天，由他请示组织后将决定通知我。几天后吴德峰同志又来了，说中央批准了我的要求，分配我去苏区做军事工作。和我同行的库图佐夫同志也分配了工作。当时我们遵守地下工作的纪律，从不打听各自的情况，只大约知道他要到江西去搞地下工作。我们从苏联赤塔开始同行，一起越过国境，一道辗转旅行，车船并肩坐，夜宿同榻眠，同忧共喜，友谊难忘。只是从那次分手，就一直未能重逢，再也不知这位令人怀念的同志去了哪里，后事如何！

二、初 进 苏 区

党派人送我绕道香港去苏区

确定出发日期后，吴德峰同志领来一位叫郑重的同志，说考虑到我刚回国，对国内情况比较陌生，特意安排他陪我同行。郑重同志是江浙人，长期在上海工作，解放以后我在大连又见过他。我们按照规定的路线，先买了从上海到香港的船票，两人一齐到了香港。那里的地下党组织派了一位广东籍交通员领我们从香港乘船到汕头，改乘潮汕铁路的火车，到达它的终点站大埔，这里是由闽西进入中央苏区的必经之地。那时我手里提着一个小箱子，里头的随身衣物中有几块普通手帕，其中一块就是我的秘密介绍信，我在那上面做了暗记，同肥皂、牙膏等日用东西混在一起。在大埔下车后，我还是靠了"沉着"二字应付了国民党警察的反复检查，我一面从容大方地同那些家伙交谈，一面暗中看着他把有暗记的手帕扔到一边，翻查别的东西，当然是什么也发现不了的。这一关也就顺利通过了。

交通员领我们出了大埔车站，来到郊外河边，上了一条早在等候着的小船。沿河航行了几个小时，黄昏时分到达粤闽两省边界的青溪，找到那里的秘密交通站。那里安排我们当晚就向苏区进发。为了行动方便和减少目标，我的小箱子就不能带了。只能把最必要的东西挑出来，特别是那块小手帕，用个小包袱裹着缠在身上。收拾停当，我们就在交通员的带领下连夜上了路。正是月黑风高之夜，我寸步不离地紧跟在交通员后面，从他那坚定稳当的步伐和均匀舒展的呼吸声中，也感觉到他的沉着和信心。看来他对这段路真是熟悉，每一条沟坎，每一道小桥，他都记得清清楚楚。哪里要跳过，哪里要跨越，他总是及时地提醒我们。这些交通员，我连名字都不知道，他们却默默地为革命贡献自己的力量和智慧。我至今想起他们，还不由产生无限尊敬的心情。

翻过了一山又一山，我一面注视着脚下的道路和前面的交通员，一面忍不住抬头看看前方夜空下云深不知处的远山，想象着正在那里隐藏和活跃着的千万战友，脚步不由轻快起来。我们身上越走越热，脚下愈走愈快，终于把黑夜抛到了身后，山林间无数的鸣禽飞鸟，伴着我们迎来了黎明。交通员指着远方被朝霞染红的山头，说那边就是苏区了，现在我们正处于苏区和白区的交界地带，因为这里是敌我对峙，互相出没的地方，我们必须迅速通过。为了避开国民党军队和地方保卫团的明堡暗哨，又得离开大道，专找人迹罕见的山间小径走。从昨夜起，我们已经一步不停地连续跋涉了十几个小时，腿脚越来越沉重了，胳膊都摆酸了，汗水把眼睛渍得火辣辣地疼，连几斤重的小包裹也似乎成了千钧重负。但是我们的脚步却不肯怠慢，两眼不断地巡视着四方，耳朵也无时不在倾听着任何可疑的声响。谁知道这里有没有敌人的巡逻队或潜伏哨呢？真要在这里，在我们革命根据地的大门口，在我们走过几万里、连闯几道关的最后时刻，万一被敌人截住，那不仅前功尽弃，也将遗恨无穷！

又走了一大段，路过一个深山中的小村，向老乡买了些粗糙点心和茶水，急吃猛喝了，又继续赶路。小憩了几次，到红日西斜时，我们翻上了一座山头。交通员同志头一个跑上去，敞开衣襟边挥汗边兴奋地喊道："到啦，同志们，到家啦！"

到了中央革命根据地

家，就是苏区，就是我们的中央革命根据地，就是我们万里奔波的最终目的地。三个月前，我由苏联远东的伯力开始，从东到西，又从西到东地两次横贯苏联，接着又由我国最北方的边疆到达最南方的省份，闯过了一道又一道有形和无形的、内部加外部的各种关卡，终于迈进了苏区的大门。交通员指着山脚下一个村镇说，那就是闽粤赣省委及军区领导机关所在地虎岗。我站在山顶举目望去，只见苏区山林田野，沐浴在一片火红色的落日余晖中。繁茂的树丛竹园迎风曼舞，村庄里正炊烟四起。山下一处平地上还有许多儿童团员在操练，队列整齐，精神抖擞。到处歌声飘扬，军号嘹亮，鸡鸣犬吠，牛哞羊咩，是生机勃勃的动人景象。我深深地吸了几口苏区的空气，只觉它是那么清新、那么香甜，连日的紧张、劳累和饥渴一扫而光！我们欢乐而轻快地直奔虎岗而去。

在闽粤赣军区

我们下山找到闽粤赣省委，我把用手帕密写的介绍信交给了省委秘书长萧向荣同志。他用碘酒一洗，原来用米汤写的字就一一显示出来了。在省委的招待所休息了几天，萧向荣同志通知我，省委分配我去闽粤赣军区工作。当天我就去军区报了到。萧劲光同志是军区参谋长，他让我留在司令部工作。我高兴地接受了任务，换上了红军的粗布军衣，领到了我的全套装备，除了身上的军衣，还有一条夹被和一条毛巾。这点东西同我在苏联时的"财产"相比就有点寒碜了，我在国外除几套换季的军服外，还有各式西装、衬衫、皮鞋、马靴，光是大衣就有几件，还有一笔数目可观的存款，这些全丢在伯力了。现在我更加珍惜和喜欢自己刚换上的粗布军衣，因为它是我们祖国自己的，是用许多同志的鲜血换来的！我出国的时候，我们的党还是很弱小的，现在不仅强大了许多，更有了自己的军队和大片的革命根据地。如今我也成了这个军队的一员，我多年的愿望实现了。归国一路受到的艰辛煎熬，取得了报偿，我为此感到自豪，我得到的东西比失去的不知珍贵多少倍！

我到军区司令部后执行的第一项任务，是到军区直属的重机枪连去训练战士们使用武器，教他们学会重机枪的拆卸和故障排除。正好我在苏联对兵器学得不少，对马克沁重机枪更加熟悉，连队的同志对我的教学十分欢迎。

参加第三次反"围剿"

当时，国民党反动派正对中央苏区进行第三次"围剿"，为了配合江西主力红军作战，闽粤赣军区发起了芦丰战斗，我同机枪连一起参加了这次战斗，在实战中继续教战士们怎样瞄准射击，一有故障马上动手帮助排除。战斗激烈时，我也手痒难熬，换下战士，自己上去打起来。当我亲眼看到敌人在我的枪口下像割草似的一排排倒下时，心里真有无限的快慰！我跑出伯力，告别苏联，奔波闯关，为的就是这一天啊！作为一个革命战士，有什么能比亲手打击敌人更为自豪的呢！

不料正当我歪着头向战士们发出口令时，敌人一颗子弹击中了我，我被一下子撞倒在地上。恢复知觉后，我浑身上下一摸，没有见到伤口，只觉得左半边脸麻酥酥的，抬手一摸，湿漉漉黏糊糊，沾了我一手血，原来敌人的子弹打进了我的左腮。想不到我回国第一仗就负了伤。一时觉得有点晦气，继而一想，我仅仅负了一处伤，并没有被一下打死，胳膊腿都完好无缺，还能继续参加战斗，不禁又为自己庆幸。

战斗结束后，我被送到才溪后方医院。那儿的领导知道我是刚从苏联回来的，要我到群众大会上去作个报告。我推辞不掉，答应了。那天在才溪竟集合了军民群众上千人，来听我的讲话。我那时才20来岁，血气方刚，上去就滔滔不绝地大讲了一通，主要通过自己在国外的见闻经历，讲了世界革命的有利形势，宣传革命必胜的信心。那时我的枪伤还没痊愈，一面讲话，一面伤口流脓，有时脓水淌到嘴边也顾不上擦，还是兴致勃勃地往下讲。现在想起来真是热情可嘉，又是十分鲁莽可笑。以后我又转到长汀医院，由傅连暲同志为我治愈了伤口，接着我又投入了新的战斗。

三、在红军学校

叶剑英校长找我谈话

中秋节以后，我在医院又住了一段时间。中央决定由王稼祥同志带领总政治部一部分人从汀州向瑞金转移，通知我随他们一起行动，去瑞金后另行分配工作。从长汀到瑞金，由东向西有80里路，经过一天长途行军，我虽然还是伤病员，仍然坚持步行走完全程。到达目的地瑞金后，我被分配到正在筹建的红军学校，校址就在瑞金城东靠城墙的谢氏祠堂里。我到学校去报到时，校长叶剑英同志找我谈了话，问我在苏联的学习情况和个人经历，我一一和他讲了。这是我同叶剑英同志的第一次接触，他留给我的印象是很谦虚和蔼的，了解干部很细心。他又详细地询问我在莫斯科是怎么学习的，对哪些课程有兴趣。我说对兵器学和射击学有兴趣。他说："好好！就让你在红军学校当教员，负责讲授射击原理。"当时我讲的瞄准线、射击线及偏差度等等道理，对一般红军干部还是很新鲜的。

担任第一期四连指导员

当时中央下了很大的决心办红军学校。毛泽东同志曾说，国民党有个"黄埔"，我们就办一个"红埔"，把红军学校办成培养我党军事人才的基地。先后调来叶剑英、刘伯承和萧劲光等著名红军将领担任校长，还调了何长工、邓萍两位军长和好几名师长到学校工作。开始由何长工同志主管全校的政治工作和党的工作，邓萍同志任教育长，校务部长是杨至成同志。第一期编为四个步兵连，各连的干部都由新调来的师长或师级干部担任，他们是：一连连长龙云，指导员张华；二连连长彭绍辉，指导员石衡中，他原来是师政委；三连连长粟裕，指导员刘西平；四连连长林野，他原来的职务是红十二军参谋长，我是四连指导员。此外还有一个工兵连，连长是谭希林。同别的同志相比，我感到

1981年，伍修权（中）重访江西瑞金与福州军区同志合影。

他们的工作能力都比我强，让我担任和他们同样的职务，多少有点滥竽充数。好在我当时年轻、好学，又肯干，也就愉快地接受了任务。当年冬天，红军学校正式成立，从前方选调了优秀的班排长和战士来学习，每一期四个月，先后办了许多期。1933年红校又改编为红军大学，由何长工同志担任校长。

红军学校训练很紧张。我们同全体学员一起，每天很早起床，披星戴月地跑步、出操，进行基本训练。叶剑英同志身为校长，处处以身作则，他当时已30多岁，早操时同大家一样认真锻炼，在单杠上打大车轮，使许多青年人都自愧不如。我们做政治工作的任务，是随时了解学员的思想动向，鼓励和保证大家好好学习，克服不正确思想。第一期学习四个月结束，学员分回前方，又调来第二批。

担任第二期政治营教导员

第二期形势有所发展，学校扩大了，成立了一个步兵团，又增加了一个政治营，营长郭耀山是上海工人出身，调我去当教导员。当时各个连的学习重点是步兵战术，军事课的比重占全部课程的十分之六，其中又以四分之三的时间用于夜战训练，根据红军的作战特点和实际需要，使学员掌握进攻、防御、追击、退却、侦察、警戒等战斗手段及原则。制式教练的时间只占四分之一。政治课比重虽然只占全部课程的十分之四，其内容却十分丰富，主要有阶级教育、党的领导、中国革命性质、红军宗旨、红军纪律、土地革命和苏维埃运动的意义、中国革命的世界意义、我们的国际主义义务等等。政治营的学习重点是怎样做党的政治工作，除一般课程以外，还增学党的建设、中共党史和国际情况等内容，也是四个月结业。

担任第三期团教育主任

第三期，学校继续扩大，新成立了一个特科营，并继续征招了一个团的学员。这一期的团长是张经武，政委何长工，我当教育主任，主管军事教育。除我们这三个人，还有杨梅生，他当管理处长，管生活。我们那时相处很好，工作都很认真负责，生活艰苦，却没有什么别的想法，为了革命战争的胜利，一心一意教好学员，大家都是这一目标。

红校的文化工作相当活跃，活动中心是红校的俱乐部，那里有一批来自上海和从苏联回国的文艺人才，如赵品三、李伯钊、危拱之、石联星和会作曲的朝鲜同志崔音波等。他们经常组织文艺晚会，演出各种自编的话剧、歌舞、相声和双簧等。这种晚会每月约有两次，叶剑英校长是积极支持这些活动的。红校还经常举行球赛，虽然只有几个打了补丁的"加重"破球，大家却玩得十分起劲。各连还都不断出版墙报，每逢节日就集中起来进行评比，看哪个连的墙报办得内容更丰富，形式更活泼。我不仅积极参加各种球赛，还是最热心的业余演员之一，当时红校演出的许多新戏，我都在其中担任过角色。这些活动对于鼓舞士气，配合教育和活跃部队生活，确实起了不小的作用，我至今还十分怀念那种朝气蓬勃的生活。我还记得在中华苏维埃第一次全国代表大会召开时，热情的朝鲜籍作曲家崔音波同志曾专门写了一首庆祝的歌曲，我们曾兴奋地集体高唱道："劳苦工农全苏大会开幕了，苏维埃胜利的号炮响起了！动员起来，武装起来，扩大铁的红军一百万，巩固苏维埃……"那雄壮有力的豪迈歌声，我至今还觉得余音在耳。

　　我们这个既没有正规校舍，连简单课堂都没有的红军学校，每一期的毕业和开学典礼大会都十分隆重热烈，有党、政、军领导人和各界代表参加，首先由校长作报告，继由中央领导人和各界代表讲话，随后就举行相当盛大的军事检阅。各个学员连队列成队，迈着正步通过临时搭起来的主席台，对于苏区来说，确是相当壮观和鼓舞人心。我们的阅兵式虽然比不上我在莫斯科红场参加过的红军分列式，但是这是我国第一支最强大的、全靠从敌人手中夺取武器而装备起来的工农武装，我作为其中一员，也不能不感到兴奋和自豪。当时的红校，除了在瑞金进行日常的教学和训练，还曾在会昌和武阳围之间组织了攻防军事演习。在当时的红都瑞金，甚至在整个中央苏区，红军学校无论在军事、政治上，还是在文化、体育上，都是一支示范性的队伍和引人注目的有生力量。

1981年3月，伍修权（中）在瑞金中央大礼堂旧址。

　　红军学校外头有一个广场，由广

场向南有一条江，我们常走过江上的木桥到野外进行训练。广场向西穿过弄堂就是大街，有几家商店和饭馆。当时我们的生活很艰苦，每逢有刚从白区来的同志，我们就去"打土豪"。因为他们才到苏区，身上还有钱，我们就拉他们请客，上小饭馆。记得被我们打过的"土豪"有吴亮平、朱瑞和王智涛等同志，他们是刚从国民党统治区来到苏区的。在红军学校我工作了整一年，参加训练了三批学员。

第一次见到毛泽东、朱德和周恩来

也是在红军学校时，我第一次见到了毛泽东、朱德和周恩来等中央领导同志。那时毛主席已30多岁，长我们十多岁，按当时的眼光，他已经是长辈了。有一次毛主席到红军学校讲话，我回忆讲话的内容是帝国主义侵略对中国经济的破坏。记得他在讲帝国主义侵入造成中国手工业经济破产时，举了个例子说：中国过去的木盆都用竹子箍，现在从外国来了铁丝，中国的竹箍只得取消，竹箍工人就失业了。他的讲话中有许多这样深入浅出的比喻，因而明白易懂。他对我国的社会生活进行过深入的调查研究，亲身经受过各种锻炼，因此，善于把马列主义的真理与中国革命的实际结合起来。他说的话既深刻又生动，我对他是由衷地钦佩的。

周恩来同志在1931年底到苏区以后，也向干部讲过话。他讲话时不要提纲，滔滔不绝，一讲就是半天。他知识渊博，通晓英文、日文、法文和德文，在黄埔军校工作过，经历过大革命，经验丰富，我对他十分尊敬。朱总司令那时在前方指挥作战，也常来红军学校，我们常常见到他。

四、在红军模范团和红三师

担任模范团政治委员

1933年春，红军学校第四期时，我的工作又发生了变动。中央成立了一个红军模范团，从各部队抽调优秀战士来训练，为部队培训基层干部。团长是原来的红七军军长龚楚[①]。我被任命为这个团的政治委员，政治处主任是

[①] 龚楚于1935年叛变革命。

庄田，他原来叫庄振凤，抗日战争时期曾在海南岛坚持斗争，新中国成立后曾任广州军区副司令员，后来当顾问。模范团驻在瑞金南边40里的武阳围，训练的内容军、政都有。训练期间，中央在福建清流组织了一次战斗，由叶剑英同志统一指挥，有独立师和我们模范团参加。这次作战是配合主力红军第四次反"围剿"作战的钳制行动。我团一个营打到敌人阵地前100米左右，再也攻不上去了。敌人火力很强，我们那个营趴在地上，不断向后面要求增援，我们觉得如果增援只会增加伤亡，就将情况报告了叶剑英同志。他看到从早上打到中午，局势已经很明显，再打下去伤亡会更大，就命令部队坚守原有阵地，等到黄昏时，开始有计划有掩护地撤退下来，随后转移到汀州休整。

担任红三师政治委员

又过了一个季度，1933年春夏之交，部队进行整编，以模范团为基干，调来两个独立师，各整编为一个团，这样一共三个团，组成红军第三师，直属军委领导。周昆为师长，我调任师政委，庄田当政治部主任。当时国民党十九路军占据了苏区边沿的连城、朋口和新泉三个点。我们对当面敌情进行了侦察，发现驻守朋口的敌人只有一个团兵力，便向军委报告，建议在三点之中拔除中间的朋口，以减弱敌人对苏区的威胁。军委批准了我们的计划。我们先派一个团进攻，战斗展开后，部队上去同敌人一接触，发现敌人已占据了朋口外的山头，正利用早已构筑好的相当坚固的阵地，用很强的火力压制住我们的攻击部队，使我们碰上了个硬钉子。原来相关敌情我们事先没有侦察清楚，一打才知道守敌不是一个普通团，而是个工事和火力配合得相当好的加强团。我们部队又没有炮，当然解决不了敌人在山上的工事。朋口镇虽然不大，我们却打不进去。我和师长研究，认为我们开始对敌情判断不准确，打了个盲目仗，再这么盲目干不行，不能继续打了，便留下少数人监视敌人，其余部队黄昏时开始撤退。敌人摸不清我们的情况和意图，也不敢贸然出击。好在我们部队的伤亡不大，及时撤回到根据地内休息整顿。

五、在汀连军分区

1933年盛夏时，我的工作又调动了。那时调动很频繁，接到命令到汀

（州）连（城）军分区当司令员，据说原司令员李韶九同志调到赣东北去工作了。汀连军分区的机构很精干，司令部只有两个参谋和一个文书；政治部有一个主任加两个干事，一个管党的工作，一个管青年团；还有一个管理科长、两个管理员，加一个通信班和一个警卫班，指挥着一个独立师和一支不到100人的游击队。独立师拉的是师的架子，其实人很少，组织很松散。我把他们整编为四个充实的连队，独立师名称不改，由师部直接指挥四个连，这样就比较有战斗力了。我带着独立师向连城方向侦察，到达汀州、连城中间的一个小镇叫童坊，是赤白交界处。老百姓中的多数人逃跑了，留下的人很少，又非常之穷，部队吃饭都成了问题。从童坊到连城中间隔着一座标高一千几百米的虎虹岭（当地叫"虎麻崇"）。我派部队向前侦察，并亲自用望远镜观察，看到敌人利用山地做了大量工事，防守严密，我们部队无法通过敌人的防线，很难继续向连城前进，待下去又没有粮食，既不能前进，又不能驻守，不得不撤到有粮食的后方，到那里整训和监视敌人。我带几个人回到汀州，派出分区那支不到100人的游击队深入到清流、宁化一带白区去打土豪，希望能够筹点款。游击队长是个很好的同志，接受任务后勇敢地深入白区，但是只弄来一点有限的钱。他们出去了三次，除了自己维持生活的少量经费外，别的就提供不出什么来，不能有大的作为。

当时，福建军区司令员是周子昆，政委是谭震林，司令部驻在汀州南面40里的河田。我曾就我们的军事计划和行动方案去军区请示汇报，可是那时由于临时中央的"左"倾错误已经在苏区贯彻，利用所谓反"罗明路线"打击了许多干部，福建的同志受害最重，军区的处境也异常困难，工作很难开展。在那种不正常的气氛下，他们当然难以对我们提出什么明确有效的指示。

六、再回红军学校

担任第五期团政治委员

几个月后，军委下令调我再回红军学校。这时红军学校已办到第五期，有一个军事训练团，还有一个政治大队，训练比较高级的政工干部。任命我为红军学校第五期的团政委，团长钟伟剑，是黄埔学生，老党员，进苏区以前曾在国民党部队工作过。我在那里主要教政治课，也向政治大队讲课，主要讲中国革命问题，中心内容是怎样在中国共产党领导下，由资产阶级民主革命过渡到社会主义革命。

在红军学校前后工作期间，我和刘伯承同志工作接触较多，他也曾担任过红军学校校长。早在1928年，我在莫斯科步兵学校学习时就认识他。当时他在南昌起义部队失败后来到苏联莫斯科伏龙芝军事学院。我在莫斯科步校时每月有30卢布津贴，我不抽烟，就用它去改善伙食，常在星期天去中国饭馆，也就在那里几次碰到刘伯承同志，认识了他，他比我大十五岁，早已是川军的将领，我是把他当作前辈看待的。在苏区红军学校时，他对工作抓得很紧，亲自听取每个连队和各个部门的汇报，态度严肃，一丝不苟，把汇报的问题一一记下，然后作结论，什么问题该怎样解决、有条不紊。他又特别好学，当校长时比我们还用功。军阀内战时他有一只眼睛被打坏了，但是身体很健康，精力十分充沛。

刘伯承校长领导我们编写军事教材

由于我们是山沟里的学校，什么现成的教材都没有，有几本国民党军队的旧教程和苏联红军的战斗条令等，大都不适用。刘伯承同志就领导我们自己编写教材，他亲自执笔撰写，常常挑灯夜战直至拂晓。我们根据苏区和红军的特点，针对当时的作战对象和社会环境，编出了整套的步兵、炮兵和工兵教材，写出了切合实际的攻击、防御和夜战要领，新编了迫击炮、轻重机枪等兵器及刺杀、爆破等专用讲义，还从俄文翻译了苏联军队的战斗条令等，作为我们的借鉴和参考。我参加过校订工作。我军的各种军语和名词等等，也都由他确定。他把过去旧军队称呼的军官改称为指挥员，士兵称为战斗员，传令兵改为通信员，伙夫改为炊事员，马夫改为饲养员，挑夫改为运输员，把旧军队的一套称呼全改了，直到现在我军用的一套称呼都是当初由他定下来的，他对我国人民军队的建设是作出了特殊贡献的。

七、为李德做翻译

紧急调动

1933年10月，我在红军学校第五期任团政委。正当这一期快毕业时，军委总参谋长刘伯承同志通知红军学校，说要调动我的工作，并说这次调动去的地方是秘密的，去了以后还不能与外界有任何接触。那时干部的流动性很大，组织性纪律性都很强，任命什么工作就干什么工作，不问职务高低，说走就走，几乎听不到有讲价钱的事。我得到调动的通知后，二话没说，马上就把背包一打，几件衬衣一夹，反正一个人简单得很，很快到军委找刘伯承同志报了到。

刘总参谋长告诉我，共产国际派到我党中央的军事顾问李德已经到了瑞金，中央决定调我去为他做翻译。刘总参谋长鼓励说我的俄文比较好，完全可以胜任这项工作。他对工作又做了具体交代，在保密问题上当时说得很严格，其实以后要求并没有那么严。当地军民群众都知道李德，我们也可以和别人接触。刘伯承同志向我交代后，又亲自领我和李德见了面，为我做了引见和介绍。这时李德已换上了我们红军服装，样子很严肃。当时我们认为他是共产国际派来的顾问，帮助我们革命，可能是个了不起的人物，因此开始对他还是很尊敬的。

李德其人

李德原名奥托·布劳恩，当时听说他是奥地利人。在第一次世界大战期间，奥地利属于德国统治的奥匈帝国，他参加了德国军队同沙皇俄国作战，所以也把他算作德国人。在一次战斗中，李德被俄军俘获，流放到西伯利亚。苏联十月革命以后，他参加了苏联红军。因为他在德国军队中当过军士，有一些作战经验，所以晋升很快。他在红军中的最高职务是骑兵师的参谋长。后来他又被选到莫斯科伏龙芝军事学院进修，在学校又是高材生。由于学习成绩较好，毕业后又官运亨通，被共产国际选派到中国来，担任了中共中央的军事顾问。

1932年秋，李德到达上海，当时我党临时中央还在上海，他在那里先大体了解了我国和苏区的情况，经常和他接触的是博古和张闻天等同志，他们都是从苏联回来的，可以直接用俄语同李德交谈，不用翻译。1933年初，临时中央被迫从上海迁往中央苏区，李德也在同年10月被秘密护送到中央苏区。据说，他进苏区时是拿着奥地利护照，作为旅行者从上海乘船到汕头，又到广东与福建交界处的白区边沿地带，由我党秘密联络点弄了条小船，利用夜晚划到苏区边缘，那里的联络站准备了乘马为他代步，还派了一个短枪排沿途护送他，费了很大力气，才把他接到了瑞金。

我到李德处工作后不久，中央又调来王智涛同志做李德军事训练方面的翻译。凡是李德为红军干部讲军事课时，都由王智涛同志担任翻译，我则负责作战方面和李德出席中央各个会议时的翻译。王智涛同志在 20 年代同我在莫斯科步兵学校共过事，他的俄文也很好，我们互相比较熟悉和了解。

李德的简单粗暴

李德一到苏区就赶上第五次反"围剿"，由于他大权在手，刚来到就处理了一个问题。敌人"围剿"开始时，萧劲光同志在闽赣军区任司令员，因为敌人来势较猛，他手上只有一个 70 来人的教导队，驻防在黎川。敌人用了三四个师的兵力围攻他们，我军主力又来不及赶去，萧劲光同志没有办法，只得将自己的少量部队撤出黎川，避开敌人的攻势。李德知道了此事，不问情由，就说这是退却逃跑，提出要对萧劲光同志进行审判，并判了他五年徒刑。

萧劲光是位老同志，曾两次去苏联：1921 年与刘少奇同志同去过；1927年大革命失败后，又被派到苏联最高军事学府之一的列宁军事政治学院学习。回国后屡建战功，这次却受到了李德的不公正处分。毛主席知道后表示坚决反对，他当时是中华苏维埃执行委员会主席，就利用自己的影响，没有执行李德的决定。王稼祥同志作为总政主任，也拒绝在判决书上签字。最后将萧劲光同志调到红军学校干部队做军事教员，保护了他。

由此可见，李德的作风是简单粗暴的。但是因为他是一个外国客人，又是共产国际派来的军事顾问，享有比较高的权威，大家对他还相当尊重，生活上对他也很照顾，专门为他修建了一处单独的房子。因此，"独立房子"

1990 年，伍修权（右）与老战友王智涛（左）合影。

也就成了李德住处的代号。那房子周围都是水稻田，正屋有三间，中间是堂屋，当会议室用，墙上挂满了地图，东首一间是李德的卧室，西首一间是我和王智涛同志的住处。警卫员先是朱连生，后是黄英夫，还配备了炊事员、饲养员等。这处"独立房子"位于军委驻地沙洲坝附近二华里处，前门对着总政治部驻地的小村子，相隔只有二三百米，有田间小路可通。"独立房子"离党中央、团中央的驻地也不远。李德爱骑马，常在晚饭后同警卫员、我或王智涛同志一起纵马出游。有时还打打扑克作为娱乐，常参加的除李德、我和王智涛同志外，还有博古，他同李德特别亲近。当时根据地的经济不富裕，尤其是党政机关的生活，比野战部队和群众生活更艰苦。我们几个工作人员按照当时的供给标准，每人每天只有十小两粮食（一斤为 16 两），分成两顿吃，用小蒲包装着，一人一小包，管你饭量大小，都是这么多，根本吃不饱。吃菜不仅没有油，常常连盐都没有，只能把青菜沤酸了用白水煮了吃。但是组织上对李德却额外照顾，吃穿都比我们好得多。苏区自产的鸡鱼肉蛋等源源不断地供他享用，打仗缴到和从白区弄来的香烟、咖啡等高级食用品也优先供给他。可是他还不满足，除了领受各种规定的特殊优待外，他自己还常到军委总参管理局找宋裕和局长等要东西。到长征时，组织上还给他一人配了两匹骡子，一匹给他骑，一匹专门为他驮东西。

当时的工作程序

我们当时的工作程序是：不论白天黑夜，只要前方来了电报，都迅速送到"独立房子"来。首先由我们翻译成俄文，并根据电文对着地图查证地理方位，绘成简图再送给李德。经他批阅提出相应的建议后，再由我们译成中文送给军委副主席周恩来同志。根据情况重要性的程度，有的由周副主席自行处理，有的重大问题则由他提交军委或政治局会议讨论，然后仍由周恩来同志负责组织付诸实行。当时的中央领导同志常到"独立房子"来，李德也常步行到军委去。他也懂英语，周恩来同志可以用英语和他直接交谈，博古、张闻天和王稼祥等同志则用俄语和他交谈。

李德推行军事教条主义，成了"太上皇"

李德在担任我党军事顾问时，推行的完全是军事教条主义那一套。他根本不懂得中国的国情，也不认真分析战争的实际情况，只凭他在苏联军事学院学到的军事课本上的条条框框，照样搬到我国，搬到苏区，进行瞎指挥。当时适逢王明"左"倾路线发展到顶峰，李德同他们气味相投，配合得非常默契。那时李德就是同博古谈得来。他们谈话不用翻译，我们在另一屋听得很清楚，两人有说有笑，亲热得很。博古当时是临时中央总负责人，但他对军事一窍不通，就把军事指挥大权拱手让给了李德。李德有了作为负责人的博古的支持，博古又有来自共产国际的李德做军事顾问，两人相互支持，"相得益彰"。当时中央的错误领导，和李德本人的专横作风，使他成了一个地道的"太上皇"。他们完全剥夺了毛泽东同志对红军的指挥权，排斥了毛泽东等同志的正确主张，由李德的独断专行取代了军委的集体领导，更抛弃了红军多年血战中取得的成功经验，由李德一人待在房子里凭着地图指挥战斗。当时的地图大部分是一些简单的草图，误差较大，不够准确，李德也不问，所以他的指挥往往与前线的实际情况差距很大。图上看只有100里路程，他也不问是山路还是平路，也不给部队留吃饭和休息的时间，敌情、气候和自然条件等等困难都不考虑，只凭比例尺量地图上的距离来推算路程，定下到达和投入战斗的时间，又常常不留余地。这给红军指战员的行动带来了很大的困难，有些困难根本是不可能克服的，常常使部队不能按时投入战斗，以致难免吃败仗。这本来都是李德的主观主义瞎指挥造成的，可是他却动不动就训斥处分别人，不断发脾气骂人，根本听不得反对意见。我们在他跟前的工作人员更是常受他的气。对于他的这种以"太上皇"自居的姿态，凌驾于我党中央之上的架势，我们都很反感，实在不想和他共事。有几个同志常闹情绪，多次要求调动工作。组织上总是做我们的工作，要我们安心留下。其实我们个人受气都是小事，他给我们党、红军和苏区造成的巨大损失才是大事。

八、第五次反"围剿"的失败

在整个第五次反"围剿"中，都是按李德那一套进行的，什么"御敌于国门之外""两个拳头作战""短促突击"，建立正规军、打阵地战，等等，完全是一条不切合实际的错误的军事路线。蒋介石在他的德国军事顾问塞克特等人策划下，吸取了他们前四次"围剿"失败的教训，用步步为营、稳扎稳打的堡垒主义新战略战术，企图逐步蚕食苏区，最后吃掉我们。敌军每推进一步，马上筑好堡垒驻守，然后在炮火的掩护下再往前推进三五公里，再停下构筑堡垒，就这样一步一步向我逼近，迫使苏区一点一点缩小。当时毛泽东同志曾经提出建议，利用国民党内部矛盾爆发的福建事变时机，红军主力出击苏浙皖，或转战湖南中部，以粉碎敌人的第五次"围剿"。按照这个打法，本来可以甩开正面敌人，从侧后打击蒋军。但是王明的"左"倾教条主义路线排斥了毛泽东同志的正确主张，仍然坚持李德的打法，反对游击战，硬打正规战。在这种错误的战略指导思想指挥下，部队只得同正面的强大敌人硬拼硬顶。李德等人不仅在军事上瞎指挥，而且根本不懂得利用敌人内部的矛盾，扩大敌人的内部分裂，孤立和打击最主要的敌人，创造对我有利的形势。第五次反"围剿"开始后，即1933年11月，国民党十九路军发动了抗日反蒋的福建事变。对此，我们没有很好地加以利用。有一回李德曾对博古说：蔡廷锴的福建人民政府是最危险的敌人，比蒋介石还危险，有更大的欺骗性。说那是小军阀反对大军阀，因此红军决不能支援蔡廷锴。那时，我们本来应该将部队向闽北开动，威胁蒋介石的侧后，支援和挽救受到蒋介石围攻的福建人民政府。但是，李德却反而指挥红军向西去，不打蒋介石的侧后，不支援蔡廷锴，结果抗日反蒋的福建人民政府垮台了。蒋介石打败了蔡廷锴的部队，转过身来集中全部力量向中央苏区进攻，使红军丧失了粉碎敌人第五次"围剿"的有利时机。

第五次反"围剿"中，我们在江西广昌以南的高虎垴利用有利地形打了个胜仗。这次战斗是三军团彭德怀同志指挥的，我军指战员以近距离的白刃战，击退了敌人多次冲击，阵地前堆满了敌军尸体，给了敌人很大打击。当时曾把这次战斗当成胜利的例子广为宣扬，文艺工作者还编了支歌子，唱着"高虎垴战斗，我们胜利了！"但是局部的胜利改变不了整个的不利形势，当时进行的广昌战斗就没有成功。战斗中李德和博古曾经到前线视察，战斗失利后，彭德怀同志见到李德，对他的瞎指挥很不满，当面批评李德完全不懂红军的作战原则，是"主观主义和图上作业的战术家"，说："如果不是红军高度自觉，一、三军团早就被你送掉了！"又痛斥李德："崽卖爷田心不疼！"我开始没听清，杨尚昆同志给解释了一下，我才弄明白这是一句湖南俗语，批评李德造成了红军的不应有损失，而又毫不痛惜。我把这句话翻译给李德听了，他大为恼火，说彭老总是封建脑筋，但是他知道彭老总不好惹，也只得按下怒火听着。

林彪对李德的态度就不一样。李德到一军团时，林彪专门召集了团以上干部会请李德讲课，李德特地讲了"短促突击"。他讲完后，许多干部反映听不懂，表示对李德那一套不能理解。林彪马上说李德讲了很好的一课，越是不懂越要很好地学习、研究和贯彻。以后他又亲自写了《论短促突击》的文章，对"左"倾教条主义的作战方针表示拥护，并加以发挥，因此深得李德赏识。不过我当时对林彪的印象还不错，认为他善于打运动战，而彭德怀同志善于打阵地战。事实上中央当时也是这么使用这两个军团的。高虎垴的阵地战，在福建沙县的攻城作战就是彭总指挥的。直到遵义会议以后，李德被免职无权了，他还是对林彪有兴趣，主动要求随一军团行动，只是林彪已不大接近他了。

第四章　伟大的长征

一、长征的准备

　　由于临时中央的错误领导和李德的错误指挥，眼看苏区一天天缩小，敌人一步步逼近，形势越来越坏。1934 年春，李德就曾同博古说，要准备作一次战略大转移。不过那时根本没有打算走那么远，也没有说是什么长征，只准备到湘鄂西去，同红二、红六军团会合，在那里创建新的革命根据地。大约在长征开始的半年前，就进行了各项准备工作。第一是苏区猛烈扩大红军，建立新的兵团。新成立了好几个师的部队，有以周昆为军团长的八军团，以周子昆为师长的三十四师，还有少共国际师等部队。为了扩大红军，除了把地方游击队整编扩充到主力红军外，还把根据地的壮丁几乎都动员参军了，有的农村里只剩了妇女老弱。苏区人民对革命作出了巨大的贡献，又为错误路线付出了巨大的牺牲。第二是进行武器弹药等的物资准备。当时苏区有个小兵工厂，能自己制造子弹和手榴弹，在试验新造出的手榴弹时，李德曾经和我一起去看过试验，好的手榴弹炸得很碎，杀伤力大，有的一崩两半，就没有威力了。后来转移时这些兵工厂的机器，还有印刷厂，甚至印钞票的机器都准备带走，只有军粮是走到哪里吃到哪里，没法带，别的东西都想带走。为了拆搬这些东西，实际上做了近半年的准备。军事部署上也做了准备。当年六七月间，派出红七军团北上到达赣东北根据地，同方志敏同志领导的红十军会合，组成北上抗日先遣队。8 月，又命令湘赣苏区的红六军团离开原根据地，转移到湘鄂西，与贺龙等同志领导的红二军团会师。这两处红军的行动，都是为了配合红一方面军主力大转移的。

　　大转移——也就是长征开始时，主力红军有一、三、五、八、九共五个军团。为了转移，又成立了军委和中央机关纵队，代号为"红星"纵队和"红章"纵队，由叶剑英、罗迈（李维汉）和邓发等同志分别担任了司令员、政委等职。董老、徐老等老同志都编入了中央纵队随军一起行动。整个部队共八万多人，号称十万大军。

这次战略大转移，对于当时的中央领导核心来说是早有准备的，所以不能完全说成是仓促行事。但是对于各级干部，包括高级干部和广大部队指战员来说，确实是没有准备的。在"左"倾教条主义的错误领导下，不仅根本没有作群众性的思想动员，连政治局都没有讨论过，相反作了严格保密，连有的高级领导人如项英、陈毅等同志当时都不知道这一重大战略意图。有的为"左"倾错误领导者不喜欢的干部，则被他们乘机甩掉，留在苏区打游击。如瞿秋白同志，身体根本不适应游击环境，也被留下，结果使他不幸被俘牺牲，何叔衡、贺昌、刘伯坚等同志也是因此而牺牲的。事实证明，像董老、徐老等年老体弱的同志，由于跟随主力红军行动，都被保存了下来，安全到达了陕北。最初他们连毛泽东同志也不打算带走，当时已将他排斥出中央领导核心，被弄到于都去搞调查研究。后来因为他是中华苏维埃执行委员会主席，在军队中享有很高威望，才被允许一起长征。如果他当时也被留下，结果就难以预料了，我们党的历史也可能成了另一个样子。

二、长 征 初 期

"甬道式" 搬家，被动挨打损失惨重

1934年10月中旬，军委总部从瑞金出发，开始长征了。出发的日期我的印象是10月10日，正是"双十节"。那时我们和警卫员等养了几只小鸭子，它们天天钻在"独立房子"周围的水稻田里，吃的是青蛙，长得特别快。出发的前几天，我们就赶紧吃鸭子，总部出动的那一天，还吃了最后的一只。在此同时，驻扎在江西于都和福建长汀、宁化等地的红军部队，也先后分别出动。所以这些地方和瑞金一样，都是红军长征的出发地，长征开始的时间，则应从军委总部出发的日子算起。

出发以后，李德等人指挥部队采取"甬道式"搬家方式，一、三军团为左右前锋，八、九军团从两翼掩护，五军团为后卫压阵，中间是军委总部和中央纵队，还有各种"坛坛罐罐"，仅挑子就有3000多副。真是负担笨重，行动迟缓，加之敌人处处围追堵截，部队只能沿途消极避战，像叫花子打狗似的，边打边走。这样好容易通过了敌人四道封锁线，部队处处挨打，损伤惨重。大

的笨重东西都没有办法带了，为了行军和作战便利，只好把千辛万苦从苏区搬来的机器等笨重东西往山沟里扔。渡湘江时，连电台的发电机、蓄电池和 X 光机、印刷机和几门小山炮等等，都忍痛埋掉了。有的运输员来的时候思想上就是不大通的，这时就把东西一扔自动跑回家去了，加上战斗减员，部队很快就损失了三分之二的兵力，过湘江以后只剩了三万多人。

李德惊慌失措，迁怒于人

当时李德已经无法全面指挥，只能根据各部队来的电报提出意见，真正在部署作战行动的是周恩来同志。那段时期，只听到从各个纵队来的报告，说部队不断减员，特别是中央纵队不断来报告说，人都散了，机器都丢了。李德面对这种情况，惊慌失措，一筹莫展，他那副愁眉苦脸、唉声叹气的狼狈相，至今我还历历在目。可是此人毫无自知之明，反而迁怒于人。当时有两个部队，一个是周昆当军团长的八军团，一个是周子昆当师长的三十四师，由于部队中大多是新编入红军的地方赤卫队和农民，未经过训练和实战锻炼，在连续的行军苦战中，整个部队几乎全被打散拖垮了。到遵义以前，部队在一个地方停留时，李德还掌着权，他把三十四师师长周子昆找来，将他痛骂了一顿，训斥他带的什么兵，把部队给拖垮了，把老婆倒带着。实际情况是周子昆的爱人曾玉同志，红军长征时本来让她留在苏区，她不愿留下，自己拼着命跟部队走，丈夫又顾不了她，吃了许多苦。可是李德却为此大训她的丈夫周子昆，还命令警卫班马上把他绑起来，送军事法庭审判。可是警卫班的同志就是不肯动手，李德大为恼火。当时博古和毛泽东同志正好在场，博古对此默不作声，还是毛泽东同志出来解了围，说把周子昆交给他去处理，这才使李德下了台阶。

通道转兵，避免了全军覆灭之灾

部队前进到湘西通道地区时，得到情报说，蒋介石已察觉我们的意图是与二、六军团会合，就在我们前进方向布置了五倍于我的强大兵力，形成了一个"大口袋"等我们去钻。面对这一情况，李德竟然坚持按原计划行动，把已经遭到惨重损失的三万多红军，朝十几万强敌的虎口中送。在这危急关头，毛泽东同志向中央政治局提出建议，部队应该改变战略方向，立即转而向西，到敌人力量薄弱的贵州去，一定不能再往北去。如果再往北，就有全军覆灭之灾。

中央迫于形势，只得接受了这一正确建议，毛主席的意见被通过了。于是部队就改向贵州进军，这就一下打乱了敌人原来的部署。从这时开始，突破乌江，攻下遵义，战局出现了转机，红军恢复了活力，这已经是毛主席的思想在起作用了，具体指挥的则是周恩来同志。

这是长征初期和遵义会议以前的情况。这个期间，我们每日接触李德，不断领教他专横粗暴的作风，心情很不愉快。有一次我对中央组织部长罗迈（李维汉）同志说："李德简直是个帝国主义分子，我完全是凭着党性，才给他做翻译工作的。"事实也是如此，他经常训斥甚至辱骂干部，很不讲理。上至我们的总司令朱德同志，下到我们一般工作人员和服务人员，他几乎没有一个瞧得起的。有一回他竟无理训斥总参谋长刘伯承同志，说他还不如一个普通的参谋，白在苏联学习了几年，话很难听。我为了给双方打圆场，故意不给他照原话翻译，只说参谋工作做得不周到。可是刘伯承同志自己懂俄语，事后他对我说："你真是个老好人啊，他骂我的话都没有翻译。"这样的例子还有许多。有利于团结的话我照样翻译，凡是李德骂人的话，我就不给他照原话全翻出来，何必让这些同志多受他的气呢！

三、历史性的遵义会议

会议的酝酿和准备

李德等人的所作所为，以及由此造成的严重后果，迫使人们苦苦思索面临的问题：为什么在临时中央和李德来到根据地以前，中央红军在毛泽东同志指挥下，能够以三四万人的兵力，粉碎了敌人一、二、三次"围剿"，还扩大了根据地，发展了红军。周恩来等同志指挥的第四次反"围剿"，继续按毛泽东同志的军事思想作战，也取得了胜利。到第五次反"围剿"时，中央红军已发展到十万人以上，中央根据地更加扩大和巩固了。但是，在李德等人的指挥下，红军苦战一年，结果反而是"兵日少而地日蹙"，最后来了个大搬家，丧失了整个中央根据地不算，八九万大军只剩了三万来人，使党和红军面临险境。惨重的失败，险恶的环境，使人们对李德那一套由怀疑到愤怒，许多指战员忿忿地说，过去几次反"围剿"，打了许多恶仗，不但没有这么大的消耗，还壮大了许多倍，现在光挨打，真气人！他们痛心地问：这样打下去，结果会怎么样呢？长征开始后，彭德怀曾经气愤地说："这样抬着棺材走路，哪像个打仗的样子？"他批评李德等人："把革命当儿戏，真是胡闹！"事实教育了人们，王明等人自称"百分之百"的正确，却打了败仗；被他们批判排斥了的毛泽东同志的主张，却越来越被事实证明是正确的。人们在胜利时认识了毛泽东同志，在失败中又进一步地认识了毛泽东同志。

中央的领导同志，包括曾经犯过"左"倾错误的同志，也陆续有了觉悟。早在第五次反"围剿"开始不久，在一次军委会议休息时，张闻天同志跟我说："这样打下去，我们能有胜利的前途吗？"这表明，他当时已经对李德的军事指挥产生了怀疑。到广昌战役后的一次讨论会上，他就提出"不该同敌人死拼"，结果同博古闹翻了。李德对这件事显得很"关切"，他要博古向张闻天同志转达他的意见："这里的事情还是依靠莫斯科回来的同志。"意思就是说，博古和张闻天这些从莫斯科回来的同志之间不应该闹摩擦。张闻天同志根本没有理会李德这个"劝告"，也不怕他们排斥打击，仍然坚持自己的观点。这次大搬家后，他对李德等人的错误看得更清楚了。

1985 年 1 月，伍修权（右）在纪念遵义会议 50 周年会场外与童小鹏（左）合影。

王稼祥同志也早就觉察到李德等人的军事错误。他那时是军委副主席、红军总政治部主任。在第四次反"围剿"时他负了重伤，长征开始后就坐担架随队行动。当时毛泽东同志也因病坐担架，经常同王稼祥同志同行。他们就天天一边行军一边交谈，商谈了许多有关党和军队前途的问题。王稼祥同志向毛泽东同志坦率地表示了自己对当前形势的忧虑，认为这样下去不行。毛泽东针对现实情况，谈了马列主义的普遍真理必须与中国革命实践相结合的道理。这给了王稼祥同志很大的启示，也更加坚定了他支持毛泽东同志的决心。这时，他们就商谈了准备召开中央政治局会议，解决面临的严重问题。

周恩来同志当时也是军委副主席，在第五次反"围剿"中同李德接触较多，曾经与李德进行过多次争论，表示不同意李德的某些军事主张和作战方案。特别在如何使用兵力的问题上，李德强调所谓"正规军"打"阵地战"，用红军的"多路分兵"对付敌人的"多路进击"。周恩来同志主张集中兵力于一个方向，其他方向则部署牵制力量，使红军保持相对的优势和机动兵力，以粉碎敌人的进攻。但是，李德拒不接受周恩来同志的正确建议，使分兵把口的红军被敌人的强大兵力各个击破。进行这些争论时，我经常在场，有时由我从中翻译，有时周恩来同志直接用英语对李德讲。他对李德的错误最了解，只是由于当时中央的主要领导坚持"左"倾错误，支持李德的独断专行，周恩来同志只能在自己的工作范围内，采取某些具体措施，进行适当的补救，尽量减少红军的损失。周恩来对毛泽东同志的主张本来就是了解和赞佩的，所以他当然是支持毛泽东同志的。

毛泽东同志在长征途中，也利用一切可能的机会，向有关干部和红军指战员进行说服教育工作，用事实启发同志们的觉悟，使大家分清什么是正确的，什么是错误的。这一切都为遵义会议的召开创造了必要的条件，打下了思想基础。此外，客观形势也促成了遵义会议的召开。

在进遵义以前，王稼祥同志最早提出了召开中央政治局扩大会议（即遵义会议）的倡议。他首先找张闻天同志，谈了毛泽东同志的主张和自己的看法。他认为，应该撤换博古和李德，改由毛泽东同志来领导。张闻天同志也在考虑这些问题，当即支持了他的意见。接着，王稼祥同志又利用各种机会，找了其他一些负责同志，一一交换了意见，并取得了这些同志的支持。聂荣臻同志因脚伤坐担架，在行军途中听取并赞同了王稼祥同志的意见。周恩来和朱德等同志历来就尊重毛泽东同志，在临时中央打击排斥毛泽东同志时，他们也未改变对他的态度，这次也毫不犹豫地支持了王稼祥同志的意见。正是在此大势所趋、人心所向的形势下，召开遵义会议的条件已经成熟。

遵义会议的胜利召开

1935 年 1 月上旬，红军胜利攻占黔北的重镇遵义。不久，中共中央在遵义旧城一个军阀柏辉章的公馆二层楼上，召开了中央政治局扩大会议，这就是具有伟大历史意义的遵义会议。参加这次会议的有中央政治局委员博古、周恩来、毛泽东、朱德、张闻天、陈云，政治局候补委员王稼祥、刘少奇、邓发和凯丰（即何克全），总参谋长刘伯承，总政治部代主任李富春。会议扩大到军团一级干部，有一军团长林彪、政委聂荣臻，三军团长彭德怀、政委杨尚昆，五军团政委李卓然因为战事在会议开始后才赶到，邓小平同志以党中央秘书长身份参加了会议。李德也被通知出席，我作为翻译，也列席了会议。会议中途彭德怀和李卓然同志因为部队又发生了战斗，提前离开了。九军团长罗炳辉、政委蔡树藩因为部队没有渡过乌江，未能参加会议。

因为中央政治局和军委白天要处理战事和日常事务，会议一般都是晚饭后开始开会，一直开到深夜。会场设在公馆楼上一个不大的房间里，靠里面有一个带镜子的橱柜，朝外是两扇嵌着当时很时兴的彩色花玻璃的窗户，天花板中央吊着一盏旧式煤油灯，房间中间放着一张长条桌子，四周围着一些木椅、藤椅和长凳子，因为天冷夜寒，还生了炭火盆。会场是很简陋狭小的，然而正是在这里决定了党和红军的命运。

会议开始还是由博古主持。他坐在长条桌子中间的位置上，别的参加者也不像现在开会有个名单座次，那时随便找个凳子坐下就是了。会议开了多次，各人的位置也就经常变动。开会以后，首先由博古作了总结第五次反"围剿"的主要报告。他也看出了当时的形势，对军事错误作了一定的检讨，但是也强调了许多客观原因，为临时中央和自己的错误作了辩护和解释。接着，由周恩来作了关于第五次反"围剿"军事问题的副报告。第三个发言的是张闻天同志，他作了一个反对"左"倾军事错误路线的报告，是批评博古的，因此被后人称为"反报告"。

1985 年 1 月，伍修权在遵义会议做翻译时曾坐过的位置上留影。

之后，毛泽东同志作了重要发言。像通常一样，他总是慢慢地先听听人家的意见怎么样，等他一发言就几乎是带结论性的了。他讲了一个多小时，同别人的发言比起来，算是长篇大论了。他发言的主要内容是说当前首先要解决军事问题，批判了军事上的"消极防御"方针和转移时的逃跑主义错误。他还尖锐地批评了李德的错误军事指挥，只知道纸上谈兵，不考虑战士要走路，也要吃饭，也要睡觉，也不问走的是山地、平原还是河道，只知道在地图上一画，限定时间打，当然打不好；又用一、二、三、四次反"围剿"胜利的事实，批驳了用敌强我弱的客观原因为第五次反"围剿"失败作辩护的观点。他指出，正是在军事上执行了"左"倾错误主张，才导致了第五次反"围剿"的失败，造成了红军在长征中的重大牺牲。毛泽东同志的发言反映了大家的共同想法和正确意见，受到与会绝大多数同志的热烈拥护。

紧接着发言的是王稼祥同志。他旗帜鲜明地支持毛泽东同志的意见，严厉地批判了李德和博古在军事上的错误，拥护由毛泽东同志来指挥红军。朱德同志接着也表示了明确态度，支持毛泽东同志的意见。朱德同志历来谦逊稳重，这次发言时，却声色俱厉地追究临时中央领导的错误，谴责他们排斥了毛泽东同志，依靠外国人李德弄得丢掉根据地，牺牲了多少人命！他说："如果继续这样的领导，我们就不能再跟着走下去！"周恩来同志在发言中也坚决支持毛泽东同志对"左"倾军事错误的批判，全力推举毛泽东同志参加中央核心领导。他指出，只有改变错误的领导，红军才有希望，革命才能成功。他的发言和倡议得到了与会绝大多数同志的积极支持。

会上的其他发言，我印象中比较深的是李富春和聂荣臻同志。他们对李德那一套很不满，对"左"倾军事错误的批判很严厉。彭德怀同志的发言也很激烈，他们都是积极支持毛泽东同志的正确意见的。其他同志也大都支持毛泽东同志的意见。

林彪本来是支持李德那一套的，会上被批判的"短促突击"等等，也是林彪所热心鼓吹的。1934 年 6 月，他还写了《论短促突击》的文章，推销李德的那一套；行动上他也是积极执行王明在军事上的"左"倾错误主张。所以，他在会上基本是一言不发。聂荣臻同志长期与他共事，对他早就有所认识，那时就看出了他的毛病。

会上被直接批判的是博古，批判博古实际上就是批判李德。因此，会议一开始，李德的处境就很狼狈。当时，别人大都是围着长桌子坐，他却坐在会议室门口，完全是处在被告的地位上，我坐在他旁边。别人发言时，我一边听一边翻译给李德听。他一边听一边不断地抽烟，垂头丧气，神情十分沮丧。由于每天会议的时间都很长，前半段会我精神还好，发言的内容就翻译得详细些，后半段会议时精力不济了，时间也紧迫，翻译就简单些。会议过程中，李德也曾为自己及王明在军事上的"左"倾教条主义错误辩护，不承认自己的错误，把责任推到客观原因和临时中央身上。不过这时他已经理不直、气不壮了。当时会议的气氛虽然很严肃，斗争很激烈，但是发言还是说理的。李德本人也意识到已是"无可奈何花落去"，只得硬着头皮听取大家对他的批判发言。

会议前后共开了三四次，开会的具体日期，我印象是在 1 月 15 日左右。遵义会议决议上印的日期是 1 月 8 日，我看不准确，可能是 1 月 18 日之误。因为 1 月 8 日部队刚进遵义，还没来得及召开会议，决议不会那么早就做出来。

会议的后期，委托张闻天同志起草了《中共中央关于反对敌人五次"围剿"的总结的决议》，即遵义会议决议。《决议》指出，博古和李德（用华夫代名）等人"在反对五次'围剿'战争中，却以单纯防御路线（或专守防御）代替了决战防御，以阵地战堡垒战代替了运动战，并以所谓'短促突击'的战术原则来支持这种单纯防御的战略路线。这就使敌人持久战与堡垒主义的战略战术达到了他的目的，使我们的主力红军受到一部分的损失，并离开了中央苏区根据地。应该指出，这一路线，同我们红军取得胜利的战略战术的基本原则，是完全相反的"。《决议》还就博古、李德等在组织路线、领导作风上及利用敌人内部冲突等等问题，一一作了结论。这个决议由中央正式通过了。

遵义会议集中全力解决当时具有决定意义的军事问题和组织问题，改组了党和军队的领导，推举毛泽东同志为政治局常委。会后解除了博古同志的书记职务和李德的军事顾问职务，由张闻天同志负总责。接着，又在随后的战斗行军中，成立了以毛泽东同志为实际负责人，有周恩来、王稼祥同志参加的三人军事指挥小组，作为最高统帅部，负责指挥全军行动。全党信服毛泽东同志，把当时最有决定意义的、关系到我党我军生死存亡的军事指挥大权托付给他，从而事实上确立了毛泽东同志在红军和党中央的领导地位。这是遵义会议的最大成就，是中共党内最有历史意义的伟大转折。

"群龙得首自腾翔"

遵义会议的成功，表现出了毛泽东同志杰出的领导才能与政治智慧。他在会议上只批判临时中央在军事问题上的错误，没有提政治问题上的错误，相反还在《决议》中对这个时期的政治路线说了几句肯定的话。这是毛泽东同志的一个英明决策。在会议上，曾经有人提出批判和纠正六届四中全会以来的政治错误，毛泽东同志明智地制止了这种做法。正是这样，才团结了更多的同志，全力以赴地解决了当时最为紧迫的军事问题。会后，曾有同志问毛泽东同志，你早就看到王明那一套是错误的，也早在反对他，为什么当时不树起旗帜同他们干，反而让王明的"左"倾错误统治了四年之久呢？毛泽东同志说，那时王明的危害尚未充分暴露，又打着共产国际的旗号，使人一时不易识破他们，在这种情况下，过早地发动斗争，就会造成党和军队的分裂，反而不利于对敌斗争。只有等到瓜熟蒂落、水到渠成时，才能提出和解决这个问题。毛泽东同志还注意把推行"左"倾错误的头头同仅仅执行过这一错误的人严格区别对待。在遵义会议上，他只集中批判博古和李德，对别的同志则采取耐心的说服帮助，争取他们转变立场。毛泽东同志这种对党内斗争的正确态度和处理方法，也是促成遵义会议成功的重要原因。

正由于这样，原来曾经支持过王明"左"倾错误的王稼祥、张闻天等同志在遵义会议这一历史转折关头，都转而支持了毛泽东同志。这里特别值得一提的是王稼祥同志。毛泽东同志曾说，在遵义会议上，王稼祥同志投的是"关键一票"。又说，他是第一个从王明的教条小宗派中脱离出来的。周恩来同志也说，王稼祥同志在遵义会议上是有功的。张闻天同志也起了很好的作用。博古同志虽然是会上受批判的主要对象之一，但是他的态度还是比较端正的。他主持会议，却不利用职权压制不同意见，表现了一定的民主作风和磊落态度。会后，他又坚决服从和执行中央的决定，并严正地拒绝了别人的挑拨性意见。到十年以后党的第七次全国代表大会上，他还作了认真的自我批评。这些都体现了一个共产党人的应有品质。

早在1925年，我曾与王稼祥、张闻天等同志同船赴苏，同在莫斯科的中山大学学习。他们原来的底子都比较厚，受过相当高的教育。但是他们到中大以后，学习仍然异常刻苦，连课外文体活动都很少参加，很快掌握了俄文。一年后他们就在学校担任翻译，后来还进了苏联红色教授学院深造。博古同志晚我们一年到中山大学，他比较活跃。如果说王稼祥、张闻天同志有学者风度，博古同志则有政治活动家的气派。他到校后，到处都能听到他的声音，学习也很好。这些同志虽然一度参与过王明等人的小宗派，博古同志在临时中央时期的错误又比较严重，但是他们的为人是正直的，对革命的忠诚和个人品质是应该肯定的。在长期的革命斗争中，他们为党为人民做了大量的工作，都作出了自己的贡献。因此，在我们党的历史上，仍然应该有他们适当的位置。

遵义会议以后，毛泽东同志亲自指挥了四渡赤水战役，巧妙地甩开了敌人，跳出了重围，赢得了战略转移中具有决定意义的胜利，写下了长征史上最为光彩神奇的篇章。我们许多参加过这个战役的同志，至今谈起来还眉飞色舞，赞叹不绝。

朱德同志有首纪念遵义会议的诗写道："群龙得首自腾翔，路线精通走一行。左右高低能纠正，天空无限任飞扬。"确确实实如此。遵义会议后，正是由于党中央和毛泽东同志的英明领导，我们在极端艰险的条件下，保存并锻炼了党和红军的基本骨干，并且克服了张国焘的退却逃跑和分裂党的阴谋，胜利地到达陕北，结束了长征，促成了抗日民族统一战线，推动了抗日高潮的到来。这一切事实，随着时间的推移，使人越来越深刻地认识到遵义会议的深远意义。

会议以后，李德无职无权了。开始一段时间，我还同他在一起随一军团行动了一段时间。后来我去三军团工作，他又随同总部行动了。长征的后期，我还遇见李德几次。过草地张国焘搞分裂时，有一回原四方面军的副参谋长李特同毛泽东等同志争吵，要拉人随张国焘南下，我见李德也在场。据说他当时也是反对南下的，不过他未必是出于拥护中央和毛泽东同志的方针，而是希望尽快北上，好靠近苏联，重新接上与共产国际的关系。中央红军长征到陕北后，李德曾帮助训练过骑兵。1936年10月，斯诺到保安访问过他，李德对于遵义会议对他的批判并撤销他军事顾问职权，仍然是一肚子牢骚。那时，中央分配李德到红军大学讲战役学，我曾被临时派去为他当翻译。开始我不乐意去，对周恩来同志说："我宁可当伙夫、马夫，也不给李德做翻译了。"经过周恩来同志反复劝说，我才同李德又共了一段事。

1939年夏，我党送李德自延安经兰州返回苏联。那时我在兰州八路军办事处任处长，负责接送并具体安排他回苏联。由于抗日民族统一战线已经建立，我党中央先同国民党交涉好，他乘周恩来同志到苏联治病的飞机同机赴苏。

李德在1932年来我国，当时才30多岁，在我国活动六年多，其中我同他共事就近两年，亲眼看到过他最神气和最失意时的样子。现在要同他正式分手了，本应该相互作些表示，但是他的情绪十分消沉。同他作最后告别时，我对他说："祝你回苏联后走好运，一切顺利。"他只是苦笑而已。据说他回苏联以后，斯大林批评了他，并分配他到出版单位搞搞翻译工作。第二次世界大战以后，他被送回德意志民主共和国，一度担任过民主德国文化方面的领导职务，还曾出版过一本他写的关于中国革命的回忆录，书名叫《中国纪事》。书中颠倒是非歪曲事实，继续坚持并宣扬他的"左"倾教条主义，反对我党的正确路线和毛泽东思想，竭力为自己的错误辩解，可见他至死也没有认识到自己的错误。

遵义会议已经过去半个多世纪了，党的十一届六中全会通过的《关于建国以来党的若干历史问题的决议》中指出，遵义会议是我党历史上"一个生死攸关的转折点"。作为亲身经历这一转折的老战士，每当回忆起这次会议，总是自然地深深怀念毛泽东同志。遵义会议以前，王明等人脱离群众、远离实际，只会搬用书本和外国的经验，甚至倚仗外人来领导中国革命。李德根本不懂中国的国情和斗争特点，却以"太上皇"自居，凭着洋本本、死框框瞎指挥，推行王明的"左"倾教条主义，结果把我国的革命几乎引入绝境。

正是毛泽东同志把马列主义普遍原理与本国革命实践相结合，才使我国革命走上了胜利的道路。因此，直到今天，我们还在享受着遵义会议胜利的成果。我们回忆遵义会议，正是要铭记毛泽东同志根据我党血的经验教训告诉我们的这一伟大真理。尽管毛泽东同志晚年有过严重错误，但他的光辉革命实践和他在中国革命危难时的伟大历史功勋，是永垂史册的。

四、征途漫漫

在红三军团

第二次撤出遵义以后，我由于在李德那儿已经无事可做，同时早已不愿同他共事，便请求调动我的工作。中央领导同志研究后，决定我到三军团去工作，并任命我为军团的副参谋长。当时军团长是彭德怀，政委是杨尚昆，参谋长原来是邓萍，他在第二次攻打遵义时牺牲了，中央调叶剑英同志来接替他的职务。司令部的作战科长是李天佑，他原来是师长，因为部队缩编，调上来当科长，是保存干部的性质。司令部的管理科长是胡里光、副科长是唐延杰，唐延杰也在苏联学习过，回国后在长沙工作时被捕，部队打长沙时才把他从监狱里解救出来，党籍还没有恢复。彭德怀同志讲过：他未恢复党籍，分配工作就有些困难，只好让他先在管理科当副科长，解决了党籍就好分配了。当时我对自己的职务安排心里很不安。对于彭德怀同志，我一直是很尊敬的，让我来当军团的副参谋长，觉得能力不够，总想做点更实际的低一级的工作。我把自己的想法向杨尚昆同志谈了，他说已经确定了，还是好好工作吧！也许领导上考虑的是我的资历，工作也是具体的参谋工作。彭德怀同志对我是比较欢迎的，和他直接相处后，留给我的几点印象非常深刻：第一，他是真正的艰苦朴素；第二，作战有办法，而不只是一般的勇敢；第三，爱护干部，有的同志犯了错误，他常常是狠狠地批一顿，但是批完就拉倒，从来不记恨，因此挨过他批评的人也不恨他，相反还很感激他；第四，为人正直，原则性强。对下级他是比较接近的，对上级他又是敢提不同意见的。也正因此，1959年在庐山会议上他写了意见书，提出不同意见，坚持了原则；但是他对毛主席是尊重的，有感情的。在苏区时，毛主席送给他两本列宁的书，一本是《社会民主党在民主革命中的两种策略》，一本是《共产主义运动中的"左派"幼稚病》，毛主席在书上都题了字，签了名。彭德怀同志很珍惜这两本书，长征时一直带着看。到吴起镇以前精简文件时，被参谋人员不小心烧掉了，彭德怀同志很惋惜。他一直认为是我给他烧掉的。解放以后碰到我他还说："你这个老伍，把毛主席送给我的两本书也给烧了。"

遵义会议以后，彭德怀同志指挥的三军团忠实积极地执行了毛主席的指示。部队在乌江打了个胜仗，接着出贵州，进云南。这段时间，我作为叶剑英同志的参谋人员，一直同他在一起。每天一到宿营地，马上接好电话线路，电话机通常设在我的床头边，部队有什么情况，首先向我报告，来了电报也由我受理，一般的事我就相机处理了，不轻易打扰他。有了重大情况，就马上叫醒他，由他作出决定或再向上报告。

抢渡金沙江

为了甩掉围追堵截的敌人，军委指示全军抢渡金沙江，三军团部队奉命在皎平渡下游几十里处的洪门渡架桥，我被派到执行架桥任务的十三团，作为军团副参谋长去协助架桥工作。团长是彭雪枫，政委是甘渭汉，我们一起去执行了这一重要而艰巨的任务。但是金沙江南岸是一片陡坡，江宽流急，架桥器材又很缺乏，部队把绑腿解开拧起来当绳子用，但是一架到江心器材就被冲跑，架不成桥，反复搞了多次都没有成功。我们将情况如实作了报告。正在这时接到军团部命令：停止架桥。下午四五点钟，我们把部队从江边撤下来，刚休息了一会儿，吃了饭，又接到命令，军团所属各部队，改前卫为后卫，星夜赶到皎平渡过江。黄昏时开始急行军。由于天黑路窄，加之部队连日架桥，疲惫不堪，指战员们三三两两掉下队来，躺在路边休息，一倒下就睡着了。我带着几名通信员，沿途动员，鼓励掉队人员追赶部队，自己当然更不能停，又要行军，又要不断工作，搞得特别疲劳。拂晓前，我们终于赶到了皎平渡口。当时中央纵队已从这里渡江完毕。我被指定负责指挥三军团部队渡江。记得那时只有七条船，每船一趟只能乘十来个人，天上还有敌人飞机骚扰。靠渡口的东面有一段丘陵地带，我让部队在那里隐蔽待命并临时分编成小队准备陆续渡江，渡口处有一块小沙滩，部队由此分批顺序上船，一批送过后，下一批接着准备登船，动作要迅速准确，时间愈短愈好。三军团部队用了四个昼夜才全部渡完，我一直坚持在江边指挥，四天没有合眼，我是三军团最后一批过江的。后面还有一军团的部队，继续利用这个渡口和这些船只渡江。

过了金沙江，我们又急忙追赶大部队，到达宿营地才喘了一口气。司令部为我安排了个好房子，大概是一家地主的，还有绷子床。我先饱餐一顿，又睡了一大觉。随即部队进驻到会理地区，并准备进攻会理城，防守的敌人是川军刘元瑭一个师。会理南面是一片开阔地，我们准备用军团的工兵部队挖坑道炸城，选定东北方向的居民点为掩护，悄悄进行坑道作业。我和李天佑同志共同负责督促检查坑道作业的工兵部队。大约费了一个星期的时间，我们认为坑道已经挖好，炸药也装好了，立即调了军团的三个主力团攻城，一个主力团为突击队，两个团为第二线后续部队。一切布置就绪，军团首长也到达了指挥位置。可是发起战斗时，坑道内炸药不足，一炸一阵烟，城墙没有被掀开，爆炸没有成功。部队上不去，只得撤下来。在我们准备攻城的同时，中央政治局又举行了扩大会议，这就是会理会议，是在会理城外一个叫铁场的地方开的。据说在这次会上，林彪因为反对毛泽东同志的指挥，受到毛泽东等同志的严厉批评。

翻越大雪山

几天后，部队从会理地区经西昌北进，通过彝族区，到达大渡河。一军团夺下泸定桥，三军团部队及时赶到，桥上已铺了木板。我们过桥后见泸定县城内完全是一片战争景象，商店和民房都关了门，老百姓很少。部队由此继续向天全、芦山前进，在那里筹款备粮，准备过雪山。上山前在山下的金汤镇休息了一天，第二天开始过雪山。我这时没有马匹，身体又很虚弱，只有个警卫员和我一起走。一清早我们就动身翻山，开始时路还好走，不太陡，也比较宽，部队几路纵队往前赶，谁有力量谁往前走。走了不久我就落在后面了，虽然不是最后，但是大部队已经过去。快到山顶时就更困难了，警卫员同我相依为命，用数步子的办法来鼓励自己。开始时说走一百步就休息，走一下数一步，走到整整一百步，就停下喘几口气，接着再数着走一百步。以后，一百步也坚持不下去了，改成走五十步休息一次。后来又改为三十步休息一次，再也不能减少了，走不动也得走，否则就只有永远躺在这里。经过艰苦的努力，估计是下午三四点钟，终于爬到了山顶。这时心情真是悲喜交集：喜的是自己有了跟上部队的希望了；悲的是在山顶两旁的冰天雪地上躺着不少牺牲的同志。我曾经亲眼看见有的同志太累了，坐下去想休息一会儿，可是一坐下就再也起不来了，他们为革命战斗到自己最后一息。我们当时的心情很难过，真是爱莫能助啊！爬到山顶时，人真的累极了，但是又感到突然有了信心，有了希望。上山时是很困难的，下坡就顺利多了，劲头也上来了。虽然山上一会儿下雨下雪，一会儿出太阳，气候变化无常，我们下山却特别快，真是精神抖擞。是啊，当时我们都是不到30岁的人，毕竟还有"余勇可贾"。下了夹金山沿着一条长长的峡谷走了一段，出了峡谷有一道小河，对岸有一个小镇叫达维。走过小木桥不远的地方，有块不大的平地，看到许多四方面军的部队在欢迎我们。在我们的后面也有更多的同志跟上来了。这就是著名的一、四方面军懋功会师。当时四方面军比一方面军人多装备好，服装也整整齐齐。在那里，中央和一、四方面军的领导举行了一系列的会议，领导人之间在一些原则问题上又发生了争论。后来知道，这就是同张国焘右倾逃跑路线的斗争。

穿过大草地

部队从懋功出发到黑水、芦花，又在那里停留了一段时间，准备过草地。这时我腿上长了脓疱疮，很厉害。医务所的同志用镊子一个个揭破，把脓挤掉，又用棉花蘸点硫黄膏抹抹，难受极了。幸好那时年轻、抵抗力强，在那里又休整了大约一周时间，腿上的脓疮被治好了，就开始过草地。这又是一段艰难的历程啊！每天行军，侦察部队走在前头，要事先找好水草少、有点树丛的地方做宿营地。我和警卫员宿营时，找了些杂草做垫的，我们各有一条毯子和一块油布，共垫一条毯子，合盖一条毯子，顶上用绳子系起油布，搭成一个小棚子，就这样睡觉了。半夜里下起了毛毛雨，雨点打在脸上，惊醒了。幸好不是倾盆大雨，总算支撑过来了。随后我有了头骡子，但是我尽量自己走路，经常把牲口让给身体弱的同志骑。过一条泥鳅河时，水很急，深到胸口，蹚水很容易被冲走。有个几十人的宣传队，都是十三四岁的小鬼，我看他们仅靠自己是没有能力过河的，就把我们司令部的几匹牲口集中起来，让他们中的小个子骑在牲口上过河，个子大一点的就拉着牲口的尾巴过，这样速度就快些，也比较安全。过草地第四天时，我还碰到当时在三军团司令部工作的黄玉昆同志，他身体虚弱，已无力行军，我用自己的牲口把他带到了宿营地。黄玉昆同志已将这段事写成文章，登在《星火燎原》上。总之，在长征中，互相关心、互相帮助的事情是数不胜数的，这也是我军的一个优良传统。

在红十团

当时部队减员很大，我主动要求到团里去锻炼，彭德怀军团长和杨尚昆政委同意了，让我去十团当参谋长，团政委是杨勇，团长叫黄祯，在到达吴起镇以前的一次战斗中不幸牺牲了。我们团前进到班佑，住在牛屎棚里，有时还遇到藏族骑兵的袭击。当时绝大部分同志都没有与骑兵作战的经验。为了减少不必要的伤亡，在军团部时，彭老总就让我提了几条打骑兵的办法：第一条是坚定沉着，占据有利地形，火力梯次配置；第二条是用火力对付他们，着重打马，马的目标大好打，骑兵没有马就完了；第三是打退骑兵后不能徒步追击，不要脱离有利地形，只能用火力追击。彭老总说这几条很好，肯定了我的意见。在十团我向各个连的干部专门讲了这几条，后来打骑兵的时候真用上了。不仅歼灭了部分敌人，还打死了一些马，使我们和后续部队吃到了不少马肉。

反对张国焘的分裂阴谋

在巴西时，张国焘同中央的分歧更尖锐了。据说他发个电报到右路军，要原四方面军的陈昌浩带右路军回返南下，公开分裂红军。右路军参谋长叶剑英同志得到了这份电报，他立即星夜赶到中央，报告了毛主席。一、三军团的同志对张国焘的分裂行为十分气愤。为中央担任警卫的是我们十团，团政委杨勇同志正是血气方刚，他愤慨地说：要是张国焘派部队来，我们就坚决同他打！毛主席忙说："打不得，打不得！"一天早晨，毛泽东同志和叶剑英、彭德怀、杨尚昆等同志一起商量继续北上，我也在场。正谈话时，四方面军的副参谋长李特骑马赶来了。他大喊："原来四方面军的同志，回头，停止前进！""不要跟机会主义者北上，南下吃大米去！"毛主席劝阻他，他就同毛主席吵架。毛主席很冷静，让他到旁边的一座教堂里去坐下来谈。李特说，你们这是退却逃跑的机会主义。毛主席还是规劝、开导他，说北上的方针是中央政治局决定的。但是李特就是不听，强拉原四方面军的同志跟他走。最后毛主席说，你们实在要南下也可以，相信以后总有重新会合的机会。毛主席又到外头对部队说："我们都是红军，都是共产党，都是一家人，一家人不打一家人嘛！现在愿意北上的跟党中央走，愿意跟张国焘的可以回去。以后我们还会在一起的！"当时有的同志对李特的行为很生气。毛主席还说："捆绑不成夫妻。他们要走，让他们走吧！以后他们自己会回来的。"这样就同四方面军分道扬镳了。由四方面军补入三军团的人，有不少被他们"动员"回去了。我的饲养员原来是四方面军的，也被拉走了，我只得自己牵着牲口和一、三军团一起继续北上。在这场斗争中，徐向前同志立了大功。当时张国焘企图凭借实力胁迫中央红军，徐向前同志说：从来没有红军打红军的道理！他反对张国焘的分裂行动，在关键时刻起了重大作用。

在陕甘支队

中央红军继续北上，以后的关键一仗是突破腊子口。仗是一军团杨成武那个团打的，他们是有功劳的。过腊子口以后，在甘肃哈达铺地区，部队进行了整编。因为五军团和朱德、刘伯承同志等都留在四方面军了，中央红军就改编为中国工农红军北上抗日先遣队，即陕甘支队，由彭德怀任司令员，毛泽东任政治委员，叶剑英任参谋长，杨尚昆任政治部主任。我被调到支队司令部，担任作战科长。部队一面行军一面作战，直到同陕北红军会合。

这一期间，毛主席指定我起草了一个政治训令，动员广大指战员再接再厉，继续战斗，向陕北根据地前进。我写出初稿后，毛主席逐字逐句作了修改，比他自己另写一个还费劲，最后以陕甘支队政治部的名义发布了。这种方法是毛主席培养干部的一种方式。

吴起镇战斗

到达陕甘边区边缘的吴起镇时，中央红军只剩六七千人，毛主席和大家的心情都很沉重，但是看到了"打土豪，分田地"等标语，不禁又兴奋起来，感到我们终于到"家"了。当时毛主席提出，不能把敌人带进苏区，要把"尾巴"切掉！就由彭德怀同志直接指挥，在吴起镇外围同马鸿逵、马鸿宾的四个骑兵团作战。毛主席号召我们打好这一仗，作为与陕北红军会师的见面礼。他本来在安全地点，由于非常关心作战情况，下午四五点钟，带了警卫员和通信班到指挥位置。我们陪着毛主席走到阵地，他不断用望远镜观察情况，又用心倾听枪声的方向，当他听到枪声正慢慢移向远方，并且逐渐稀疏，判断敌人在退却，才比较放心地回到宿营地。这一仗是进入陕甘苏区前的最后一战，进了苏区以后敌人就不敢再追了。毛主席曾经写了一首词，赞扬彭德怀同志道："谁敢横刀立马？唯我彭大将军。"可见他对彭总的器重和赞赏。

胜利到达陕北

吴起镇战斗结束，我们前进到保安，一方面军的长征就宣告胜利结束。当时是 1935 年 10 月。我们从瑞金出发时是 1934 年 10 月，恰好走了整整一年，经过了 11 个省份，这就是举世闻名的二万五千里长征。

陕北的 10 月已经下雪了，我们穿的还是单衣短裤。保安房子很少，只有些窑洞。部队到后，第一个来欢迎我们的是白如冰，他是陕北红军的后勤部长。他们已经为我们准备了粮食和衣服，每人发了一套棉衣。这真是雪里送炭！长征以来，一路行军，好久没有正式吃过一顿饱饭。因为"左"倾路线错误，我们丢掉了根据地，屁股没有坐处，吃尽了苦头。这时吃到根据地群众送的小米稀饭，真像过年一样，高兴得很。许多同志捧着饭碗，就流下了泪水。

1936 年长征胜利到达陕北，伍修权（左二）与程子华（左一）、张闻天（左三）等人在一起。

直罗镇战役

到达陕北后，毛主席又立即组织了直罗镇战役。参战的有我们部队和刘志丹的陕北红军、徐海东的红二十五军。这一仗全歼敌人的一〇五师，击毙了师长牛元峰，是一次很大的胜利。我在这次战役中有一个插曲。战斗开始，三军团司令部组织了两个梯队，彭德怀、杨尚昆率第一梯队在前面，我跟二梯队在离直罗镇几十里处。战斗结束后，领导通知我到前面去，我带了警卫员就走，哪知半路上碰上四个敌人的散兵正从丛林中走出来。我们只有两个人，我自己有支小手枪，警卫员也只有一支驳壳枪，他们四个人却一人一支长枪。我分析了情况，不理他们不是办法，他们很快就会看到我们，硬打也不行，我们的武器压不住他们。但是现在他们处在我们地区内，我们又打了胜仗，他们是惊弓之鸟、漏网之鱼，大的形势上对他们不利，对我们有利。我就当机立断地主动招呼他们，对他们喊道："老乡，快过来，我带你们去我们司令部。"当时这样做，是有点冒险性，但是我想可以用政治上的优势压倒他们。等他们四个人走过来，我们就很沉着地同他们谈话。果然，这四个人都很听话，背着枪就跟我们走，这时我更有了信心。走了半小时，见到前梯队和司令部的警卫连。司令部的同志埋怨我说，这样太冒险了，至少应该把他们的枪栓都卸下来，不然他们突然反手就没有办法了。可是我还是觉得，如果那时硬缴他们的枪，万一不服，反抗起来就更糟了，我们两个人单靠两支短枪对付不了他们，加上政治攻势才可能取得优势。这算是一段有点戏剧性的插曲。

做东北军战俘的工作

直罗镇战役中，俘虏了一批东北军的中下级军官，被送到安塞集中，准备对他们进行教育后释放。由于叶剑英同志是北伐将领之一，在国民党军队中有一定声望，中央便派他去做这一批被俘军官的工作。我当时也在安塞，曾按叶剑英同志的要求，参与了一部分工作，给这批军官上了几次政治课。我们根据党的指示，对军官们作了耐心劝导，说服他们以民族利益为重，团结抗日，反对内战，收到了很好的效果。有一个东北军团长叫高福源，当时就表示他愿意回到原部，说服他的上司王以哲，再通过他影响张学良参加抗日。我同高福源也直接打过交道，记得他是个40来岁的老军人，中等身材，体格健壮，很有一股劲头，为人比较诚恳坦率，对我党团结抗日的主张，看来是真诚拥护的。后来他果然这样做了，那批军官也都或多或少地起了一些好作用。

直罗镇战役不久，彭老总带部队围攻甘泉，还是用的老办法，挖地道搞爆破。甘泉的地形南面较平坦，我们从东北方向挖，挖了好久，费了不少劲，但由于技术不过关，位置不确切，方向和高低水平都不准确，加之物质条件差，炸药不够，没有成功，只好放弃攻城。

第五章　为了抗战胜利

一、从东征到陕甘宁边区政府

在红七十三师参加东征作战

1936 年 2 月，红军渡河东征时，中央决定一方面军派干部支援徐海东的红十五军团：派周士第任军团参谋长，陈奇涵为副参谋长，还派了一位朝鲜同志毕士悌任七十三师参谋长，不料他在渡河时牺牲了。毕士悌同志又名杨林，曾在黄埔军校当过教官，大革命时做过地下工作，是位党的老同志。这位朝鲜同志就这样为中国革命事业贡献了自己的生命。后来，彭德怀奉命再从三军团抽人去，就把我派去接替毕士悌的七十三师参谋长职务。七十三师是十五军团的主力师，师长张绍东是个工农干部，文化程度不高，但有作战经验。政委赵凌波过去是司号员，是作战中被俘来的，当时表现不坏，作战也有一套，又很能讲话，所以职务提升得较快，当了主力师的政治委员。但是他有点军阀主义，开口闭口老子怎样怎样。我们之间互相倒都很尊重，取长补短。比起他们来，我算有点文化，就成了矮子中间的长子，只是我那时身体很不好，只能带病工作。

1936 年伍修权在陕北。

1936年2月20日夜到21日晨，十五军团在20里长的地段内渡过黄河，占领义牒，包围石楼，消灭了一些敌人；又在文水、交城和榆次作过战，在汾河流域转了一大圈。那里是富足的平原地区，村庄都很大。部队总想打开县城，以图有所缴获，常常利用黄昏时候发起攻击，靠爬梯子攻城，这样当然很难奏效，所以有时不免失利，但是也有时打好了，得到不少缴获。打到5月，红军为停止内战一致抗日，停止东征，回师陕北。部队过黄河时，把所有的牲口都驮上粮食运过来，从河东到河西，过了整整一夜。我那时身体不好，经过不断战斗，还要带病行军，人弄得极其疲劳。夜行军时，一路上都是昏昏沉沉的。天上有点淡淡的月光，朦胧的夜色使沿途的各种景物变得气象万千，我只觉眼前出现了许多幻影，好像海市蜃楼，不断变化，每走一段就好像看到一种新的景色。感到夜特别长，路也特别长，人老是在梦幻之中行进，就像梦游人一样。直到现在我还能回想起当时那些幻觉中的印象。

在红军大学为李德翻译战役学

到陕北集中后，天气已经转热了，我终于害了一场大病，连续发着高烧。军团和师的领导看我病重，就用担架把我送到瓦窑堡后方医院去治疗。那里条件也很差，每天只有小米稀饭加馒头咸菜。药品也很少，只是有个比较安定的环境。过了一段时间，我慢慢恢复了健康，奉命到总参谋部等待分配工作。当时正赶上国民党地方军的地头蛇张荣渠部队袭击瓦窑堡，中央机关和红军大学等单位被迫马上撤出，向保安转移。我随同周恩来、李克农等同志一同撤出瓦窑堡。路过白家坪时，碰上了黄华同志陪着斯诺和马海德。当地给他们打扫出几间干干净净的房间，让他们休息。以后又和我们相继去了保安，在保安我和他们还时有来往。当时我们和斯诺十分友好融洽，成为最早认识他的朋友。我在莫斯科中山大学的同学吴亮平曾为斯诺做过翻译，斯诺同毛主席谈话就是他做的翻译。红军大学转移到保安后，继续开学，李德讲战役学，我奉命又给他当了一段时间的翻译。

在中央联络局

到保安以后，中央成立联络局，负责统战和接待工作，由周恩来、叶剑英同志领导，李克农同志为局长，我也被派到联络局工作，具体任务是将从西安等地弄来的书刊报纸摘出重要的内容，编成《书刊简报》，供领导同志阅读参考。这一工作搞了几个月，还参加接待了从白区来的人员。党内同志有来中央汇报工作的陕西地下党负责人汪锋和孙作宾等，作家丁玲也是那时到边区来的，时间是 1936 年秋天。当时的统战工作，除了接待进来的人，还不断派人出去。

参加西安事变的预备队

不久，发生了西安双十二事变，中央派周恩来、叶剑英等同志去西安处理问题。接着，联络局又派李克农、边章五和我也去了西安。鉴于当时形势，中央准备万一与蒋介石闹翻，由我军和张学良、杨虎城的部队组成西北联军，成立联合司令部。我们都是准备到那里去做参谋工作的。所以我和边章五同志没有直接参加处理西安事变的工作，只是等待执行新任务的预备队。李克农同志在那里任中央代表团秘书长，主管内部工作。周恩来同志住在另一处，我与叶剑英、李克农和童小鹏等同志住在一个院子里，只见他们工作十分紧张繁忙，每晚都到 11 点以后才回到住处，我们总是等到他们回来以后，才能放心地休息。罗瑞卿、许建国同志也来到西安，在西安公安局任顾问，负责保卫工作。当时周恩来、叶剑英同志忙于做蒋介石、张学良、杨虎城三方面的工作，紧张得很，最后终于促成了西安事变的和平解决，放蒋介石回南京。张学良以江湖侠义心情，亲自送蒋介石回南京，结果被扣留了。当时还有个插曲，张学良原来的警卫团长孙铭九搞过左行动，把王以哲打死了，引起东北军内一部分人的不满，周恩来同志做了大量工作，才把问题平息下来。

1937 年初，西安事变已经和平解决，实行第二次国共合作，内战算是暂时打不起来了。我们的原定任务自然取消，奉命返回延安。我还受命带一部分青年，主要是东北的流亡学生先回延安去，其中有刘教湛、方敏、朱惠等人。同行的还有民主人士张语还及其夫人等。我们待他们如上宾，虽然坐的是大卡车，但在那时候，有卡车坐就是很了不起的了，这比长征时两条腿走路舒服得多。

在中华苏维埃西北办事处

当时延安有一个机构，名为中华苏维埃西北办事处，实际上也就是个名义，主任是博古，还兼任外交部长。我回延安后，博古要我到那里去工作，让我当所谓外交部的秘书长兼交际处长。那时我们做工作都不讲价钱，一经组织决定就无条件执行，马上就去上任了。交际处有几间平房，经常接待各地来延安的同志。周扬、艾思奇、陈宇、陈家康和科普作家高士其等同志都曾由交际处接待。党外人士有刘仲容，他是我在苏联的同学，以后脱党，但仍然在党的指导下在国民党方面做统战工作，他到延安来是向中央汇报他的工作情况，后来又由我为他安排安全地离开了边区。二方面军从贵州带来一位开明绅士周素园，还有一个俘虏来的国民党师长张振汉，也都在交际处住过。周素园后来回贵州了。张振汉不久也被我们礼送出境。后来，周、张两位在抗战中都起到积极的作用。那里还接待过美国进步作家史沫特莱和斯诺的第一位夫人。斯诺夫人住在教堂里，当时算是最好的招待所。她们都是由中央直接接待的，我们也常见到她们。

在陕甘宁边区政府

1937 年七七事变以后，红军改编为八路军、新四军，开赴前线抗日。苏维埃办事处也正式改为陕甘宁边区政府，主席为林伯渠。由于统战工作开展，林老受中央委托去西安代表我党中央进行统战工作，同时设立八路军西安办事处，由伍云甫任处长，边区政府主席职务就由张国焘代理。我被任命为边区政府的秘书长，这是当时的中央组织部长李富春同志分配我去的，其中也确有这么个含义，看张国焘是否搞鬼。我和他住在一个地方，三间屋，一边是他住，一边是我住，中间是会客的地方，因此知道他不少底细。从 1937 年 8 月开始，我和张国焘共事了半年时间。秘书长的工作主要管边区政府内部事务，当时没有多少文件要草拟，都是具体工作，其中包括受党的委托协助张国焘的工作。当时我还是尽力之所及放手工作的，对张国焘也保持一定的警惕。他对我也一样，彼此互怀戒备，心照不宣。张国焘对工作很不起劲，不大管事儿。边区政府的日常工作不少，主要是征公粮，保证供给，支援前线。接待任务也特别重，不断有白区的干部和学生来边区，还有过往的统战人士和国民党官员，这些接待工作也都由我负责。1937 年深秋，张国焘的妻子杨子烈和九岁的儿子张海崴（1928 年张国焘去参加中共六大时，在苏联海参崴出生的）也来到延安。他们夫妻、父子会面还是很高兴的，我也尽量照顾他们。毛主席曾和他们开玩笑地说：国民党有个"张杨"，共产党也有个"张杨"（指张国焘及其妻子杨子烈）。后来杨子烈的妹妹也来到延安，分到陕北公学，听说她中文基础相当不错，学习很好。还有过这样一件事，杨子烈曾想把她妹妹介绍给我，我说我已经结婚了，她才打消此念。在我当秘书长期间，没有发生什么特殊情况。到 1938 年 4 月，在我离职后两个月，张国焘趁祭黄帝陵的机会，同国民党特务相勾结，只身逃离边区。他背叛革命的举动完全不得人心，连警卫员都不跟他走。经中央研究，让他老婆离开边区去找他，他们都叛变了革命。张国焘在国外写了些回忆录，其中不断吹嘘自己，为自己的罪过作辩护，攻击毛主席和许多同志，其中写到我，说我如何监视他，但事实也并不都是那样子，有些事是他自己心怀鬼胎，疑神疑鬼。

二、在八路军驻兰州办事处

兰州办事处的建立

西安事变以后，蒋介石被迫接受了我党"停止内战，一致抗日"的主张。七七事变后，为了贯彻抗日民族统一战线的方针，我党与国民党政府达成协议，先后在武汉、西安、兰州、太原、重庆、长沙、桂林和乌鲁木齐等主要城市建立了八路军办事处。中央还特别委派了周恩来、林伯渠、徐特立和谢觉哉等负责同志作为我党中央和毛主席的代表，直接领导了武汉（以后是重庆）、西安、长沙和兰州等地办事处的工作。1938 年 2 月，我奉命作为八路军驻兰州办事处的处长，在那里工作了三年多时间。

兰州办事处的筹建工作，实际上在七七事变以前就开始了，这是由于一个特殊情况造成的。1936 年底至 1937 年初，长征到达西北的红四方面军之一部奉命西渡黄河，组成西路军进至甘肃河西走廊，结果遭到马步芳、马步青等反动军阀的重兵包围聚歼，除少数人在李先念等同志带领下突围至新疆外，绝大多数人都因弹尽粮绝不幸牺牲或被俘失散。1937 年初，周恩来同志就提出在兰州设立办事处，以营救西路军的被俘人员，收容其失散人员，特别是要查找一时不明下落的西路军主要领导人。5 月下旬，中央就派出了张文彬、彭加伦等七位同志到兰州筹建红军办事处。国民党政府迫于团结抗日的形势，同意我们在兰州南滩街 54 号前院，设立一个半公开的机构，进行对外联络和营救西路军人员的工作。

当时国民党政府的甘肃省主席是贺耀祖。他原来是湖南的军阀，大革命时期我党曾派谢觉哉同志以国民党员的身份去做贺耀祖的工作，争取他参加了国民革命军。由于谢老同贺耀祖有过这段友谊，党中央便于七七事变以后不久的7月底，特派谢觉哉同志来兰州，以我党中央和毛主席的代表身份，来开展甘肃方面的统一战线工作，争取贺耀祖等国民党的军政人士团结抗日，并加强对兰州办事处的领导。谢老来到兰州后，随着中国工农红军改编，办事处正式挂出了"国民革命军第八路军驻甘办事处"的大牌子，随后又改称为十八集团军的驻甘办事处。张文彬同志因另有任务离开了兰州，由彭加伦同志担任了第一任处长，代表八路军总部进行内外联络工作。谢老则作为党中央和毛主席的代表，主要负责对国民党上层及地方各界的统战工作，同时指导甘肃地下党的活动。

　　1938年，伍修权（后左三）与谢觉哉（前左二）、彭加伦（前左三）同兰州文化界人士在一起，前排左一王德芬、左四王德谦、左五吴渤，后排左一赵国光、左二丛德滋、左四袁弱水、左五汪达文。

　　国际形势的发展，也提出了建立兰州办事处的必要。抗日战争开始以后，以斯大林为首的苏联党和人民大力支援我国抗战，派出志愿航空队来华，机场就设在兰州。大批援华物资也由苏联经新疆运到兰州，然后再分别运往各地。苏联共产党也将兰州作为他们与我党联系的一个主要的联络站。为协调中苏两方的工作，苏联在兰州设立了外交代表处和军事代表处。这样，兰州便成了我国及我党对外联系的一个重要枢纽。由于八路军办事处不断同苏联驻兰州的代表机构打交道，彭加伦等同志不懂俄文，对外联络极为不便，谢老和彭加伦同志就电请中央派会说俄语的干部来兰工作。中央考虑到我曾在苏联学习和工作多年，回国后又为李德当了一个时期的翻译，对俄文比较熟练，便决定派我来兰州，接替了彭加伦同志的办事处处长职务。1938年春节，我从延安来到了西安。根据中央的指示，由正在西安主持统战工作的林伯渠同志为我写了一封信，将我介绍给当时在兰州任国民党第八战区司令长官兼甘肃省主席的朱绍良，请他对我及八路军办事处的工作给予协助。林老为我写介绍信时，信笔将我姓的"伍"字误写为"吴"字。他一发现就要重写，我说算了吧！不如将错就错索性连名字也改了，就用了几个音近的字，将我的名字改为"吴寿泉"。所以我在兰州的几年，对外活动时一直使用着"吴寿泉"的名字。

　　根据谢老的日记所载，我是1938年2月6日到达兰州的，很快与彭加伦同志进行了工作交接。谢老陪着我拜访了兰州的国民党军政要人和各界知名人士，我也就开始了这段新的战斗生活。当时，兰州办事处除谢老和我以外，还有秘书、副官、译电员、通信员和服务员、炊事员等，总共有十一二人。他们大都是从红军部队中选调来的优秀同志，又大都出生于农村，甚至是山沟里出来的。虽然那时的兰州又小又破，全市总共才八万多人，号称十万人，市中心也全是些土房土路，连二层楼房也见不到几家，但是对于我们一些同志来说，却是个相当热闹的城市了。事实上它也确是我国闻名内外的西北重镇。不过我们这些"土八路"到了那里仍然坚持着红军艰苦奋斗的优良传统，全部活动经费每月才700元，以后增加到1000元，每月派专人到西安办事处领取。因此大家的生活都很俭朴。全体人员都不拿工资，每月只发少量的津贴费，最多的也才5元"法币"，一般干部每月有

1938年，伍修权与谢觉哉在兰州八路军办事处。

三四元，战士和服务人员才 2 元。谢老年高体弱，工作任务极为繁重，却坚持和大家一样的生活标准，一直是一锅吃饭，一盆吃菜。那时也谈不上什么交通工具，出门办事都是步行。谢老同我们一样，多远的路也是自己走着去。

我到达以后不久，由于办事处活动的开展，原来所在的地方已不敷应用，同时那个住处与国民党省政府的一个局长同在一院，前后又有国民党特务的监视，十分不便，便搬到了南稍门内孝友街 32 号院内。那里有大小十来间空房子，还有一座破旧的二层小楼，独门独院比较宽敞方便。那家房主出于爱国心和对共产党、八路军的尊敬，无偿地让我们住用他的房子，许多年不收分文，这是很不容易的。对于这样真心支援我们的群众，我们是应该永远感谢的。当时谢老已与王定国同志结婚，不久又有了孩子，我也将自己的爱人和孩子接来兰州，大家同住一院，十分融洽热闹。我由于经常外出活动，不能老是穿着八路军服装，更因为要同国民党上层人士打交道，穿着不宜太寒碜，就到估衣店买了一件旧的呢料大衣，买来后一穿嫌小，但无更多的钱重买合适的衣服，只好将就着穿了。因为扣不上扣子，只得老是敞着怀，不知内情的人还以为我很"潇洒"，其实我们是穷得不得已而已。

宣传党的政策，开展统战工作

兰州的八路军办事处，看起来是一个被包围着的孤立据点，实际上却是我党我军在西北白区的一盏闪亮的红色明灯。它建立以后，首先利用自己的合法地位，用各种方式宣传我党的政策和主张，开展抗日民族统一战线工作。特别是谢觉哉同志，利用自己同贺耀祖的老关系，做了大量工作，对于抗战形势下如何开展民众运动、革新政策和团结抗日，提出过许多重要建议。在谢老的耐心说服和积极影响下，贺耀祖也听取和接受了我们一些意见，对当地的抗日活动多少有些促进。但是贺耀祖本人虽然还比较开明，毕竟是个国民党官僚，加之他秉性优柔寡断，办事缺少魄力，左右又没有什么进步分子，大都是些不关心国家命运、只知个人升官发财的大小政客，他们对共产党提出的建议，虽然也表面赞成，实际却是虚与应付，这使贺耀祖也很难有所作为。尽管如此，由于他对谢老和我们的态度比较友好，难免引起了国民党最高当局的猜忌。1937年底，就将他调任了，由国民党第八战区司令长官朱绍良兼任了甘肃省主席。朱绍良接任后，谢老和我都与他多次接触和交谈过。他的态度显然不如他的前任贺耀祖，上任后推行了许多反共、防共措施。他禁止发行进步书报，拘捕和监视进步人士，限制民众运动，宣称他们的敌人有两个，一个是日本帝国主义者，一个就是共产党。当然，由于我们党坚持团结抗日的主张在全国深入人心，八路军、新四军在敌后不断获胜，开辟了大片根据地，谢老和我们办事处在兰州也有一定的影响，迫使朱绍良等反共分子不得不面对现实，害怕承担引起破裂扩大事态的罪责，勉强维持着表面的团结局面。

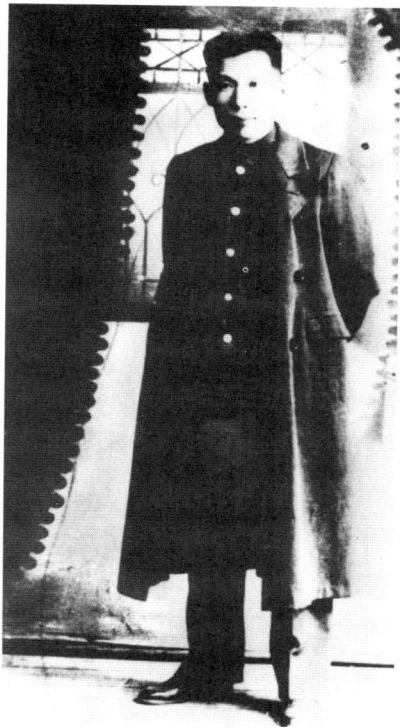

1938 年，伍修权在兰州八路军办事处。

针对国民党方面的这种两面态度，谢老和办事处根据党的统战方针政策，一面对他们耐心说服，继续争取他们合作抗日，一面又对他们的倒退行为进行了针锋相对的斗争。例如 1938 年 4 月，朱绍良的八战区、省政府及省党部等联合组成的图书审查委员会，公然宣布查禁了 80 多种图书和近 20 种期刊，其中包括我党的《新华日报》《抗战》《解放》等报刊。谢老和我为此多次去找朱绍良和所谓图书审查委员会的头头，严词责问他们的无理行为，驳斥了他们说是"暂封待查，不是查禁"的狡辩，使他们无言以对。朱绍良对我们避而不见。我们又写信给他继续据理力争，并迅速将这一情况报告了中央。周恩来同志也直接致电朱绍良询问此事，迫使他们对《新华日报》和《抗战》等一批革命的和进步的报刊图书解禁。

朱绍良等反共分子除了在自己统治区内推行种种反动措施之外，还不断在解放区的边界上挑起磨擦事件。由于这些事件大都是在军队之间发生的，也就由我单独出面去同国民党打交道了。为了同那帮官僚政客们打交道，我们也掌握并使用了当时流行的一套官场语言。例如：1939 年 3 月，陇东庆阳合水区的国民党区长，阻止我军的采购活动，并劫去我军采买员和前去救他的连长的武器，公然向我军开火伏击，迫使我军活捉了他们的区长。为驳斥国民党方面对我军的反诬，我答复国民党省政府的质询道："关于合水王区长被押一案……其真相为八路军警备七团采买上士一名赴合水三区购买粮食，请求王区长协助，该区长不但不予协助，反骂八路军是土匪，将上士缴械，连长闻讯赶来，又将连长缴械，因而营长带一队人来索取枪械，不料王区长竟指挥保安队向其放枪，并投手榴弹数枚。在王区长想乘机逃走时，就被营长捉住了……"同年4月，我在回答国民党方面对我军的又一反诬时，直接致函朱绍良道："（朱）主席钧鉴：昨接本军后方留守处主任萧劲光急电称：关于本军在庆阳等处禁止友方设防空哨事，真相实非如此，因当时友方人员既无函件又不说明理由，后已准其设置防空哨矣。"这类打官司的"文章"还有很多，以上仅是从偶然看到的历史资料中引出的，也可见当时斗争情况和我们工作的一斑。我们既要坚持自己的原则立场，又要掌握正确的方针策略，机智灵活地同对方进行尖锐的斗争。

办事处在谢觉哉同志的领导下，除了对国民党中的反共分子不断进行着有理、有利、有节的斗争外，更大量的工作是对当时一些比较开明的人士做说服、争取和教育工作。我们同国民党方面的军政人员和地方绅士有不少个人接触，利用一切可以利用的机会，向他们阐明我党的政策和主张，以团结一切拥护抗日的阶层和个人。经过谢老和办事处同志的努力，当时的国民党新编第一军军长邓宝珊先生就同我们建立了十分良好的关系。他曾利用自己的地位保护过我们的同志，并将他的二女儿邓小梅送去延安学习，参加了革命。邓宝珊部下的一个叫杜汉三的团长公开地倾向了我们，经常来办事处找谢老和我交谈，积极要求参加抗日工作，还邀请我们派人到他的团里去做政治工作。只是由于他的过分热心和靠拢我党，引起了国民党对他的注意和防范，后来设法将他调开并撤了职，未能发挥更大的作用，成为一个重要的教训。不过直至他被撤职以后，他下属的连长王新潮仍然同我们保持着密切的联系。除了邓宝珊和杜汉三等军界人士以外，我们还争取了国民党一些政府官员的同情和支持，比较重要的有甘肃省政府秘书长丁宜中和民政厅长施奎龄。丁宜中比较开明和进步，与兰州有名的进步青年王德谦结为夫妇，支持和参与了不少进步活动。施奎龄早年在南开大学与周恩来同志同过学，对周恩来同志和我党一直比较友好。1939年周恩来同志赴苏治伤路过兰州时，施奎龄曾特地到办事处去拜会他。此外，国民党八战区参谋长章亮琛，国民党中央派驻兰州的外交特派员李铁铮，八战区经济委员张效良和甘肃省参议杨干丞等，都和我们办事处经常来往，相互间十分友好。杨干丞曾推荐了他旧部的五个青年到延安抗大学习，自己也曾由谢老安排到延安去参观访问过。兰州的欧亚航空公司技师樊景澜曾积极要求入党，后经组织批准他为特别党员，直接与办事处建立了秘密联系。当地的著名士绅及一些回族的上层人士也曾同我们有所接触，经常联系，成为我党的同情支持者。

前面说过，我们办事处的同志大都是从山沟里出来的"土八路"，他们习惯并学会做统战工作有一个过程。为此，谢老和我曾根据中央的有关指示，包括张闻天同志的某些重要文章，对大家提出了一些工作原则与具体要求，强调既要坚持我党我军的政治立场，又要善于待人接物，在方法上则要求灵活机动。在一份当时的文件材料中我曾这样写道："凡是我们同任何友党友军人员的接触，都是统战工作的一部分"，"在统战工作中，首先应尊重他人的意见（即或他的意见是不对的），只有这样才能取得人家对我们的尊重和信任，以致放弃他自己的不妥当意见"，"说服人家要有耐心，交涉事情十天半月也要忍耐，急躁的结果反不能得手"，"对长者要尊重，对（友军）长官要谦虚谨慎，对友军的下级则表示诚恳"。还要求大家学会识别和对付某些"口是心非"以至"人面兽心"的人，只要对方"不是采取流氓方式胡来，我们不应害怕同他们接近，而要从对方的言行中找出问题来"，还要随时警惕特务、敌探伪装进步，骗取我们的信任，防止可能的泄密与不适当地暴露我方意图。

我们的许多同志基本上都是这样做的。当然在开始时也曾闹过一些小笑话，例如我们有的小服务员，按照上级指示要热情接待来访的国民党官方人士，主动为他们接挂衣帽。哪知他们在客人才进门时，就一把抢过他头上的帽子，使对方吓了一跳，事后我们这个过分热情的小鬼作了检讨。其实这不好怪他，因为他从来没有受过这方面的礼节训练，不过时间一长，大家也都学会这一套礼节了。这里特别值得一提的是谢老的夫人王定国同志。她原是四川的农家姑娘，1933 年参加了红四方面军，经历了三过雪山草地的艰苦长征，1936 年底随西路军远征至甘肃河西走廊，在永昌地区不幸被俘，受尽磨难后有幸被党派人营救出险，后被送到兰州办事处，并被留在办事处工作，后来又成了谢老的夫人。她当时才 20 多岁，本来文化也不高，可是在谢老的直接帮助和影响下，从政治上到文化上都得到了迅速提高。她不仅在办事处负责内部的行政事务和生活管理工作，还根据谢老的指示，积极参加对外统战工作。按照分工，她主要从事妇女界特别是与国民党上层人士的家属进行联系。她作为一个农村出身的红军女战士，很快学会了一套同妇女界名流以至国民党官僚的太太小姐们打交道的本事，以自己的热情和纯朴感染了她们，并通过她们去影响各自的丈夫或父兄，了解和赞同我党的政策主张，支持抗日活动。在王定国同志的积极工作下，不少兰州妇女名流和太太小姐都被她说动了心，有的还把她当作自己的可靠朋友和引路人。例如省主席贺耀祖的夫人倪裴君就在她的影响下积极参加了兰州的一些进步活动，后来甚至提出加入我党的要求。这些事实一方面说明了我党的主张确实深入人心，另一方面也说明了我们的统战工作颇有成效。

活跃的抗日救亡运动

谢觉哉同志和我们办事处还利用各种机会，运用各种方式，直接对群众特别是广大青年进行宣传教育工作。谢老利用自己的合法身份和声望，在当地出版的各种报刊上（其中有的是我们的同志或进步人士编辑的），用本名和敦夫、佳金、无奇、明远、见心等十多个笔名，针对抗战形势尤其是国民党的错误政策和反动措施，撰写和发表了大量切中时弊的论文和杂文，对于宣传动员群众积极参加抗日活动，揭露批评国民党政府的假抗日真反共的行为，起了不小的作用。谢老还和我利用一些公开集会，口头宣传我党的正确主张。在我党和一些进步人士的促进下，由兰州的农民银行和"工合"（即中国工业合作促进会）的负责人出面，定期举办每周一次的时事座谈会，讨论"抗日民族统一战线""怎样领导民运"等一系列重大而吸引人的问题。谢老和我不仅每会必去，还每次都要发言，回答问题和作总结性讲话。这些座谈会形式上是有合法身份的进步人士组织并主持的，谢老和我都是应邀参加，其讨论的内容实际上都是由办事处研究和确定的，重要的发言甚至提问都是事先准备好的。我们的同志和外围人员分别以各种合法身份，影响和带动大批先进分子和青年学生踊跃参加这种讨论，在社会上引起了很大的反响。国民党反动派发现了这一问题，派了一些蓝衣社特务混在与会群众中，故意提出问题同我们捣乱，谢老就据理驳斥，搞得他们无言对答，狼狈不堪。这个生动活泼地宣传我党方针政策的公开论坛，终于引起了国民党反动派的忌恨，他们不得不用一些可笑的借口，阻挠以至禁止了这个具有很大影响的时事座谈会。

谢老和我们办事处的活动极大地吸引了社会上的爱国人士，特别是进步青年。许多青年学生、教师和职员等，一批批来到办事处找谢老和我交谈请教，表示他们对共产党、八路军的信任和崇敬，听取我们对当前时局的意见。对于这些热情的爱国者，我们一律以诚相待，来者不拒，对他们积极参加抗日救亡运动的行动给予鼓励和支持，也对他们中的某些模糊认识，作了耐心的解释和诱导，使他们很快接受了正确的思想，并使其中一些人开始树立起革命人生观，决心献身于中国人民的解放事业。后来我们在甘肃地下党组织的密切配合下，根据这批积极分子的志愿和要求，并考查了他们个人的情况，由办事处作出安排和介绍，有时还派人专程护送，将他们分批选送去革命圣地延安，一部分进入抗大和陕北公学学习，一部分直接分配到抗日前线，为革命输送了一批新生力量。这批同志奔赴延安时，有的是青年结伴，有的是夫妻联袂，曾出现过不少动人的事例和情景。这些情况很快引起了国民党方面的注意和恐慌，朱绍良不仅在兰州设立了什么"西北训练团"和"军官七分校兰州总队"等机构，还亲自接见和推崇某些青年人，甚至给他们送学费，企图与我党争夺青年。但在我党正确政策感召下的进步青年很少有人上他们的当，大批人都抛弃了自己原来的学业、职业和相对优裕安定的生活，投奔了革命阵营。他们中的不少人经过了长期的革命斗争锻炼，后来大都陆续成为我党的各级负责干部。

位处我国大西北的甘肃兰州，与内地各城市比起来，不仅在地理位置上比较偏僻，在革命活动和文化事业上也相当落后。抗日战争开始以来，兰州一时成为交通要冲和后方基地，国民党当局和地方势力也加紧了对它的统治和控制。这对于革命者来说，其工作环境和条件相对地是比较困难的。但是在我党和全国进步力量的推动下，如火如荼的抗日救亡运动也波及偏处一隅的兰州古城。处于地下状态的我党甘肃工委和能公开活动的我们办事处，利用这种有利形势，展开了各种宣传和组织工作，发动了广泛的民众运动。甘肃工委和八路军办事处提出了"创办刊物，改造舆论"的工作方针，选派或推荐了一些共产党员和进步文化人，创办了一批各有特色的大小刊物。主要的有共产党员刘日修主编的《西北青年》，共产党员邢华主编的《妇女旬刊》，青年作家吴渤（即白危）主编的《战号》，杨静仁等回族青年编辑的民族刊物《回声》，著名学者顾颉刚主编的通俗刊物《老百姓》，还有《热血》《甘院学生》《抗战》等。活跃的共产党员丛德滋等同志还利用自己的公开身份，在从事紧张的地下工作的同时，创办了一个很有影响的《民众通讯》，专门为各家报刊供给新闻稿。除了这许多刊物，还从外地邀请来著名文化人如萧军、塞克等，由他们分别主编了《甘肃民国日报》的《西北文艺》《剧运》等副刊。这些刊物和副刊大都掌握在共产党员或进步人士手中，谢老和甘肃工委的负责同志不仅直接指导或领导着这些刊物的工作，还亲自为它们写文章，帮它们组织稿件，使其成为为我党服务、促进抗日活动的舆论阵地。有的报刊正由于有谢老等撰写的文章而深受读者欢迎，发行量大大增加了。

在谢老和八路军办事处的关心支持下，还在兰州设立了兰州书报社和生活书店的分店，公开和半公开销售我党出版的《新中华报》、《新华日报》、《解放》周刊等革命书刊和其他各种进步图书，其中有许多书报是由办事处的交通员从西安长途运来的。根据谢老的指示，除了销售书刊，还办了个租书部，以扩大图书的周转期和读者圈。我也曾几次去书报社和书店，了解他们的工作情况，给予必要的帮助和指导。这几个地方门面虽小，资金更不多，但是它对于在精神文化上也处于干旱中的西北人民，特别是进步青年来说，无疑是洒下了宝贵革命思想的甘露，收到了很好的效果。

与此同时，许多群众性的抗日救亡团体和进步组织也在兰州如雨后春笋般地相继成立，其中不少是由党的甘肃工委直接或间接领导的，各个组织的骨干分子也大都是共产党员或靠拢我党的进步青年。谢老和八路军办事处也用种种方式对他们进行支持和指导。这些组织影响较大的有甘肃青年抗战团、省外流学生抗战团、西北青年救亡读书会和妇女慰劳会等，还有主要由外地在甘青年组织的中华民族解放先锋队和甘肃青年抗敌自卫会。以回族青年杨静仁、鲜维俊等为骨干的少数民族组织回民教育促进会和伊斯兰学会也搞得十分活跃。他们在回民区出墙报、散传单、举办座谈会，还邀请外地来兰州的作家茅盾、学者顾颉刚和张仲实等去演讲，对于动员回民群众支持抗日斗争起了推动作用。他们也就在此期间被吸收入党，后来分别去了延安。

谢老还特别重视文艺宣传，鼓励和支持组织剧团、歌咏队，通过演出活动来吸引和教育不识字因而不能接受文字宣传的群众。在他的倡导和八路军办事处的赞助下，兰州先后出现了好几个十分引人注目的文艺演出团体，一是血花剧团，它是由青年抗战团、省外流学生抗战团和妇女慰劳会联合组织成的，团内有我党的秘密小组。二是王氏兄妹剧团，成员全是王姓一家的五个兄妹。三是西北抗战剧团，原来是省教育厅的一个官办剧团，经谢老指示，将萧军、塞克等进步文化人请来团内，由他们控制了这个团。还有长途跋涉来到兰州的新安旅行团，以共产党员为骨干的平津学生演剧团。这些文艺团体在兰州演出了《放下你的鞭子》《到前线去》《流亡三部曲》和《保卫卢沟桥》《烙痕》等剧目和歌曲，给兰州各界和广大群众留下了深刻的印象，大大激发了他们的爱国热情。谢老和我曾多次接见和看望这些剧团的成员，为他们讲形势和解释党的政策，同他们的领导人和党员骨干研究剧团的工作方针和斗争策略，帮助和鼓励他们将演出活动搞得更出色。

这些蓬勃展开的抗日救亡运动和出版书刊、文艺演出等宣传活动，在多年来处于文化荒漠中的西北地区，引起了很大的反响，对于宣传我党主张，扩大我党影响，确实起了不小的作用。这一切引起了国民党当局的惊慌和仇恨，他们便用种种手段对上述活动进行防范、压制、破坏，直至禁止。《西北青年》《战号》和《回声》等刊物以及萧军等主编的《西北文艺》等报纸副刊，先后被勒令停刊、查封。他们还扣留大批革命书刊，逮捕书刊社的负责人，派反动分子和特务打入并控制一些群众组织，排挤、打击甚至赶走进步分子，强迫解散在群众中享有盛誉的演出团体。谢老和我们办事处一面同国民党的反动行为进行斗争，据理力争，使一些进步活动继续存在和发展；另一面又不得不及时收缩和停止一些活动，将一些党员和骨干分子转移出去，借以保护和保存这批革命力量。

营救西路军失散人员

兰州办事处设立时的重要任务之一，是对原西路军被俘失散人员进行营救和收容工作。在我来到兰州以前，谢老、彭加伦、王定国和朱良才、况步才等同志就做了大量的工作，设法救出和送回了许多西路军的同志。早在1937年中，谢老和彭加伦等同志就根据周恩来同志的指示，找到一位同情革命的基督教徒高金城医生，利用他的声望和与马步芳部属的关系，与被俘红军的秘密党支部建立了联系。首先以医院需要护士为名，向驻张掖的马部旅长韩起功指名要出被俘女红军王定国等同志。被俘红军秘密支部在高金城大夫的掩护和指导下，陆续找到并救出200多位西路军指战员，将他们分批送到兰州八路军办事处，并从那里回到了延安。刘瑞龙、魏传统等原西路军干部就是高金城、王定国找到后，报告了谢老和兰州办事处，由他们通过统战关系，救出了这批干部。王定国同志本人后来也由高大夫设法送到兰州，重新回到革命队伍。可惜这位善良而勇敢的高大夫因为暴露了营救红军、帮助共产党的活动，被残忍的敌人秘密杀害了。

谢老和彭加伦等同志还通过同国民党上层人物的交涉，成批地营救出了许多被俘人员，人数最多的一批有1500多人。马步芳将这批被俘红军编为一个新兵团，准备送往第一战区补充卫立煌的部队。新兵团路过兰州时，办事处得讯就由谢老出面找贺耀祖交涉，提出将这个团拨回八路军部队，彭加伦同志还去这个团看望并安慰了大家。但是贺耀祖没有接受谢老的意见，将这个团提前开出兰州。我们立即将这一情况电告了西安的八路军办事处，经过西安办事处的努力和我党中央的关心，这批同志终于在陕西三原回归了八路军的建制，为我党我军从敌人手中夺回了大批同志。

我到兰州办事处上任后，这样整批的营救工作已经不多了，但是仍然有一批批零散的原西路军指战员辗转来到兰州，找到我们办事处，要求归队。这些同志在战斗失利后，每人都历尽磨难，经过九死一生，才从河西和青海等地陆续逃出敌人之手。在找到办事处以前，他们靠打零工、卖水，甚至当乞丐糊口求生。我们见到他们时，一个个都是满身伤病，形容枯槁，惨不忍睹。他们一到办事处，我们马上让他们沐浴理发，更换衣服，检查身体，治疗伤病，尽我们的条件在生活上安抚他们，并在精神上给予慰问，向他们讲解当前的形势和党的政策，组织他们学习《抗日救国十大纲领》等党的文件。收容归队的工作一直延续到1940年，一共有200多人，其中大部分是战士，也有少部分是连、排和营、团干部。比较集中的一批是1939年秋，马步青将被他们俘虏的100多名伤残红军放出交给我们。限于当时的条件，我们确实很难将这批同志都收容归队。特别是我们没有交通工具，无法将他们集中送回解放区。只得根据中央的指示，留下了少数干部，通过交涉，向国民党八战区要了一些钱，分发给其余的伤残战士，动员他们各自回原籍。他们中许多人都服从组织决定，陆续回到了家乡，但是也有少数同志，因为伤残难以行动或别的原因，未能回乡。还有更多的同志，由于深陷敌手或僻远的农牧区，一直流落在甘、青等地，过了几十年悲惨艰难的生活。当时我们确实无力解除这些同志的痛苦，至今想起，心中还感到深深不安，总觉得办事处的工作没有做得完全彻底，使这些同志多受了苦。为此我一直想在有生之年，找个机会重回兰州，查询和了解一下当年流散在甘、青一带的原西路军同志的情况，看看能否做一点补救性的善后工作，使这些同志在过了几十年艰辛生活之后，能有一个比较安适的晚年。我的这一心愿，已经部分地实现了。1983年9月，我与王定国同志相约去了兰州，又派人随王定国同志走访了西宁和河西等地，看望了几批原西路军留在当地的老同志，了解了他们的情况，听取了他们的意见。回来后我与王定国同志一起向中央写了报告，就照顾安抚这批红军老战士问题提出了一些建议，中央领导同志已经注意并指示有关方面着手解决这一问题。

1983 年，伍修权（左二）重返兰州时，与谢觉哉夫人王定国（左一）在一起。

这里还得补叙一件事，1940 年春，一大批原来突围至新疆的西路军同志分乘着 40 多辆汽车从新疆开到兰州。他们的来到，引起了国民党方面的恐慌，坚持不准他们进城，只许在郊区的十里店暂住，使他们在那里食宿都极不便。我们办事处在城里收购了大量的大饼等熟食去给他们充饥，并经过交涉，让他们在那里住了两天才离开兰州，后来都回到了延安。在营救和收容原西路军人员这件事上，尽管还留下了令人感到遗憾的问题，但是在我们力所能及的范围内，仍然为保存和送回这批革命力量尽到了自己的责任。这批陆续回到延安和革命队伍的同志，在以后的革命斗争中，都作出了自己的贡献，其中不少同志成为党和军队的负责干部，这些情况，也使我感到十分欣慰。

与苏联代表处的联络工作

与苏联驻兰州的外交代表处和军事代表处联系，通过他们沟通我党与苏共的关系，传递党的文件、情报和资料，负责来往于中苏之间人员的接待和各种物资的转运工作，也是我们办事处特别是我的主要工作任务之一。当时苏联与我国（也是我党与苏共）联系的一条主要交通线，是由苏联的阿拉木图，经我国新疆的乌鲁木齐（当时叫迪化）到达兰州。来去苏联的人员都得到兰州停留，再转乘苏联飞机和汽车分别出国或回内地。根据苏联政府与国民党政府的协议，苏联负有物质援助中国抗战的义务，大量援华物资就在兰州集中后再转运到各地。因此当时的兰州，是一处重要的联络站、接待站和转运站。在政治上、军事上都有重要地位。苏方经常同我们打交道的是军事代表阿基莫夫中将。他算得上一个"中国通"，早在20世纪20年代我国大革命时，他就曾来华当过冯玉祥的军事顾问。副代表是弗拉季米洛夫，他实际上主要搞情报工作。以后他又作为塔斯社驻华记者（实际是共产国际的联络员）来到延安，还起了个中国名字叫孙平，与一个中国女同志结了婚。我们同他们可以进行公开接触、直接联系和办理各项事务。由于八路军办事处也是兰州军政各界的一个重要单位，苏联代表处举办的各种友好活动，特别是重大节日的招待宴会，照例要请我们同各界的头面人物一起去参加。由于我们办事处没有电台，我们还曾利用他们的电台与我党中央联系，苏联代表处的萨夫隆诺夫秘书也经常到我们办事处来。我们还曾将地下党员任震英同志的爱人侯竹友同志安排到苏联代表处任中文教员，以便在必要时做些联系和传递信件材料等工作。我自己还曾帮助他们翻译过一些资料。鉴于当时我党与苏共及共产国际的关系，我们曾遵照中央的指示，向苏联代表处提供过一些情报。这本来都是正常的工作关系，哪知在几十年以后的"文化大革命"中，我这些活动都被林彪、"四人帮"一伙颠倒是非地说成是"里通外国"。其实当时的苏共和共产国际是由斯大林同志领导的，他们是真诚地帮助和支持我国革命和抗战事业的，我们的活动不仅都是经过中央批准，林彪和康生本人也是完全清楚的，可是他们却蓄意以此来诬陷我。

接待来去苏联或我国新疆的过往人员，是兰州办事处一项经常的任务。仅在我任职期间，接待过的领导同志就有周恩来、邓颖超、王稼祥、任弼时、蔡畅、邓发、陈郁、萧三、刘亚楼、李天佑、杨至诚、谭家述、孔原、冯铉、常乾坤、王弼、朱德海、陈昌浩、王范五、博古的妻子刘群先和江泽民（注：与曾任中共中央总书记江泽民同名的原机械工业部副部长）夫妇等。周恩来同志是1939年在延安骑马跌伤，同邓大姐一起去苏联治疗，伤愈后又于1940年回国，来去都经由兰州办事处，是由我负责接送他们的。与他们同机赴苏的还有后来的戏剧家孙维世同志，她就是那次出国后留在苏联学习戏剧导演的。著名的音乐家冼星海、电影艺术家袁牧之也曾由我们安排出国学习或工作，冼星海同志后来在苏联病逝，袁牧之同志则在回到东北工作后，1978年也去世了。

林彪曾于 1938 年经由兰州去苏联，在我们办事处住过，说是去治病，在苏联一直待到 1943 年才回国。长征前后曾经同我共过事的原共产国际军事顾问李德，随周恩来等同志乘的飞机自延安来兰州，经我与苏联代表处联系后，又与周恩来等同志一起离华赴苏，这是我同李德最后一次打交道。

我们办事处还接待过越南共产党主席胡志明和日本共产党主席冈野进（野坂参三）。胡志明从苏联经中国回国，先到兰州，上面只通知有位重要的同志，没告诉我们真名字，只让我们好好接待他。我们给他开了小灶，以后又送他安全到达延安。解放后他来我国见到我时说起此事，我才想起确曾接待过他，可是我们当时不知道是他，因为他用了个假名字。

办事处接送这些从苏联回来的同志，曾采取了多种方式。通常是由苏联方面将这些同志经乌鲁木齐用飞机或汽车送到兰州，先隐蔽在苏联驻兰州代表团住处，与我们办事处取得联系后，约定好时间，由他们用汽车将人送到办事处大门口，然后迅速下车跑进办事处，这就到"解放区"了。我们马上把他们安置下来，然后给他们发八路军的军衣和符号，还给每人起一个假名字。根据各人的年龄和身份，每人安上个适当的军衔和官职，最小的给个少尉，也有中尉、上尉，最高是少校，因为我自己当时挂的是个上校军衔。这样他们每个人对外就有个合法身份了。有的同志如朱德海是朝鲜族人，汉语说不好，就给他比较高的军衔，再配个副官给他，同外人接触时，就由副官同人家周旋应付，免得他露馅。还有的同志由苏联代表团同我们约定后，由他们用车将人送到郊外马路上，我和一个通信员在指定地点等着。他们下车后，悄悄跟着我们走，互相好像不认识，跟到办事处门口，再一下闪进去，以后就换装。冯铉等同志就是这样进来的。

我们办事处地方本来不大，人来得多时只得摊地铺睡觉，常常炕上炕下都是人。最忙的还是我们的一个女炊事员。她叫柳秀英，平时我们只有十来个人吃饭，她把伙食搞得很好，有时一下子增加了一二十人，她一个人照样按时忙出饭菜来。我们除了安排过往同志的食宿以外，还要负责保卫这些同志的安全。一般的同志我们总是劝他们尽量不要外出，以免发生什么意外。因为我们办事处周围不断有国民党的军警和特务在活动，他们时刻在找我们的岔子，钻我们的空子。王稼祥同志回延安时，由于情况比较紧张，我们派了四个同志一路护送他。有的同志去苏联时，由于等待顺便飞机需要很长时间，最长的要几个月，我们就组织他们学习俄语，我则成了当然的教员。刘亚楼、杨至诚和谭家述等同志住在兰州办事处时，就参加过这种临时的俄语学习班。

兰州办事处还有一项很繁重的任务。当时苏共曾经支援我们一部分物资和军事装备，还运来一部分马列主义的中文书籍。这些物资通常是用汽车从苏联经新疆长途运来，有时只经过兰州，仍由原车运出兰州送到解放区，我们办事处只要派人押运和领路就行了。新疆人民和爱国人士曾经支援了三万件老羊皮大衣给边区和八路军，用骆驼队长途运送到兰州，我们设法先后雇了100多辆板车，才将这批皮衣转运出去。所有运送物资的车辆都由兰州至西安的公路开出。因为兰西公路有一段正好通过陕甘宁边区所管的长武县境，这些车辆开到那里时，就将物资卸下交给驻守在当地的八路军部队，再由他们经庆阳送到延安。兰州办事处除了每次都派人护送和押运，还要事先为他们联系好，以便物资送到时有人接运。处里的同志每逢来了物资，总是全体动员参加装卸、清点和收存。这项工作十分劳累费神，但是大家干得都十分起劲，感到自己也在为抗战前线直接贡献着力量。

指导和帮助地下党组织

兰州办事处对甘肃地下党组织没有直接的领导关系，却又负有帮助和指导他们工作的责任，谢老在时更是如此。办事处的许多工作也是在甘肃地下党组织的积极支持和密切配合下进行的。甘肃地下党的工作原来基础比较薄弱，谢老到兰州后，才由办事处与一些秘密党员建立了联系，新发展了几个党员，又由彭加伦同志电请中央增派了一些甘肃籍或家在兰州的党员来到兰州，于1937年10月成立了中共兰州工委，以后又扩大为甘肃工委，由孙作宾、罗云鹏同志分任正副书记，吴鸿宾、王实先、郑重运、李铁轮、刘日修、刘杰和罗扬实等同志都在工委工作。孙作宾同志是位1925年入党的老地下工作者，当时的公开职业是小学教员，工委内负责妇女工作的刘杰同志是他的爱人。罗云鹏同志原名张敬载，是1938年初从延安调来的，因为隐藏在工委成员罗扬实同志家里，便改名为罗云鹏，冒充罗扬实的哥哥，后来经组织上介绍，与从延安调来的樊桂英同志结为夫妇。吴鸿宾同志是一位回族革命者，入党后一直从事党的民族工作，当时在工委负责宣传和回民中的工作。负责掩护罗云鹏的罗扬实同志，在工委负责领导青年和学生运动，是一个十分忠诚机敏的年轻党员。他不仅很好地完成了自己的本职工作，还动员自己全家，从年迈的父母到周围的亲属，一起支持党的地下革命活动，接待和掩护地下党同志，传递情报以至代为抚养战友子女，使他的家庭成为兰州地下党的一个最安全的活动中心。还有一位赵子明同志，他的党内职务是兰州市委的秘书，开着一爿豆浆铺作掩护，每天定时给办事处送豆制品来，实际上却是来联系工作、通报情况或参加党课学习。他身材高大，是一位为人豪爽的山东大汉，又是一名积极活跃的地下工作者。

甘肃工委的组织及其活动都是秘密的。虽然当时已国共合作，但在白区内的地下党组织依然是非法的。我们办事处便以公开合法的地位给他们种种帮助。中央对甘肃工委的指示，都通过办事处向他们传达；他们向中央的报告，也经由办事处转报延安。办事处又通过上层及统战关系，给一些地下党员安排了公开职务，掩护他们的活动。工委不断为办事处提供社会各界的情况，谢老也经常参加工委的会议，指导他们的工作，还在办事处内为他们开办了培训干部的"党建训练班"，对一些党员和经过斗争考验的党外积极分子进行马列主义和党的基本知识的教育。谢老和我都亲自为他们讲课。谢老主讲党的建设、中共党史和形势，我讲国际共产主义运动史和马列主义基础知识。我们还将办事处内保存的一批苏联运来的《联共（布）党史简明教程》和一些斯大林的著作，每人发了一些给他们阅读。参加学习的地下党员和积极分子都是另有公开职业的。为了防止敌人的察觉和破坏，他们一般都是利用夜晚，悄悄地一一潜入办事处内，然后再分别疏散开去。工委的同志也是这样同我们保持联系，所以这些同志都特别辛苦劳累。他们白天要忙着公开职业的事，不然无法生存和生活，夜晚则投入更紧张的革命活动，除了党的工作任务之外，毫无待遇享受可言。像现在有人计较的什么"加班费""误工补贴"之类，那时简直是不能想象的。对于这种完全献身真正忘我的革命精神，我们是应该永远保持发扬的。

1940 年，国民党反动派发动了第一次反共高潮，特务头子戴笠亲自到兰州布置督促各项反共措施。同年 6 月，由于一次偶然的失误，甘肃工委领导人罗云鹏、李铁轮、林亦青、赵子明以及带着刚出生几个月婴儿的樊桂英同志不幸先后被捕。罗云鹏等同志受尽各种酷刑，始终坚持革命气节，在监狱内同敌人继续斗争。1941 年，他们被关在沈家坡王家祠堂看守所内时，利用旧历年节看守们比较麻痹的时机，暗地用烧红的捅炉子的火棍，将牢房后门捅开一个洞，深夜越狱逃出了牢笼。不幸因为敌人的巡查追捕，罗云鹏和林亦青同志又被抓回，只有赵子明和李铁轮同志脱险并先后回到延安。越狱未成的罗云鹏和林亦青同志遭到敌人更残忍的摧残折磨，林亦青同志后来病死狱中，罗云鹏同志一直被关到 1946 年，被敌人秘密绞死了。他的爱人樊桂英同志和他们在监狱里长大的孩子后来终于出狱，回到了党的怀抱。

罗云鹏等同志的被捕，使甘肃工委受到严重破坏。我们将情况向中央作了报告，并与工委内未被捕的同志多次联系，设法营救他们，又通过罗扬实等同志与狱中的罗云鹏等同志秘密通信，安慰并鼓励他们坚持斗争，还在向中央报告中，拟请周恩来同志向重庆国民党政府交涉，争取释放他们。有的同志还曾想通过苏联外交代表处帮助我们营救被捕者。可惜这一切都未能如愿。面对这一艰险形势，我曾一一关照，并布置有关同志，对于当前的严重情况，必须有进一步的思想准备，保持高度警惕，防止敌人的继续破坏。为保存革命力量，有的同志就到办事处换上了八路军的军衣，作为办事处的工作人员，避过敌人的搜捕，并被分别护送去了延安。

与此同时，国民党反动派又在陇东挑起了一系列反共磨擦事件。我们总是以大局为重，坚持团结抗日的方针，对国民党展开了有理、有利、有节的斗争。由于国民党推行反共反人民政策，激起各族人民群众的严重不满，陇东、甘南发生了多起回民的自发起义，他们曾派出代表来到兰州办事处，希望能得到共产党、八路军的支持。我们分析了情况，认为他们并没有明确的政治目标，更没有严密的组织，力量相当分散和薄弱，贸然起义反而会遭到敌人更凶的镇压，使群众受到更大的牺牲，也无助于全国一致抗日的形势，便向他们做了耐心的解释说服，劝导他们以抗战大局为重，改换斗争方式，才使那些地方的事态没有扩大。

险恶的环境，紧张的工作

我党的正确主张和我们的善良愿望，改变不了国民党的反动政策。1941 年初，他们又发动了震惊中外的皖南事变，掀起了第二次反共高潮。兰州的国民党当局也加紧了反共活动。在此以前，因坚持反共而被称为"刽子手"的谷正伦来甘肃接任了省主席职务。皖南事变发生后，兰州的形势也更加紧张起来。八路军办事处受到严密的监视，门口有国民党的警察和特务伪装的修鞋摊，隔壁有密探开设的饭馆，还有游动哨从房后的城墙上居高临下地整日窥望着我们院内，我们一外出马上就有特务跟踪盯梢。我为了甩掉"尾巴"，曾经同他们开过一点小"玩笑"，常常一早就匆匆走出办事处，引得特务马上跟上来。我从南稍门一直走到黄河边，可是只到那里锻炼锻炼身体，或者在大铁桥上逛一逛，弄得特务白跑一趟。由于我每天如此，那些家伙毫无所获，也就不每天跟了。我就利用这机会赶紧办一些事，同地下工作的同志接接头，或者去看望某些人，完了又若无其事地踱回办事处。还有的同志有意夹了一包东西出去，特务一见以为是什么文件材料，忙跟踪监视，想由此侦察出我党地下活动的踪迹，谁知那同志却进浴室洗澡去了，他夹的原来是一包换洗衣服，使特务又空忙一场。敌人的捣乱，确给我们增加了许多困难。每逢我们有负责同志来往，或有其他重要活动，特务们常常倾巢出动，满布罗网，企图钻我们的空子，破坏我地下党和办事处的活动。他们还不断制造谣言，无中生有地散布说"战区司令部破获刺客，是八路军办事处派出的"，"共产党在兰州潜伏有数千人"，"八路军办事处要暴动"，等等，以此来诋毁诬蔑我党及办事处并恐吓群众，使一些群众对我们产生疑虑，也使某些进步人士不敢再登办事处的大门。

国民党的警察系统和特务组织还编制了"甘肃奸伪分子调查表""共党简历表"和"共党详历表"等一系列黑名单，策划进一步监视并搜捕迫害我地下党同志和进步人士。我后来曾在一些历史档案中看到几份这样的黑名单，发现我也"荣幸"地列名其中，表中注明我的职务是"十八集团军驻兰办事处主任"，活动规律是"常在闵家坊七号本宅开秘密会议"，只是那些家伙的情报也不准确具体，有一份名单上将我的名字写成"吴寿全"，还将我的籍贯写成"安徽"。在有的人的"活动情形"中注明"常至闵家桥七号与吴寿泉密谈"，还有"曾入十八集团军驻兰办事处"，"曾由八路军办事处介绍入生活书店工作"，"去年8月17日曾同一身着麻色服装之高大青年经孝友街至十八集团军驻兰办事处约一刻钟"，以及他"常出入"什么地方，与哪些人"交往"，都被详细载入表册中。这些黑名单，少则90多名，多至100余人，其中有共产党人，如有几份黑名单表册上名列第一号的都是丛德滋同志。表中概述了他的活动情形，列举了他的社会关系，可见敌人早在监视并阴谋捕杀他。他当时自己也有察觉，但是仍然奋不顾身地继续完成着党交给他的任务。他在被捕的那天外出前，曾经嘱咐爱人王竹青同志道："现在情况很紧张，我现在出去，如果晚上八点还不回来，就是被捕了。你应该镇静，在任何情况下，都要坚定革命意志，及时和组织取得联系，坚持斗争到底，带好两个孩子。"他果然出去就没回来，后来在狱中被敌人摧残致死，牺牲时才 32 岁。

敌人的黑名单上许多都是党外进步人士或是党的同情分子，列入的罪名是"向学生宣传共产主义""与共党关系密切""常看共党书籍，言论左倾""据云有共党嫌疑""据云系共党分子""在中学时思想左倾"，曾"出入办事处"甚至仅仅是"据云政治头脑不清"的人，也被列入应被监视或逮捕的黑名单中。倒是有许多真正的地下党成员并未被敌人发现，有的即使查知了也因组织的安排和本人的机警，及时避开了敌人的迫害。如黑名单上第五○号的任震英同志，敌人在表册上注明他"系中共重要分子，其妻常以授华文为名往俄使馆联系，其弟任震宇现在抗大受训"。他当时的公开职业是建筑师，在建筑业中很有地位，一直在兰州坚持斗争，解放后曾任兰州市的副市长，至今还在为建设新兰州贡献着力量。

在反共高潮中的兰州国民党当局，不仅对我党地下组织进行了种种搜捕破坏和迫害活动，对我们办事处采取了一系列监视、封锁和攻击诬蔑，还企图在经济生活上困死和逼走我们。他们一度卡住我们办事处的粮食、蔬菜、煤以至水等生活必需品的供应，又禁止周围的群众卖给我们，给我们造成了不小的困难，迫使我们有时不得不从西安运粮食来。但是，在我党政策及办事处实际行动影响下，仍有不少群众不避风险，不顾阻拦，设法给我们送来了必需的粮、油、菜、煤、水等，使我们办事处能够在兰州继续坚持并存在下去。

国民党反动派不断对我们进行破坏，日本侵略者也经常派飞机对兰州进行轰炸扫射，有时一来就是几十架次。虽然没有造成很大的损失，但却在群众中造成了恐慌，生活秩序也受了不小影响，不少人逃到城外防空，我们办事处的几位女同志也带着孩子隐蔽到皋兰山南侧的八里窑，处内的干部和主要工作人员则仍坚持在原地办公。

就在这样紧张而严酷的环境中，我们办事处全体同志不仅全力以赴地完成了党所交给的各项任务，还利用工余时间认真学习，努力提高自己的政治文化水平。我们制定了各项学习制度和计划，规定了严格的纪律，由谢老和我主持学习活动并亲自讲课。我们分别主讲党课、马列主义基础、中国革命史、国际常识和语文（包括习字）。通常每天学习三次，一次时事学习，阅读新到的《新华日报》等党的报纸，一次政治课，一次文化课。由于白天有日常工作，大都安排在晚上学习。此外，我每周还给大家讲一次时事问题，还组织了一部分同志学习俄语，由我当老师。年过半百的谢觉哉同志也积极参加俄语学习。一到时间，他就像一名小学生似的静静坐着，专心听讲或做练习。由于我们的房子小，"学生"只能盘腿坐在大炕上，"老师"站在炕前的地上，还找了一块旧木板刷黑了当黑板，每天到时候就开课。我自己既是老师又是学生，除照常参加别的学习、利用时间读书报外，还向曾在西欧学习过、由苏联返国的江泽民同志学了一段时间的法文。

为了健全党的生活，加强组织纪律，我们还订立了会议制度，规定每周都要开一次全体会议，并且规定这一周开党的会议，下一周就开行政生活会，如此循环下去，定期地就工作、思想和生活等方面的问题交换意见，互相帮助，并开展批评和自我批评。所以我们那时一方面相当艰苦紧张，另一方面又十分团结愉快。每人总是在完成了自己的本职工作后，主动去帮助别的同志工作，还按照规定，不是有关人员不得打听地下党人员的姓名、职务和住址。为防备敌人寻衅找事，没有特别必要一般不外出，休息时就一起打打乒乓球，下下棋；每到元旦、春节等大节日，也设法改善生活，搞一次会餐，弄几个好点的菜，大家欢聚一堂，以慰一年的辛苦劳累。

谢觉哉同志作为党中央和毛主席的代表，也是我们办事处的负责人。他对于我们来说更是一位值得尊敬的老同志和德高望重的忠厚长者；对于许多爱国的社会人士，他是诚挚而又儒雅的朋友；对于大批立志革命的热血青年，他又是谦和热情给予他们思想启蒙的良师。他对反动分子能够唇枪舌剑据理驳斥，对友好人士又常语重心长循循善诱；会议上能即席侃侃而谈，坐下又能写一手切中时弊的好文章。敌人对他是望而生畏，无可奈何；朋友对他则竭诚相交，衷心敬爱。兰州办事处正是在谢老的直接指导下，成为我党在西北白区内的一处人人称誉的"战斗指挥所"和"革命接待站"。谢老于1938年9月就奉中央电令调回延安，1939年底他又到陇东处理国民党军队侵犯陕甘宁边区的磨擦事件，以后就未再来兰州。但是他的工作精神、杰出才能和高尚品德，却一直深深地影响着我们。他离开兰州以后，原来所担负着的那部分统战工作交给了我。我正是按照他的方法和作风，才一一完成了各项任务。周恩来同志赴苏和回国两次路过兰州，也曾听取了我们的汇报，对办事处的工作给予不少指示，对我们讲形势，还利用有限的时间，会见了他在兰州国民党方面的友人。邓颖超大姐也曾经了解过我们的情况，十分关心大家的工作和生活。1940 年他们回国经兰州，谢老的夫人王定国同志也随他们回延安了。

兰州办事处的后期活动

国民党顽固派掀起的第二次反共高潮开始以后，尽管我们兰州办事处仍然在努力坚持工作，但是整个形势和处境已经对我们十分不利了。敌人不断破坏我党在兰州的地下组织，捕杀我们的同志和进步人士，使我们办事处的工作很难进行。我和甘肃工委的领导同志在白色恐怖下秘密地会面作了交谈，分析了当前的局势，认为我们必须有充分的思想准备，即蒋介石有可能再次在全国发动内战，更加紧对白区我党地下组织的摧残迫害，为此我党应该进一步隐蔽精干，积蓄力量，并改换某些斗争方式。甘肃工委的同志后来基本上是这样做的，一部分同志转移到陇南一些地区活动。

与此同时，鉴于兰州办事处的活动很难开展，为了避免可能的损失，中央来电报指示我们，视情况发展与可能条件，将兰州办事处人员向新疆转移，目前先静观敌人动态，何时行动再听中央的命令。当时踞守新疆的是军阀盛世才，他伪装进步，并与蒋介石有矛盾，曾同我党建立了一定的关系。但是我们不到万不得已时，也不想放弃自己的阵地跑到更远的西北一隅去。所以便根据中央的指示，在敌人的重重包围和封锁中，坚持斗争照常工作、学习和生活。后来，毛主席和朱总司令对于新四军问题发布了一系列的命令和谈话，揭露了国民党顽固派制造皖南事变的阴谋，引起全国人民和中外人士的义愤，打退了第二次反共高潮，使形势相对地稳定与缓和下来。我们在兰州也稍稍松了一口气，就没有向新疆转移。

也就在这时，即 1941 年 3 月，我接到中央命令，调我回延安工作。因为当时我爱人正怀着第三个孩子，即将临产，行动不便，经过请示后，准予我等她生下孩子满了月再动身。直到 4 月 28 日，我的这个孩子才出世，因为大家都盼着她早日降生，便给她取了个名字叫"望生"。她 5 月底一满月，我们便离开兰州到了西安。我离开兰州后，办事处的编制也随之缩小，只留下副官、译电员和通信员等五个人，由赵芝瑞同志负责。他们一直坚持到了 1943 年夏天，鉴于当时形势和兰州办事处的原定任务已经基本完成，中央决定撤销这一办事处。1943 年 11 月，赵芝瑞等同志撤离兰州。八路军驻兰州办事处自 1937 年 5 月设立，到 1943 年 11 月结束工作，历时共六年零五个月，其主要工作大都是在 1937 年至 1939 年之间进行的，这一段基本上是谢觉哉同志在那里工作的时间。1939 年以后直至最后撤销，则属于逐步收缩和减少活动的状态。我自 1938 年 2 月到兰州，1941 年 5 月离开，在那里工作了共三年零三个月，也正是兰州办事处的活动鼎盛期和两次反共高潮的最紧张时期。张文彬和彭加伦同志主持了办事处的创立和初期阶段，赵芝瑞同志受命坚持到最后，谢老在那里虽然只工作了两年多一点时间，却是我们办事处实际上的中心与灵魂。正是他们和全体同志的努力工作，加上地下党组织的支持合作和各界进步人士，特别是广大人民群众的大力支援，兰州办事处才完成了党所交付的各项战斗任务，为抗战事业特别是党在西北地区的工作作出了一定的贡献。我个人也从中得到了难得的锻炼。

我离开兰州时，组织上考虑我拖着几个孩子太不方便，让我留下一个孩子交给地方的同志代为抚养。原来准备留下大孩子曼曼，但因她已经会说话，怕她说漏了嘴让人知道她是八路军的孩子，便决定将才一岁多的还不大会说话的儿子天福留下。收养他的正是当年掩护过罗云鹏等许多同志的罗扬实家。他的老妈妈亲自负责照管这个八路军的孩子，还为他取了个甘肃最普通的小名"尕娃"。当时我并不知道孩子转到了谁家，只知道由组织上通过一个同志将他送到了另一个老同志家里。直到全国解放以后，"尕娃"已经是一个 12 岁的少年了，我重新见到了孩子，才知一直是由罗奶奶将他抚养长大的。罗奶奶和她的一家就是这样默默地为革命尽心尽力，对于这样的革命情谊和无私品格，我们一家人都是永远难以忘记的。

这年 5 月底，我们一家四口（两个大人和两个孩子），同公务员周尧夫同志，还有从苏联回国的江泽民、安碧秋夫妇和他们在兰州出生的女儿，一起乘汽车从兰州到达西安。周尧夫也是一位老同志，解放战争时期他曾任东北我军工某厂的厂长。为了路上应付国民党人员，我们给江泽民同志也挂了个副官头衔；我则以八路军上校身份对外打交道。到西安后，在那里任八路军办事处处长的伍云甫同志热情接待了我们。他当时身体很不好，却依然在坚持工作。只是因为一时没有回延安的车辆，我们在西安又等待了一个多月，直到 7 月初才找到车子。当我们终于乘上汽车通过蒋管区驶向延安时，一面充满了兴奋愉快，一面又不断为沿途国民党军队的刁难而生气。每次遇上他们找麻烦时，我们总是强压怒火冷静应付，有时还得用我的上校牌子来压他们，使他们不敢对我们太放肆。

1940 年夏，伍修权在兰州与夫人张毓兰、儿子天福（左）、女儿曼曼（右）在一起。

回延安以后，我在分配新的工作前，给中央写了一份长达万言的工作报告，详细汇报了我在兰州办事处工作期间所了解的甘肃敌、友、我等各方面的情况，总结了我们的工作经验，对于这方面的工作及甘肃地下党工作，也提出了一些意见和建议。至此，我在兰州办事处的工作就完全结束了。新中国成立以后，甘肃省将八路军驻兰州办事处旧址列为革命纪念地和文物保护单位，我认为这很有必要，因为这个地方确能反映战争年代我党在甘肃地区斗争生活的一个侧面，也是周恩来、王稼祥、李先念等中央领导在兰州住过的唯一的地方。重温那一段战斗史实，既可以使广大群众特别是青年一代了解前辈的斗争事迹和创业之难，也可以使我们的老兵不忘当年艰苦生活，保持光荣传统，坚持优良作风，让我们老少几代人都能继承发扬战争年代的革命精神，为创造更美好的未来而共同奋斗。

三、在延安军委总部

在总参一局

1941 年 7 月 7 日，我们回到了延安。在招待所住下后，我和江泽民一起去看望了毛主席、朱总司令和邓发、陈云、李富春等领导同志，向他们报到并汇报了工作。毛主席还留我们在杨家岭他的住处一起吃了饭。朱德同志还曾到招待所来看过我们。中央最初打算让我到统战部工作，叶剑英同志知道了，对我说："你原来是搞军事的，还是到总参来吧！"中央接受了他的建议，我就被分配到军委总参谋部，正式任命为一局（作战）局长。当时的总参谋长是叶剑英同志，下面有一局、二局和三局，二局（情报）局长是曹祥仁同志，三局（通信）局长是王诤同志。军委办公厅统管军委所赋予的各项事务和总参各局的生活。在我们一局工作的有刘志坚、钟人仿、王政柱、朱军、丁甘如、石敬平、安东、雷英夫、张清华、龙桂林、杨迪等同志。当时的许多参谋，现在已成为军级或更高职务的干部了。那时大家都很年轻，对于在毛主席身边和在叶剑英同志直接领导下工作，都感到很高兴。朱总司令和周恩来、王稼祥等军委领导同志对我们的工作一直很关心和重视，经常对我局的同志进行直接的指导和教育。叶剑英同志的工作作风和工作方法，特别是他善于迅速分析形势、判断情况和提出对策，给我们留下了深刻的印象，成为我们工作中的楷模。那时我们全局不过 30 来人，工作效率却很高，也不分什么节假日和上下班，一有工作就不分昼夜、全力以赴地干；同志间非常融洽，看不出什么上下级界限，还在紧张的工作之余抓紧学习。文化稍低的同志要补习文化，还找来德国军事家克劳塞维茨的《战争论》，作为参谋工作业务学习的内容。那本书当时还没有中文译本，只有一部原版外文本，就由何思敬同志为我们一段一段地边翻译边讲解，大家再进行讨论。这种学习每周至少一次，虽然困难不少，但却很有收获，对于我们思想和业务水平的提高，还是很有帮助的。当时这种工作精神和良好作风，是很值得回忆并继承发扬的。

1941 年，伍修权返回延安留影。

一局的主要工作

那时的参谋工作同现在显著不同。首先，各抗日根据地是分散的，每个根据地基本上独立活动，军委总部很难作出统一的部署。常常是总参发出指示，由各根据地再转告下属各部队和地区，由他们结合当地实际情况参考执行。其次，那时我军的装备很单一，就是小米加步枪，没有多少门炮；现在有陆军、海军、空军、炮兵、装甲兵、工程兵和二炮等等军兵种，工作很复杂。在延安时，参谋工作的内容简单得多。当时我们的一项重要工作是了解研究和分析敌（日军）、伪（汪精卫军队）、友（国民党军队）及我军（八路军、新四军）四个方面的情况。这项工作是紧张的，每天从前方来很多电报，我们都要及时处理，将各地各方面的情况经过整理，上报到军委和中央。每周再编写简单的综合战况呈送中央领导同志，使他们对全局情况一目了然。这种定期的简报，先后曾编印了《作战周报》《一月军事动态》《国际资料》等好几种。通常是由一局各科负责起草属本科工作范围的一部分，交钟人仿副局长负责汇编，最后由我修改定稿，再交地图科将战场态势绘成简图附在文后，文书科负责将这些简报油印出来，一一上送和分发。这些工作都是连续不断的，十分紧张和费劲。毛主席和其他中央领导同志都曾表扬我们这项工作，说这些简报对他们大有帮助。

除了用书面方式向中央及军委等有关方面送报告和简报外，还定期向中央及军委领导同志作口头汇报。这种定期汇报一般在一局作战室举行，通常由叶剑英总参谋长主持，由我作汇报，再由各科作些具体补充，最后由叶剑英和参加会议的其他领导同志提出意见并作指示。从外地回到延安的领导同志，也曾多次来听取汇报，以便了解全面的作战情况。我们这些系统而连续的战况报告和情况反映，都为中央和军委制定作战方针提供了重要的依据。我们根据战况提出的各种建议，许多也被领导上采纳和参考，有的就作为中央或军委的指示转发给各解放区战场。

对侵华日军南下战略的分析

此外，我们还对国际、国内的战局和情况作过一些重点研究。例如1941年苏德战争爆发以后，侵华日军也蠢蠢欲动。当时有人认为日军会趁苏德战争的爆发向北进攻苏联，以配合德军的行动。我们在叶剑英同志领导下，分析了大量的情报资料，认为在华日军的动向将是继续南下，加紧进攻我国南方，进一步侵占我国富饶地区，掠夺战争所需物资，以巩固和扩大其侵略成果，进而向东南亚发展，占领更广大的地区，掠夺更多的物资，以达到其以战养战的目的。他们这样做在军事上也不会有多大阻力。如果日军采取相反的行动向北进攻，则是去啃硬骨头。就是推进到苏联远东地区，也没有多少油水可捞。因此我们分析日军南进的可能性最大，就将讨论的情况和有关的资料向中央作了报告。中央肯定了我们的意见并向苏联作了通报。后来形势的发展，也证实了我们的分析判断是正确的。这一战略判断不仅对我抗日战场有重要意义，对苏德战场也有重大影响，使斯大林在莫斯科保卫战最紧急的时刻，下决心从远东抽调重兵集团驰援莫斯科，赢得了莫斯科保卫战的伟大胜利。

总结推广对敌斗争的新方法

从 1941 年开始，日军已将进攻的重点转向我八路军、新四军和各抗日根据地，对我实行"大扫荡""大清剿""三光政策"等血腥手段，而国民党采取了"消极抗日，积极反共"的方针，国民党军队节节败退和大批投敌，各解放区战场陷入十分困难的境地。叶剑英同志领导我们不断分析形势，研究对策。为了渡过难关，我们建议将我根据地武装力量明确划分为三部分：主力军、地方军和人民游击队，开展灵活机动的游击战，统一指挥、互相配合。对主力军实行精兵，地方军和不脱产的人民游击队则应发展壮大，所有党、政、军、民、学的脱产人数不宜超过 3%。叶剑英同志指示我们将这些建议整理上报中央，随后军委令一局会同有关部门起草了《关于抗日根据地军事建设的指示》，以中央军委名义下发各战略区遵照执行。

一局对来自各解放区战场的报告和材料进行认真的综合整理，从中发现并总结出各地在新的斗争形势下创造出的新的斗争方法。例如 1942 年，在敌人实行"强化治安"和"大扫荡"的地区，将我军大部队化整为零，组成无数个精干活跃的武工队，由较强的军政干部去领导，用神出鬼没的游击战方式到处袭击敌人。这种斗争方法既保存了自己，又狠狠地打击了敌人，成为反侵略战争中创造出的宝贵经验之一。在已经沦陷的地区和解放区的边缘地带，则普遍建立两面政权，由我党地下组织或外围进步人士去控制敌方的基层政权，公开为敌人服务，秘密为我们工作，一面应付敌人，一面掩护地下斗争，也创造了许多生动而神奇的事迹。再如，在平原地区开展地道战、地雷战、麻雀战等，在苏南反"清乡"斗争中强调了敌强我弱情势下的避实击虚、锄奸反特、加强对伪军的政治攻势、加强群众工作等，这些灵活多样的斗争方法及经验，经我们集中整理报军委和叶剑英同志审批后，通报到各解放区，结合实际，迅速推广开来，在抗日战争中起了很大的作用。

粉碎国民党第三次反共高潮

1943 年，解放区的抗战形势刚有好转，国民党又发动了第三次反共高潮，调动了四五十万胡宗南部队来包围进攻陕甘宁边区。当时边区的八路军主力都已开赴抗日前线，只有二三万武装部队留在陕甘宁。用这么一点兵力来抗击国民党几十万大军，形势是十分艰险紧迫的。那时我正生病，原来准备休息治病去，叶剑英同志对我说："你休息不成了，快回来参加战斗吧！"我当即回到岗位上。我们在叶剑英同志领导下，认真研究了敌我情况，认为硬抗是很不利的，唯一可行的办法是立即公开揭露敌人的阴谋，发动全解放区军民以及全国爱国力量，从政治上来制止敌人的进攻。但是这样有一个很严重的问题，就是我们所掌握的敌军动向，都是我军打入敌军内部的情报人员提供的，如果我们公开揭露敌人的进攻企图，势必暴露这批隐蔽在敌方的同志，从而造成损失和牺牲，还将从此失去耳目。叶剑英同志与我们讨论后，将情况向中央和毛主席作了报告。中央决定以大局为重，以一部分情报来源的损失，换取党中央所在地和整个边区的安全，是利大弊小，并尽可能迅速转移和撤出我军的情报人员，以避免可能的牺牲。同时，军事上也做必要的准备。而后，在中央的统一布置下，我们以报纸、广播和电报等各种方式，详尽地公布了敌人进攻边区的兵力部署、行动路线和作战计划等等，同时由朱德总司令向蒋介石、胡宗南致电责问，毛主席亲自为延安《解放日报》写了《质问国民党》的社论，又在延安召开了万人大会，揭露和声讨敌人的阴谋。周恩来同志领导的八路军重庆办事处将相关文件全文送交美、英、苏等国驻华大使馆，同时分发给驻重庆的中外记者，及时向大后方人民和中外人士揭露国民党发动反共内战的阴谋。这一系列行动立即在全国引起了强烈反应，各地爱国力量一致谴责蒋介石不顾民族利益、制造内战的罪恶勾当。美、英、苏等国也对蒋介石甚为不满，并以停止经济援助施压。这一切把国民党蒋介石搞得措手不及，十分被动。他们发现我们公布的材料十分具体准确，他们的阴谋计划已在全国以至世界公众面前暴露无遗，使他们狼狈不堪。最后只得由胡宗南出面发了一个"敝部换防，请勿误会"的电报，一面抵赖自己的罪行，一面悄悄地中止了这幕即将开场的反共丑剧，使边区军民没费一枪一弹便粉碎了敌人的进攻阴谋。敌人被迫撤退的消息传来时，全边区军民都大大地松了一口气。在这场斗争中，毛主席的机智决断和叶剑英同志的冷静谨慎与有胆有识，都给我们留下了极为深刻的印象。

延安时期的外事活动

抗日战争时期的延安，已经成为中外瞩目的中国抗战堡垒与革命中心。大批爱国的热血青年源源不断地涌来这里投奔革命，许多中外记者和知名人士也纷纷来到延安，有的来参观访问，有的来建立联系。除了临时来往的，还有在此长住的。他们中有苏联塔斯社记者弗拉季米洛夫（中文名孙平），他实际上是共产国际派来的联络员。还有一个美军观察组，他们是作为反法西斯同盟国的代表身份来的。他们两家经常直接与我党中央领导人联系，有时也通过我们了解一些我国战况。日共领袖野坂参三也住在延安，也领导着一个日本人反战同盟和一个主要由被我军俘虏的日军官兵组成的日本工农学校。李初梨、赵安博等同志协助野坂参三在那里工作。

1944 年 5 月，一大批中外记者组成的参观团来到延安，他们对边区和前线一些地方进行访问以后，由叶剑英同志代表八路军、新四军的延安总部，向他们作了一个内容详尽而丰富的解放区抗战情况报告，这就是 1944 年 6 月 22 日发表的著名的《中共抗战一般情况介绍》。叶剑英同志在这次谈话中，列举了各战场特别是敌后战场的战绩，公布了许多具体数字，如共产党所领导的武装力量抗击了 80% 以上的敌伪军，国民党军队担负抗击的敌伪军仅占全部兵力的 16%，有力地揭露了国民党反动派假抗日、真反共的阴谋。为了这个讲话，我们曾全力以赴地参加整理材料，将解放区各战场所取得的胜利及其发展变化，都用文字和图表清楚地展示出来，对我军打过的胜仗或败仗，也作了总结和分析。由于我们平时一直注意资料的积累和研究工作，这批材料整理得非常迅速及时。形成文字后，送毛主席审定，他又作了一些修改。所以叶剑英同志的这个报告，包含了我们许多参谋同志的劳动成果。它发表以后，迅速为国际国内各方面所重视并广泛引用，成为反映中国抗战形势的一份权威性材料。1945 年，朱德同志在党的第七次全国代表大会上的军事报告《论解放区战场》，其中有许多材料也是我们提供和整理的，我们还参加起草了报告的初稿。黄华同志当时是朱总司令的政治秘书，他和我们集体搞出这个报告，叶剑英同志也参加过这个报告的修改和定稿工作。这一报告后来成为七大的重要文献之一。

大生产运动

在抗日战争的困难时期，国民党反动派又卡我们的脖子，从 1942 年起不给我们发军饷，想困死我军。党中央发动了大生产运动，毛泽东同志提出了"自己动手，丰衣足食"的号召，边区的党、政、军、学一切单位，一齐动手搞生产，我们也不例外。比较普通的有两种办法：第一是种菜，解决吃菜问题。我们每人的住房前后都有一块小"自留地"。我房前本来就开了一小块地，原来种了点花草，到开展大生产运动时，就主要是种西红柿了，在吃菜方面就做到了部分自给。第二是搞手工业，主要是纺线。在王家坪军委总部时，我们每人都有一部手摇纺车，我用它纺过棉纱线和羊毛线，当时我的手艺还不算差，到现在我还能回忆起怎么纺，这些手艺学会了就不容易忘记。一局的同志还在山上开了点荒地，种了谷子，还收了些小米上交公粮。那时全边区和各根据地，尤其是三五九旅在南泥湾开展的大生产运动，我们许多同志回忆起来，至今还觉得兴奋和自豪。因为它不仅解决了生活上的部分困难，对我们的思想和作风，也是一次很好的锻炼。

难忘的整风运动

1942 年，延安各部门普遍开展了整风运动。这是一场大规模的马克思列宁主义教育运动，我们在延安工作的同志几乎无一例外地都参加了。当时在我们党内，王明教条主义错误思想还有一定的市场，主要表现为主观主义、教条主义和文风上的党八股。党中央、毛主席利用抗战相持阶段相对缓和的局势，及时开展了这场运动。仅在延安一地，参加运动的就有五万人左右。毛泽东同志先后作了《改造我们的学习》《整顿党的作风》和《反对党八股》等重要报告，成为运动的指导思想和武器。接着，1945 年 4 月，党的六届七中全会通过了《关于若干历史问题的决议》，将党内多年来的路线是非问题，经过讨论和总结，作出明确结论，从而统一了全党的认识，使全党达到了空前的团结，为党的第七次全国代表大会的顺利召开和取得抗战的胜利奠定了基础。运动开始以后，我们每个人都检查自己，进行批评和自我批评，主要是怎样克服主观主义和教条主义。我当时觉得自己并不算是教条主义这一类型的人，但因为我在苏联学习了多年，也不能不有所影响；不过从另外一面看，我与典型的教条主义者又不一样，他们常常以大人物自居，能说会道，又讲演，又写文章，自以为是，锋芒毕露，这一套我不喜欢，也没有这个能耐。因此，我比较实事求是地检查了自己的主观主义思想及其表现，这对于克服自己的缺点还是大有好处的。

整风的同时，又进行了审干。康生在审干中起了很坏的作用。军委总部在王家坪成立了一个整风领导小组，叶剑英、陶铸、胡耀邦、安东、李初梨、舒同、吴溉之等同志和我，都是小组的成员。我在审查干部当中，没有随便给人家扣帽子，还是比较实事求是的。例如对当时在一局任处长（后来曾任海军学院院长）的朱军同志，他在冯玉祥部队做过兵运工作，同冯玉祥的儿子冯洪国关系很密切；他又曾三次失掉党的关系，三次恢复党的关系。我们认真审查了他的历史情况后，认为他斗争是坚定的，是个好同志。我代表党组织宣布了支部对他作出的这一结论。"文化大革命"中，朱军同志又受到审查，有人来外调，我还是按原来的结论答复了来人。但是，康生当时那一套恶劣做法，对我们仍然有一定影响，一局有的同志也曾受到不正确的对待。例如周秋野同志，在审干过程中曾被搞"车轮战"和"逼、供、信"。其实这是个好同志，他在测绘科工作时，为了绘制地图，长期在微弱的灯光下工作，半年时间，就使眼睛近视了几百度，却一直任劳任怨地埋头工作。还有一局的协理员张炽昌因为曾经在浙江一个国民党军队搞过兵运工作，组织了一次没有成功的起义，有人怀疑他搞假起义。审干开始以后，他也被关起来审查。负责审查和看管他的人竟蓄意折磨他，在给他吃的饭里放了盐，又不给他水喝，用难忍的干渴来逼他招供，搞得他非常痛苦，觉得没法活下去，找了根绳子准备上吊，幸亏被人发现，才将这个干部保存了下来。

叶剑英等同志发现这些问题后，认真作了纠正，在基本弄清这些同志的问题后，对凡是被整错的同志一一赔礼道歉，宣布平反并重新分配工作，给予他们安慰和关怀。后来的事实证明，当时被整过的同志，没有一个是真有问题的，他们的表现一直是好的，是经得起考验的。倒是有个别当时没有挨过整的同志，后来反而出过这样那样的问题，"文化大革命"中有人就一度跟林彪和"四人帮"跑过。这对于我们许多同志来说，都是应该永远记取的正反两方面经验教训，一是任何时候都不能任意伤害自己的同志，二是越是发展顺利、未受挫折的同志，越要随时对自己有所检点和警惕。

在整风运动中，康生搞了许多鬼。他曾经对一个从兰州到延安的名叫樊大畏的学生大搞"逼、供、信"，迫使他胡说兰州的地下党组织是"红旗特务党"，诬陷了许多好同志。康生让这个人到处现身说法，表明他坦白彻底又受到了信任。虽然这些事当时没有找过我的麻烦，但是康生搞的这一类丑剧，我到现在还记忆犹新，联系到康生"文化大革命"中的表现，可以说，此人搞极左是由来已久的。

参加党的七大

1945 年 4 月，党中央指定我作为代表参加了中共第七次全国代表大会，把我编在陈毅同志领导的新四军代表团内。正要开会时，我忽然得到通知，随董必武同志去重庆，作为"特区"（即陕甘宁边区）的代表，参加宋子文为首的中国代表团，去美国旧金山参加联合国的成立大会。我们乘美国军用飞机赶到重庆后，大概是国民党认为我太红了，借口我有沙眼，不让我出国。我只得回到延安，正好赶上了七大正式召开，我照常参加了这次大会。记得我没有参加小组会，只参加了代表团的全体会议。

1945 年 4 月，伍修权（右一）与董必武（右二）、陈家康（右三）在延安机场。

迎接抗战胜利

1945 年 8 月 8 日，苏联对日宣战，百万苏联红军进军东北，向日本关东军发起强大攻势，美军在此前后向日本投掷了两颗原子弹，这些都大大加快了抗战的胜利进程。8月10日、11日两天内，朱德总司令代表延安总部，向八路军、新四军等党所领导的武装部队连续发布七道命令，命令各解放区人民军队迅速前进，对日寇展开全面大反攻，收缴日伪武器，接受日军投降。1945年8月15日，日本政府宣布无条件投降。电波传来，整个延安都沸腾了！当时大家的心情只能用"欢喜若狂"几个字来形容。长达八年的浴血抗战，终于取得了胜利，怎能不令人振奋呢？延安军民为庆祝这一伟大胜利，举行了盛大的火炬游行，大街小路，火焰辉煌；山上山下，火龙飞舞；远远看去，就像一座不夜的大都市，突然活跃欢腾起来了，此情此景，使人终生难忘。不过在欢庆胜利的时刻，我们的工作量也成倍地增加了。那几天，我军各部队的战报、电文和总部的命令、指示等等，日夜不断地在延安和各解放区之间来回飞传着。我们的同志满怀激情不分昼夜地紧张工作。大家想起八年来我国军民承受的巨大的艰苦牺牲，想象着抗战胜利后光辉美好的前景，谁都不知疲倦，都在为夺取抗战的最后胜利贡献自己的全部精力。为了适应新形势，军委决定在总参谋部下成立作战部，一局归作战部领导，毛主席任命我为作战部副部长，一局局长则由阎揆要同志接任。

第六章　东北解放前后

一、进军争夺东北

飞赴沈阳

抗日战争刚宣告胜利，各解放区军民便向日军和伪军展开全面大反攻。苏军虽然解放了东北，但东北形势错综复杂，美国全力支持国民党同我抢夺东北，而苏联当时从自身的国家外交战略利益出发，承诺要将东北大城市交给国民党接管。所以，同国民党争夺东北成为我党我军极为紧迫的战略任务。1945 年 9 月 14 日，一架涂着红五星的飞机飞抵延安上空，绕着延安转了几圈以后，就在机场上降落下来。中央马上派人去机场迎接来人，因为已经看出降落的是苏联飞机。从机上下来一名苏军大校和一名中国同志。那位中国同志是我冀东军分区司令员曾克林。当时曾克林和李运昌的部队已经进了沈阳，并与占领沈阳的苏联军方取得联系。苏联远东司令部为和我党中央联系，决定派一名大校，由曾克林陪同乘飞机来延安。当日，朱德总司令和叶剑英参谋长会见了苏军代表，他转达了苏方关于解决东北问题的意见，并希望我党中央很快派负责同志去东北，以便协调我方与苏军的行动。那时毛泽东和周恩来等同志正在重庆与蒋介石谈判，中央的工作由刘少奇同志主持。中央经过讨论决定，把全国的战略重点放在东北，把原来准备南下的部队和干部转而挺进东北。决定成立以彭真为书记，陈云、程子华、林枫、伍修权为委员的东北局，代表我党中央统一领导东北地区的各项工作，并与进入东北的苏军指挥机关建立联系，协调我军与苏军的行动。同时，决定派彭真、陈云、叶季壮、伍修权、段子俊和莫春和六名同志乘这架飞机去东北。为着工作方便，中央军委以毛主席的名义，授予彭真、陈云、叶季壮中将军衔，我为少将，段子俊和莫春和为上校，用中俄两种文字写了任命书。15 日晚上，叶剑英同志正式通知我，向我宣布了中央的决定，并说明天早上就动身，还关切地说我的老婆孩子由他负责照料，让我放心地走。

9月16日，我们乘着那架苏联飞机飞向东北。那是一架道格拉斯式的双引擎飞机，开始还飞得很正常，后来却发生了问题，飞机没到沈阳，飞到山海关就降落下来，飞行员又很不沉着，匆忙地从跑道中段落下，结果冲出了跑道，猛插到一块稻田里。飞机尾部翘了起来，机身成垂直状态才停住。我们六个人中，我和段子俊、莫春和都因撞击受了轻伤，叶季壮被撞得最厉害，受了重伤，腿被翻倒的油桶和无线电器材压住了。彭真也受了脑震荡。最幸运的是陈云同志，驾驶舱门被撞开时，把他一下子推进了驾驶室，反而没有受伤。苏联同志马上把我们一一救出来。首先将压在叶季壮身上的东西搬开，然后把他抬到平地上躺下。就在这时，我方冀东行署主任朱其文同志带了一个班赶到了，见到我们的狼狈情况，便赶快安排我们休息，给了我们很大的安慰。第二天，他专门派了一趟列车送我们去沈阳，途经锦州时，我们随同彭真、陈云等下车进行考察，详细了解锦州地区情况。我们到达沈阳正好是九一八事变的纪念日，曾克林和李运昌同志给我们安排了暂时的住处，随后我们又搬到张作霖的大帅府。次日，彭真同志在这里主持召开了东北局第一次扩大会议。根据中央"向北发展，向南防御"的战略方针，能否控制东北，是个事关全局的关键性问题。东北内联我华北解放区，外靠苏联、蒙古和朝鲜，战略地位于我有利。东北又有发达的工业与丰富的物产，可以为革命战争提供有力的支援。努力争取和控制东北，成为我们当时的主要任务，东北局依此做了初步的部署与安排。东北局驻地以后又搬到沈阳三经路博物馆。那是一处堡垒式的洋房，中间一座大屋给我们办公和住宿用，围墙四周是整齐的平房，恰像营房，正好住了一个连的警卫部队。

苏军失信——不愿移交日军的十多万枪支装备

到沈阳以后，陪我们来的苏军大校就回自己的司令部汇报去了。我们随即与苏联军方取得了联系。当时苏联在沈阳的最高负责人是苏军坦克第六集团军克拉夫钦柯大将，军委委员是杜曼宁中将。苏联军队内都是这样，军事首长的军衔都比较高，军委委员则比较低。赫鲁晓夫当时也只是个中将，勃列日涅夫才是个少将，杜曼宁这个中将军衔也就算不低了。他们的总部在长春，由苏军驻在沈阳的部队专门和我们联系。我们同杜曼宁建立了经常联系，每次接触都是我陪同彭真去。彭真时任东北局书记，与苏方会谈都由我为他翻译。大约是第二或第三次接触时，苏军向我们提供了一个情况，说沈阳附近有一个存有十多万支枪的武器仓库，可以移交给我军。这真是个好消息，我们听了很高兴，便迅速将情况报告了中央。中央马上命令山东部队和新四军三师黄克诚的部队，把自己原来的武器留在关内，迅速徒手出关到沈阳接受这批新武器。两周以后，奉命接受武器的部队已经陆续到达东北，我们正要苏军实践诺言，却出乎意外地得到他们变卦的通知，说是由于国际上的种种原因，那批日军武器要另行处理，不能按原计划给我们了。这一下弄得我们非常被动。出关的部队已将原来的武器留在关内，预定得到的新武器却一件也到不了手，成了一群徒手士兵，部队上下都在埋怨。

这次中央向东北派来了 10 万军队和干部，在很短时期内扩大到 30 万人。这批新到和新扩大的部队打开了几个很大的日本军用品仓库，搞到些新枪和很多装备。叶季壮同志亲自去看了，里头有大衣、服装、鞋子、帽子等物资，东西多得很，可以尽量去拉。以后苏联一变卦，没办法再拉，后来的部队就得不到了。当时流传一个说法：新兵新枪，老兵老枪。其实更确切地应当说新兵有枪，老兵没枪。这都是苏联方面讲话不算数失信造成的。他们所以出尔反尔，其主要原因是苏联在第二次世界大战中打得很苦，害怕因支援我军再引起战争，结果造成了我们的被动局面。后来，李运昌带的部队向热河转移。转移中，将原先从仓库中搬出的物资带走了很多，可是他们没有很好地组织人员押运，而动员了一些马车帮部队运输，结果有的连车带物资都被人家拖跑了。彭真和李运昌为此受到许多指责。林彪后来也拿此事攻击彭真；李运昌也大受批评，成了他的一大罪状。直到粉碎"四人帮"后，李运昌还为此事向中央写了较为详细的申辩，并送了一份副本给我。我看了他写的材料，基本上是符合实际情况的。

成立东北民主联军

1945 年 10 月初，中央批准成立了临时指挥机关——东北军区司令部，程子华为司令，彭真为政委，我为参谋长。1945 年 10 月底，中央决定正式组成东北人民自治军，林彪为总司令，彭真为第一政委，罗荣桓为第二政委，吕正操为第一副司令，李运昌为第二副司令，周保中为第三副司令，萧劲光为第四副司令兼参谋长，程子华为副政委，我被任命为第二参谋长。东北人民自治军的组成，包括关内来的八路军、新四军，吕正操带的原东北军一部，周保中等领导的东北抗日联军等。周保中同志是随苏军进驻长春的，人们称他黄中校，因为他熟悉东北情况，所以对苏军的行动起了顾问的作用。开始时，我的主要任务是协助彭真和萧劲光工作。林彪到后，黄克诚的新四军三师已经进到山海关以西地区。当时，他们是我军在东北的一支最大的力量。由于情况紧张，林彪又组织了一个前线指挥所，带领少数人到山海关地区指挥部队的行动。1946 年 1 月中旬，中央批准东北人民自治军改称东北民主联军，领导班子不变，我还是第二参谋长。

撤出沈阳

1945 年 11 月，苏联驻军正式向东北局提出，说根据他们与国民党政府的协议，允许国民党军队进驻沈阳及周围地区，要我东北局领导机关及军队限期撤出沈阳。国民党后面有美国撑腰，也坚持要进沈阳。我们不赞成苏军这样做，结果引起了我们与苏方的一场争辩。同我们打交道的是苏军驻沈阳少将卫戍司令。这个人很粗暴，不会办外交，自以为是个将军就很了不起，说上面指示要我们退出沈阳。彭真同志和我反复向他说明我军的愿望，讲不应撤出的理由，他却搬出他们上级的指示，说不能讲价钱，必须这样做。最后他竟说，你们不走，就用坦克把你们赶走！彭真同志马上抓住他这句话，说从来还没有共产党的军队用坦克去赶另一个共产党的军队！同他吵了一架。我们将这些情况报告了中央。中央答复我们说，这是苏方当时的政策所决定的，不是他们下级的事，他们是执行莫斯科的指示。最后，我们根据中央精神，于 1945 年 11 月底，东北局及直属部队有组织地撤出沈阳，向本溪转移。在转移中部分干部战士有些想不通，加之撤出过程中也发生了一些缺点，有些工作不够深入细致，造成一些人的埋怨。有一点是可以理解的，大家浴血奋战多年，好不容易占领了沈阳这样的大城市，却要白白让给国民党反动派，而支持他们这样做的却是我们的"老大哥"苏联。

开始撤离沈阳时，我们的指导思想还离不开大城市，仍在沈阳附近转，先撤到本溪，在那里待了约两个月。其间，1945 年 12 月底党中央给东北局发来了《建立巩固的东北根据地》的指示，要求把工作重心放在中小城市和广大农村。在此以前，我们对东北地区的局势有两种意见，一种意见是主张打大城市，另一种是离开铁路干线，建立农村根据地。随着形势发展，认识也逐步一致。1946 年 1 月底东北局转到抚顺，3 月初在那里召开了抚顺会议。抚顺会议讨论并一致同意中央对东北的工作方针。参加这次会议的有彭真、林彪、林枫、罗荣桓、吕正操、萧劲光等和我。这次会议以前出现过不同意见，本来是正常的党内讨论，后来又一致赞同并执行了中央的方针，但是林彪却一再抓住这件事大做文章，以此攻击彭真等同志曾如何"反对毛主席的革命路线"。"文化大革命"中，还将此作为彭真同志的一大罪状，甚至将曾经赞同过彭真意见的同志，特别是林枫和吕正操，打成了什么东北的"桃园三结义"，有时把我也捎带进去，成了什么"四结义"。抚顺会议以后，考虑到北满形势比较好，齐齐哈尔、哈尔滨、牡丹江等地区都连成一片，东北局决定将指挥部机关向北满转移。还在本溪时，就派人到梅河口修了些房子，准备利用这个据点建立新的指挥机构。抚顺成了转移途中的跳板。会后不久，我们就到梅河口开始工作了。萧劲光副司令兼参谋长，他在这方面是很有经验的，一到就召集各有关单位，布置了东北民主联军司令部的工作。

为了未来的人民空军

1945 年 10 月我们接到部队的报告，说向我军放下武器的日军中，有一批300 多人的日本空军技术人员和飞行人员，正在听候处理。在几十年的战争中，我们吃够了敌人飞机的苦头，早就想有一支自己的空军部队。但是在艰苦的战争年代，既没有起码的物质条件，更没有必要的技术人才，建设自己的空军只是一个遥远的梦想。现在忽然有一批空军人才到了我们手中，在我军控制的地区内，也有几个日军用过的机场，那里有一些现成设备和器材，甚至还有几架破旧飞机。彭真同志和我们研究了现实的和可能的情况，决定把这批日本空军人员留下来，利用现有条件，为我们将来自己的空军建设着手进行准备。

为了使这批日本空军人员明了和接受我们的意图，我们把他们全部请到新成立的东北军区司令部，按照彭真同志的指示，由我出面，对他们做了热情的接待，并同他们进行了开诚布公的谈话。在我军俘虏政策的感召下，他们中的绝大多数人都表示了态度，乐意运用他们的技术和经验为我军效劳。我们便对他们表示欢迎和鼓励。在会见中还发生了这样一件事，一个名叫林弥一郎的日本空军军官，是这批日本空军人员的头头，看到我身上佩带着一支十分精致的小手枪，想要我送给他作为纪念。这支枪已伴随我多年，既是一件很适用的武器，又是一件很有意义的革命纪念物。可是现在这个与我们为敌多年、刚刚放下武器的人却想要得到它，这几乎是不可思议的事。但是我一想到他所以向我

1986 年，伍修权（中）在纪念东北老航校建校 40 周年时，与朱光（左一）、林弥一郎（右四）、吕黎平（右二）、王海（右一）等人在一起。

要这支手枪，很可能是试探我们对他们是否真正信任，对他们的友善态度是否真诚，我如果马上拒绝了，可能会引起对方的疑虑和误解，我也考虑到给了他这支小手枪，他也造不起反来。我在迅速认真考虑后，毅然决定将这件心爱的手枪送给了他。我的这一举动和谈话竟使这个日本人及其同伴们又惊又喜，十分感动。后来就完全按照我们的意图，去到本溪地区奉集堡等地的机场，与我们曾在苏联学过空军技术的同志们一起，为筹建年轻的人民空军，积极贡献了力量。1945 年 11 月中旬，东北局决定成立航空委员会，由我牵头。主要任务就是为创办航校创造条件，派人分赴各地搜集飞机器材和航空油料，组织赶修飞机，研究招生工作等。经过近半年的紧张筹备，1946 年 3 月 1 日在东北牡丹江建起了我军第一所航空学校。该校为我空军建设培养了大批人才，成为人民空军的摇篮。这批日本的空军人员，就是这所老航校最初的技术骨干中的一部分。新中国成立后他们陆续回到了日本，都成了积极推动中日友好的力量。30 多年以后，我在总参工作期间，林弥一郎作为友好人士到中国访问，我曾会见并宴请了他。席间他重新提到这支手枪的故事，更感到中日两国人民应世世代代友好下去。

二、在军调部执行小组

第二十七执行小组的建立

根据我党中央与国民党政府签订的《停战协定》精神，由我党和国民党代表，加上以中间人身份出现的美国代表，联合组成了军事调处执行部（简称军调部），以监督处理和协调各地国共两党所属军队之间的冲突，检查停战协定的执行情况。军调部总部设在北平，叶剑英同志作为我党及八路军、新四军延安总部的代表，主持了中共代表团的工作。代表团秘书长是李克农，黄华、董越千和饶漱石等也参加了代表团的工作。北平地下党还推荐原辅仁大学学生王光美到中共代表团担任英语翻译，她那时还未入党，在那种情况下，公开参加革命，也是很不容易的。

1946 年，伍修权（右）在沈阳第二十七执行小组时与后勤部长李聚奎（左）合影。

1946 年 4 月初，北平军事调处执行部派饶漱石乘美方的专机到达梅河口附近的东丰机场降落。因为我们事先已得到通知，彭真、林枫、李立三与我，还有其他一些同志都去机场迎接，与饶漱石见了面。他向我们传达了北平军调部和叶剑英同志的意见，说要在沈阳成立第二十七执行小组，下属几个分组，小组成员由东北局派主要干部参加。彭真、林枫等同志研究后，决定李立三和我参加小组，并让我们马上随饶漱石乘飞机去沈阳赴任，我们什么东西也没有带就去了。

到沈阳后，第二十七小组正式成立，饶漱石任小组长，李立三任政治顾问，我是手下没有一兵一卒的参谋长，住在沈阳中苏联谊社的七层楼上。国民党的代表叫赵毅。他原来是东北军的中将师长，在抗日战争中同我们党有过联系，对我们的态度比较好。后来国民党的情报人员发现他与我们的关系相当密切，对我们的斗争不坚决，很快把他撤换了。来替换赵毅的叫蔡宗濂，东北人，也是中将。他手下有两个少将助手和不少工作人员。美方代表开始是戴梯乐上校，后来是泰勒上校。第二十七小组下属几个分组：沈阳

1946 年，伍修权（中）在执行小组时与美方人员。

以东地区的抚顺方向，组长是莫文骅，本溪方向组长是萧华；沈阳以北地区的四平方向，组长是耿飚；沈阳西部地区组长是王首道。当时国民党的正规部队尚未大批到达，我军与他们收容的地方部队经常发生小的冲突，小组会议上就为这些事天天争吵，总而言之是光吵架而得不出结论。

接着，我军为阻止国民党军队北上，在四平地区与国民党军发生了激战。对方想一举占领全东北，我军则坚决不让，打了近一个月。因为战线太宽，敌人兵力远远超过我军，我们兵力有限，没有能够打好，不得不结束战斗。这时国民党的主力部队已陆续进到沈阳和周围地区。我军撤出四平前曾一度占领长春，并俘获了一部分敌人。但据当时局势，在长春也站不住脚，只得从长春撤出，接着又向哈尔滨撤退。最后只能以松花江为界，南岸都被国民党军队占领了。不过我们在江边留了一个据点，叫陶赖昭，放了一个连的部队，警戒江南的敌人。国民党部队进到松江边，也就不敢再贸然前进了。撤出四平后，饶漱石调回北平，他在二十七小组工作只有一个来月。他走后，小组由李立三负责，我做他的副手。小组的位置也由沈阳迁到长春。我们住在比较小的东北旅馆里，国民党代表住中国旅馆，美国人的住处离我们很近，叫大和旅馆。当时在东北的国民党的主要部队是孙立人的新一军和廖耀湘的六兵团，不过开始还没有兵团的番号。不久，东北局又把李立三调回哈尔滨，小组的工作就由我主要负责

了。那时小组除了参谋、电台、机要和行政人员一套班子，主要有两个翻译：一个是北京来的李汇川，原是西南联大学机械的，因为人不多，他还兼着秘书，小组的工作报告都由他草拟出来，向总部报告；还有个翻译是他的爱人周砚。他们原来订了婚，到长春后才正式结婚。他们现在都在国际关系研究所工作。二十七小组下属的分组也有了改变，原来抚顺、本溪和四平等地的分组都撤销了，重新成立了几个分组：德惠一个组，组长是袁任远；双城一个组，组长是高铁；齐齐哈尔一个组，组长是朱光。因为长春、德惠在国民党占领区里，国民党也在我们的双城等地设了两个组。

1946 年，伍修权（左）在沈阳第二十七执行小组时与耿飚（右）合影。

在长春执行分部

第二十七执行小组迁到长春以后，扩大为军调部长春分部，工作性质不变，我仍为分部我方负责人。我们在那里除了天天同国民党代表和美国人打交道外，还受党的委托执行一些别的任务。例如那时长春有一家伪满最大的电影制片厂，我军一度占领长春时，曾经派袁牧之等同志去接收并运走了一批电影器材和物资。国民党军队占领长春以后，我党又派了金山同志以国民党要员的身份，参加了接收"满影"的工作。我受命派在我们代表团工作的戏剧工作者欧阳山尊同志去同他取得联系，以便协助他的工作，并尽可能再转移一些电影器材到解放区去。欧阳山尊同志设法秘密会见了金山同志，向他传达了党的指示，事后又向我作了报告。金山同志在很困难的情况下，很好地完成了党交给他的任务，保存并利用了那批敌人留下的财富，为未来的新中国电影事业作出了不小的贡献。我们还作为我党驻长春的唯一代表机构，同国民党长春市长尚传道等地方官员及知名人士，进行过联络性的交往。

1946 年，伍修权（左）与李立三（中）、张经武（右）在第二十七执行小组时合影。

执行小组的主要任务当然不是这些，而是调解国共双方军队的磨擦，实际上却是天天吵架打官司。我们为了人民的利益同国民党进行了坚决的斗争。经过讨价还价，双方协议于 1946 年 6 月 6 日实行停战。宣布实行停战的那一天，我军占领了吉林市东边拉法车站，国民党指责我们违犯协议，要我们退出。我们遵照毛主席提出的原则办事，即枪杆子夺到的东西，决不能在谈判桌上放弃掉。国民党方面因为抓不到什么证据，只得鼓噪一顿了事。还有一件事，国民党方面说中共部队正在松花江北岸准备渡河，想进攻长春。我们从内部知道并没有这个打算。军调部就派了一架飞机，由我代表中共，和国民党代表、美国代表三方面共同去松花江上空视察。飞机低飞转了好几圈，对沿江情况看得很清楚，根本没有这回事，没有任何迹象表明我军要渡河，这样，国民党代表才无话可讲了。

小组内三方面都有翻译，一争论起来，我们的翻译最有本事。国民党的翻译名义上是个美国留学生，可是他在讨论时，什么问题都说不清楚。而美国人的翻译又不做口译，只做记录，结果全靠我们的翻译，把所争论的问题讲得很清楚，美国人也不得不表示佩服，说国民党的翻译不是选拔出来的人才，而是靠的关系。因为那个翻译的职位可以拿不少钱，翻译得却不好。那时差不多每天都开会，我们有问题总是据理力争，国民党的代表却毫不讲理。我们的女翻译周砚气得要命，说国民党怎么这样不讲理。我总劝她耐心一点，他们不讲理，我们要讲。

叶剑英同志到东北

作为军调部北平总部我党代表团负责人的叶剑英同志，对我们东北执行小组即长春分部的工作一直十分重视，曾经不断给过我们以具体指示。1946 年 10 月，他受中央的委托，到东北局所在地哈尔滨来了一次。他自北平乘军用飞机先到长春，我奉命守候在长春机场，待他乘的飞机降落后，马上登机陪同他去哈尔滨。与他同来的还有赖祖烈等同志。叶剑英同志此行的公开身份是军调部的中共代表，来视察东北地区执行小组的工作，并与东北民主联军商谈工作。实际上却是作为我党中央的代表，来了解和检查东北局的工作。因为林彪来到东北以后，一直极力贬低和排斥原东北局第一书记彭真同志，因此在东北局内部发生了严重的不团结现象。中央只得调开了彭真同志，并派叶剑英同志来调查和处理此事，以求解决分歧，团结战斗。

叶剑英同志到哈尔滨后，首先即与林彪谈了话。林彪借此机会说了彭真同志许多坏话。彭真在东北时是东北局书记兼东北军区的第一政委，林彪对此极为不满，说自己不了解彭真的历史，认为他没有资格当这个政委，又说彭真不是打仗打出来的，否认彭真同志长期的革命经历和丰富的斗争经验，还把自己同彭真的意见分歧说成是什么"路线斗争"，只有他自己才是站在正确路线方面的，别人则都是"错误路线"，等等。叶剑英同志对这些问题做了一定的了解。他并未听信林彪的意见，而是根据自己的分析向中央作了报告。

我在长春分部工作时，叶剑英同志还曾经委派我一个临时任务，陪同军调部北平总部的美军代表丁伯门少将到哈尔滨与林彪会谈。林彪当时是东北我军最高指挥员，对

1946 年，伍修权（左）与叶剑英（中）、龙桂林（右）在军调处。

外有一定影响，美国人很想通过
他摸摸我军的意图和动向。我根
据叶剑英同志的指示执行了这一
任务，陪同丁伯门乘飞机又去了
哈尔滨。丁伯门一去就同林彪举
行了会谈，原二十七执行小组负
责人李立三、哈尔滨市市长刘达
和东北局外事处处长周秋野等同
志也参加了会见。这次只作了一
般性的会谈，没有让对方摸到什
么底。会谈后，吃了一顿饭。当
天下午我们一同返回长春，次日
丁伯门返回了北平。1946 年 6 月

伍修权（左）与周秋野（右）在军调处。

底，国民党发动了全面内战，和平调处已经没有希望了，但是小组还没有停止
工作，一直继续到 1946 年 11 月。那时我们的三人执行小组也已无所作为。我
向东北局提了个意见，建议派李初梨同志来当小组长，他当时正好没有什么
事，东北局同意了，我便离开了军调部长春分部。叶剑英同志对于长春分部的
后期活动和结束工作，也作了不少指示与安排，我们大家都比较圆满地完成了
党所交付的任务。

延安探亲与北平之行

这期间经常有飞机在东北、北平和延安之间来往，我利用了一个机会，坐
军调部的飞机从长春到了北平。在那里又见到了叶剑英同志，他见到我也很高
兴，邀我到他住的地方去。那里是一幢别墅式的房子，环境比较幽静。我在那
里参加了叶剑英同志举行的家宴，他还在院子里同我一起照相留念。他又约我
和其他一些同志一起出席了军调部美国代表罗伯逊（文职人员）家的茶会，欣
赏了罗伯逊女儿的钢琴演奏。由于我已从军调部长春分部离任，还同美方代表
洛奇中将作了告别性的谈话。

我到北平以后，正好朱总司令也来了，大家在北平与朱德同志重逢，确是
"他乡遇故知"，一个个都分外高兴。更巧的是恰恰遇上了朱总司令的 60 岁大
寿。12 月 1 日是他的生日，我们一齐聚集到北京饭店，向德高望重的总司令

1946年，伍修权（右）与叶剑英（左）在北平。

衷心祝愿。在朴素而欢乐的晚宴中，我们也订了一个生日蛋糕，还参照西方礼节，在上面点了许多小蜡烛。我们异常兴奋地度过了这个难忘的夜晚。

我到北平就是为了等待机会去延安看看爱人和孩子。正好军调部有飞机去延安，我就乘飞机到了延安。1945年9月离开延安时走得很仓促，曼曼的妈妈正怀孕，延力还没有出生，她在1946年2月出生以后，我还没有见到过呢！现在一家人终于团聚了，当然非常高兴。不过，爱人身体很不好，五个小孩中，曼曼、望生、连连、延力在身边，延力还不满周岁，天福还寄养在别人家里。因为我那时已在东北工作过一个时期，还希望到那里去，就同孩子们的妈妈商量，准备带他们一起去。开始同军调部的人讲好了，再乘他们的军用飞机，将我爱人和孩子一同带到东北去。谁知他们临时又变了卦，不同意带家属和小孩。当时也确实不方便，四个小孩，小的还不到一岁，曼曼的妈妈又生着病。我们又商量，是不是把最小的延力暂时留下来，交给老百姓先带着，以后再来接。跟我们一起的公务员老吴，真是个好心肠的人，他见我们想把延力留给老百姓，心里很难过，自告奋勇让我们把孩子交给他带。我们觉得他一个老同志带一个小孩，也是很困难的。但是他说，只要他不死，就一定把孩子带好。少奇同志生前说他的孩子是人民养大的，同样，我的孩子也完全是人民养大的。这个老同志名叫吴树成，是天津霸县人，从我1941年调回延安时，就分配到我身边来做公务员，我到现在还很怀念他。当时我们见他这么热心，就把延力交给了他，还买了些奶粉留给他们，组织上也帮助我们做了安排。但是当时我们仍然不能一起走，我又不能在延安久等，只好下决心独自先回北平。好在这时经常有飞机往返北平和延安。1947年初，军调部的董越千同志去延安联系工作，叶剑英同志交代他，帮助把我爱人和孩子带来。他果然替我们向美方交涉好了飞机，将她们母女四人带到了北平。到北平后，住在翠明庄，人多地方小，孩子们只好搭地铺睡。在那里住了一段时间，过了春节，我让爱人到当时的德国医院（现北京医院）去检查，发现病情很严重，但是她很坚强。早在 1945 年我离开延安时，她就向我说："我们孩子多，我也不想别的，只要把他们都带好，也就尽到革命责任了。"她长期带着四个孩子，确实是很不容易的。

当时军调部正在解散，李初梨的爱人刘钧从长春来到北平，约我们观光一下北平。我们去了前门外、雍和宫等地方，领我们的是徐冰同志。我同他在莫斯科就相识，比较熟悉。他又是北平人，正好做我们的向导。以后，我们从北平搭飞机去哈尔滨，乘的是一架美国双引擎飞机。起飞以后不久，一个发动机

1943 年，伍修权原公务员吴树成与伍修权女儿曼曼（左一）、望生（右一）在一起。

失灵，机上人员都很紧张，赶紧系上降落伞。我在任何情况下都是不惊慌的，刘钧同志也很沉着，她还帮助我们照应孩子。因为飞机上冷，她让孩子躺在飞机过道上，用被子铺盖上。飞机发生事故时，我想自己虽然带了降落伞，是死是活也很难说，几个孩子就更难想象了。那几位美国飞行员还比较负责，说我的三个孩子没有带降落伞，到发生问题时，可以由他们负责一人带一个跳下去。尽管后来采取了措施，赶紧飞回北平，飞机总算安全降落，没有跳伞，但当时他们能这样说还是难能可贵的。北平机场迅速准备好另一架飞机，我们改乘这架飞机重新起飞。我们一家和同行的十多人终于一起安全地到达了哈尔滨。我们的孩子们就是这样靠党和群众的关怀在战斗的环境中逐步长大的。我希望他们永远不要忘记过去，牢记党和群众的养育之恩，也希望千万个干部子女都能这样做。

三、在东北军区

主管东北军工生产

1947年2月，全国解放战争已在东北和全国激烈展开。我们到达哈尔滨时，东北我军正进行着三下江南、四保临江等战役。我们在招待所住下，等待重新分配工作。当时林彪主持东北工作，已任命了从苏联回来的刘亚楼同志当东北民主联军第一参谋长，我回来后仍然任东北民主联军参谋长，分工主管军工生产。我当时很希望到作战部队去锻炼。罗荣桓同志找我谈话说，到部队锻炼总有机会，根据部队长期的经验，战争的规模越大，军工生产就越是重要，战争的胜负除了其他多种因素外，充足而精良的武器弹药也将产生直接影响，东北有较好的军工基础，不仅要保障东北军区作战需要，还要支援关内各解放区的作战，这项工作抓好了，意义绝不下于前线作战，还是希望我能挑起这副重担。我听罗荣桓同志说得很有道理，就愉快地接受了任务，管起了军工生产。

1947年，伍修权（右）在军工生产调研会上。

我们没有成立专门机构，只找了两个秘书，一个是徐良图（新中国成立后曾任国家计委副主任），一个是任忠浩。我们的基本工作方式是到各个军工基地去了解情况，就地指导工作，实行面对面领导，随时解决问题。那时有哈尔滨、齐齐哈尔、鹤岗、鸡西、牡丹江、珲春和大连共七个军工基地，能生产子弹、手榴弹、炮弹和六〇炮、火药等，条件最好的是大连军工厂。当时大连是

1947 年，伍修权在东北军工生产工作会议上作报告。

受苏军管制，他们对我们还是支持的。这几个军工基地我每个点都跑到了，随时了解他们的生产情况和需要，解决他们的问题和困难。我一直带着秘书任忠浩到处跑，留徐良图在家坐镇，整理有关文件和材料。各个点的负责人我记得有如下几位：哈尔滨是王盛荣（现在武汉），齐齐哈尔是田汝孚，鹤岗是王逢源（后来曾任国家计委副主任，已病故），鸡西是乐少华，珲春是韩振纪（后来是驻苏中将武官），牡丹江是王厂，大连是朱毅（抗战初期在河南当县长，后来参加了新四军，以后转到东北搞军工）。我从 1947 年到 1948 年的一年半间，有一半时间在外面到处跑，只有一半时间在哈尔滨为各军工厂做计划，并搜集、采购和提供各种原材料。一年多以后，军工生产规模越来越大，东北局看我们实在忙不过来，专门成立了军工部，调来何长工任部长，王逢源和江泽民任副部长，马文任政治部主任，我则以东北军区参谋长兼军工部政委继续主管东北军工生产工作。那时大家都有一个共同信念，只要有利于革命事业就干，业务不懂就钻，受了党的委托就认真工作，靠这种精神，还是解决了不少的问题。我们同东北军工战线全体同志齐心协力，艰苦奋斗，为东北以至全国的解放战争，贡献了自己的力量。

1948 年夏，我到大连甘井子军工基地去，那里是东北最大的军工基地，对外叫建新公司，由朱毅任经理，张珍任副经理。在技术上主要靠张珍，他很懂行，也很有一套。厂里的生产是多方面的，除了子弹、炮弹和火药外，还生产六〇炮。那里还出过一个英雄人物，就是吴运铎同志，他就是在那里试验炮

1948 年，伍修权（左二）与东北军区军工生产领导人边章五（左一）、刘向三（左三）、韩振纪（左四）合影。

弹时因伤致残的。我在那里还参与处理过一个问题。当时负责旅大地方工作的是韩光同志，他受到一些同志的反对。我也认真地听了一些反对者的意见，觉得不对头，如说他在旅大没有独立的政策，是苏联人叫干什么就干什么。当时旅大是苏军管制的，你和他们对抗，另搞一套行吗？我看这些意见都根据不足。因为我当时是东北局委员，军区参谋长，又是老同志，韩光特别希望我讲讲公道话。正好何长工同志、李一氓同志也在。李一氓同志还是个大秀才，下笔很快。我们商量了一下，他把我们要讲的内容在一个晚上写出来了，第二天由我在会上讲，绝大多数人是赞成的，少数人不赞成。以后总有人说我有偏向，支持了韩光。但是就今天看，我认为对干部的一般性缺点抱实事求是、与人为善的态度还是对的。

这一期间，我的家庭发生了不幸的事，我的爱人张毓兰同志一直病很重，到哈尔滨后找了一个日本大夫为她治疗。大夫每周来一次，每次都用汽车接送，也给了他相当的报酬。但是他对我说，病情很严重，最多还可以活半年，让我有个思想准备，却不能告诉病人。大夫每周来给她吃一些药后又好一点。以后又请了一个奥地利医生，他看了以后直叹气，说病已经难治了。就这样，拖了整整一年，治疗无效。1948 年初的一天夜晚，她病逝了。临终前我在她身边，她自己也很明白，对我说："我不行了，你坐在我床边上，看看我！"

我说不出话，坐着，看着她闭上眼睛。对于她的去世，我心中充满了悲哀！她是陕西葭县人，1918年3月6日出生在黄土高原的农家。1935年就参加革命并入了党。她为了使我集中精力搞好工作，长期承担着全部家务和教养子女的重任，加上战争年代的艰苦环境，终于损害了她的健康，过早地献出了自己的生命。她于1948年1月18日逝世，去世时还不满30岁。我默默地守着她的遗体，度过了这个难忘的悲痛之夜。当晚我没让孩子们知道，天亮后先通知了管理处。因为那时还没有火化的习惯，请他们帮助我去买口棺木。他们马上办妥了，我们就为她入殓安葬。在身边的三个孩子知道了，哭得很伤心。我让孩子们和妈妈的遗体一起照了相，入殓后将她安葬在哈尔滨的一个叫"极乐园"的教会墓地，为她立了碑，围了个圈圈，上面还有个带红五星的架子。解放以后，这处墓地整个迁到郊区，连围圈和红五星都迁过去了。"文化大革命"前，有一次我去哈尔滨还去看过这处墓地，就在大路旁，很容易找到。"文化大革命"以后，哈尔滨又来通知，说那处墓地也不能放了，遗骨都得火化，我当然只好同意，后来在那里放了一个骨灰盒。这是我个人的一段家庭悲剧。

在辽沈战役中

1948年9月至11月，东北我军进行了辽沈战役。为了作战便利，指挥机构分为前方后方，林彪、罗荣桓和刘亚楼在前方，高岗主持后方工作。我被调回军区司令部，协助高岗工作。对于这次战役，毛主席从战略方针到作战部署，曾作了一系列的具体指示。但是，战役的直接指挥者林彪对毛主席的指示却一直采取了犹豫、拖延以至抗拒的态度。毛主席一开始就指示东北我军应首先将主力调到辽南地区，占领锦州等战略要点，切断北宁线，对东北和华北蒋军实行战略分割，把蒋军卫立煌集团共50余万兵力封闭在东北境内，造成"关门打狗"之势，加以各个歼灭。林彪却要将我军主力留在北线，对长春进行"久困长围"，一再延误战机，直至毛主席对他作了严厉的批评，并对战役的实施一一作了具体部署，限令他执行中央对战役的指示，迅速攻取锦州，林彪才不得不南下，将自己的指挥所挪至锦州郊外，并按毛主席的具体部署，指挥我军对锦州发起了攻击，于10月15日攻克锦州，从而使长春守敌不攻自垮，在待援和南逃都已绝望的情况下，被迫于18日放下武器，长春解放。随后，南线我军又于黑山、大虎山地区歼灭了企图西援锦州的蒋军廖耀湘兵团，粉碎了敌人恢复北宁线的企图。

这时，我们分析了战局的发展形势，认为困守在沈阳等地的东北残敌，为逃避被我军全部围歼的命运，在北宁线被切断之后，有很大可能从营口由海上逃跑。为此，高岗和我于10月19日联名发电报给林彪，指出敌人向营口突围从海路南撤的可能，建议迅速调动部队，抢先占领营口，以堵塞敌人的退路，并具体建议以第十二纵队外加三个独立师，由四平以北乘火车于10月24日以前全部赶到清源，然后向鞍山、海城急行军南进，抢先占领营口，堵塞沈阳等地残敌的退路。我们建议林彪迅即下达相应的具体命令。这一建议也转报了毛主席。毛主席当即指示林彪说："高、伍建议……甚为必要"，要他"照此速办，愈快愈好"。林彪对此却一拖再拖，毛主席连续给了他七封电报，告知他蒋介石已在天津集中了五万吨位船只，准备接应从营口撤出的东北蒋军，要求我军在东北"不失时机，争取大胜"。但是由于林彪未及时部署兵力去堵塞营口这个唯一的缺口，致使敌人五十二军军部及一个师部，带三个团共一万多人，由营口登船从海上逃离东北，造成我军未能完成全歼东北蒋军的任务。毛主席责备林彪"忽视对营口的控制，是一个不小的失着"。

这是我在辽沈战役中同林彪打过的一次交道。整个战役期间，我大部分时间是协助高岗做支援前线的工作。那时东北弹药、粮食、汽油相当充足，前方要多少就可以提供多少。靠近锦州前线的辽西省委书记兼军区政委陶铸、军区司令邓华起了很大作用。

"捷报声中，将星忽殒"

在辽沈战役攻克义县的战斗中，我军丧失了一位优秀的将领，他是我东北军区炮兵司令员兼炮兵学校校长朱瑞同志。在解放东北的历次战役中，朱瑞同志率领着他亲手组建起来的我军最强大的一支炮兵部队，配合步兵取得了一次又一次重大胜利。义县战斗时，他得知我军又缴获到一批各式火炮，立即亲自上前线去检查接收，不料在途中误踩了敌人埋设的地雷，在即将看到东北全境解放的伟大胜利前夕，献出了自己的宝贵生命。

我和朱瑞同志早在20世纪20年代就相识，是莫斯科中山大学的同学。1927年在中大学习结束后，我们又根据国内革命斗争的需要，同时进了苏联的军事学校，我进了步兵学校，他进了炮兵学校，这就奠定了他终生为炮兵建设而奋斗的基础。他学成回国以后，就成为我军最早的炮兵专家和高级指挥员之一。抗日战争中他在延安参加创办了我军第一所炮兵学校，随后又率领炮校来到东北，将散落在各地的日军的、伪军的和国民党军队的各种火炮、零部件和零散的弹药，一一搜寻集中起来，加以修理和改造，并利用这批火炮，训练出了一大批炮兵指战员，组成了一支在当时来说规模不小、相当强大的人民炮兵。他受命担任了军区的炮兵司令员，并在实战中不断培训、锻炼和建设着这支为解放区军民所热烈欢迎，使敌人闻风丧胆的炮兵部队。他正将对人民解放事业作出更大贡献时，突然不幸牺牲，不能不使我们感到异常悲痛！

朱瑞同志牺牲后，他的遗体从前线被运回哈尔滨，我曾代表军区前去扶柩迎灵。1948年10月9日，东北局、东北行政委员会和东北军区，在哈尔滨联合举行了庄严隆重的追悼会和葬礼，陈云、李富春、张闻天、林枫、李立三等党、政、军、民主要领导人都亲临致哀。中共中央专门发来唁电，电报中说："朱瑞同志在中国人民解放军的炮兵建设中功绩卓著，今日牺牲，实为中国人民解放事业中之巨大损失。中央特致深切悼念。"在公祭仪式上还宣读了一篇催人泪下的古体祭文，其中追溯并评价朱瑞同志的光辉一生："……党中英秀，海内贤俊，早岁革命，慷慨从军，英勇奋斗，廿载迄今，以身许党，耿耿忠心"，又历数他在国内革命战争时期和抗战时期的功勋后说："手创炮兵，威震辽沈，雷霆百万，横扫千军……捷报声中，将军忽殒，噩耗传来，哀动三军"，最后表示要"讨还血债，以报将军，克成大业，以慰英魂"。在朱瑞同志的丧事期间，我既作为军区的代表，又作为他20多年前的老同学和二十几年来的老战友，参加了治丧委员会。在公祭仪式上，我还与张学思同志一起，同为陪祭人。我还曾经为《东北日报》专门写了一篇悼念朱瑞同志的文章。

就任沈阳卫戍区司令

锦州战役完成后，部队回师攻打沈阳，进展很顺利，形势很好。军区的后方也由哈尔滨往南移向沈阳。东北局确定陈云为沈阳市军管会主任，我和陶铸同志为军管会副主任。我兼任沈阳卫戍区司令，陶铸兼任沈阳卫戍区政委。我们提前从哈尔滨经吉林、抚顺去沈阳。11月2日沈阳解放，我们和陶铸先后赶到。沈阳市郊的我军炮兵还在严阵以待。当我们坐着吉普车穿越阵地时，炮兵部队指挥员提醒我们说，市区战斗还没有结束。但是我们还是进入了市区，因为我在沈阳待过一段时间，对那里的道路比较熟悉，而且情况也不容许我们迟疑。很快，我们就与陶铸同志会合了，共同制定了卫戍方案。当时市里未放下武器的残余敌人已成瓮中之鳖。他们中居然还有人代表国民党军队来找我们联系起义，我和陶铸商量之后，决定只解除他们武装，不接受他们起义，以免背大包袱，妨碍整个部队

1948年任东北军区参谋长时留影。

行动。当天我们部队和人员大部都到达市内，沈阳市的战斗就完全结束了。

进沈阳后，我们的临时指挥地点设在大和旅馆。那里设备相当高级，给我们指挥机关办公用。陈云同志着重制定接管经济措施，他在这方面很有经验，手下也有不少干部。被指定担任城市卫戍的部队有两个正规师，我和陶铸政委按照地图，当天就安排好各个师部、团部的位置，布置了各部队负责卫戍的地区。入城第二天（即11月3日），我和陶铸政委又联合签署了卫戍司令部的第一号布告，宣布了我军的入城纪律和有关规定，以维持社会治安和建立民主秩序。接着与陈云和陶铸同志联名发布了沈阳市军管会的布告，宣布了保护公私财产等有关政策；还同沈阳市公安局长联名发布了卫戍司令部和市公安局的联合布告，命令我方军政人员不准私自住宿民房和商店、旅馆等处，以杜绝和打击国民党残余分子和少数坏人冒充我方军政人员对人民群众进行敲诈勒索，破坏我党我军声誉的行为。

正当我们紧张进行上述工作时，接到中央命令，东北野战军提前结束休整，迅速入关，会同华北军区主力发起平津战役，同时命令另建东北军区，与野战军分开，任命高岗为东北军区司令员兼政委，我仍旧担任军区参谋长，段苏权为副参谋长。军区下属好几个独立师和高炮部队，还有军政大学等单位。具体工作主要是我和段苏权做，我们合作得很好，段苏权同志至今还留恋我们这段关系。军区的工作高岗做得很少，只是有时把我们找到他家里，听听我们汇报，有时到军区来约我们讲讲形势。高岗这个人留给干部的印象不太好。开始他装腔作势，还给人一点错觉。在刘志丹同志牺牲以后，他就以陕北正确路线的代表自居。到东北以后，又同林彪搞在一起，互相利用。高岗还曾几次去苏联。因为东北地方很重要，斯大林对他很感兴趣，老想拉他。新中国成立时，他虽然当上了中央人民政府副主席，但是他这个人在群众中威信并不高，文化也不高，行为更是很不检点，特别是后来个人政治野心膨胀，企图篡夺更高的领导权，最后终于葬送了自己。

"重庆号"巡洋舰起义和我军第一所海军学校

1949 年 2 月，国民党海军最大的一艘军舰"重庆号"起义，由上海吴淞口外开到最近的解放区港口烟台，又转来东北的葫芦岛港口。这是英国制造的一艘排水量为 7500 吨的大巡洋舰，它的起义在政治上和军事上都给了敌人很大的打击。国民党空军侦知该舰的位置后，不断派飞机轰炸。为了避免"重庆号"舰完全被炸毁，我们在采取了各种措施后，使军舰向一侧主动下沉。敌人以为"重庆号"舰已被炸沉，停止了轰炸。之后，东北局派我和朱军同志到葫芦岛会见了"重庆号"舰全体官兵，对他们表示欢迎和慰问。为了避免敌机骚扰，慰问大会是在一个树林里开的。在大会上，我首先代表毛主席、朱总司令和东北军区对"重庆号"起义的全体官兵表示热烈欢迎，说他们的起义是正义的行动，参加人民解放军是光荣的。向他们说明了当时的全国形势，指出全国胜利即将到来，无限光明的新中国就在眼前，还鼓励他们慢慢克服在我军生活的不习惯，努力成为我人民海军的骨干力量。同时，针对他们中有人对沉舰措施的不理解和不安情绪做了些工作，安抚了他们。

在那里时，有同志向我详细介绍了"重庆号"起义的经过。舰上的地下党员毕重远同志团结了一批进步水兵，秘密成立了士兵解放委员会，争取到邓兆祥舰长的支持，保证了"重庆号"起义的成功。后来，"重庆号"舰的同

1949 年起义的"重庆号"巡洋舰。

志绝大多数都到了安东（今丹东），在那里建立了我军第一所海军学校，朱军同志留在那里做领导工作。我曾召集过有东北军区司、政、后负责同志参加的专门会议，就海校任务、教育方针、教学内容、校机关建设、干部补充、生活待遇、后勤保障等问题作了认真研究和相应决定。我也经常就他们的建校和其他工作给予帮助。这批起义的同志经过安东海校学习教育后，在各自的岗位上，为我海军院校和部队建设作出了自己的贡献。

从 1948 年到 1949 年，我在东北军区又工作了一年多。

四、开国和还乡

1949 年 10 月 1 日，毛主席在天安门城楼上向全世界宣布：中华人民共和国中央人民政府今天成立了！当时我在沈阳，只见到处红旗招展，张灯结彩，人人欢天喜地。我白天忙于工作，晚上才带着孩子坐汽车四处参观了一番。孩子们兴高采烈，只知道热闹、好玩，看我默不作声，很是奇怪。他们哪能理解一个为这一天奋斗了几十年的老战士在此时此刻的心情啊！这种幸福、自豪的感情，又怎么能用言语来表达呢！

在此之前，我的个人生活又有了点变化。还是在我去大连搞军工生产时，遇到冯铉和李斐仪同志。他们了解我的家庭情况，热心为我介绍了徐和同志。当时她在中调部的一个研究机构做资料工作，是从张家口转移到大连来的。在李斐仪同志的积极促进下，我和徐和同志见面做了一次长谈。我把我的不幸和子女的情况，如实地向她谈了。她相信我的诚意，并表示对我的同情，谈得很融洽。因为她正在解决入党问题，为了不影响她的进步，我让她在组织问题解决以后再谈。后来，她果然入了党！我们结婚时，李富春、蔡大姐等许多同志都来出席了婚礼。

1949 年底，我又接受了一项特殊任务。毛主席坐火车赴苏联，参加斯大林 70 诞辰的庆祝活动和进行中苏会谈，我负责东北境内自山海关到满洲里铁路全线的警戒工作。由东北军区和铁道部共同组织，在沿线每隔 100 米距离设一哨兵，互相都能看到。这样，每一公里 10 人，100 公里就 1000 人，全线共有几万人参加警卫，以免发生意外。如果专车发生了问题，那可不得了。12月 6 日，毛主席启程离京，首次出国访苏。我亲自守候在东北地区与华北地区的铁路交接点——山海关车站，在这进入东北的第一站上，准备迎接由此通过

1949 年 12 月，伍修权（右一）与李克农（左一）、李富春（左二）、滕代远（左三）、毛岸英（右二）在一起。

的毛主席乘坐的专列。

我在等待时，遥望着由西往东绵延不断的万里长城，又仰望着巍峨雄伟的号称"天下第一关"的山海关城楼，不由心潮澎湃。20 多年前，我在"烟雨莽苍苍"的长江之滨，投身革命，为人民，也为自己，寻求着解放之路。才过了四分之一世纪，我就作为被誉为"新的长城"的人民解放军的一员，在这举世闻名的万里长城第一关前，执行着党和祖国交给自己的光荣任务。从长江到长城，这是一条多么曲折漫长、又多么富有深意的道路啊！

不久，毛主席的出国列车终于来到了。我上车向毛主席报告了铁路沿线的警卫安全工作，他也向我们表示了赞许和慰问。列车经过沈阳时，高岗等东北局领导人也上车迎接毛主席。毛主席在车厢里同他们做了简短的交谈后，列车又继续前进。最后得到报告，毛主席的出国专列已经安全通过东北地区，进入苏联国境，苏联已派高级领导人在那里欢迎并接待了他。这时，我们才完全放了心。

这个时候，我们部队已经打到广西南方边界，祖国大陆基本上完全解放了。年底成立了中南军区，军区领导机关就设在我的故乡武汉。我想自己已经离家 24 年了，从 1925 年离开武汉就没有机会回过家。现在祖国和家乡都解放了，我应该回去看一看。看看我日夜思念的滚滚长江，看看我生长的土地和抚育过我的亲人；看看童年和少年时代的同学、朋友；特别是看看给了我革命启蒙教育和送我走上革命道路的母校、老师。经高岗同意，我回武汉探家一次。记得我连警卫员也没有带，只有我一个在沈阳的表妹做同伴，乘火车回到了武汉。这时是 1949 年底。

我好容易找到家门，老母亲对 24 年杳无音讯的儿子突然出现，惊喜万分！离别时我还是个十七八岁的小青年，重逢时已经是四十开外的壮年人；当年还是军阀、地主和资本家当道的旧社会，如今已是我们自己的新中国了，怎能不高兴呢！这时我家已搬了地方，位于武昌一个狭小偏僻叫作"戈甲营"的小巷里，几间低矮破旧的小平房，住着我们全家人，而我家原来住的地方连房子都没有了。地方变了，家里的亲人也有了不小变化。当年亲自送我到汉口码头上轮船的父亲早已去世，三个哥哥和一个妹妹也先后去世，还留下老五、老六和最小的弟弟。他们都从事着普通的职业，以自己的劳动换得极少的收入，维持着全家的生活，只有我是作为一场几十年战争的幸存者回到了家乡。我这次回乡，并没有去住招待所，就在自己家里，陪着年近古稀的老母亲，同睡在一张破木床上。每天吃着母亲和家人亲手做的粗茶淡饭，只觉得无比的香甜甘美。每日每夜同亲人们有说不尽的往事，诉不完的别情！我又找到一些在武汉的老朋友。很可惜，当初同我谈话、选派我出国学习的钱介磐老师，掏出 40块大洋给我做旅费的张朗轩老师等，已经先后去世了！只有何春桥老师、江子麟老师还健在。何老师过去是我们小学的英语老师，后来他自费去法国学生物，回国后在武汉大学生物系任教授。我找到江定位等老同学，一同步行到武汉大学专门去看望何老师，他也是喜出望外。他那时除了已会英、法语外，又自学了俄语，一见我去，还念俄语给我听。我在苏联多年，一听就说他的发音不准。我们这几十年前的师生，还是这样友好，几十年的漫长岁月也隔不断我们的师生之谊！

我在家才住了个把星期，忽然接到一份电报，是周总理从北京打来的。他通过中南军区找到我，通知我立即赶到北京去，执行新的任务。总理在电报上还问要不要派飞机来接我。我答复说：我马上搭火车去北京，抓紧时间是来得及的。就这样，我席不暇暖，又一次告别了家乡、亲人和师友，踏上了解放以后一段新的也是更长的历史路程！

第七章　外交部八年

一、随访莫斯科

新的外交任务

1949 年 12 月，我国中央人民政府政务院第十一次政务会议通过任命我为外交部苏联东欧司司长。任命名单已在 12 月 18 日《人民日报》上公布。和我同时任命的还有外交部办公厅主任王炳南，亚洲司司长沈端先（即夏衍，但他未到任，改由陈家康担任），西欧非洲司司长宦乡，美洲澳洲司司长柯柏年，国际司司长董越千和情报司司长龚澎等。当时外交部部长由周总理兼任，副部长开始是王稼祥、李克农和章汉夫。与苏联建交后，王稼祥同志又任我国第一任驻苏大使。张闻天同志是未能赴任的我国常驻联合国代表，后来他也是外交部副部长。

我自 1931 年从苏联回国，在军队工作了近 20 年，经历了土地革命战争和抗日战争和解放战争，参加打出了一个新中国。眼看祖国大陆上战火已趋平息，我即转到新的又是很紧张的外交战线上来。正在武汉探家的过程中，我就奉命提前到北京执行新的外交任务，既没有来得及办理调动手续，连在军区的工作都没有交代。

我一到北京就向周总理报了到。他随即向我交代了任务，让我几天后就随他到苏联去，会同正在苏联的毛主席进行中苏会谈。他说我的俄文比较熟练，可以协助他办理一些会谈中的具体事务，要我立即做好准备，很快就出发。这个任务对于我来说，来得比较突然，时间也太紧迫了，我还穿着一身军衣，连出国的服装都来不及做，就跑到北京前门外的估衣店里，临时买了几件合适的现成衣服，这才脱下穿了几十年的军装，换上了西服和大衣，还买到顶高高的黑皮筒帽子，总算焕然一新并且准备停当了。1950 年 1 月 10 日，即毛主席已赴苏一个多月以后，我随着周总理率领的又一批访苏代表团，也离京奔向莫斯科去了。

毛主席和周总理的这次访苏，是新中国成立以来与苏联的第一次最重要的会谈，不仅将讨论和决定中苏两国之间的一系列重大问题，还将对世界形势特别是远东形势发生重大的影响，所以我国派出了庞大的代表团赴苏参加谈判。我作为外交部苏联东欧司司长参加代表团的工作，代表团成员有当时的东北人民政府副主席李富春、中央贸易部部长叶季壮、东北工业部副部长吕东、东北贸易部副部长张化东、外交部办公厅副主任赖亚力，还有何谦、沈鸿、苏农官和当时旅大市市长欧阳钦等有关人士和工作人员。后来又增加了从新疆来的赛福鼎和邓力群等同志，驻苏大使王稼祥、武官边章五和参赞戈宝权等同志，都参加了会谈或有关的工作。

我们是乘火车出国的，在路上走了整整十天，列车穿过了我所熟悉而又久违的茫茫西伯利亚。1月20日，周总理率领我国代表团到达莫斯科。毛主席是1949年12月16日到达莫斯科的，我们在他到后的一个多月时到达。为什么中间隔了这么长的时间，又由周总理等赴苏会谈，我当时和事后逐步了解到这样一些情况。

首次中苏会谈的由来

毛主席这次赴苏，是他第一次出国和会见斯大林同志，苏联方面也十分重视这次访问，给予了很高的礼遇和最好的接待。据当时为毛主席做翻译的师哲同志说，苏联将毛主席所乘专列到达莫斯科的时间巧妙地安排在中午12点整，列车刚一停靠月台，克里姆林宫的大钟就铛铛地敲响了。除斯大林以外的苏联最高党政军领导人，几乎全体到车站欢迎。莫托洛夫担心毛主席不适应莫斯科的寒冷气候，关照把欢迎仪式予以简化，尽量缩短在车站停留的时间。照例要进行的同各国外交使节和欢迎行列的握手见面，全都免了，只检阅了一下仪仗队，发表了一个早已准备好的简短演说，很快就上了车，送往特别为毛主席安排的休息地点——斯大林在第二次世界大战期间使用的一处郊外别墅。这个地方无论是生活设备还是安全设施，在苏联都是最高水平的。同时，在莫斯科市内，又为毛主席安排了另一处住所。

毛主席到达的当天，略为休息后，下午六时，斯大林率领苏共全体政治局委员会见了毛泽东同志。斯大林的态度是热情的，他一见毛泽东同志，不等介绍就上前紧紧握手，高兴地说："想不到你是这么的年轻和健壮！"人所共知，斯大林在中国革命的问题上，出过一些不正确的主意，中国革命取得胜利的道路，是中国共产党人把马列主义普遍真理同中国革命的具体实践相结合，是自己探索和选择的，在某些方面是违反斯大林的意志的。事实已经证明，中国革命的道路是正确的。斯大林本人自然也是心中有数，所以他同毛主席见面不久就说："你们已经取得了伟大的胜利，而胜利者是不受指责的。"在此以前，即1949年7月，刘少奇同志代表我党赴苏与斯大林商谈我国建国问题时，斯大林就向中国同志表示，他们过去不适当地干涉了中国革命，他曾说："我们干扰过、妨碍过你们，我为此感到内疚。"斯大林能作这样的自我批评，虽然是在内部的谈话，在他来说却是很不容易的，当时他对中国同志的态度，确是热情诚恳的。在我国国内革命战争时期，受共产国际和苏联支持的王明"左"倾教条主义者们，曾经打击压制过毛泽东同志和其他坚持正确意见的同志。对这些不愉快的往事，双方都心中有数，所以斯大林似乎想以自己的热情和高规格的接待来弥补这一点。在为斯大林祝寿的大会上，斯大林让毛泽东同志居于各国兄弟党领导人之先，紧挨自己并肩站在一起。在整个会谈过程中，也尽量不对我们率先提出什么要求，以免再有强加于人之感，想把主动权让给我们。

可是，毛主席却自有主张，他也不马上说出自己有什么想法和要求。有一次斯大林同毛主席会见时，莫洛托夫等苏共主要领导人都在座，他们很委婉地问毛泽东同志这次访苏有些什么打算，想办点什么事情。其实毛主席当时已有搞一个中苏条约的想法，但是他却不明白地说出来，只含蓄地用幽默的语言说，想搞点什么"既好看又好吃"的东西，弄得几个苏联领导人都莫名其妙。当时新中国成立才两个多月，苏联对我国的情况特别是某些方针政策还不太了解，例如我们的政府中有不少民主党派和无党派民主人士的代表，他们会不会使我国走亲西方的路线；过去我们不是那么听共产国际和斯大林的话，坚持自己独立的做法，我国会不会走南斯拉夫的道路。因此苏联同志对我国的内外政策，不免存在某些疑虑和误会。在毛主席访苏时，双方都采取了一种试探的态度。后来还是王稼祥同志打破了这一僵局，他逐渐摸清了毛主席的意图，苏联过去同国民党政府订立了一个友好条约，现在新中国成立了，苏联应该废止那个条约，同我们签订一个新的更进一步的同盟条约，即毛主席所说的"既好看又好吃"的东西。王稼祥同志了解到这一点，就向苏联外长维辛斯基作了暗示，透露了毛主席的打算，其实斯大林当时也有此想法，只是未主动提出来。他们一知道毛主席的意图，也很乐意。斯大林主动提出，最好由他同毛泽东同志两个人来联名签署这一新的中苏同盟条约。可是毛主席又另有想法，他说订立条约是政府间的事，应该让我国总理周恩来同志来办。这样，才决定周总理率领各方面有关人员组成的代表团，专程赴苏进行签订条约和各项协定的谈判。

周总理得到毛主席的指示后，出发以前对我们说，此行要把中苏的合作往前推进一步，使我国的外交气象一新，取得更好的条件来对付帝国主义。赴莫斯科的途中，他又同毛主席通了电话，就即将举行的缔结中苏条约的工作，交换了意见。在火车上，周总理还把他准备到达莫斯科时在车站上发表的演说稿，交给我事先翻译成俄文。在长途旅行中，大家都相当疲乏，可是周总理却一直在进行着各项准备工作。

由于毛主席到苏联后有一段时间没有进行什么公开活动，为消除西方新闻界的种种猜测，苏联就用塔斯社记者访问的方式，公布了毛主席在苏联的活动计划，其中主要是准备缔结中苏同盟条约。苏联报纸也陆续发表了毛主席在列宁格勒一些地方参观访问的消息。周总理及我们一行到达莫斯科时，毛主席也从列宁格勒回来了。

《中苏友好同盟互助条约》的签订

周总理率领我们于 1 月 20 日到达莫斯科，苏联部长会议副主席米高扬、外交部长维辛斯基、驻华大使罗申及我国大使王稼祥同志等都到车站欢迎。周总理在车站发表了简短演说，我为他做了俄语口译。周总理说，我们此行的目的是奉毛主席的指示，来参加关于巩固中苏两国邦交的会商，以促进两大国之间的友谊团结和世界和平事业。车站的欢迎仪式结束后，苏联方面安排我们下榻在莫斯科郊区的一所高级别墅里。我们到达后的第三天，即 1 月 22 日，斯大林在维辛斯基陪同下，会见了周总理和王稼祥大使，会谈工作很快就开始了。起初周总理也同我们住在一起，因为他每天都要向毛主席去汇报和商谈问题，来去太费时间，后来就索性搬到毛主席那儿去住了。由于毛主席不直接参加会谈，只由周总理以外长身份出面与对方谈判，按照外交上的对等原则，苏联也由外长维辛斯基出面参加会谈。我国正式参加会谈的还有王稼祥、李富春、叶季壮等同志，师哲同志担任翻译。我和其他一些同志则在会下为会谈和将要签订的条约准备各种文件和有关资料。

1950年，伍修权（右二）随同周恩来（右一）赴苏访问（右三为王稼祥）。

条约最初的文本是由苏联草拟并提出的，同后来通过并公布的条约虽无原则上的变动，但是在文字上却作了很大的修改。这一工作是周总理直接领导和亲自动手进行的。他将条约的草稿交给代表团和大使馆的同志们，组织发动大家对条约草案进行逐条、逐句、逐字的研究、斟酌和修改，要求人人都开动脑筋，贡献力量。他自己更是格外认真和精细地、一个字一个字地推敲，这是他一贯的工作作风，完全是从国家利益出发，防止出漏洞。周总理说，这个条约不仅要在今天看行，还要在以后看行不行，要经得起时间考验和后人检查。条约全文的实质性文字还不到1000字，但是每一个字都经过反复推敲，每一个同志，特别是周总理，都为它付出了心血。例如条约草案中有一段原来是：缔约国一方一旦受到第三国的侵略，另一方"得以"援助。周总理觉得还不够肯定，没有表明条约应有的作用，经过再三考虑，将"得以"二字改为"即尽其全力"给予援助，这就更肯定更明确了。为了这看来只有几个字的改动，就讨论甚至争论了很长时间。

我参加了条约的一部分文字翻译工作，也提出过一些技术性的意见，如条约的俄文本上，按照俄文的倒装句的习惯，我国国名直译就成了"人民共和国中华"。我建议按照中国习惯改过来，还是把"中华"排在前头，在俄文中也是完全通顺的。苏联方面接受了这个意见，在正式的俄文本中的我国国名就与我国习惯一致起来了。条约文字定稿后，由代表团的陈秉臣同志用毛笔恭楷抄了两份正式的中文本。陈秉臣原在军委办公厅工作，他出身于书香门第，写得一手好字，他手抄的两份文本，不仅要每一份无一错漏，字迹清楚端正，还要两份写得一模一样，完全相同，很是费了一番功夫。签字用的正式文本要用中俄两种文字各铅印二份，我和赖亚力同志亲自到苏联的外文印刷厂里，帮助并监督那里的排字工人，一字一字正确无误地排印出来。苏联的排字工人确实有点本领，虽然他们不懂中文，但看一个中文字，很快就找到那个铅字，一一排出来。正式文本只印两份，将分别交两国政府收执。我国的一份中文排在前面，我国国名也列在前面，交苏联的一份则反之。中文部分的文字排列格式，也是根据我的建议，按中国传统习惯由右至左竖排，区别于俄文本的由左至右的横排格式。正式签订条约时，苏联人用他们惯用的钢笔、墨水，我们则用自己民族的文房四宝，这一套纸墨笔砚还是由我自大使馆送到克里姆林宫，交给师哲安排到签字桌上的。

1950年2月14日，《中苏友好同盟互助条约》正式签订，在克里姆林宫举行了隆重的签字仪式。斯大林、莫洛托夫、伏罗希洛夫等苏联主要领导人和毛主席、周总理、王稼祥等中国同志出席了仪式。周总理同维辛斯基代表本国政府，分别在两份条约上签了字。条约的核心内容是缔约双方不得参加反对其中一方的任何同盟、集团、行动和其他措施，缔约一方如果受到第三国的侵略，另一方"即尽其全力给予军事及其他援助"。那时正是第二次世界大战结束不久，在战争中未受损伤的美帝国主义正在扶植日本军国主义，对中苏两国的安全造成了很大威胁。所以中苏两国作出这样的条约保证，不仅对于缔约双方，对于当时的远东及世界形势，也是有着重大意义的。在签字仪式上，周总理兼外长和维辛斯基外长先后讲了话。周总理说，缔结中苏条约的根据，是两国人民的根本利益，同时也代表了东方和世界一切爱好和平与正义的人民的利益，条约的签订使得美国为首的帝国主义者挑拨中苏两国关系的企图，完全失败了。维辛斯基说，中苏条约表明了两国友谊合作和各国人民和平安全的愿望，"也证明了苏联外交政策的伟大"，等等。

与同盟条约同时签订的还有《关于中国长春铁路、旅顺口及大连的协定》。中长铁路和旅大都是沙皇俄国逼迫中国清朝政府"同意"由俄国修筑、经营和租借的，这原是帝国主义列强瓜分中国的结果。至新中国成立后，中长铁路还由苏联为主、中国参加管理着，旅大驻有苏联军队，建有军事设施等。按照新的协定，苏联应将中长铁路的经营管理权、旅大的苏军军事设施等，全部移交给中华人民共和国政府。只是鉴于当时远东及世界的形势，双方协议在对日和

1950年在莫斯科中苏会谈时，周恩来（右四）、王稼祥（右二）、伍修权（右一）与苏联代表合影。

约缔结后，预计在1952年底以前才实现这一移交。同时签订的第二个协定是《关于贷款给中华人民共和国的协定》。据此协定，苏联将向中国提供总数为三亿美元的贷款，每年利息为百分之一。中国利用此款购买建设所需之机器设备及其他器材等等，并在十年以内，即1963年底以前，用原料、茶、现金及美元等偿还付清上述贷款及利息。除这两项协定外，双方还协议将苏联在东北从日本获得的财产及苏联过去在北京的兵营房产等（也是沙俄留下的）全部无偿移交给中国。这些协定和协议对于维护我国的独立主权及促进我国的经济建设都是十分必要的，都由周总理和维辛斯基分别代表两国政府签了字。上述条约及协定签字后，两国又共同声明，1945年8月苏联与中国原国民党政府缔结的各项条约与协定均失去效力。

会谈期间的活动及花絮

除了以上主要的协定与协议，此外还有些具体的和未予公布的甚至有过扯皮的协议。例如关于原外蒙古即蒙古人民共和国的地位问题。苏联对我们这一点原来也不大放心，怕我们不承认外蒙古的独立，我们国内也确实有一部分人对此有不同的看法。所以周总理去后，主动向苏联表明了承认蒙古人民共和国独立地位的态度，并在公报中予以宣布，这就避免了可能引起的误会和疑虑。关于中长铁路问题，其实日本在占领东北期间，已经向苏联付款买下了铁路的主权，虽然钱少了点，但是总算给过钱了。苏军进入东北和日本投降后，苏联重新占有了中长铁路主权。我国政府成立后，苏联本应无保留地移交铁路主权，但是因为他们经过中长铁路到海参崴等远东城市比走苏联本国的远东铁路还要近许多。所以苏联要求在一定时期内共同享有中长路的主权与利益，苏联实际上是多占了便宜。不过当时我国尚无足够的经营管理经验和技术能力，在此情况下暂时由两国共管共用，对我国还是有好处的，所以也就同意中长路暂时由两国共享权益。协议中还说苏联应将在我国东北从日本手中获得的财产，也就是一批工厂、矿山及其机器设备等等无偿地移交中国。但是实际上苏联军队在撤离东北时，已将所有能拆卸运走的机器设备和器材物资等等，大部分搬到苏联去了。鞍山钢铁厂、沈阳兵工厂和小丰满发电厂等地方，只是"无偿地"移交了一些空房子，连日本高级官员和军官家里的高级家具，都被他们搬回苏联去了。在这方面他们的风格是不高的，暴露了民族利己主义的倾向，同他们口头上宣称的并不是一回事。不过当时我们还是以大局为重，从大处着眼，没有在这些具体问题上同他们计较争执。在总的方面，斯大林等苏共领导人对我们的态度还是相当热情的，对我国的援助也是很大的。因此，整个会谈过程和条约的签订，还是十分顺利和圆满的。

2月14日签字仪式后，由王稼祥大使夫妇出面，举行了盛大的鸡尾酒会，庆贺中苏条约签订和毛主席、周总理访苏成功。斯大林出席了这次酒会，什维尔尼克、莫洛托夫、马林科夫、伏罗希洛夫、米高扬、卡冈诺维奇、布尔加宁、赫鲁晓夫、布琼尼等苏联党政军最高领导人及各部部长、各界代表、各国使节共500余人参加了酒会。毛主席、周总理和王稼祥夫妇亲自迎接和招待客人，我国代表团全部人员出席作陪。隔了一天，即2月16日，斯大林在克里姆林宫又盛宴招待毛主席、周总理和我国代表团全体人员，苏联党政军领导人等又几乎全体参加了。在这两次欢宴中，斯大林情绪很好，席间不断同客人说话甚至开玩笑。当时越南领袖胡志明同志正在莫斯科，他也参加了宴会。席间他向斯大林说起对他有什么指示时，斯大林笑道："我怎么能指示你，你是'总统'，官比我还大呢！"胡志明又向斯大林半开玩笑地说："你们同中国同志订了个条约，趁我在这里，咱们也订个条约吧！"但是因为胡志明这次来苏联是秘密的，斯大林说："那人家要问你是从哪儿突然冒出来的呢？"胡志明道："那好办，你派架飞机把我送到天上转一圈，然后再找些人到机场欢迎我，在报上发个消息不就行了。"斯大林笑道："这倒是你们东方人特有的想象力。"这时的斯大林，确是和蔼可亲的。

我 20 世纪 20 年代在莫斯科学习时，曾经几次看见过斯大林。当时他才40 多岁，如今已是古稀之年。几十年内乱外患接连不断，特别是卫国战争这些年，是够消耗精力的，这时他已须发花白，面部皮肤松弛，明显地衰老了。但是苏联国家的面貌，却明显地兴旺发展了。我这次到苏联，同 20 年前看到的已大大改观，中间虽然经历了那么大的战争灾祸，但在莫斯科已看不出多少战争痕迹，可见恢复之快，说明经济发展的状况是很好的。加之在这几十年来，不仅在苏联国内党内，就是在国际共运和世界进步人士心目中，已形成了对斯大林的个人崇拜，他几乎享有了至高无上的权力和威望。所以这时斯大林虽然已经进入暮年，但是仍然表现得踌躇满志，心情舒畅，并且很注意自己的健康和安全，始终保持着他特有的风度和气派，讲起话来吐字很慢，但是用词准确，态度也相当友善谦和。在宴席上他自己有一瓶独自专用的酒，他只喝这瓶里的，不喝别人斟给他的酒，他那瓶酒也不斟给别人。其实那瓶里未必是什么特别的好酒，而是一种度数比较低的酒，这样做多半是出于安全方面的考虑。他周围的那些苏联领导人，在他面前都是毕恭毕敬的，但是，他对毛泽东和周恩来等中国同志，还是相当尊重和客气的，他对我国的关心和支持，看来也是真诚的。

至于说斯大林担心我们会走铁托的道路，同他们闹独立性，看来也是事出有因。1948 年，南斯拉夫坚持自己独立的立场，不听从斯大林的意见，结果触怒了他，就由欧洲共产党情报局通过了一项决议，将南共开除出情报局，并与南斯拉夫中断了正常的外交关系。这一问题对苏联和东欧影响很大，他们对此特别敏感和警惕。毛泽东同志在新中国成立前夕，提出向苏联"一边倒"的国策，就是针对他们的这种疑虑的。通过这次中苏会谈，包括新中国成立以前我党与苏共领导人的多次秘密会谈和接触中，双方的主要观点基本上是一致的，并未出现什么原则的分歧。从上面提到的两次宴会上看，双方的感情确实是融洽的，气氛是十分热烈的，席间不断地互祝两国领袖的健康，不断高呼"中苏友好万岁"，欢宴的时间也较长，很晚才散席。

在会谈期间，苏联还为我国代表团组织了一些会外活动，如瞻仰列宁墓，参观飞机工厂、汽车工厂和集体农庄等等，代表团还参加了列宁逝世 26 周年的纪念活动。毛主席因不直接参加会谈，参观游览的次数多些。莫洛托夫等还陪同毛主席、周总理等观看了芭蕾舞剧《天鹅湖》。

2 月 17 日，毛主席、周总理和欧阳钦、师哲等先期回国，李富春、叶季壮和我们一些人，则留在莫斯科继续进行经济性的会谈和订立一些单项协定。毛主席、周总理离开莫斯科时，苏联方面在车站举行了隆重的欢送仪式，苏联方面有莫洛托夫、米高扬、布尔加宁、维辛斯基等苏联党政军领导人和王稼祥等我国大使馆全体人员，李富春等中国代表团留下的全体人员，还有各国使节等，都到车站送行。毛主席检阅了苏军仪仗队，发表了告别演说。他说中苏两国人民的深厚友谊，是以两国人民根本利益一致为基础的；中苏两国人民的团结，不仅要影响两国本身的繁荣，还将影响到世界和平和人类的将来；表示新中国的建设将以苏联为榜样，并感谢苏联政府、苏联人民及其领袖斯大林的热情接待；最后在高呼"中苏友好万岁！""斯大林万岁！"的口号声中，登上了归国的列车。胡志明也与毛主席同车经中国返回越南。他们离开莫斯科以后，沿途又参观了乌拉尔、斯维尔德洛夫斯克、鄂木斯克、新西伯利亚等地的工厂、农村和其他企业。苏联外交部派了一位副部长和一位司长陪送中国客人到苏联边境。专车到达中国境内时，毛主席等又在东北几个城市停留几日，做了参观和视察，直到 3 月上旬，他们才回到北京。毛主席这次访苏，用了近三个月时间，是他一生中仅有的两次出国旅行中的第一次，也是时间最长的一次出访。

二、新中国成立初期的中苏关系

第一次中苏会谈的延续

新中国成立初期的中苏关系，总的来说是亲密友好的，但是也并非在所有的方面都一帆风顺。

毛主席、周总理等回国后，我们由原来的别墅搬到莫斯科大旅馆，主要同苏联外贸部门继续进行经济性的谈判，苏联出面的最高负责人是米高扬，谈判地点就在苏联外贸部内。不过这次一进入到关系两国利益的实质性问题，谈判就不那么顺利和谐了，在一些问题上发生了分歧和争执。比较突出的一个问题，是两国货币即我国人民币同苏联卢布的比值应如何定。按照国际惯例，只要根据双方主要几种产品的价格，如布匹、成衣、粮食、肉类等生活必需品的售价，综合起来做个平衡，得出指数，与对方的指数做比较，算出差距，就可据此定出双方货币的比值。这本来并不是难办的事，但是苏联人却想恃强压我们一头，他们将自己的卢布比值定得很高，而将我们的人民币比值压得比较低。我们对此提出了不同的意见，他们坚持自己的立场，双方出现了争执，我们每一个参加谈判的人心里都很不高兴。但是鉴于当时的情况，在许多地方还是我们有求于对方，真闹翻了也不太有利。最后在请示国内并得到同意后，只得由我们做了些让步和妥协，实际上是在相对不平等的条件下，定下了两国货币的比值。从这次争执中，我们比较明显地感到苏联存在的大国沙文主义和民族利己主义。他们为了本国的利益，把自己的意志强加于人，而不顾别国的利益，即使这是他们亲密友好的兄弟国家。苏联后来对外实行侵略扩张，推行霸权主义，不是偶然的，在斯大林时期就存在了这种苗头。

　　从2月到4月，我们又在苏联逗留了两个来月，在这期间我们除了取得上述关于货币比值的协议外，还签订了一系列各种经济性和专业性的协定，它们是关于两国间建立电报、电话和互相交换邮件、包裹的两项协定，关于在我国新疆创办中苏石油公司和有色金属及稀有金属公司的两项协定，关于创办中苏民用航空公司和关于苏联专家在中国工作条件的两项协定，还有关于1950年贸易换货的协定和1950年到1952年苏联供应中国工业设备及器材的议定书等等。其中关于创办中苏合营的民航公司和新疆石油公司及有色、稀有金属公司的协定，都强调两国平权合股的原则，利润和产品双方平分，公司的领导也由双方轮流担任，双方各自承担着不同的义务，如苏联负责提供上述公司所需的机器设备、作业器材和有关技术，中国负责提供地段、厂房、建筑设施及建筑材料。在当时情况下，这样做还是互利的，我们那时无钱、无设备、无技术，但是我们有丰富的矿产资源。新疆的油田有20多处，早在20世纪30年代苏联就已同当时的新疆当局协议参加这些油矿的勘探和开采。新疆的有色及稀有金属的矿藏也很可观，许多地方盛产黄金及沙金，以阿尔泰和塔城等地的藏量最丰富，当时估计纯金储量为6000万两以上。南疆各地还盛产铜、铅、铝、锰、锡等各种金属，储量都非常丰富。但是我们当时还没有条件把它们都弄到手，只得求助于苏联，虽然他们从中也得到了不少好处，对我们也还是有利的。关于创办新疆这两个公司的协定和有关的文件，是由我做的文字翻译。在这些协定的签订会谈中，我们强调了两国之间的真诚合作，互相不占便宜，不使对方受到损失，我国保持独立而不依赖，苏联尽力帮助而不剥削。这些协定由王稼祥、李强、苏幼农等，同维辛斯基等分别代表各自的政府及有关方面签字，并在报纸上一一予以公布。

从《中苏友好同盟互助条约》到这一系列协定的签订，不仅在我们国内，在国际上也是影响很大的，在经济上和政治上都是很有利的。当时以美国为首的帝国主义国家，对我国采取封锁禁运政策，只有苏联和东欧几国愿意支持帮助我们。中苏合作期间，西方国家造了不少谣言，说什么"苏联正在将中国北部地区实行合并"，企图"控制中国"，等等。这些条约和协定一经签订公布，表明了我国是独立地充分行使主权的，我们同苏联的关系是平等的，连西方国家官方人士和通讯社都说："这太好了，使人不能相信它是真的。"他们惊呼中苏条约"必然会成为反殖民地宣传的强有力武器"，"拆了美国对华政策的台"，美国"国务院方面伤心地承认了这是一个事实"，说这是"最黑暗的噩梦"。这都说明我们的会谈及其结果使帝国主义者的挑拨离间阴谋不攻自破，为新生的中华人民共和国赢得了很好的声誉。这些历史事实还表明，一个国家既要保持自己的民族独立，努力维护自己的主权，又要有适当的外援，必要时也得以小的妥协换取长远的利益。但是完全依赖外国以至损害民族利益，也是不允许的。当时我们同苏联的关系，总的方面是平等互利的，同时也是既讲友好又有矛盾，既讲团结又有斗争的。在此后我主管苏联东欧方面工作的任期内，也是按照这个精神办事的。

1950年4月，上述协定签订以后，李富春和我们一些同志第二批回国，叶季壮等同志作为中国贸易代表团，留在莫斯科继续进行一些未了的会谈和订约工作，他们直到5月中旬才回到北京。我们是乘火车经过满洲里回国的，路过沈阳时我下了车，回到东北军区。因为我调离军区就任外交部新职的命令早下来了，但是却一直未办调动手续，对军区的工作也没有办个交代，就乘此机会回来办理一下有关事宜，也把家重新安顿一下。

5月4日，又是一个很好记的日子，我带着全家，来到了北京。从此，我就正式离开了已干了几十年的军队工作岗位，走上了外交战线。我解放以后的工作变动，大体上都是八年一次，第一个八年在外交部，第二个八年在中联部，"文化大革命"又被关了八年，"解放"出来后回到军队工作，正好还是一个八年，前后四个八年，十分便于记忆。1950 年初的这次出国访苏和调到外交部，是我第一个八年的开始。在这第一个八年中，我曾以大部分时间和精力，致力于中苏两国的联系及友好活动；毛主席、周总理等多次会见苏联代表团或出席苏联大使馆的节庆活动，常常由我陪同或亲自担任翻译；我还曾与周总理等一起去旅顺、大连，慰问并欢送即将撤回国内的苏军部队；我又曾几次赴苏访问或路过莫斯科，其中印象最深的一次是参加了斯大林的隆重葬礼。

悼念斯大林

1953 年 3 月 5 日，斯大林逝世。我国立即组成了以周总理为团长的吊唁代表团，3 月 7 日乘专机前往莫斯科，参加对斯大林的追悼活动。代表团成员包括了党、政、军、工、青、妇以及民主党派、人民团体和科技、文化等各界知名人士，连工作人员共有数十人，是我国派出的人数最多、代表面最广的一个吊唁代表团。3 月 8 日我们到达莫斯科，只见到处都沉浸在一片悲痛中。当天晚上，我国代表团全体成员和大使馆人员，就一起来到工会大厦圆柱大厅斯大林灵前，献了花圈并瞻仰遗容，周总理领着我们列队向斯大林遗体鞠躬致敬，并同使馆人员一起分成六个队肃立遗体两旁守灵志哀。

3 月 9 日，在莫斯科红场上举行了极为隆重的追悼大会和葬礼。苏联党政军领导人首先将斯大林的灵柩抬到工会大厦门口，安放到红军守护着的炮车上，然后向红场步行进发。他们还将斯大林生前获得的各种勋章、奖章等，别在红色天鹅绒垫上，走在送殡队伍的前头。我们也跟在灵柩后面，同苏联领导人及各国代表团一起，步行送殡至红场。当时，苏联人民和领导者们对斯大林的崇敬，和为他去世表现出的悲哀，给了我十分强烈的印象。

中午 12 时整，苏联领袖们和各国代表团长登上主席台，这时，礼炮齐放，各地所有的工厂、车辆和船只也汽笛齐鸣。红场上聚满了静默的人群，挂满了低垂的系着黑纱的红旗，人民群众送的花圈从工会大厦门口，一直放到红场四周和附近的大街上。为了防止市民无组织地拥到红场影响大会秩序，几处街口都用卡车堵住了。马林科夫、贝利亚和莫洛托夫等苏联领导人致辞以后，莫斯科卫戍部队列成方队正步前进，向自己的领袖告别，同时苏联空军飞机编队从空中掠过，随后成百万的人民群众，在哀乐声中沉重地通过主席台前。那个场面和气氛，真是令人难忘。在各国的葬礼中，可能是规模最为宏大的葬礼之一。

回想20世纪20年代我第一次看见斯大林，他那时正是一个精力充沛的壮年人。三年前我参加第一次中苏会谈又见到了他，虽然看到他显出衰老现象，却没见他有什么病态，我们还多次为他的健康干杯，多次向他高呼万岁，想不到他却这么快离开了我们。那时候，不仅在苏共党内，就是在国际共运甚至是世界进步人士的心目中，确实造成了对斯大林的个人崇拜以至迷信。人们已经把他大大神化了，他成为至高无上的权威的象征。现在他的突然去世，对苏联以至国际上，都是一个巨大的震动和感情冲击。虽然我们明知斯大林对中国革命出过错主意，办过些错事，在苏联国内政策和党内斗争等方面，也是问题不少，但是我们心里仍然对他充满了崇敬，他在人们心目中的地位是不可替代的。因为，他是世界上第一个社会主义国家的代表，他领导苏联人民战胜了重重困难，将苏联建成了一个强大的国家。特别是卫国战争，消灭了德国法西斯，斯大林的功绩是伟大的。

可惜他在晚年也如他自己在20世纪30年代初说过的，"被胜利冲昏了头脑"，也犯下了许多错误。我感到即使像斯大林这样一个伟大人物，当他脱离群众，脱离实际，缺乏自知之明，陷入主观臆断，欣赏和制造对自己的吹拍捧场，以致被一些别有用心的人包围封锁，最终造成了国家和个人的悲剧，这是很值得每个马克思主义的领导人深思的严重教训！

当然我们并不是当时就意识到这一点的。但是即使在那时也预感到斯大林的死，必将对国际国内的许多方面造成巨大影响。因此，在追悼过程中，人们的心情的确是沉重甚至是惶惑不安的。可能正由于斯大林逝世对于人们感情的冲击，他的葬礼刚完，前来参加葬礼的捷克斯洛伐克总统哥特瓦尔德也突然在莫斯科去世了。我们代表团全体又到捷驻苏大使馆进行吊唁。接着，周总理和郭沫若又专程赴布拉格，参加哥特瓦尔德的葬礼。周总理自捷返苏后，3月24日率代表团大部分成员回国，李富春、叶季壮等同志则留在莫斯科进行一些经济上的会谈。

斯大林的去世，预示着中苏关系的转折。20世纪50年代中后期，就有了一些比较微妙的变化，双方开始发生若干龃龉和矛盾。60年代起，更在不少重大问题上发生了分歧，以至发展为激烈论战，甚至一度兵戎相见。我作为早年曾在苏联学习和工作过的中国老战士，新中国成立以后又直接参与了许多缔造中苏友谊的活动，并曾多次访问苏联或去过莫斯科，尽管我们两国之间有过一些不愉快的事，现在还存在一定的分歧、隔阂和障碍，但是我始终相信，两国人民和广大党员还是有着友好的愿望的，并且相信两国间某些尚未解决的问题，可以通过讨论寻求一致或取得理解。因此，我对我们两国关系的未来，还是乐观的。

三、联合国之行

严重的国际事件

1950 年 6 月，新中国成立才几个月，爆发了朝鲜战争。在朝鲜战争爆发之后，美帝国主义者纠集了包括美国和南朝鲜在内的 16 个国家，打着"联合国军"的旗号，公开干涉朝鲜内政，武装侵略朝鲜民主主义人民共和国。同年 10 月，美国把战火烧到我国边境，使刚刚诞生的新中国受到严重威胁。面对这一形势，应朝鲜劳动党和政府的请求，我国派出了中国人民志愿军赴朝作战，并在全国展开了轰轰烈烈的抗美援朝、保家卫国运动。在朝鲜战争爆发的第三天，美国总统杜鲁门悍然宣布，命令美国第七舰队开进我国台湾海峡，借口"阻止对台湾的任何进攻"，武装侵略我国领土台湾。同时下令加强驻菲律宾美军，干涉印度支那战争，形成对我国的军事包围圈。在此命令下，美国空军第十三航空队和以各种"顾问团""考察团"名义出现的美国武装人员，纷纷进驻台湾；美国远东军司令兼所谓"联合国军"司令麦克阿瑟亲自飞到台北，与蒋介石密商，美蒋"共同防守"台湾，由麦克阿瑟统一指挥台湾蒋军，将逃出大陆的蒋介石集团直接置于美国武装力量的庇护之下。美国当权者又制造并散布"台湾地位未定""台湾未来地位的决定必须由联合国考虑"等谬论，企图使其侵略行径合法化。美国政府这一系列公然干涉我国内政、侵犯我国主权的罪行，激怒了中国人民。我国政府为此向美国连续提出了严正抗议，并诉诸联合国讲坛。

美国侵略朝鲜和占领台湾这两个严重事件侵犯了我国的主权，直接关系到新中国的安全，也引起了国际舆论的严重关注。那时以苏联为首的和平民主阵营为了抵制美国势力侵入东方各国，对我国表示全力支持；印度等友好邻邦对我国的处境也十分关注和同情，力图缓冲和调停这一紧张局势；以美国为首的帝国主义阵营则竭力为其侵略行径辩护，企图扩大其侵略战果。这样，官司就打到了联合国讲坛上。8 月，周恩来总理兼外交部长代表我国政府致电联合国，控诉美国的武装侵略，要求安理会制裁美国侵略者，促使其撤退侵略军。美国政府则利用联合国进行反扑，于是在当年联合国安理会的议程上，就出现了两个重要议题：一是由我国提出的"美国侵略台湾案"，一是美国为反诬我国而提出的"中国侵略朝鲜案"。按照联合国宪章有关条款的规定，安理会在讨论有争端的问题时，应当邀请有关的当事国参加讨论。鉴于这一规定，安理会于 1950 年 9 月 29 日通过决议，同意由我国政府派出代表团，出席联合国大会和安理会，参加"美国侵略台湾案"的讨论，表达中国政府的立场。这一决定由联合国秘书长赖伊于 10 月 2 日正式通知我国。这在当时是一个十分引人注目的决定，但是在美国控制和影响下的联合国组织仍然企图无视我国的存在。虽然我国政府早已任命张闻天同志为常驻联合国代表，但是我国在联合国的正式席位却被美国庇护的蒋介石集团代表占据着，张闻天代表一直未能赴任，世界上大多数国家对我们还很不了解。因此，首次派出代表到联合国去发表自己的意见，对我国以至全世界，都是有着重大意义的。

祖国交付的重任

我国政府经过郑重考虑，决定由我作为特派代表去联合国，并确定了代表团的其他成员。我得到通知时，不由想起一段往事：早在 1945 年 4 月，即联合国将成立时，我党中央就曾决定派我随同董必武同志等一起，作为解放区的代表，参加同国民党联合组成的中国代表团，出席在美国旧金山召开的联合国成立大会。当我们到达重庆时，国民党政府看来对我抱有戒心，找了个很可笑的借口不让我出国，说是按照国际惯例，有沙眼的人不能出国，而我被检查出有所谓"沙眼"，被他们留下。后来董必武等同志和国民党代表宋子文等一起去了联合国。那次我没有去成，想不到事隔五年，我却作为新中国中央人民政府的特派代表，又受领了出席联合国大会的使命，我的"沙眼"也不成为问题了。倒是当年曾经找碴刁难过我的国民党"中央政府"，却只能寄身台湾一隅，这不能不引起我"天翻地覆慨而慷"之感。

出国前，担任总理兼外长的周恩来同志找我和代表团主要成员谈了话，确定了此行的方针大计，交代了出国前后的具体任务。在他的直接指导下，我们开始了各项准备工作。10 月 23 日，周总理以外长名义致电联合国秘书长赖伊，通知他说："中华人民共和国中央人民政府业已任命伍修权为大使衔特派代表，乔冠华为顾问，其他七人为特派代表之助理人员，共九人出席联合国安理会讨论中华人民共和国中央人民政府所提出控诉武装侵略台湾案的会议。"电报开列了代表团全体成员的名单，除我和乔冠华以外，他们是龚普生、安东、陈翘（即陈忠经）、浦山、周砚、孙彪和王乃静。通知还说，代表团成员均持有中华人民共和国外交护照，要赖伊负责为我们办理赴美的入境手续。由于我国与美国没有外交关系，要求将入境签证地点定在捷克斯洛伐克首都布拉格，我们将由那里转赴美国。

联合国的这一决定当然是违反美国的意愿的。但是美国出于自己的政策需要，又很想同我国进行某种外交上的接触和试探，好摸摸我们的底，同时视可能情况拉拢一下我们，不使我国完全站在苏联一边反对他们。所以他们虽然作出了反对我国出席联大的姿态，实际上又采取了一种半推半就的态度。按照当时的实际情况，美国要真的坚决反对我们去联大，他们操纵了联合国的多

1950 年 11 月，伍修权（左一）与乔冠华（左三）、龚普生（左二）、周砚（左五）等人赴联合国前。

数，是可以将我们拒之于门外的。他们所以没有那样做，是因为还想通过这次机会同我们做些对话。因此他们一方面并不断然拒绝我们去，另一方面却又不肯让我们顺顺当当地去，即使去也想把我国推到被告的位置上。所以他们先策划在我国代表未到联合国之前，就讨论诬蔑我国的所谓"控诉对大韩民国（即南朝鲜）侵略案"。说什么对于共产党中国代表团的出席联合国大会的提法，不应该是"邀请"，而应该是"召唤"。当时同我们友好的苏联等国代表批驳了美国代表的提法，认为"召唤"一词完全是殖民主义者和帝国主义者对其奴仆发号施令用的字眼，根本不能用于新中国这样一个有着几亿人民的主权国家。新中国的代表当然应该是联合国邀请来的。争论的结果，美国的提案只有蒋介石代表和古巴的支持，被否决了。为此，联合国又于11月8日重申了对我国的邀请。美国代表又想把我国代表的权限限制在讨论所谓"联合国军司令部"关于朝鲜战争的"特别报告"范围内，以逃避我国代表就台湾问题对美国的控诉。针对美国这一阴谋，周恩来外长又于11月11日复电安理会，要求将我国控诉美国侵略台湾同美国侵略朝鲜问题合并讨论，我国代表也将同时就这两个问题发言，不然我们将不接受安理会11月8日再次发出的邀请。周外长还严正声明，我国从不承认侵朝美军的所谓"联合国军司令部"，这个"司令部"提出的所谓"特别报告"是非法的，其内容是别有用心和片面的。

正当联合国内部就我国代表出席的问题吵得不可开交时，我们在国内的准备工作也忙得不亦乐乎。周总理指示我们，到联合国后的具体活动，可以由我们代表团相机行事；主要发言则要在国内写好和审定；各种有关资料也都要整理好并译成外文。浦山和周砚担任代表团的翻译。浦山是美国哈佛大学留学生，得过经济学博士的学位，英文是第一流的；周砚的英文、俄文都很好，我在东北军调部执行小组时，就同她在一起工作过。正当我们的准备工作基本就绪时，也接到办理好了赴美入境签证的通知。

11月14日，我们代表团离开北京，向联合国所在地——美国纽约成功湖出发了。我和代表团全体同志登上了去苏联的民航班机，张闻天、彭真、李克农、章汉夫等同志和全国工、青、妇、和大、友协及北京市各界的代表都到机场欢送。我们对于自己能作为新中国第一次出席联合国大会的代表，一方面觉得十分光荣和兴奋，另一方面又觉得肩头担子很重，内心是不平静的。我们每个人在国内都是一名普通工作人员，从现在起，我们就将代表着伟大的新中国和近五亿已经站起来的人民，我们的一言一行一举一动，都将为世界各方人士所瞩目。我们同帝国主义者的斗争，从炮火连天的战场转到唇枪舌剑的讲坛，直接同当时还是十分强大、不可一世的头号帝国主义者进行针锋相对的面对面斗争。这无论对于我们个人还是我们国家，都是一个新的课题。我们肩负着崇高的使命，胸怀着庄严的感情，频频回首眺望着祖国大地，挥手告别了委我们以重任的祖国人民。

1950 年 11 月 14 日离开北京时，伍修权（右）与乔冠华（左）向欢送人群致意。

　　飞机穿云破雾，经过蒙古和苏联的伊尔库茨克，到达克拉斯诺亚尔斯克时，遇到了漫天大雪，飞机飞不了，被迫降落在当地机场。这使我们心急如焚，因为我们在途中的过多延迟，将使我国代表团失去同美帝国主义者斗争的有利时机。我们这种心情苏方也是很了解的，他们采取了种种措施，使我们的座机及早起飞，很快到达了莫斯科。我们在那里稍事停留，马上转赴捷克斯洛伐克首都。11 月 20 日，我们飞抵布拉格。捷副总理费林格和外交部几位副部长，还有我国驻捷大使谭希林同志、联合国驻布拉格办事处代表里特尔等，都到机场迎接。

　　我们在布拉格办理签证手续等了三天，利用这段时间请一位去过联合国的捷克斯洛伐克外交部女副部长塞卡尼诺娃给我们详细介绍了联合国的情况。11月 23 日晨，我们由布拉格搭飞机经瑞士到达伦敦，换乘了英国海外航空公司的班机转赴纽约。当天晚上，我们的飞机就横越浩瀚的大西洋，一直飞向美洲大陆。这架飞机相当大，除了普通座位，还有一些睡铺。我们代表团也定了一个铺位，用来"优待"我，我也接受了同志们的好意，为着战斗的明天，在空中安心地睡了一觉。

纽约的头条新闻

第二天破晓，我们乘坐的飞机飞临美国上空，老远就看见纽约市区的一片灯光。我们的目的地终于到了。我们清楚地意识到，这里不仅在地理上，而且在政治上，完全是另一个世界。历史会记下这个日子的：1950 年 11 月 24 日，纽约时间 6 时 13 分，一架载有新中国的第一个出席联合国会议代表团的飞机，在纽约机场着陆了。由于美国政府顽固地拒绝承认我国，我们同美国并无外交关系。但是，在这时，我们中国的九个共产党人，持着新生的中华人民共和国的外交护照，正气凛然地踏上了美国的土地。美国纽约当局还不得不表示对我们欢迎。我们走下飞机时，首先受到苏联代表马立克和波兰、捷克斯洛伐克等国代表的欢迎，负责接待我们的联合国礼宾联络科长等也到机场迎接。我们同欢迎者一一握手问好，同马立克等在机场合了影，接着又对在场的各国记者发表了简短的谈话，宣布了我们代表团的使命，并通过报界向爱好和平的美国人民致意。在熙熙攘攘的纽约机场上，这个欢迎仪式当然算不得盛大隆重，但是它却标志着历史已经揭开了新的一页——新中国人民，正迈开巨人的步伐，登上了左右世界形势的政治舞台。

有一位在场的美国记者曾经这样描述当时的情景和他自己的心情："对我来说非常荣幸，作为一名记者安心地在机场等待一架飞机的到来，它将第一批中国人民的真正代表载到了我们的国度。在黎明前的黑暗时，我站在显得很空旷的机场上，晨风是冷飕飕的，头顶上飞机正在低飞降落。进口处，在一排警察的监视下，三五成群站在那儿的一百多个摄影师、记者和政府官员们，起了无声的骚动……服务人员将红地毯一直铺到飞机降落的地方，照相的灯光和汽车的强光直射着飞机门，使黑夜如同白昼。联合国的汽车都发动起来了。"

"由飞机中走出来七位男的和两位女的，在耀眼的光亮下，我们目送他们慢慢走向海关……这些旅行者使他们周围的历史气氛留下了深刻的痕迹。现在我们中间有了四亿七千五百万人民的真正代表。也就是世界四分之一人类的代表啊！我想起我睡在小床上的孩子，这飞机从东方带来了久久盼望着的和平使者们，他们是为了我的孩子，也是为了所有别的睡着了的和醒着的孩子们。在历史上，这是中国第一次站在人民的立场上在美国发言。中国将会证明她的人民是全世界爱好和平、创造和平的人们最坚强最忠实的好朋友。"

1950 年 11 月 24 日晨到达纽约，伍修权（右）与到机场欢迎的苏联代表马立克（左）、波兰代表卡苏奇（中）。

"伍修权代表向挤在扩音机前的记者和摄影师们说：'中美两国人民从来就存在着深厚的友谊。我愿趁这个机会，向爱好和平的美国人民致意。'"

这位美国记者说，他同另外三个美国人同中国代表握了手，他写道："我们的欢迎在数量上是微不足道的，但是它是美国人民盼望和平心情的流露，它将祝福和成功带给了这七个男的和两个女的，他们由远方带来了关系着我们整个国家命运的和平信息……"

除了上述官方代表和记者们，在机场入口处，还聚集着一些美国进步人士，他们是自发地来欢迎我国代表团的。但是他们进不了机场，甚至根本不能接近我们，只能在我们将要通过的地方守候着。在我们走出机场时，看到他们远远地向我们挥手致意，有的还捧着小型的标语牌。据说其中有教师、工人、美共党员和美国和平组织成员，有的还是浦山过去在美国的友人，如毛德·勒索尔女士。她是美国民间组织对亚洲协会的负责人，还有艾拉·盖洛宾等。他们近几年都曾来我国访问，但在当年中美关系正紧张时，敢于在美国反动当局的严密统治下，在宪兵和警察的直接监视下，公然对我们表示热情欢迎，我们不能不为之感动。他们这种无畏的精神和对新中国的友好感情是十分可贵的。

我们在美国人民和各国友好人士的欢迎和希望中来到了联合国。代表团下榻的地点是纽约最大的华尔道夫·阿斯多利亚旅馆，这是一家十分豪华的旅馆。我们代表团九个人住在第九层一个大套间里，除了各人的房间以外，中间还有一间办公室，在我们看来，这当然是非常讲究的了，其房租也贵得惊人。我们在那里住下后，一般不常出去，每顿饭都是由饭店服务员送到我们房间里来吃。旅馆附近有个公园，我们有时到那里散散步，并在那里交谈一些问题。因为我们估计旅馆内很可能被安了窃听器，在房间里谈话，还不如到公园里边散步边交谈方便安全。由于我们身处异国，不得不时时提高警惕。当时美国反共反华的气氛很浓，我们在那里当然是很不自由的。纽约警察局还给我们派了几个彪形大汉做保镖，他们就住在我们这个套间的门外，像传达室似的日夜不离人。我们有些对外活动可以预先通知他们，由他们去报告有关方面并作出安排。我们也知道，他们实际是一身二任，既要保护我们，又要监视我们。尽管如此，他们还是不能禁绝美国人民对我们表达他们对新中国的友好感情，也不能完全制止美国进步人士同我们的友好接触。

我们到达纽约不久，美国一些工人组织和友好人士就给我们代表团送来了许多鲜花，把我们的住处装点得花团锦簇，一片芳香。有不少美国和英国的进步团体给我们代表团发来电报信函，对我们表示欢迎和致以祝愿。美国妇女保卫和平代表团向我们发表声明说："我们欢迎你们来到这里，因为我们希望你们的出席（联合国大会）对世界和平将有贡献，这是我们最关切的事情。"美国马里兰和平委员会65位著名人士联合给我发来电报，希望我们代表团能促成朝鲜停战谈判。这些团体和人士反映了美国广大人民渴望和平的善良愿望，也说明了我们国家在世界人民心目中的地位。因此，我们在成功湖的活动虽然受到种种限制，却反而更加引起了各方面对我们的关注和重视。我们不论走到哪里，都受到人们格外的注视，连我们通过的门口和过道上，都常常被一群热心和好奇的人堵住了，人们都想亲眼看看中国人民使者的风度和面貌。我们代表团的一举一动，都成了记者们的热门新闻题材，被刊登在美国以及各国报纸上的要闻栏里，我们几个人一时间也成了"头等新闻人物"。

情况确是如此，我国代表团来到纽约，是与当时的世界紧张形势特别是朝鲜战局密切相关的。就在我们即将出国的时候，侵朝"联合国军"总司令麦克阿瑟曾经悍然宣布，他们将很快占领全朝鲜，结束朝鲜战争。美国报纸上以大字标题登着麦克阿瑟的话："士兵们可以回家过圣诞节"。但是，我中国人民志愿军赴朝参战以后，很快将已进犯到我国边界的侵略军打退到三八线一带。就在我们代表团到达纽约时，美国报纸上又登出了美军在朝鲜"全线溃退"的大字标题，这对美国和西方各国震动很大，被认为是美国有史以来最大的败仗，使他们的统治集团十分狼狈，想在战场以外寻求挽救败局的方法，所以很注意我们代表团的活动和姿态。美国人民一面为新中国的军队敢打败号称"联合国军"的强大军队而惊讶，一面又担心战争不断扩大，引发新的大战，也密切地注视着我们。也正因此，我们代表团一出现在纽约，就成为各方面人士关注的焦点。

1950年11月26日，伍修权（左二）、乔冠华（右二）、龚普生（右一）与联合国秘书长赖伊（中）会谈。

初登联合国舞台

对于我国代表团的到来，美国当权者是十分尴尬的。就在我们代表团到达纽约的当天，美国代表仍然在联合国内对我国代表的顺利出席会议继续进行着阻挠破坏和无理纠缠。在11月24日下午的联大政委会上，美国代表明知我国代表团已于早晨到了纽约，却还企图使邀请我国代表出席大会的决议不生效。美国代表的这一行径，只得到蒋介石集团及南美几个国家代表的支持，其中有个代表坚决反对新中国的代表出席联大，说什么如果共产党中国的代表出席了大会，等于在国际上承认了新中国。倒是埃及代表说了公道话，他说讨论有关某个国家的问题，让这个国家的代表出席会议，符合联合国规章，并且已有先例，邀请中国代表团来联合国，也是顺理成章的事，委婉地反对了美国代表的意见。经过辩论，大会才又作出决议，重申对中国的邀请，并通知中国政府。周恩来外长马上复电说，中国代表已在纽约，随时可以参加会议。

谁知美国代表又使新花招，强求大会在 24 日当天，即趁中国代表团刚刚赶到，还来不及参加会议时，马上讨论有关中国的提案。当会议将讨论定在 11 月 27 日时，美国代表又无理取闹地提出，由于他个人有事，27 日不能参加大会，企图阻挠会议的如期举行。这位顽固敌视中国人民的美国代表不是别人，就是以反共反华最坚决著称，后来成为美国国务卿，当时任美国国务院特别顾问的杜勒斯。他被各国人民称为“战争贩子”。我们来到联合国，就将同这个臭名昭著的“战争贩子”面对面较量了。

1950 年 11 月 27 日步入联合国安理会会场时的伍修权（中）。

1950 年 11 月 27 日，我和代表团其他成员在安理会主席的邀请下，首次出席了联合国政治委员会的会议。会前，外界探知我们将出席今天的会议，许多人都千方百计地弄到大会的旁听证，特别是在美国的华侨和华裔人士，其中有著名的教授、学者，此外还有在美的国民党官方人士，例如他们的驻纽约总领事宗维贤等人，都设法来到会场旁听。有一位工程物理学家吴仲华博士，在会议厅刚开门时，第一个来到会场，占据了旁听席上最前排的中间位置，早早地静候着我国代表的到来，好倾听祖国同胞的声音。因为听众突然增加，这天的会场特别拥挤，气氛也比以前任何一个新代表团来到时更为热烈。会场内人们的眼睛早就注视着门口，期待着中国代表团的到来。我们进入会议厅时，会议已在进行，正在发言的是苏联出席联合国大会代表团团长维辛斯基。他一见我们来到，立即中断了自己的演说，临时插进了一段对我们表示欢迎的话。他说："请原谅，我暂且中断我的演说，我以我们苏联代表团的名义，借此机会向在主席的邀请下，现在正在会议桌前就座的中国合法政府的代表伍修权先生以及代表团其他成员致敬，并祝他们今天在联合国组织中开始的活动获得成功。"我到纽约后同他互相拜会时，他也曾向我表示，苏联在联合国内很少得到支持，常常感到孤立，很希望能有中国这样一个大国，在联合国内同他们并肩作战。

我们在联合国官员的引导下，走到为我们安排的位置上，顺序入座。在我面前的桌子上，放着写有"中华人民共和国"英文字样的席位标志。这个牌子虽小，但是在这个大厅里，却显得十分醒目，因为在当时的世界上，绝大多数国家还没有承认我国。美国等资本主义大国，对新生的人民中国，采取了拒不承认的"鸵鸟政策"和敌视态度。然而现在，我国的国名和代表正式出现在这个世界最大国际组织的会议厅里。说来好笑得很，我坐的位置很巧，隔着英国代表杨格就是杜勒斯，相距也就一米左右，可是这位死硬的帝国主义分子，明明知道我到了他身边，却强作镇静地装作根本不注意我们的样子。我倒是满不在乎地瞧了这个美国头面人物一眼，只见他满脸僵冷木然的表情，嘴角生气地使劲往下拉，藏在眼镜片后边的两眼，直愣愣地呆视着面前，连抬头看一下我们的勇气都没有。对于他这种对新中国的代表视而不见、听而不闻的顽固态度，我们看了真觉得既可气又可笑。

在27日的会议上，我没有发言，实际上只是到大会上去亮一下相，正式宣告了人民中国代表的到来。会议一结束，一群记者和摄影师立即蜂拥而上，对我们又是照相又是拍电影，正如一位美国记者所说的，他们"这是照下了四万万七千五百万人民的面目"。我想杜勒斯和蒋介石之流一直把中国共产党人描绘为一群青面獠牙可怕的"土匪"，现在正好让世界人民看看，我们到底是什么样的人。我们坦然自若的态度和端庄正直的仪表，就是对诽谤者无声的驳斥和有力的回击。

伍修权（前排左一）与乔冠华（二排左一）在联合国安理会。

中国人民的声音

11 月 28 日下午，联合国安理会开始讨论我国提出的美国武装侵略台湾案。在这次会上，我代表中国政府发表了长篇演说。

我在发言中首先说："我奉中华人民共和国中央人民政府之命，代表全中国人民，来这里控诉美国政府武装侵略中国领土台湾（包括澎湖列岛）非法的和犯罪的行为。"接着我针对美国散布的"台湾地位未定""须由美国托管"或"中立化"等谬论，引用 1943 年的《开罗宣言》、1945 年的《波茨坦公告》和 1950 年 1 月杜鲁门自己关于台湾属于中国的言论，一一予以驳斥，又进而揭露道："美国的实在企图是如麦克阿瑟所说的为使台湾成为美国太平洋前线的总枢纽，用以控制自海参崴到新加坡的每一个亚洲海港"，把台湾当成美国的"不沉的航空母舰"。发言又针对美国代表奥斯汀说"美国未曾侵略中国的领土"等话道："好得很，那么美国的第七舰队和第十三航空队跑到哪里去了呢？莫非是跑到火星上去了？不是的……它们在台湾。""任何诡辩、撒谎和捏造都不能改变这样一个铁一般的事实：美国武装力量侵略了我国领土台湾。"

我在发言的最后一部分又揭露说，美帝国主义者现在走的正是 1895 年日本侵略者走的老路。"但是 1950 年究竟不是 1895 年，时代不同，情况变了。中国人民已经站起来了。富有反抗精神和高度警惕的中国人民，定能驱逐一切侵略者，恢复属于中国的领土。"最后，我又代表中国政府向安理会提出了三项建议：第一，谴责和制裁美国侵略台湾及干涉朝鲜的罪行；第二，使美国军队撤出台湾；第三，使美国和其他一切外国军队撤出朝鲜。这个发言共两万多字，讲了近两个小时，各国代表通过同声翻译听到我的发言内容。事后有人说我演说时的嗓门很高，劲头特足，不论是发言的内容，还是演说的声音，都把会场给震动了，就像把中国人民憋了多年的气，一下子吐出来了。我倒没在意自己用了多大的嗓门，只觉得我讲时全场鸦雀无声，包括美国在内的各国代表和蒋帮"代表"，都以各种不同的感情和神态在凝神谛听。我讲得相当顺利，中间没有发生什么意外的事。演说结束后，许多人上前来同我热烈握手，向我们表示欢迎和祝愿，其中还有中国人民的老朋友、美国名记者斯诺。他和华裔学者麦仁德教授一起听了我的讲演后，又挤向前同我紧紧握手。当时我自己也相当激动，感到近五亿中国人民是决不会孤立的。即使在帝国主义者直接控制着的地方，我们的朋友也是数不胜数。人们对我们演说的强烈反应和热情支持，也给了我们很大的鼓舞。在我发表演说的过程中，美国的电视台还做了实况传播，第二天各报又发表了有关我国代表团发言的消息和演说的内容摘要，可见其影响是不小的。

安理会会议厅的设计不太一般，11 个安理会理事国的代表，还有被邀请出席大会的各国主要代表的位置，都并列坐在一条马蹄形的长桌后面，每个位置上都安有听同声翻译的耳机和选择不同语言的开关，面前的桌上放着小话筒，发言时可以坐在自己的位置上直接对话筒讲话，同声翻译则随时将代表的发言译成不同的语言，传播给各国代表及旁听者。同声翻译室就设在会议厅后面的楼上，里面的工作人员通过一排很大的窗户，直接观察会场内的情况，以便及时配合。会议席上桌前稍低一些的地方，是会场记录、电传打字和录音等联合国工作人员的位置。再向前隔着一道木栏，是一排排好像剧院观众席似的座位，那是各国旁听者和新闻界人士的位置。那里的人们都全神贯注地观察和倾听着会议席上所发生的一切，使得这个安理会会场，从内容到形式上，成了个名副其实的"国际舞台"，我们这些人也成了这个"舞台"上的"演员"，串演着各自的"角色"。

联合国安理会大会现场。

由于会议席是半圆形的，与会代表虽然是并排坐着，却可以互相看到。我的座位是长桌右首第一个，蒋介石集团的"代表"蒋廷黻则坐在长桌左首第四或第五个位置上，正好同我遥遥相对。当时我们所持的立场也恰恰是完全对立的。我在这一头慷慨陈词，满腔义愤地控诉美帝国主义者侵略我国及庇护蒋介石残余集团等种种罪行，蒋廷黻却在那一边连头都抬不起来，一直耷拉着脑袋，并且老是用手遮着前额，不让别人看见他的脸，也许他面对着中国人民的真正代表，多少有点自惭，不大好受吧！这些场景都拍了照片和纪录影片，当时的美国报刊，发表了不少有关的报道和图片。我记得有一期美国《生活》画报上并列登着好几张我和美国代表奥斯汀在会议上的照片，一张是我在挥手怒斥美国的侵略罪行，奥斯汀在尴尬地歪着嘴听着；另一张是奥斯汀在作强辩发言，我则侧目抿嘴蔑视地瞧着他；样子虽不好看，神态却很逼真。尽管有的报刊照例污蔑了我们一顿，说我如何"作了二小时尖刻而强硬的谩骂式讲话"，甚至我的衣服料子和战争时留在脸侧的枪伤，也被攻击性地描绘了一番。电视实况转播时，还曾把镜头对着乔冠华正随意晃动着的腿并歪曲解说道：中国代表虽然讲得气势汹汹，其实内心也很紧张，他们有的人腿就正在"神经质地发抖"。这些褒贬各异的宣传报道，都从侧面和反面反映了当时的情况，不论是进步的还是反动的报刊，都十分重视我国代表的发言。

伍修权与美国代表奥斯汀。

后来在我们国内也放映了当时的纪录影片，我的孩子看到后说我在会上发言时的样子很厉害，同我平时的样子判若两人。我当时倒未有意做什么样子，只是觉得我面对的是世界上头号帝国主义者及其同伙，他们已对我国侵略欺压了100多年，无论是我个人还是亿万同胞的心灵上，都留下了不可磨灭的惨痛记忆。如今我们好不容易赶走了外国侵略者，打败了国内反动派，美帝国主义者却又处心积虑地图谋颠覆和消灭我们新中国。他们如此可恶可恨，我们对他们当然没有什么客气可言，只有毫不留情地同他坚决斗争。我还想到，过去我们同帝国主义及反动派在战场上刀对刀、枪对枪地斗，如今却站在美国本土上，指着美国当权者的鼻子，面对面地痛斥他们，尽管他们恼怒万分，却只能硬着头皮听着，奈何我们不得。这在旧中国时代是不可想象的，今天却成了现实，这使我更加深刻地体会到了毛泽东同志庄严宣告的"中国人民站起来了"的伟大意义。也正因此，我们有着很大的勇气和信心，在联合国进行着这场艰巨斗争。

11 月 29 日，安理会继续开会。这次会议开始是讨论美国诬蔑我国的所谓"侵略朝鲜案"，安排了南朝鲜的代表第一个发言。我们为了表示抗议，拒绝参加这种讨论，入场后有意不到会议席就座，而坐在大会的贵宾席上旁听。南朝鲜代表发言后，蒋介石的"代表"蒋廷黻接着发言，我们为了便于同他进行斗争，又坐回到会议席上，准备相机予以反击。蒋廷黻的发言除了照例攻击辱骂我们一顿，又为美国的侵略罪行辩解开脱，硬说美国从来没有侵略中国，甚至以他们自己的小学教科书上没说美国是帝国主义来作证明，其论据十分荒谬可笑。他的发言形式又为我们提供了一条很好的"辫子"，他口口声声"代表"中国，发言时使用的语言却不是中国话，从头到尾都用英语。待他发言完毕，我马上就向会议主席举手，要求临时发言。主席对我们还是尊重的，允许我作了个即席讲话。我首先揭露他们只是国民党残余集团的所谓"代表"，根本无权代表中国人民，我们不屑于理会他们；接着我又抓住他发言不讲中国话的小辫子嘲笑挖苦道："我怀疑这个发言的人是不是中国人，因为伟大的四万万七千五百万中国人民的语言他都不会讲。"这下弄得那位蒋家"代表"十分狼狈，也给了与会者深刻的印象。按照规定，汉语是联合国的正式工作语言之一，中国代表讲话可以直接使用汉语；但蒋廷黻却不说中国话，老用英语发言，实在有丧国格。我们去后理直气壮地使用着祖国的语言，并为此"敲"了蒋介石的党"代表"一下子。这是一段即席插话，事先没有稿子，只由大会的同声翻译临时译成外语并广播出去。当时翻译这段话的是位中国女同胞，名叫唐笙，曾经在英国受过教育，英语很出色。我这段话，她翻译得顺畅准确，带有相当的民族自豪感，收到了很好的效果。就在我们这次发言后的几个月，唐笙也回到了祖国，一直在国内工作，前些年又由我国政府推荐，重新到联合国机构担任翻译工作。

11 月 30 日，安理会继续就我国控诉美国侵略台湾案和美国的所谓"中国侵略朝鲜案"进行讨论。美国代表奥斯汀极力把大家的注意力引到朝鲜问题上，企图通过对他们有利的提案。最后又操纵表决机器，否决了我们关于谴责和制裁美国侵略者，美军自台湾和朝鲜撤退的提议。对会议的这一无理决定，我再度作了发言，用美国舰队侵入台湾海峡的事实，朝鲜战争以来美军飞机侵犯我国领空，毁坏中国财产、杀害中国人民的确凿数字，以及第二次世界大战以来，美国支持蒋介石进行血腥内战的历史，责问美国代表道："我要问奥斯汀先生，这是不是侵略？这是不是干涉中国内政？"又向会议表达了我国人民反抗侵略的坚强决心："只准帝国主义侵略，不准人民反抗的时代已经过去了。""我要告诉奥斯汀先生，美国的这种威胁是吓不倒人的！"

会场以外有"战场"

12月7日，美国操纵联合国多数通过了决议，将诽谤我国"侵略朝鲜"的提案列入联合国大会议程。我们在这一颠倒黑白的提案通过后，愤怒地离开了会场。美国在这一图谋得逞后，又操纵联合国组织，在12月15日决定：联合国大会无限期休会。并于12月18日又通过决定：宣告联合国大会政治委员会也无限期休会。

联大的这些决定，实际上取消了我们利用联合国讲坛同美帝国主义者进行斗争的机会，我们便适时地采取了别的斗争方式，把在联合国会场内的斗争，转移到会场以外来。12月16日下午，我国代表团在联合国所在地成功湖举行了记者招待会。我根据我国政府的指示，对各国记者发表谈话说，我们是为争取和平来的，我们向联合国安理会提出了种种合理建议，"但是不幸的，虽然并非出乎意料之外的，联合国安全理事会在美国（集团）的操纵下，拒绝了我国政府这个合理的和平的建议，对此，我们表示坚决的反对和抗议"。我说，由于美国政府的操纵，联合国未能继续讨论控诉美国侵略中国案，使我们至今未能就此问题在大会继续发言，"但是，我们以为中华人民共和国的声音是应该被全世界听到的，因此，我把准备在政治安全委员会的发言，在这里分发给大家。同时，我们对于美国政府如此操纵联合国，不让我们有继续发言的机会，表示愤慨"。最后我又通过记者们向用各种方式对我们表示欢迎和友好的美国人民表示衷心感谢。我们深信中美人民定能战胜美国统治集团的侵略政策，使两国人民之间的友谊发展下去。

在我谈话后，我们就将已事先译成英文的发言稿和各种资料，一一分发给各国记者。资料中有证明台湾自古以来就是中国领土的历史材料，还有我人民解放军自蒋军缴获的美国武器图片集，朝鲜战争以来美国飞机对我国轰炸、扫射实况的图册，和其他各种美帝侵华史料。我们的这次谈话以及散发的文稿资料，被好几家外国报刊发表和引用了，这成了使各国人民了解我国立场和态度的一条重要渠道。

1950 年 12 月，伍修权（左）与乔冠华（中）、龚普生（右）在记者招待会上。

在联大会议期间，我们代表团除了同一些与会国家代表有外交往来，还同有的美国进步人士进行了友好接触。龚普生同志过去在美国受过教育，认识著名的黑人歌唱家保罗·罗伯逊。我们在纽约时，龚普生同志曾几次去罗伯逊家拜访，向他转达了中国人民的问候。我们原拟邀请他访问我国，但考虑到美国政府正采取敌视我国的政策，在国内实行着严厉的反共反人民措施，在当时的处境下，罗伯逊不便于接受我们的邀请，双方这一美好的愿望就未能实现。在中美建交后，罗伯逊却已去世多年，当年的这一愿望就成了永远的遗憾。但是罗伯逊对我国人民的友好感情，却令人难以忘怀。

除了这些友好人士，还有一些美国人怀着不同目的来找我们，有的是想同我拉关系，有的则是大公司的推销员找我们拉生意来的。我们通过他们也买了一点国内有用的东西，其中有不少资料性书籍，单是大百科全书就有几部，都由跟我们的美国保镖帮助搬回了旅馆。由于美国对我国的敌视政策，美国政府突然宣布冻结我国在美国银行的全部存款，我们代表团去时，也将带去的用费存在纽约银行里，真要冻结住，可就麻烦了。幸好我们事先得到消息，在银行将关门时，赶去提出了全部余款，没受到影响。倒是苦了有的推销员，他们拿了我们的支票没有马上去取款，结果取不出钱来了，满头大汗地跑来求我们想法，我们只得又付了一笔钱给他，收回了原支票。好在被冻结的钱早晚还是我们的。

会议的空隙时间里，联合国的工作人员和那几个美国保镖，还陪同我们游览了纽约市容，参观了大铁桥、摩天大楼和一些新型设施，接触了一下美国的现代技术和文化。后来我们分送了一点小礼品给包括几个保镖在内的美国人和联合国工作人员，作为一种友好的表示，他们也十分高兴。美国保镖同我们熟悉以后，也常同我们谈美国情况和自己的事，对我们表示了一定的友好感情。联合国派给我们的联络员一位姓吴的华侨，我有时也同他谈谈心，向他讲讲"识时务者为俊杰"的道理，后来他果然抛弃了在联合国工作的优越条件，返回祖国参加工作，只是听说在十年内乱中他不幸去世了，十分可惜。

在这段时间内，我们代表团内部工作相当紧张，但是相互团结一致，配合得十分协调，每人按照分工，工作得很有秩序。有的发言稿及有关资料，是到纽约后临时写出的，又从那里发回国内审查。得到国内的修改稿后就日夜加班地翻译和找地方打印出来。每次发言前后，都在代表团内部讨论和征求意见，以求更好地完成祖国交给我们的任务。由于工作劳累，加上美国做的饭菜不合口味，大家饭量都减少了。我们买到一些墨西哥小辣椒和华侨做的豆腐乳来开开胃。吃饭时还互相开开玩笑，生活既紧张又活跃。我们套间里还常开着收音机，不论是新闻报道还是广告宣传，都在不断地"收听"。其实并不是在欣赏什么节目，而是为了干扰可能的窃听。陈忠经同志分管了许多对外联络的工作，经常同联合国办事机构和美国的有关方面打交道，干得十分认真尽职。负责机要通信工作的同志一直坚守岗位，很少出门活动，保证了和国内的联系。同志间相互也是很关心照顾，做到了思想上的团结和行动上的一致。

强大的后盾，巨大的反响

我们在联合国工作得紧张的时候，也正是朝鲜战场上打得最激烈的时候。装备着飞机、坦克、大炮等现代武器的所谓"联合国军"，在主要靠步兵、轻武器的中国人民志愿军和朝鲜人民军的打击下，一败涂地，不断南逃。这造成了美国统治集团内部的分歧和混乱。美国本来希望利用我们代表团到联大发言的机会，同我们进行接触，看看是否有妥协的可能；但是我们去后态度一直很强硬，除了公开斥责美国的侵略行径外，不作任何妥协的表示，也不同美国当权者有任何来往。他们在朝鲜战场上捞不到的好处，在我们这儿同样什么也得不到。相反，中朝军队在战场上打得越好，我们在联合国的态度也越强硬。看起来我们只有很小的九人代表团，但是却同朝鲜前线的中朝大军密切配合着。有他们做我们的后盾，我们同样无所畏惧，立场坚定。

对我们在联合国的行动，祖国人民给予了巨大的支持和声援，党和政府也对我们的工作给予了足够的重视与关注。除了对我们作了许多直接的指示和支持外，从我们代表团一离开北京，国内的报纸就以显著位置，连续发表有关我们代表团活动的消息、文章和图片。《人民日报》专门发表了几篇社论，我11月28日在安理会的首次发言，30日《人民日报》和全国各报，都从一版到二版用大字标题整版地刊登了有关消息和发言全文。《人民日报》在当天的社论中开头就说："我国特派代表伍修权在联合国安全理事会上控诉美国武装侵略台湾的声明，反映了我国人民为祖国独立与世界和平而奋起反对美国侵略的坚强意志，同时也反映了世界各国人民日益高涨的要求和平的正义呼声。它与我国人民抗美援朝志愿部队在朝鲜前线的英勇作战，同是对于制止美国扩大侵略战争，与维护远东和平具有重大意义的举动。"

我后来翻阅当时的报纸时看到，有的工人读了我的发言全文后说："伍修权同志真是我们的好代表，他的话就像是我要说的话一样，读完后，心中就像出了一口恶气，痛揍了美帝一顿似的。"一些大学教授说，中国"在国际会议上的叩头外交一去不复返了，中国人民的真正意志已从自己代表的言语中充分表达出来"。青年团中央也发表声明，说我们的发言"是近百年外交史上表现了中国人民正气和民族尊严的文献，使得美帝国主义万分狼狈，除了使用表决机器作无耻的否决外，更无词答辩……"

国外的反映也是这样。苏联报纸曾经评论说："联合国中第一次响彻着中国人民代表的声音，这个声音所代表的政府，其稳固与人民对它的拥护在中国历史上是无比的。"特别是一些海外侨胞，从我们的活动和言论中得到了很大的鼓舞，他们感到扬眉吐气，长了中国人民的志气，增添了中华民族的自豪感。正如作家聂绀弩当时在香港写的文章所说，在1950年世界十大新闻中，第一条是朝鲜战争，"第二条大新闻，无疑地应该是伍修权将军在联大对美帝侵略台湾的控诉。那控诉的义正词严，理直气壮，自不用谈，最重要的却是这样指着帝国主义的鼻子直斥他的罪行，不但在中国是第一次，在世界上也该是第一次"。正是在我们发言的直接影响下，好几位著名的中国学者，例如那位最早赶到安理会会场旁听我的演说的吴仲华博士，还有后来的美国哥伦比亚大学教授、原国民党政府派驻联合国经社理事会代表李铁铮，包括那位驻纽约总领事宗维贤，在旁听了我们演说后，都作出了返回大陆的决定，克服重重阻难，先后回到了祖国。各国的报纸对于我国代表首次出现在联合国讲台上这一当时的"头条新闻"，当然不能不闻不问。有一家美国杂志不得不承认，共产党中国的代表来到联合国后，"美国人民的目光就都转到成功湖来了"。有的报刊则歪曲报道，说什么"红色中国在成功湖蔑视联合国"，使美国压服中国的"希望破灭了"！甚至吓唬美国人民"不要抱什么幻想"，叫嚣要同中国"打一场战争"。美国常驻联合国代表奥斯汀说，中国代表的发言，使"我的政府感到不愉快……尤其不赞成这种攻击"。"战争贩子"杜勒斯懊丧地自供他当时"被一种悲哀的情绪支配着自己的感情"。美国总统杜鲁门在我们发言后马上恼火地说：中国代表的控诉"猛烈而完全荒谬"，威胁说"要对中共采取行动"，"一切武器都必须加以考虑"。美国的这种态度，正说明我们的斗争击中了美帝国主义者的痛处，这更增强了我们斗争的决心与信心。

历史潮流不可阻挡

时至 12 月中旬，面对美国操纵联合国决定无限期休会情况，我国政府发表声明说："伍修权将军及其随员已无留在成功湖的必要，故已命令伍修权将军等于本月 19 日启程回国。"行前，我们将原拟在联大第一委员会发表的关于美国侵略中国案的发言稿，正式提交给联合国秘书处，要求他们将此发言列入大会文件。我们在纽约机场向报界发表了声明，首先就即将到来的圣诞节和 1951 年新年，向美国人民表示了祝愿。接着声明，我们为和平来到美国，虽然我们的有利于和平的提案被美、英统治集团加以拒绝，可是我们并不失望，我们将为和平继续奋斗。当天，我们按照赴美原路返回。次日下午，我们飞抵伦敦。我又向记者发表了简短谈话，再次对美帝的行径进行了揭露。22 日到布拉格，25 日到达莫斯科。近一个月的紧张工作，这时候才感觉到了疲劳，周砚同志到布拉格后，一下子就连睡了十几个小时，可见她困到什么程度。

　　1950年12月30日，我们一行九人分批离开莫斯科回国。为了能让我们赶回国欢度新年，国内专门通知驻伊尔库茨克的我国民航办事处，要那里的中国民航班机留出几个位置，等我们代表团赶到以后再起飞。我们及时赶上了回国的班机，机组的同志见到我们也很高兴。这样，我们便在新年前夕顺利地回到了祖国首都北京。当我们走出机舱时，机场上一片欢腾，各界代表都来欢迎我们的胜利归来。郭沫若（他当时是中央人民政府政务院副总理和中国保卫世界和平委员会主席）致欢迎词："我们的特派代表在成功湖……把美国和它的仆从国的外交阵线打得落花流水了。我们中国人民反对美国侵略和保卫世界和平的坚强意志，感谢伍修权代表的负责传达，已经响遍全世界。"

1950年12月31日，伍修权向欢迎群众讲话。

　　我在欢迎者高呼"中国人民的伟大胜利万岁"等口号声中也兴奋地讲了话，感谢祖国对我们代表团的大力支持和热情欢迎。我简要说了我们执行党和人民交付的崇高任务，受到美国人民热情欢迎的情况，又即兴地说：我们代表团到达纽约的第二天，恰巧碰上一场大风暴，我们看到当时的纽约，一切都笼罩在昏暗阴沉的气氛中，感到它正象征着帝国主义的末日。然而今天，当我们飞回祖国的时候，天气却格外晴朗，我们在西伯利亚的上空，就看见光芒万丈的太阳正从我们祖国的大地上冉冉升起。我说，这也是一种象征，它预示着新生的中华人民共和国正在崛起，并不断走向胜利。

1950 年 12 月 31 日，伍修权（前中）、乔冠华（前左一）与前来欢迎的章汉夫（前左三）、龚澎（后右一）等在机场。

我们在祖国迎来了 1951 年元旦。至此，我们历时 47 天（在美国 26 天）的联合国之行便胜利结束了。我们作为中华人民共和国第一个派往联合国的代表团，在国际讲坛上当面痛斥了美帝国主义者的侵略罪行，阐明了我国政府的立场和政策，其影响和作用都是很大的，也为以后同美帝国主义和霸权主义的外交斗争提供了一定的经验。我们代表团全体同志受党和政府的委托，在美国本土同当代的头号帝国主义者面对面斗争，也是一次极为难得的锻炼和学习，大家都感到很有收获。回来以后，我们向中央和外交部的同志汇报了自己的工作，刘少奇同志和周总理分别听了我们的口头汇报。周总理详细询问我们在联合国的各方面情况，对我们进行了鼓励。少奇同志也对我们的活动表示赞赏，指示对这次联合国之行要广为宣传。于是在 1951 年初的一段时间内，我们代表团的几个同志应全国政协、保卫世界和平委员会及北京大学等许多单位的邀请，先后去作了多场报告。天津市市长黄敬同志也在天津组织了上万人的群众大会，专门请我们去报告联合国之行。我们从人民群众的热烈反应中深深感受到一点，饱尝帝国主义侵略之苦的中华民族，一旦能扬眉吐气地说出自己要

伍修权在机场与前来迎接的家属合影。

说的话，以全新的形象出现在国际舞台上，不能不激起全国人民的自豪感情。也正因此，我们的联合国之行，在诞生刚满一年的新中国，成了人人关心、万众瞩目的一件大事。我们个人由于参加了这一工作，一时间也颇受人们的瞩目。但是我也想到，我们每一个同志，在某种意义上也相当于一个演员。我们执行一项任务，也就像演员担任一个角色，既然上了台，就要演得像个样子，把各自的角色演好，决不能马马虎虎。但是下了台就不再是那个角色，而是普通一员了。我总是以这个想法来提醒自己，时刻不忘自己只是一个执行党和祖国交付任务的普通工作人员。

以上叙述的是30多年前的一段往事。自那次联合国之行以来，世界形势已经发生了巨大的变化，后来美国政府终于改变了对我国的态度。1971年10月，联合国恢复了中华人民共和国的正式席位，接着尼克松总统访华，签订《上海公报》。1979年中美正式建交，中美关系史揭开了新的篇章。尽管在目前和将来还会有着这样那样的障碍和曲折，但是，"青山遮不住，毕竟东流去"，历史潮流不可阻挡。中美两国人民必将同世界人民一起，把当年杜勒斯之流的反动政策和超级大国独霸世界的图谋，永远抛入历史的垃圾堆中！同样，台湾回归祖国的呼声也日益深入人心，我们同国民党的许多人士，虽然在国内战场和国际讲坛上都曾交过手，但那毕竟已经成为历史，并且我们也有过两次合作的经验。现在应该既往不咎向前看，为着子孙后代，早日结束台湾同祖国大陆的分裂局面，实现祖国的统一大业。

四、开城一月

朝鲜战争和停战谈判

1951 年夏，朝鲜战争进入相持阶段，战线逐渐固定在三八线一带，双方都很难向对方作较大的推进。美国当权者也看出，如果要实现他们预期的侵略目标，"取得那种胜利同付出的代价（人员损失）相比，那是得不偿失"。如果继续北犯，将会延长补给运输线并加宽战线，"再说满洲和中共国土幅员辽阔，凭美国的资源和能力是根本不能制伏的"（见侵朝美军司令李奇微的回忆）。同时，国际上要求在朝鲜实现停火的呼声很高。联合国秘书长赖伊也认为，如果在原来发起战争的三八线附近实行停战，这对美国来说也不算太丢面子。双方经过外交往来，决定从 1951 年 7 月 11 日起，在朝鲜开城举行以朝鲜人民军和中国人民志愿军为一方，以所谓"联合国军"和李承晚部队为一方的停战谈判。我方公开出面进行谈判的是朝鲜人民军南日大将和李相朝中将等，中国人民志愿军的代表开始是邓华将军，以后是边章五和解方将军等；朝中双方在谈判中是配合得很融洽、很紧密的。代表我国政府在内部掌握和指导这个谈判的是我国外交部副部长李克农同志，乔冠华等一大批同志也在那里协助这一工作。当年冬天，谈判正在紧张进行中，李克农同志得了很重的哮喘病。

中央派我接替病重的李克农同志

中央担心他的身体不能支持，决定派我到朝鲜去替换他，让他回国休息和进行治疗，同时派外交部美澳司司长柯柏年同志和我一起去，以加强这方面的工作。1951 年 11 月，我和柯柏年等同志分乘两辆吉普车，由东北直接开往朝鲜。那时朝鲜前线正处于阵地战阶段，朝中方面虽有一些空军，但是作战力量还很有限，只能在平壤以北接近我国的地区内活动，制空权基本上还在美军手里。敌人就用空军在我军后方进行所谓"绞杀战"。不断轰炸破坏，企图切断我军的运输补给线。那时美国飞机整天到处侦察和投弹扫射，白天根本没法行动，只能利用夜色掩护开车前进。由于时常有敌人夜航机出现，汽车不能开灯，只能摸着黑慢慢开进。当时正是 11 月间，一弯如钩下弦月斜挂在天空，借着淡淡的月光，我们看见一路上中朝军民人来人往，绵延不断。许多交叉路口上，都有朝鲜人民军和我国志愿军战士在指挥交通，呈现一派紧张严肃的战争气氛。我这个打了很多年仗的老兵，重回到久已熟悉的战争环境中，不由得也很兴奋。

正在我欣赏战地夜色时，突然一声枪响。这是防空哨的报警枪声。许多车辆有的马上冲过封锁区，有的就地分散隐蔽。只听敌机哼着飞过来了，漫天空撒下一串串吊着降落伞的照明弹。原来隐蔽在夜色中的山冈、丛林、河流和道路，一齐显露了出来，那照明弹的光芒飘忽不定，此明彼灭，光下的景物也就时隐时现，变幻万千，显得十分好看。这种平时少见的奇异景色，虽然使人赏心悦目，但是却隐藏着一种战争的恐怖，谁要是不小心暴露了目标，可不是好玩的。我们在路上也遇到了轰炸，一队夜航敌机不知发现了什么目标，向不远处翻来覆去地又投弹又扫射，在已经烧焦了的土地上又燃起一片大火。志愿军战士们把美国侵略者戏称为"钢铁公司老板"，他们正在向朝鲜拼命"倾销"自己的钢铁"产品"。我们看着这批敌机把它们带来的炸弹都"倾销"完毕又飞回去时，马上重新发动车子，奔赴我们要去的地方。

拜见金日成首相

我们日宿夜行地赶到了朝鲜首都平壤后，那里已被战争破坏得不像个城市了。在一处山沟里的大掩蔽部里，找到我们的大使馆。大使是倪志亮同志。他接待了我们后，就陪我和柯柏年同志去见金日成首相。金首相住在平壤郊区一个很隐蔽和安全的地点，我们通过层层哨位，见到了闻名已久的朝鲜人民领袖金日成同志。早在我国解放战争期间我就认识他了。1947年和1948年间，我曾几次去朝鲜，会见过他和崔庸健等朝鲜领导同志，这次又在共同反对侵略的正义战争中重逢，心情是很兴奋的。会见中，我向金日成同志说明了自己此行的任务，请他作指示。他向我们说，朝鲜人民是热爱和平的，党和政府同人民怀着同一心愿，也希望这次战争早日停下来，使人民摆脱战争灾祸。但是停战的实现，必须是双方都能接受，可以取得一致的条件下才行。他还指出，停战线应该维持在三八线一带，不能接受美方的无理要求。他希望参加谈判工作的中国同志和朝鲜同志紧密团结，通力合作，共同战胜在战场上和谈判桌上都嚣张蛮横的美国侵略者。最后他预祝我们的任务圆满完成。

1951 年 11 月，伍修权（前左五）与我驻朝鲜使馆人员合影（前左六为大使倪志亮）。

车翻人未伤

在平壤稍事停留，了解了一般的情况后，我们就乘原车向谈判地点开城驶去。越接近前线，道路越难走，来回的车辆也越多，许多军车司机把车开得又快又猛，弄得我们老是提心吊胆。因为仍是夜间行车，途中碰到了一次惊险的事。我们的吉普车正在紧张行驶时，因为没有打灯，走着走着突然发现了一个黑乎乎的庞然大物向我们迎面闯来，定睛一看，原来是对面开来的一辆大卡车，就在两车几乎相撞时，我们的司机把车头向右猛一拐，只觉身下一颠，吉普车腾空而起，把我们几个人一齐从车里抛了出来，没等我们意识过来怎么回事，扑通通几声就摔了下来。那股力量也不小。我们要是摔在石头上或树干上，不粉身碎骨也得头破血流或断胳膊断腿。可是巧得很，我们竟被摞在一个水坑里，只觉身上一阵冰凉，才知一身十分讲究的呢大衣都被冰水泥污浸透了。我们忙爬起来，互相一看，谁都没有受伤，真是万幸。转身一看，吉普车已反扣着翻了过来。前面先走的一辆车，见我们没有跟上，又返回来找我们，才知已经出了事。他们就同我们几个人一齐动手把车子翻转过来，司机上去一试车，又是喜出望外，车子一点也没坏，仍然可以开动，我们不由得互相庆贺起来。人和车都没有损伤，虽然身上湿了，也就算不得什么了。因为翻车把汽油漏光了，又从前面车上匀了一些过来。我们高兴地重新爬上车去，格外小心地开车继续前进。一场富有惊险色彩的奇遇就这样过去了。

因为穿着湿衣服不好受，同时也因为汽车油不够，就决定半路上找一个地方处理一下身上的湿衣服，再设法加些油，结果找到一处志愿军警卫部队的驻地。那是一个半地下堡，隐蔽在山坡下，里头住了一排部队。我们向他们说明了情况，告诉他们是从什么地方来的，要到什么地方去，虽然没有说明我们的具体身份，但是他们从我们的服装和态度上，看出我们是一些负责干部。志愿军战士们热情地迎接和招待了我们，把我们安置在自己住的掩蔽部中休息，给我们的车加足了油，还帮我们把衣服烤干刷净了。这批"最可爱的人"的可爱形象，长时间地留在我的记忆里。

李克农同志坚持"临阵不换将"

当天亮时，我们到达了开城，见到了李克农等同志，向他们表示了慰问。当我向李克农同志谈了我要替换他下去休息和治病时，他却表示说"临阵不换将"。他说自己虽然身体不太好，但是熟悉谈判工作的全部情况，已经摸清了各方面的规律，如果现在中途换人，一切又得从头开始，对整个工作不太有利，因此他建议在他身体还可以支持的情况下，不马上换人。我们觉得他这个想法也有道理，对他这种带病坚持工作的顽强精神也很赞佩，就向中央反映了这个意见。请示的结果，中央同意李克农同志的建议，仍然由他负责掌握谈判工作的进行，如病情无发展就不换人。我们本来还带了一些香蕉之类的前线见不到的水果准备慰劳他们，可是因为天冷路远，到那里拿出一看，已经全部冻坏颠烂了。李克农等同志看到，只得笑着叹息自己"口福太薄"。

当时我方在开城的谈判代表团分为前方、中间站和后方指挥三线。前方第一线是直接出面的朝鲜人民军和中国人民志愿军谈判代表南日、边章五等。在第二线中间站工作的中国同志是乔冠华等几位，他们负责传达和贯彻上面的指示，对谈判工作提出具体方案和为谈判代表拟写发言提纲。李克农同志作为我国政府的代表，在后方第三线坐镇。他实际上是谈判代表团中国方面的总指挥，负责与国内联系并与朝鲜同志协商，掌握谈判工作的方针大计和全部进程。

1951 年 12 月，伍修权（右）与李克农（中）、柯柏年（左）在朝鲜板门店。

代表团的工作既紧张又有秩序，通常是白天由第一线的同志与对方周旋，每天晚上由一线和二线的同志向李克农等同志汇报这一天的谈判情况，研究当天发生的新问题。李克农同志对此进行归纳后，立即发电报向国内汇报和请示。国内由周恩来总理直接掌握这一工作，他得到报告并考虑后，马上与毛泽东等中央领导同志研究，作出决定后当夜就复电到开城，对下一步谈判工作提出新的要求和指示。电报一般是在天亮时收到，李克农同志收阅后，向志愿军总部通报。他又根据国内指示和各方面的意见提出新的方案，由二线的乔冠华同志加以具体贯彻，最后交给第一线的谈判代表去执行。

在此期间，代表团每个同志同激战中的前线指战员一样，为了胜利，不惜献出自己的一切，大家的工作量相当大，持续的时间也特别长。李克农同志则为此付出了更多的精力，承担了最重的担子。我眼看他的病一发作起来，哮喘得气也透不过来，由于房子里面是朝鲜式地炕，十分闷热干燥，他隔一会儿就得到外头去吸几口潮湿阴凉的冷空气。一面工作，一面将药片一把一把地往口里倒，看了真是令人心疼。每天他只在喘咳最严重时才稍稍停止一下活动，不待病情完全缓和，又立即投入工作。别人替他担心，他自己却十分乐观愉快，在工作的空隙中，不断同大家逗乐开玩笑，使大家在紧张的工作中，一直保持着团结和谐的活泼气氛。

调查了解战争和谈判情况

我为了再观察一下李克农同志的健康状况，又可以趁此机会了解一些谈判的情况，也暂不回国，就在这个世界瞩目的地方留下来，每天各处走走，观察和调查朝鲜战争及敌我双方的各种情况。当时，朝鲜北部在美国等 16 国军队的狂轰滥炸和践踏蹂躏下，几乎所有的城市和村镇都被战火摧毁了。我们进入朝鲜以来，几乎没有见到一座完好无缺的房子，只有开城还有一些比较完整的房子，可以看出朝鲜当年的生活习俗和民族文化。开城位于战线北侧，除了这个圈子里，到处都是炮火连天的战场。为了便于识别，在开城四周，白天放着几个大气球，夜晚亮着几盏直冲天空的探照灯光柱，距离很远就能看到，敌人的飞机和炮火都不准侵扰这里，等于是战场中心的一块小小的和平绿洲。别处可就不大一样了，整个朝鲜北部，不论是军队还是人民群众，都过着半穴居的战地生活。战争破坏了和平与幸福，但是却没有摧毁朝鲜人民的意志。朝鲜人民军使用着简单的轻武器和少量的重武器，抗击着武装到牙齿的自吹不可战胜的美国侵略军。工农群众则在极端困难的条件下，坚持生产劳动，努力支援前线。朝鲜的党政机关领导干部和人民同甘共苦，为祖国的解放和远东及世界的和平事业，忘我地斗争着。他们的顽强精神和英勇形象，给了我极为深刻的印象。

由于开城处于我方的地区内，参加谈判的美方人员必须打着白旗才得进入。我们每天都看到一些美军和李承晚军队人员的车辆，插着小白旗在开城来来去去。他们虽然在战场上和谈判桌上都是我们的敌人，但在我们的地区，对他们仍然以礼相待，负责他们的安全。同时对他们保持着一定的戒备与警惕，不断揭露他们的破坏活动。也正由于他们常搞破坏，后来将谈判地点改到军事分界线上的板门店，不准美方人员再到开城来了。在开城谈判中，双方一直在进行无休止的扯皮。我们的原则是，敌人在战场上得不到的东西，也别想从谈判桌上得到。敌人想通过军事压力为他们的谈判代表撑腰，所以前线的一举一动无不反映到谈判桌上来。谈判桌上的紧张斗争，密切配合着前线的激烈战斗。李克农同志虽然身体不好，但却长期坚持着，如同坚守在自己岗位上的前线指挥员，顽强战斗，不下火线。

归国途中又遇险情

我在那里住了一段时间，见李克农同志毫无倦意，并且病情逐渐减轻，身体已有起色，于是我带着在前线获得的深刻印象和振奋心情，乘原车返回祖国。不料在归国途中，又发生了一次危险的遭遇。

我们的吉普车正通过沙里院一带的敌机封锁地区时，只见公路两侧到处都有被敌机打坏的汽车，有的四轮朝天，有的歪倒一边，有的烧得只剩残骸，有的车身炸得稀烂，东一辆西一辆地使人触目惊心。我们想赶紧通过这片危险的地区，可是偏偏在这时，吉普车却突然抛锚了。司机急得满头大汗，车也挪不了半步。这里前不靠村，后不靠店，别说找人修理配零件，方圆多少公里内连人烟都不见。司机打开车盖一检查，丧气地说，是车上的风轮坏了，不换新的根本走不了。可是在这个鬼地方，到哪里去换新的风轮呢？只听到敌人的飞机又远远地哼着过来了。我们想，要在这里被敌机发现挨一颗炸弹才冤枉呢！就分散开来隐蔽。正在大家走投无路时，司机忽然高兴地喊了起来，原来他从一辆同一型号的坏吉普车里，发现那辆车别的部分都炸坏了，唯独我们车上缺少的风轮却完好无损，这真是天无绝人之路。我们忙帮着司机把那个风轮拆下来，安装到我们的车上，一试车，没问题，就像专门为我们预备的一样。于是，我们的吉普车就又前进了，那段飞机封锁的危险地带，很快就被抛得远远的。事后有人开玩笑说我算得一员"福将"，一生中常常碰到这类逢凶化吉的奇遇，这大概是托人民之福和马克思在天之灵吧！

依靠着人民的力量和马克思主义的思想武装，中朝人民终于在1953年7月27日，迫使美国侵略者在他们所说的"第一个没有取得胜利的停战协定"上签了字，取得了朝鲜停战的胜利。我方谈判代表团除留少数人参加军事停战委员会以外，大部分奉命回国，胜利地结束了自己的工作。

五、出使南斯拉夫

中南关系的建立

南斯拉夫联邦人民共和国（即后来的南斯拉夫社会主义联邦共和国）是最早承认我国的国家之一，早在1949年10月5日，即新中国成立的头几天，他们就致电我国政府，表示愿意与我国建立外交关系。但是由于 1948 年 6 月欧洲《共产党情报局关于南斯拉夫共产党情况的决议》，南共已被苏共及欧洲九党开除出兄弟共产党和社会主义国家的行列。南斯拉夫与苏联及东欧几国之间的关系，正处于全面破裂的紧张状态。当时为要保持与苏联等国政治上的一致，我国政府对于南斯拉夫的表示，采取了既未接受又未拒绝的留有余地的态度，把同南斯拉夫建交的问题搁置起来了。当时虽未马上建交，南斯拉夫对我国却一直采取着友好和支持的态度，坚决主张恢复我国在联合国的合法席位，多次在联合国等国际讲坛上公开反对外国对我国的侵略，投票赞成有利于我国的各项提案。南共对我国用枪杆子打出来的革命经验及独立自主地不照搬外国做法的建设道路，也表示十分赞赏。虽然由于当时的国际环境，中南两党两国之间隔阂还较深，但是两国人民之间还是存在着友好感情的。南斯拉夫人民不断传颂中国工农红军的长征奇迹，中国人民对南斯拉夫的游击战争也很佩服，这些都是中南两国建立和发展友谊关系的良好基础。

1953 年斯大林逝世后，苏联的国内外政策发生了一股"解冻"之风，这股风也吹到了冰封多年的苏联与南斯拉夫的关系问题上。1953 年 6 月，即斯大林去世刚三个月，苏联就主动派出了新任驻南斯拉夫大使，打开了长期僵持的苏南关系的局面。1954 年秋，苏共中央派中央国际部的特别代表专程来华，向我党陈述他们对于恢复和改善苏南关系的意见，解释他们已经采取的行动。毛泽东同志亲自接见了他，我担任了这次会谈的翻译。他说苏共中央认为 1948 年情报局关于南斯拉夫的决议，是不公正和有错误的，继续保持与南斯拉夫的紧张关系，是不利于社会主义阵营的，他们希望各兄弟国家都恢复和建立与南斯拉夫的正常关系。为了与各兄弟党协调一致，建议我国也采取同样的行动，相应地改善与南斯拉夫的关系。

会谈以后，毛泽东同志与周恩来等同志商谈了苏共的建议，认为这个意见是合理的，我们可以同意。由于新中国成立初期我们虽未同意与南建交，但也未断然拒绝，当时这种留有余地的做法，为以后的改善关系提供了方便。经过政治局讨论并同意，我国政府作出了与南建交的决定，并将此决定通知南斯拉夫。我们的态度，马上得到了南斯拉夫的积极响应。双方经过接触后，一致同意建立两国之间的外交关系。1955 年 1 月 11 日，发表了中南两国建交公报，公布了两国外长的电报。

周总理建议我当首任大使

建交问题一确定，我国首任驻南大使的人选就成了一个重要问题。周总理兼外长亲自主持外交部的碰头会，同几位副部长和各司司长商谈此事。会上大家说南斯拉夫是一个很特殊的国家，同他们打交道将是相当复杂的，这个大使的任务将比较艰巨，不大容易当好。讨论中大家都未提出具体建议，有时是一阵沉默。后来周总理正面问我道："伍修权同志，你去当这个大使，怎么样？"这对我当然是突如其来的问题，事先没有思想准备，就对周总理说，我要好好考虑一下。周总理说："那好，你回去考虑考虑，明天再答复我。"我回去后认真地考虑了总理的意见，我想到了两点：第一，我既然要搞外交工作，老蹲在国内是不行的，应该到外面去走走，积累这方面的实践经验和感性知识，这次出使南斯拉夫，不失为一个很好的机会；第二，南斯拉夫是一个比较特殊的国家，情况复杂，任务重要，领导上既然已经考虑到我，我就不应该犹豫和推辞，而应该勇敢地挑起这副担子来，在实际工作中来锻炼自己。我决定接受这一任务，第三天就向周总理报告了我考虑的结果，表示自己乐意去南斯拉夫工作。周总理也很高兴，鼓励地说，相信我能很好地完成这一任务。问题就这样决定了。1955 年 3 月 1 日，我国政府公布了毛主席任命我为我国首任驻南斯拉夫特命全权大使的决定，国务院同时免去了我的外交部副部长职务。同月 10 日，南斯拉夫也发表了任命弗拉迪米尔·波波维奇为首任驻华大使的决定。

至此，中南两国之间的外交活动和友好往来正式开始了。1955 年 4 月，南斯拉夫派来以贝柯维奇为首的工会代表团，一面参加我国的五一国际劳动节庆祝活动，一面就中南两国关系中的一些具体问题作进一步商谈。我国由邓小平同志与他接谈。当时虽然两国都有了改善关系的愿望，但是毕竟还处于"解冻"的初期，加之本来就缺少互相了解，所以会谈时双方的态度都比较严肃。贝柯维奇认真地向我们介绍了南斯拉夫的情况和南共的立场，特别对 1948 年情报局关于南共的决议作了大量的解释。我们过去对许多事情确实不太知道底细，对贝柯维奇的话采取了一定程度的保留态度。他们还就五一节游园中的一幅世界地图上将南斯拉夫划为资本主义世界的一部分，并成为美国的军事基地，向我们表示了不满。我们接受了他们的意见，让有关部门把那幅地图取掉了。

使馆的筹建和出使准备工作

我被任命为驻南大使后，就全力着手于使馆的人员组成和筹建工作。我首先找到周秋野同志为使馆的政务参赞。周秋野同志在抗日战争期间就同我在八路军延安总部一起工作过，解放战争时期又一同在东北工作过，相互比较了解和信任。他的爱人张月同志也和他一起到驻南使馆任二秘工作。接着我们又物色了使馆的全套人马。由于有了周秋野同志做建馆的具体准备工作，我就利用机会同爱人徐和一起去南方转了一圈，在远离祖国以前了解一下国内的情况。我们先回到武汉老家，看看老母亲和其他亲属故友，接着到长沙和韶山，首次参观了毛主席故居。离湖南后又去了广州，参观了这个历史上的革命名城。返回北方时又绕道杭州和上海，顺便欣赏一下久已闻名的"人间天堂"景色，并到上海置办出国服装。在上海我们住在锦江饭店。那时俞沛文同志在上海任外事处长，他派了一个对上海情况很熟悉的同志带我们到各家有名的公司购置了服装和各种生活用品。当我们回到北京时，使馆的组建工作已经基本就绪，周

1956 年，伍修权（二排右五）与周秋野（二排右四）等驻南斯拉夫使馆人员合影。

秋野同志又以我国使馆代办的身份于 4 月 12 日先期赴南，到贝尔格莱德做进一步的建馆工作。

向铁托总统呈递国书

当时，苏联与东欧各国已先后与南斯拉夫复交，苏南两国关系正在迅速发展着。在此以前已经当权的赫鲁晓夫写信给铁托，承认苏联过去对南斯拉夫的态度是错误的。铁托则复信说，不听空话，要看行动。为此赫鲁晓夫决定亲自去南斯拉夫访问，加紧做弥合苏南关系的工作，并定于 1955 年 5 月 26 日访南，已经与南复交的各社会主义国家大使都要参加机场的迎接。我就于 1955 年 5 月 24 日去南赴任，赶在赫鲁晓夫到达以前的当天上午，在我国使馆周秋野参赞和孙清淮同志及南斯拉夫外交国务秘书（即外交部长）科查·波波维奇、总统办公厅秘书长、典礼局长等陪同下，向铁托总统呈递了国书。我在致颂词中首先代表我国人民和国家领导人，对铁托总统和南斯拉夫人民表示敬意和祝愿，并表示将在自己的大使任期内，尽全力来发展中南两国之间的友好关系。铁托总统在答词中说，他非常高兴地接受了我的国书，深信我的出使对发展和巩固中南两国关系及国际合作事业，都具有很大意义。

1955 年 5 月，伍修权向南斯拉夫总统铁托递交国书。

赫鲁晓夫访南修补苏南关系

1955年5月26日，以赫鲁晓夫、布尔加宁为首的苏联代表团到达贝尔格莱德。这不仅是苏南复交后第一次重要访问，在整个苏南关系史上，也是一个不同往常的行动。过去苏共惯于让别人到他们那儿去接受指示，这次却是苏联主要党政领导人亲自到被他们骂了多少年的小国来，本身就带着赔礼道歉的意味。我上午刚向铁托总统递交了国书，下午就在各国使节的行列中，参加了机场的欢迎仪式。赫鲁晓夫一下飞机，就在他的机场讲话中，公开承认他们对于过去发生的一切，"衷心地感到遗憾，并且要坚决消除这个时期中的一切芥蒂"。赫鲁晓夫念着早已准备好的稿子，铁托却似乎无动于衷地站在一边听着。等赫鲁晓夫讲完，他不置一词，连照例的欢迎词也没作，就邀赫鲁晓夫等人登车离机场而去，表现出对苏联态度和赫鲁晓夫讲话并不在乎的高傲姿态，倒是赫鲁晓夫表现出一副讨好铁托的卑躬样子。

苏联代表团在访南期间，与南共领导人举行了一系列会议。最后，于1955年6月2日签署了苏南两国联合宣言（《贝尔格莱德宣言》），苏联承认南斯拉夫是社会主义国家，表示两国将采取一切必要措施来建立正常关系，并在一切方面扩大合作。在宣言中关于两国外交政策的部分，共同表明了支持中国对台湾的主权、恢复我国在联合国的合法席位等正确的立场。6月3日，苏联代表团举行了盛大的答谢宴会，招待南斯拉夫领导人及各国使节，我也应邀参加了宴会，又观看了苏联去的一个艺术团的演出，感受到苏南两国之间一股不咎既往、重修旧好的热烈气氛。对于这次访问，我国党和政府是取支持和欢迎态度的，认为这是当时国际关系中的重大事件，毛泽东同志也说，苏南两国领导人的这次会谈，"是对世界和平和人类进步事业的重大贡献"。次年2月，铁托又应邀访苏，与苏共重建党与党的关系，并签署了苏南关系的《莫斯科宣言》。这一宣言与赫鲁晓夫等在南签订的《贝尔格莱德宣言》，确定了处理苏南两国关系的基本原则。

中南友谊如春潮

我们正是在这种友好气氛下，抱着团结的愿望，开始了在南斯拉夫的工作。我到任后几天，苏联代表团正在那里时，铁托总统又一次约见我并作了亲切友好的谈话。我代表毛泽东主席向铁托总统赠送了礼品。铁托对我这个大使还是很满意的，特别是我在大使任期内当选为八届中共中央委员。他认为这反映了党中央对我的重视，也是对他们的重视。所以我到南以后，工作比较顺利，与南斯拉夫的关系十分融洽。在我赴任的同时，南斯拉夫首任驻华大使弗拉迪米尔·波波维奇也到达北京，拜会了周总理，向毛主席呈递了国书。双方都对新建立的友好关系和两国的独立自主及建设成就，表示了赞赏和祝愿。

在我国驻南使馆的筹建过程中，南斯拉夫政府给予了许多帮助和方便。我们的人也不多，就我们夫妇二人，加上司机和照顾我们生活的同志。整个使馆连武官处、商务处等共约 50 人，主要成员除我和周秋野同志外，还有武官丁甘如、商务参赞李琢之、文化参赞卢耀武、一秘苏丹等同志。那时我们同南斯拉夫关系很好，所以大家工作得也很愉快，内部团结协作也好，都兢兢业业地为发展中南关系而贡献着各自的力量。

中南建交以后，两国间的友谊往来，真如解冻后的春潮一样川流不息，我国派出了一个又一个从官方到民间、从政治经济到文化体育等各个界别的不同代表团到南斯拉夫进行友好访问，其中有以彭真为首的人大常委和北京市人委代表团，以刘宁一为首的工会代表团，以邓华为首的军事代表团，以廖鲁言为首的农业代表团，以孔原为首的贸易代表团，以严济慈为首的科技代表团，以及其他许多代表团和考察组，甚至还有聋哑协会代表团，等等，都接连不断地来到南斯拉夫。南斯拉夫也相应地派出了各种性质的代表团前往中国。南斯拉夫的科罗民间歌舞团到我国各地访问演出了两个多月，我国的艺术团带着杜近芳、张云溪的京剧和《荷花舞》等歌舞节目，在南斯拉夫的建国 10 周年国庆活动期间也访问演出了两个多月。这一期间双方共同签订了经济贸易和科技文化等各方面的协定，报纸上也连续不断地发表了各个代表团来访的消息与中南两国政治活动和建设成就的报道。每个代表团的来往和活动，事先都要由大使馆作出计划安排，重要的代表团来到以后，我都要出面接待和陪访。铁托等南斯拉夫主要领导人接见我国代表团，观看我国的艺术演出和参观展览时，我当然要陪同。1957 年 1 月，铁托接见彭真为团长，李济深、章伯钧、胡子昂为副团长的中国人大代表团和北京市人委代表团全体成员。接着又同彭真同志单独作了长时间的交谈，都由我陪同会见。我和大使馆的有关人员先后应邀访问了南斯拉夫的各个联邦共和国和一个自治省，参观了他们的主要工业基地、革命纪念地和名胜游览地。卡德尔和兰科维奇等南共领导人还几次设家宴招待我和周秋野同志两家，不拘形式地交谈和友好往来。

1955 年，伍修权（左二）与周秋野（左一）在机场欢迎我国赴南访问的代表团。

同铁托总统的友好交往

除了正式的礼仪外，铁托总统也同我们有一些友好接触。他爱好狩猎活动，每年都利用一个机会，邀请我和各国大使同他一起到多瑙河畔的猎场去打猎。这既是一种很好的体育运动，又是一种形式活泼的友好交往。那里平时是禁猎的，每年冬天才开放。狩猎收获也是南斯拉夫的一宗出口物资。狩猎中铁托总统邀请我在他的右侧同他一起打猎，这是一个荣誉的位置。以前我没有打过猎，第一次打猎没有出成果，第二次打猎就有收获了，打中一只狐狸和一只野鸡。打猎结束后举行便餐和小联欢，铁托欢迎各国大使每人来一个小节目，许多人就又唱歌又跳舞，真是活跃得很。轮到我时，我觉得跳舞唱歌都不大合适，一时兴起，来了一段京剧。其实我连唱词都记不全，所有在场的人除了我自己外，谁也听不懂我唱的是什么，但是大家还认为我的节目别具一格，很有民族特色，因而受到了人们格外的欢迎，我也算是顺利地过了关吧！我还几次去过铁托常住的位于亚得里亚海上的布里俄尼岛等名胜疗养地。那些岛上气候宜人，风景优美，果树成荫，意趣盎然。最特别的是那里有一种泥土，能治关节炎，据说铁托也因为有些病须做泥疗，才常去那里的。那些岛上除了高级别墅和宾馆之类，没有老百姓住，实际上是个禁区，各种建筑和设施都是为住在那里的高级领导人和外宾服务的。我们到那里时，铁托还请我们参观他的酒窖，品尝他收藏的名酒。据说能享受到这种友好待遇的人不是很多。我参与的这种种活动，到十年内乱中，都成了我"勾结南修，里通外国"的罪状，不过我并不因此而后悔。我们当时通过这些活动，增进了两国之间的相互了解和友好感情，个人也获得了不少知识和经验。

伍修权与铁托等祝酒。

我们对南斯拉夫的国情调研受到国内称赞

我们出国之前，对南斯拉夫的情况了解很少，国内也没有多少可资参考的现成资料，主要靠我们到南斯拉夫以后通过实地调查考察，来了解和研究他们党和国家的情况。这也有个好处，就是对他们没有什么成见。当然过去情报局关于南共的决议对我们也还有着一定的影响，同时也引起了我们的兴趣，要看看到底真相如何。南共的同志好像很了解我们的心情。南共中联部长、曾经担任过少共国际书记的弗拉霍维奇亲自向我们介绍南共情况，特别是与情报局冲突的详细情况。当他向我们讲到苏联发动和组织对南斯拉夫政治上的围攻和军事、经济上的封锁，使他们的国家和人民遭受巨大的困难时，激动得热泪盈眶。他说，南斯拉夫被苏联逼得没有办法，只得接受美国等资本主义国家的援助，不然真是别无出路。他说情报局的错误决议，反而激起南斯拉夫党和人民团结一心，顶住压力，渡过了难关。我们听了这些情况，也感到斯大林做得太过分了，引起了对南共和南斯拉夫人民的同情尊敬。我们后来了解到的事实确是如此，南斯拉夫是一个社会主义国家，情报局关于南共的决议是不符合事实的。我们根据自己的调查所得，陆续写了一些报告发回国内。据说这些报告很受称赞，认为反映的情况具体生动，材料也很丰富，对于认识和了解南共很有价值。国内鼓励我们继续进行调查研究，还准备对我们的工作加以通报表扬。

关于"南斯拉夫道路"的调研

1948 年以后，经常听到关于"南斯拉夫道路"的说法，而且一提总说成是什么大逆不道的东西。南斯拉夫到底走了什么样的"危险"的道路呢？通过我们在南斯拉夫长时期各方面的观察和了解，近几年又接连去过那里，他们的确有些与众不同的做法，有些东西还是值得我们参考和借鉴的。例如在苏联和中国以至整个国际共运中造成严重后果的个人崇拜问题，南斯拉夫就没有完全重复这些错误。铁托在国内的威信很高，但是在我国常见的那一套搞法却很少见。他的称呼就是"铁托同志"或"铁托总统"，没有什么"伟大领袖""伟大统帅"之类头衔，也不喊什么"万岁万万岁"，不是到处都挂他的画像。他的意见和讲话，也不叫"指示"，只说是建议或倡议。开大会时不是他作报告就不坐在主席台上，同普通人一样坐在台下听，台上只有几个主持会议的人。按照欧洲习惯，主席台前侧有个专门的报告席，铁托要发表演说，也是到那儿去讲，讲完就回到台下听别人讲。有时在广场上开大会，他就同群众一样坐在下面听。他平时很少在首都待着，大部分时间在全国各地转，发现和解决各种现实问题，还经常出国访问，一方面扩大本国的影响，促进国际间的友好互利关系；一方面了解和汲取别国的长处，加以借鉴和运用。他的工作方式比较灵活，自己基本上只管制定方针大计，在原则确定后，具体问题并不多管，放手交给执行机关去办，不像有的国家权力过分集中。铁托比较注意发扬民主和实行集体领导，自己该休息就休息，反而轻松自在，所以他的身体也比较健康。

铁托的思想相当活跃，他有些观点看来同我们是相通的。例如关于谁是历史的动力问题，他曾经说："伟大人物从来不是历史的动力，人民才是历史的动力，是他们鼓舞着领袖，而领袖只不过是组织者和人民思想的系统整理者。"他认为："伟大人物只有在了解人民的需要和愿望并且同人民打成一片的条件下，才能创造历史，并且在其中起巨大的作用。如果一个人把自己同人民割裂开来，而且总想被高高在上地供起来，那么他只会引起畏惧和仇恨。"这些说法我以为是符合马克思主义的。他的思想也体现在党和国家的制度和政策上。他认为党的作用只应该是领导，而不能是统治。党只管确定方针和政治思想工作，不能干涉行政事务，因此从中央到地方以至每个企业单位，都是党政分开，各司其职。党组织主要管党员，掌握思想动向，宣传党的政策。工厂不设党委，只有归所在地方党委领导的支部。支委会成员不脱产也不固定，主管政治教育和思想工作，起着保证作用，不干预生产管理。人们可以对政府的政策方针进行讨论以至批评，允许发表不同意见。因此他们的政治生活比较活跃，开起会来着重讲存在的问题和困难，把真实情况如实告诉人民，发动群众来克服困难和解决问题。政府在困难时期总是注意稳定经济，保持人民生活水平不下降，因而很能得到人民的拥护。他们的宣传工作也是强调用理论来指导实践，而不是只用理论来解释和证明现行政策。他们还注意做犯错误的人的工作，不搞无情打击，不把人整得太狠，撤掉领导职务后，还可以从事写作和研究，生活待遇也安排得比较好，这已成为制度，对内部的稳定和团结很有利。南斯拉夫是主要靠自己的力量通过武装斗争取得胜利的，所以他们很注意革

1955年，伍修权（前中）与周秋野（前排右一）在南斯拉夫调研。

命传统教育，全国各地都有许多革命纪念馆、纪念碑和纪念地，每个地区的斗争事迹和烈士名单都被记载和展示出来，革命老战士很受尊重，对后代的教育和影响都很大。

他们的党和政府机关都比较精干，党中央机关一共只有二百几十人，就在一座楼里办公。行政机构有联邦主席团、议会和议会执行委员会，统称为政府，都在同一座楼里。当时南共中央的办公楼前是一个公园样的草坪，门口没有哨兵，看起来很松。但是传达室就有内务部的人，外人去后得通过他们找你要找的人，由有关的人来接见你。办公时间很紧张，职责分明，不允许拖拉推诿和扯皮。各级机关都很精干，有的县委从书记到打字员一共只七个人，可是一个人顶一个人用，效率很高。遇事都是负责干部亲自动手，附属工作人员很少，政府部长要参加什么活动，一个人夹着皮包就来了。我国去的代表团，他们由一个高级干部出面接待，从会谈、访问到食宿旅行，都由他一人包办了，连飞机票都是他自己去弄。

他们的干部对自己职权范围内的事都敢于负责，出面同外国代表团谈判的干部，在国家方针政策许可的范围内，自己可以决定问题，直接答复和处理有关事项，不必请示这个等待那个，更不向上推卸和逃避责任。干部的任用得经过严格的资格（不只是资历，主要是学历）审查和业务考核，负责干部还要有基层工作经验。南共有一项工作做得很好，就是胜利以后，把经过战争的老干部都先后送到学校深造，每人都受过专业训练，所以他们的负责干部都是自己所管事业的专家，经济工作的领导人本身就是经济学家。解放以后提上来的干部都受过高等教育，县委书记和县的主席必须是大学毕业生。他们除了从事实际工作，还能进行学术研究和著书立说。干部任期和军官服役都有年限和年龄限制，到时候就自动让位，军官满了服役年龄，一过生日就脱军衣。这方面制度很严，干部本人也乐意这样做，因为他们退职以后还可以当学者、教授，写文章、搞研究。中央的部长任期满了，还可以到下面当厂长或经理。国家对退休干部也安置得很好，用于这方面的经费超过联邦行政机构的开支，仅次于国防费，所以退休的老战士、伤残和退伍军人及退休干部生活待遇都很好，又享有很高的荣誉，因此根本没有赖着不走的事。

在南斯拉夫政治和经济生活中，最为重要和独特的是工人自治制度，后来又发展为社会自治。这是为体现"工人是国家的主人"的思想而制定出来的，现在已在整个国家各个领域内实行，当时还限于由工人直接管理本企业的生产大计。在他们的社会组织中，工人委员会和监察委员会发挥了很大的作用。按照南斯拉夫的制度，所有企业单位的最高权力机构是本企业的工人大会，平时则由工人委员会负责。工人委员会无专职机构和工作人员，委员全部不脱离生产，由他们根据市场需要和本企业生产能力制订生产计划。各项大事和本厂劳动定额、分配、奖励和福利等等，都由工人委员会讨论决定，然后交给厂长去执行。厂长有任用和解雇人员的权力，但是厂长本身也有任期规定，工人和技术人员可以自由招聘，不合格者可以解雇解聘。他们为了与资本主义国家有所区别，不用"工资""利润"等提法，只称"收入"和"价值"等，各人的收入首先根据每个人的学历、专业水平、工龄和工作条件来评定相对固定的基本工分，再根据各人劳动的数量、质量、成本消耗、设备损耗等等随时评定浮动的计件性工分。超过定额越多工分越高，不够者则扣除。每人的收入同本厂的产值直接关联，如果本厂产品滞销，产值减少，工分就随之下降。所以全厂工人自然地关心和监督全厂的生产状况，增强了工人的劳动积极性和关心全厂的自觉性。南斯拉夫在农业上不强求形式上的集体化，有点像我们的生产责任制，看起来还是个体生产为主，但是实际上还是有组织的。国家统一计划和协调农业生产，管理农产品的销售，提供农业所需的肥料、种子、农具和耕作机械等，还在土壤研究等科学技术上，给农民以帮助指导。农民与国家相互间组织协作，订有合同，实际是一种农业生产的联营合作性质，只是没有采取苏联和我国的形式。南斯拉夫国营农场所耕种的土地，不到全国耕地的百分之二十，但却提供了很大比例的商品粮。他们不分什么全民所有制和集体所有

伍修权（左三）与南斯拉夫农庄领导人座谈。

制，统称为社会所有制，与我们的所有制在原则上是一回事。当然他们的这些形式和方法还是在不断改进和发展，并且如同每个国家都有其阴暗面一样，南斯拉夫的社会里，也存在一些不正常现象和不健康成分。对于这些问题，他们也是在不断克服中。

南斯拉夫对自己国家通常的提法是"自治的、不结盟的和社会主义的南斯拉夫"。他们对外政策最突出的是坚持民族独立，反对霸权政治，不屈服于任何外来压力。1948年以后，美国等国家以为这是把他们拉入资本主义世界的好机会，向他们提供粮食贷款和物资援助，南斯拉夫基本上都接受了。他们面临民族危亡之际没有别的办法，但是在政治上却没有被任何一个大国所控制，保持了"既不当西方仆从，也不做东方卫星国"的立场，在外交上实行着"同人人做生意，不同任何人结盟"的政策，后来成为不结盟运动的倡导国之一。在社会主义国家之间和兄弟党之间关系问题上，铁托主张应该把国与国同党与党之间的关系，意识形态讨论同国家合作之间的关系区别开来，反对把意识形态上的分歧扩大到国家关系上，尤其反对苏共干涉其他各党各国的内部事务，等等。

回国参加八大

1956年9月，我曾回国参加了党的第八次全国代表大会，并在这次大会上当选为中央委员。我党八大是一次非常重要的，至今还闪耀着光辉的会议。这次大会明确地提出了我们国内的主要矛盾已经不再是工人阶级和资产阶级的矛盾，而是人民对经济文化迅速发展的需要同当前经济文化不能满足人民需要的状况之间的矛盾，大规模的急风暴雨式的阶级斗争已经过去，党的任务已经从领导阶级斗争转到社会主义建设上来。大会又鉴于苏联的经验教训，提出了反对个人崇拜、贯彻民主原则和群众路线的任务。关于外交政策也指出，巩固和加强同社会主义各国的团结合作，是我国建设社会主义的最有利的国际条件，对我国同南斯拉夫的友好关系也作了肯定。这些方面无疑都是非常正确的。

也就在这次大会上，南共派出了维塞林诺夫（南斯拉夫最大的联邦共和国塞尔维亚党的书记）为首的代表团出席了这次会议。他在会上代表南共对我党作了热烈的赞扬和祝贺。他说，南斯拉夫的党和人民及铁托本人，一直非常敬佩中国共产党过去的斗争业绩和现在的建设经验，认为两党两国所走的道路有许多共同点，这都是运用马列主义基本原理，从各国具体情况出发的结果，这是对马列主义学说的发展和新贡献。他们希望这种创造和中南两国两党之间的友谊能得到发展。他的这些观点和愿望，其实同我们也是一致的，可是后来我们却没有这样做下去。

中南关系的曲折经历

在经过一定的调查研究之后，我们认为，南共根据本国的特点和需要，制定了独立的方针政策，探索自己发展社会主义的道路，而不是机械地搬用马列主义一般原理，不照抄外国经验，坚持政治上和经济上的独立自主，其精神是可取的，在实践中也是有成效的。虽然在一些问题上与我们党及其他社会主义国家有着不同的观点和做法，但在其基本方面是符合马列主义原则的，他们实行的是社会主义制度。周恩来等领导同志也说过，中南“两国人民有着保卫世界和平和建设社会主义的共同目标，并且都是以马克思列宁主义作为行动指南的”。南斯拉夫的内外政策，也已引起了我国的注视和赞赏，毛泽东同志曾说过，铁托像铁一样坚强，不怕压迫。在此基础上本来可以不断扩大相互之间的友好合作，以促进两国社会主义事业的发展，但是中南关系的发展从一开始就受到国际国内形势，特别是苏南关系的影响和制约。1956年，赫鲁晓夫在苏共二十大公开反对斯大林后，接连发生了波兰事件和匈牙利事件，苏联和波匈两党采取了种种措施，平定了这些事件。铁托和卡德尔等南共领导人为此相继发表演说，公开批评了苏共的一些观点和做法，引起了苏共和一些兄弟党同他们的争论，我党中央则发表了《再论无产阶级专政的历史经验》。文中一面对南共的态度表示可以理解，一面对他们全面否定斯大林和把斯大林的错误说成是社会主义制度的产物等观点，“向南斯拉夫的同志们提出兄弟般的劝告”。

1957年1月，彭真同志率领我国人大常委及北京市人委代表团访问南斯拉夫。正在苏联访问的周恩来总理从莫斯科打来电话，通过我们大使馆找到彭真同志。周总理指示他利用这次访问单独会见铁托一次，向他转达我党的建议，由中共和南共共同发起召开一次世界各国共产党代表会议，以讨论和协调各国党的活动问题。由于这时苏共的名声很不好，没有几个党肯听他们的话，所以由中共和南共发起较好。彭真和铁托的这次会谈，是周总理指定我亲自担任翻译。会谈中铁托表示，关于召开各国党代表会议问题很重要，要在他们中央讨论一下，他个人的意见是进行双边以至多边的会谈为好，不赞成召开世界各国党的会议。后来他们中央经过讨论以后，答复我们的就是这个意见。于是，这次会谈除了"在亲切友好的气氛中，双方坦率地交换了意见"外，这个问题就算结束了。事后彭真同志专门向周总理报告过。

由于这次秘密会谈是我担任翻译的，十年后的"文化大革命"中，竟成了我的一条"重要罪行"，专案人员多次追逼我交代怎样与彭真一起"里通外国"的。他们说当时有专职的翻译，为什么却由我亲自去翻译，并且只有铁托、彭真和我三个人密谈，其中肯定有"不可告人的勾当"，逼我交代当时到底搞了什么鬼。后来听说还为此事一再逼周秋野同志"揭发"我们，周秋野同志顶回了这种无理纠缠。他对专案人员说，彭真等与铁托的这次会谈，是根据周总理批示进行的，由伍修权大使做翻译，也是上面指定的，会谈内容有记录可查，事后又向周总理写了书面报告，都保存在外交部的档案中，专案组可以去查看，更可以去问周总理，根本不存在什么"勾结阴谋"。

中南两国关系的急剧逆转

随着形势的变化，特别是国内外种种因素的影响，中南两国关系不仅没有得到预期的发展，相反发生了急剧的逆转。苏共利用 1957 年庆祝十月革命 40 周年的机会，召集了各国共产党和工人党的会议，提出世界 64 个党通过的和平宣言及社会主义国家各党通过的莫斯科宣言。出于维护国际共运和社会主义各国的团结，我党由毛泽东同志亲自率领代表团参加了这次会议，支持并签署了这两个宣言。但是南共只有保留地赞同了和平宣言，拒绝在莫斯科宣言上签字。他们不同意宣言中关于划分世界两大阵营和社会主义阵营必须以苏联为首的观点，更不同意宣言中对南共的不点名的批评。南共的这一行动，触犯了以"老子党"自居的苏共领导集团，从 1957 年底开始，便发起和组织了对南共的新围攻，批判南斯拉夫内外政策的文章充斥了苏联和东欧的报刊。

1958 年初，南共为准备他们的七大提出了南共纲领（草案）。在草案公布以后，中共中央电示我们大使馆迅速将纲领内容及我们对它的看法报回国内。我们立即组织大使馆的全体人员，将十万多字的纲领草案全部译成中文，馆内同志大致研究后，由我起草并签署了一个《对南党纲领草案的初步意见》，连同译好的纲领全文送回国内。在此以前，我们还就南共邀请我党派代表参加他们的七大，向党中央提出了建议，并草拟了供国内参考的对南共七大的祝词初稿。在起草这些报告和祝词初稿时，我们曾按照十二国党的《莫斯科宣言》中所提出的社会主义社会九条共同规律与南共纲领及国内情况，一条一条作了对照。我们认为在这九条共同规律中，南共至少有六条，即实行工人阶级政党领导和无产阶级专政、建立工农联盟、建立生产资料公有制、实行计划经济、实现民族平等和保卫社会主义祖国等方面，是符合这些共同规律的。只有二三条与《宣言》所说的不完全一致，其中最重要的一条是关于实行无产阶级国际主义的团结一致问题，南共纲领却强调社会主义各国和各兄弟党的平等原则，反对任何国家的党搞垄断和霸权。这个观点现在看来当然也是正确的，但在当时公然这样说，并且写在党纲里，却是对一脑袋霸权思想的苏共领导的直接冒犯。我们使馆的同志对苏共领导集团的霸权主义面目还没完全认清，从团结的愿望出发，也认为南共纲领那样说不妥。其次在实现农业集体化等方面，南共坚持自己的做法，这本来也是可以允许的，可是当时盛行的观点是：只要与我们和苏联不一致的地方，就是"修正主义"的。但是对整个纲领草案，我们还是给予了实事求是的评价。我在报告中说，纲领草案许多部分反映了正确的观点，在几个问题上如关于社会主义革命问题上，认为有革命的、议会的及其他斗争方式的前途，社会主义社会存在内部矛盾，必须正确解决这些矛盾，等等，与我党的观点是基本一致的。因此我在报告中提出："虽然我们同南共同志在一些问题上，在看法上有所不同，但是南斯拉夫人民对于社会主义建设的渴望和相当的干劲也是事实。"在我草拟的对南共七大的祝词稿中，同样肯定和赞扬了南共领导人民在社会主义建设中取得的重大成就，并且说："南斯拉夫的同志们，根据你们国家的具体情况，制订出你们在建设社会主义中的新的领导形式、方法和作用，这是很自然的。各国社会主义建设形式和方法的多样化，是对马列主义理论的集体贡献"，并且提出"如何使民族特点同马列主义关于社会主义和社会主义建设的普遍真理相结合，以便更好地建设社会主义，是摆在我们共产党人面前的严重责任。我们彼此间将继续交换这方面的经验，使我们社会主义的共同事业获得更快的前进"。

　　我满以为自己的想法会得到中央的赞同，谁知我却把问题看得太简单了，对形势估计得也太乐观了。首先是苏共提出，各社会主义国家的党不派正式代表出席南共七大，只派观察员列席旁听，不致祝词。我们党赞同了这个建议，我草拟的祝词稿子也就没有用上。1958 年 4 月 22 日至 26 日，南共七大在卢布尔雅那开幕。我和苏联、东欧几国大使以观察员身份列席了大会。由于苏共发动的对南共纲领的批判和对南共七大的抵制，更激起了南斯拉夫人对苏联的反感，在一些报告和发言中，都愤怒地谴责苏联干涉别国的党内事务。苏联大使和我们曾一度退出会场，表示抗议。只有一家例外，就是波兰大使，他们显然同情南共，而不赞同苏共一致行动。大会的发言和代表们的情绪，反映出了对苏共的强烈不满。我在会场上看到这些情景时，心中非常不安和沉重，恢复不久的南斯拉夫与苏联及社会主义各国的友好关系，又不存在了。这到底是怎么造成的，我当时很不理解，情况也不清楚，更没有想到自己很快为此受到批评以至贬斥。

奉命回国受批判

南共七大一闭幕，我就奉命应召回国述职，走得很急，我预感到有了问题。一下飞机就知道了，我是被调回来受批评作检查的。原来我写的关于南共纲领报告和对南共七大的祝词稿发回国内后，由中央某些人看了，被认为是错误的，说我已经同修正主义者唱了一个调子。当时国内即将召开党的八大二次会议，我被指定到大会上去汇报自己在南斯拉夫的工作，并就自己对南共的错误态度作出检讨。

1958 年 5 月我奉召被调回国内，一到家就先在外交部挨了一顿批，因为我是八届中央委员，又责成我到八大二次会议上去作检讨。我听了对我的批判，又重新看了我从南斯拉夫发回来的几个电报，自己也觉得同国内的调子相距太远了。我的报告肯定南斯拉夫还是一个社会主义国家，认为南共纲领中有着符合马列主义的正确的一面。而国内的论调却把南共纲领说成是"反马列主义的，是彻头彻尾的修正主义"，南斯拉夫已实现了资本主义复辟。尤其使我难以理解的是，这次会议竟然重新肯定"1948 年情报局关于南共状况的决议基本上是正确的"，只是方法上有点缺点错误。我对这些说法起初是难以接受的，因此在八大二次会议的小组发言时，仍然讲了一些南斯拉夫的真实情况。但是我的个人看法改变不了既定的调子，当时康生和陈伯达对这事就特别起劲，他们又写文章又作报告，大骂"以南共为代表的现代修正主义者"，到处煽风点火，唯恐天下不乱。开始我觉得自己的检讨文章很不好做，老是下不了笔。后来有些比较熟悉的老同志来提醒和劝说我，他们是从爱护我出发的，都是一片好意。我接受他们的意见，写了一个检讨，先请有关的领导同志看了，他们觉得太空，应该充实些具体内容。我只得又把在南斯拉夫接触到的有问题和错误的事例，也就是任何国家任何党都会有的"阴暗面"列举了一些，作为对南共具体的"揭露批判"加了进去。我在检讨发言的最后说："在各国共产党的队伍中，并不是所有的人对现代修正主义的危害性都有充分的认识和清醒的头脑，我在参加这次代表大会以前的认识就是很不够的，在大会的进程中，我认真地进行了学习，认识上才有了初步的提高。"如果不是在这种特定的环境气氛下，我的认识是很难"提高"的。

我本来是"回国述职"的，但是实际上却是不辞而别地就离任了，把通常的外交礼节都抛掉了。我的回国标志着两国关系的逆转。不久，南斯拉夫也将他们的驻华大使召回国内，好不容易建立起来的中南友谊就这样被破坏了。这场本来只是意识形态上的分歧，很快发展到国家关系上，两国外交关系规格降低到代办一级，我国驻南使馆就留下了周秋野等同志。开始他们对国内的情况既不了解，又不理解，弄得很为难。5月9日晚上，周秋野同志去参加捷克斯洛伐克大使在贝尔格莱德举行的一个招待会。到场以后，许多南斯拉夫同志都一反常态地不理他。他开始莫名其妙，后来才知道，就在当天，我国播发了第一篇点名批判南共的《人民日报》社论。南斯拉夫的人比我们大使馆先得到了这个消息，他们对此当然很不满。我们使馆的同志也一时不知怎么才好，尽管他们也不大想得通，但后来也只有服从国内的要求做自己能做的工作。

回首往事瞻望将来

即使是在中南两国关系恶化期间，南共领导人尽管对我们很有意见，但仍然采取了比较克制的态度，在外交场合仍然对我们很客气和尊重，人员过境不受留难，照常不受检查，在联合国等国际讲坛上一直支持并维护我国的合法权益，铁托在这方面是有远见的，对我们的一些做法也能够理解和谅解。他说，中国是一个大国，作用不同于别的国家，在处理国际问题时，应该特别慎重才是。后来又正是他主动提出与我们改善关系。他们这种态度是有历史渊源的。他们一直认为中南两国的革命道路，即通过游击战争和农村包围城市的战略战术，是十分近似的；建国以后不照抄苏联样式，坚持同苏联的平等地位，发展自己的社会主义事业，与南共的做法也很近似，两国之间共同点很多。所以虽然两国关系发生了波折以至逆转，他们相信早晚总是能重新走到一起并友好相处的。以后的历史事实也证明了这一点。

十年内乱中，由于我在南斯拉夫工作过，并在对南共问题上有过"错误"，当然也就在劫难逃、不能幸免了。康生之流挑动不明真相的群众多次批斗我，专案人员反复追查我怎样"里通外国"，并且宣称我的这些"罪行"，是"证据确凿，不容抵赖"的。当时我也是有口难辩，有理难说。不过他们也干了一件"好事"，就是把我怎样如实反映南斯拉夫的情况等问题，都写成大字报上了街，公之于众了。听说南斯拉夫大使馆把这些材料都搜集了去。他们原来看到中国批判南共，总以为是我这个大使没有起好作用，回来汇报了不真实的情况，看了这些大字报，才知道了真相。他们说，原来伍修权大使还是如实反映了南斯拉夫的情况。所以我重新工作以后，几次去南斯拉夫都受到热情的接待，南斯拉夫有代表团来中国，也常来看望我，表示一番友好之情。1977 年铁托访问我国，还送给我一支猎枪，表明他一直记着曾同我一起打过猎的事。可见他们是很珍视同中国共产党和中国人民的友谊的。

我作为中国首任驻南大使，参与建立和开展中南两国的友好关系，现在又看到了这种友好关系得到恢复和发展。1982 年 6 月，我接连两次又到南斯拉夫，还荣幸地参加了南共十二大，看到南共正领导全国人民不断前进，我从内心感到欣慰，并且希望此生还能为促进中南两党和两国人民之间的友谊，再做些有益的事。

第八章　中联部八年

一、初到中联部

部里的三项任务

1958 年 5 月，我由南斯拉夫回国，由于曾为南共说过几句实事求是的话，接受了外交部高干会议的批判，又在中共八大二次会议上作了自我批评。正在这时，王稼祥同志极力推荐我到他主持的中共中央对外联络部去工作。中联部的工作主要是同外国兄弟党打交道。王稼祥同志考虑到我是中央委员，与外国兄弟党交往时具有一定的身份，同时我已从事外交工作多年，对这一工作比较熟悉，也能胜任。长期以来他就对我较为了解。在我刚刚受了批判，思想上正有负担时，他建议我到他那儿去工作，不仅表示了他对我的信任，也在一定程度上表示了他对当时那场批判的态度。可是我那时思想上还有点疙瘩，在了解到中央正在考虑调动我的工作时，我给中央组织部长安子文同志写了封信，向他提出了一个问题：这次调我到中联部工作，是不是因为我在外交部犯了错误，待不下去了调动的？安子文同志接信后，找我当面作了解释，说这次调动不是因为我的"错误"，主要是由于中联部的工作需要，他认为我去是合适的，也鼓励我去。听了他的解释和动员，我也就放心了，服从了组织决定。

1958 年 10 月，我到中联部报到，被任命为中联部副部长。当时部长是王稼祥同志，副部长已有刘宁一、李初梨、赵毅敏和许立同志。我去后不久，李初梨同志因身体不好离职休息了。熊复同志开始是秘书长，20 世纪 60 年代初也是副部长。王稼祥同志是在成立中联部时就担任部长职务的，八大一次会议以后又作为中央书记处书记兼任中联部部长。部里的日常工作由我们几个副部长负责。我主管的是自己较为熟悉的苏联和东欧方面的工作，又担任了机关党委书记的职务。十年内乱前期红极一时的王力，那时也在中联部，是一个搞对外宣传工作的处长，60 年代结识并投靠了康生和陈伯达，很受康生和陈伯达他们的赏识，成为当时"反修"写作班子的一个活跃人物，"文化大革命"初期又被提拔为中央文革小组成员，成了"四人帮"搞极左、迫害广大干部和群众、反周总理的急先锋，只是后来又被林彪、江青一伙抛了出来，成为他们的"替罪羊"之一。他的这一结局应该说主要还是由于他自己犯错误的结果。

中联部经常的工作，第一项是研究国际共产主义运动和各国共产主义政党的情况，向中央作出报告和提出建议。这是主要的工作，每天都要阅读和审批各种文件和情报资料，并在一定的会议上进行讨论和提出相应的工作方案。第二项是负责接待来华访问的外国共产党代表团，同他们进行会谈并陪同访问，这也是经常性的工作。接待任务繁重的高峰是 1959 年我国建国十周年大庆，各友好国家的首脑和各国兄弟党代表团，都由中联部负责接待。所以我们那时都全力以赴地投入了这项工作。事后周总理还表扬了我们，说中联部的接待工作做得很好，热情而有秩序。中联部的第三项任务是出席外国各兄弟党的党代表大会，这是我们当时最重要的活动之一。从我到中联部直到十年内乱初期被停止工作的八年间，我几乎每年都要出国几次，苏联、东欧去得最多，西欧和拉丁美洲也去过。大部分社会主义国家的党代表大会，我基本上都参加了。与苏共发生分歧后，又参加了几次中苏会谈。

出席波兰党三大

我到中联部后出席的第一个外国党代表大会，是 1959 年 3 月召开的波兰统一工人党第三次代表大会。当时我国与苏联的关系尚未恶化，国际共运中的分歧也未公开化，我们同各国兄弟党还保持着一定的友好关系。我党出席波兰党代表大会的代表团团长是中央副主席朱德同志，团员有中央书记处书记王稼祥同志、我和我国驻波大使王炳南同志。3 月 6 日，我们与波兰驻我国大使基里洛克同机离京，8 日到达华沙，10 日参加了波党三大的开幕式。和我们同时参加这次大会的，共有 40 多个兄弟党的代表团。在大会上受到特别欢迎的除中苏两党的代表外，还有古巴的共产主义政党——人民社会党的代表，两个月前古巴才从独裁统治下解放出来，所以当时他们很引人注意。当大会主持人哥穆尔卡宣读到中国、苏联和古巴几个党的代表名单时，全场起立热烈鼓掌。

1959 年 3 月，伍修权（左二）陪同朱德（右三）参加波兰工人党三大。

3 月 11 日，朱德同志向大会宣读了我党中央致波党三大的贺电。他在致辞中赞扬波兰党近来击退了国内反动力量，纠正了照搬外国经验的教条主义，保卫了马列主义的纯洁性，等等。苏共代表团团长是伊格纳托夫，他在大会上强调了"以苏联为首的社会主义阵营"团结的重要性。这些话看起来都是很平常的，实际上已反映出一些问题，因为自从 1956 年苏共二十大以来，各兄弟党之间以至国际共运中，在一些重要的理论和现实问题上，出现了一些不同的看法，虽然没有发生公开分歧，但是在各党的言论中已经各有侧重，并且话里有话了。波兰这次党代表大会也是这样，大家都心中有数，只是不便明说，因此会议开得还比较正常，没有发生什么特别的情况。

大会于 3 月 19 日顺利结束。会后我和王炳南等同志应邀到波兰的卡托维兹和克拉科夫参观访问，接待我们的就是后来取代哥穆尔卡的盖莱克。他那时是一个地方的党委书记，似乎是个精明能干的人。

1959 年 3 月，朱德（左三）、王稼祥（左二）、伍修权（左一）、王炳南（左四）在我国驻波兰使馆。

出席英共二十六大

在波兰的活动结束以后，我们代表团就兵分两路，一路由朱德同志率领，加上由国内赶来的习仲勋副总理和我国驻匈牙利大使郝德青同志，组成新的代表团转赴布达佩斯，参加匈牙利苏维埃共和国 40 周年的庆祝活动。另一路以王稼祥同志为首，加上我和张香山、俞志英同志，组成我党出席英国共产党第二十六次代表大会的代表团，转道到了伦敦。当时我国同英国只有代办级的外交关系，我国代办是宦乡同志。我们代表团就住在代办处内，每天从代办处赶到英共二十六大的会场去，俞志英同志担任翻译。英共不是执政党，当时全党只有两万多党员，英国又是一个老牌的资本主义国家，所以他们大会的规模和气氛当然就比不上社会主义国家的党代会了，连我党代表团在内，只有 18 个兄弟党派代表参加了大会。

大会于 3 月 27 日开幕，英共名誉主席加拉赫主持了会议，英共主席波立特和总书记高兰等作了报告，讲的主要内容是强调争取工人阶级的生活权利和国际和平。28 日，王稼祥同志代表我党向大会致了贺词，对他们争取实现民主和社会进步的斗争，表示了支持。

会后宦乡同志安排我们代表团的同志在伦敦做些参观访问，其中一项是到伦敦郊区的一个农场访问。宦乡同志同那个农场主相识，我们去时受到了很好的接待。这处农场耕种了约100公顷土地，种的是甜菜等农作物，却只有四个劳动力。农场主父子俩是主要劳动力，又雇用了两个农业工人。农工各有自己的一幢小楼房，同他们的家属住在一起。耕作活动全靠机械，场里拥有拖拉机和各种农业机械。他们的劳动相当轻松，收入及生活水平却不低。参观访问，使我们对资本主义世界的经济状况及社会生活增加了一些了解。

我们代表团于4月回到国内。由于王稼祥同志在内战时负过重伤，身体一直不太好，这次出访以后，他就再未出国了，但是他仍然关心和领导着我们的工作，只是后来的许多事，也就不以他的意志为转移了。

出席古巴党八大

1960年8月，我作为我党代表去拉丁美洲，出席了古巴人民社会党的第八次代表大会。人民社会党是古巴的共产主义政党。1959年初，古巴由卡斯特罗领导的七二六运动组织取得了政权，古巴人民社会党由地下转为公开，支持卡斯特罗政府，与七二六运动组织建立了紧密的合作关系，后来就完全合并，组织成了古巴共产党。

当时我国同古巴尚未建立外交关系，但是两国之间已经有了不少友好往来，我国已有新华分社的曾涛等同志常驻在哈瓦那。1960年4月下旬，古巴人民社会党总书记罗加和夫人，应我党中央邀请来华访问并参加五一节庆祝活动。中联部由我和副秘书长李启新等同志负责接待。他到后，朱德、邓小平和彭真等同志会见和宴请了他，还请他到北京电视台向我国人民发表了电视讲话。当时毛主席正在天津，邓小平同志和我陪着罗加乘火车到天津，毛主席在他乘坐的专用列车上会见了罗加和夫人。在会谈中，罗加向我们介绍了古巴的情况，说古巴现政府"是一个革命的、爱国的、民主的、争取民族解放和实行土地改革的新政权"，并感谢我国对古巴革命的关切、支持和援助。我们也向他介绍了我国革命的经验。在去天津的往返途中，邓小平同志向罗加详尽地谈了中国共产党的发展情况和历史经验。针对古巴的情况，我们着重讲了三条：一是建立广泛的统一战线，二是要建立强大的民兵武装，三是要高举民族独立的旗帜。罗加对我们这几条很赞赏。

1960 年 4 月，伍修权（右二）陪同毛泽东主席（右一）在专列上接见古巴人民社会党总书记罗加（左一）及夫人（左三）。

我和徐和等同志陪着罗加和夫人，在北京参观了工厂、火车站、郊区人民公社、人民大会堂和古巴图片展览，又陪同他们一起参加了五一节的宴会和游园活动。所到之处，群众一听说是来自古巴的客人，都特别热情欢迎。罗加也曾表示：“我们每到一地，都看到正在建设新生活的中国人民的快乐心情，看到中国人民关心古巴、支持古巴革命，使我很受感动，感到像在家里一样。”5月 2 日罗加访华结束，王稼祥同志也同邓小平、彭真等同志一起，到机场为罗加送行。也就在罗加这次访问中，他说他们将于 8 月召开党的第八次代表大会，邀请我党派代表去参加。邓小平同志听后略一考虑就对我说：“那就派你去吧！”不久又确定了去古巴的其他人选。

8 月上旬，我和中联部的陈清海、杨恩瑞（西班牙语翻译）等同志，离京至西欧，在瑞士搭乘荷兰航空公司的飞机，与法国、意大利、朝鲜和东欧几国党的代表团同机前往古巴。飞机离开欧洲大陆前，在里斯本停机加油，葡萄牙机场检查站对我们很不客气，让我们每个人都下飞机进行了检查。重新起飞后就横越大西洋，直飞加勒比海。到古巴以前，先在委内瑞拉北侧的荷属库拉索岛降落加油，又上来了智利等南美国家党的代表团，一起飞抵哈瓦那。

古巴党代大会于 8 月 16 日开幕，七二六运动成员列席了会议，罗加作了总结报告。19 日，我代表中共中央向大会致了贺词。在致辞中我说，我国党和人民将全力支持古巴革命，把古巴人民的胜利看作是自己的胜利。刚刚取得胜利的古巴人民对于我国的支持，是相当重视的，对我国的代表也十分欢迎。在我致辞结束时，大会代表们竟用汉语高唱我国歌曲《东方红》，高呼"中国人民万岁"等口号，充分表现了古巴人民对我党领袖的尊敬和对我国人民的热爱。这次大会虽然是在布加勒斯特会议以后召开的，但是各国党特别是中苏两党之间的分歧还没有直接影响到古巴，当时对古巴革命，各国党都是支持的。

大会结束后的一天夜里，各国代表团正准备第二天应邀到古巴各地参观访问，我突然接到通知，说古巴革命政府总理卡斯特罗少校（当时古巴最高军衔就是少校）要接见我们。当天夜里我们就去他的办公处同他会见，他同我们进行了亲切友好的交谈，他热情洋溢地讲了几个小时，从他们的起义经过到今后的发展道路，给我们一一作了详尽介绍，直到天亮，会见才结束。这位年轻的古巴革命领袖的热情豪爽和革命精神给我们留下了深刻的印象。

卡斯特罗接见我们以后，各国代表应邀到古巴各地参观访问，新华分社的曾涛同志与我们同行。我们沿着横贯古巴全境的中央公路，从位于古巴东端的哈瓦那直到接近西端的圣地亚哥港，几乎走遍了古巴全岛。我们代表团每到一处，都受到了热烈欢迎，到处都是一派革命气象，我们看了也颇为兴奋。每个国家的革命斗争中，胜利初期都有这么一股劲头，问题是建立政权以后，把人民朝哪个方向引导，能不能巩固和发展这个胜利。几十年来，在美国的鼻子底下，古巴人民在卡斯特罗为首的古巴共产党领导下，顶住强大压力，坚持社会主义道路，建设自己的国家，确实是很不容易的。

8 月下旬，我们由原路返回。过瑞士时，在那里当大使的李清泉同志邀我们在那里休息几天，亲自陪我们观赏了中欧的绮丽风光。刚在那里待了三天，就接到国内的电报，让我们赶到莫斯科待命，准备执行新的任务。我的古巴之行就到此结束了。

二、参加庐山会议

我到中联部的第二年，即 1959 年 7 月，参加了我党在庐山召开的八届八中全会。这次会议是新中国成立以后也是我党历史上的一次重要会议，无论是对于党内的政治生活和国家的经济事业，还是对于我们个人的思想都发生了巨大的影响。

庐山会议分为两段，前一阶段是政治局扩大会议，我没有参加，但后来逐渐了解到一些情况。会议开始时，本来是要对1958年"大跃进"以来的过"左"倾向，进行总结经验和纠正错误的。到会的许多同志，就这一问题发表了许多正确的意见，这时会议的气氛还是正常的。正是在此情况下，彭德怀同志出于忧国忧民之心，向毛泽东同志写了一封信，归纳了他在会上的发言，比较系统地陈述了他对1958年以来的"左"倾错误及其经验教训的意见。这就是那封著名的"意见书"。彭德怀同志写出这样的信不是偶然的，他在我们党内向来以为人正直、原则性强著称，对上级敢于提出不同意见。他在这方面的例子很多，早在土地革命战争时期的第五次反"围剿"中，我曾亲眼看到他不顾个人得失，义正词严地斥责了当时不可一世的共产国际军事顾问李德，并在自己的职权范围内，抵制了当时的错误领导和瞎指挥。为了维护党的利益，他不怕冒犯和得罪领导，显示出一个共产党人的无畏精神和原则态度。他在庐山会议上的行动，正是他这种精神在新的条件下的表现。他平时就一向比较接近群众，这次会前他又曾几次下乡，亲自作了调查研究，了解了许多实际情况，听取了来自下层的呼声，才到会上勇敢地提出自己的意见。

但是当时我们党内已经出现了某些违反民主原则的不正常现象，一些正确意见往往受到压制。有的领导同志急于改变我们国家的面貌，提出了一些不切实际的想法和做法；加之康生、陈伯达等人在庐山会议前后，又起了推波助澜、煽风点火的作用。毛泽东同志从当时的形势中，看出了会议上的苗头，彭德怀同志的意见很可能会得到许多人的赞同和支持，而他认为彭德怀同志的意见是"错误"的，就决定早些表明自己的态度，以免更多的人跟彭德怀走，跟着犯"错误"。于是就将彭德怀同志给他个人的信，作为"彭德怀同志的意见书"印发出来，名为让大家讨论，实际是发动了对彭德怀同志的批判，结果使会议进程发生了本应批"左"但却批右的逆转。由此进入了会议的第二阶段，即中央八届八中全会。

我和一些同志于7月底得到通知，第二批上了庐山。一到庐山，会议的形势已成定局。鉴于自己一年以前在南斯拉夫问题上犯了"错误"，这次就格外小心，特别是听了毛泽东同志的讲话，就觉得除了表示支持他的意见以外，很难再作出别的选择了。

但是当时我心里却是很矛盾和沉重的。我了解彭老总的为人，他的意见实际上反映了许多同志的共同看法。只是由于种种原因，不是所有的人都能像彭老总那样毫无顾忌地表明自己的态度。同志们的顾虑不是没有根据的，彭老总敢于提出意见的结果却事与愿违，他的正确立场受到了误解，他的原则态度受到了不公正的对待，会议上展开了对他的不实事求是的批判斗争，又通过了《为保卫党的总路线、反对右倾机会主义而斗争》的决议和《关于以彭德怀同志为首的反党集团的错误的决议》等错误的文件。在大会上我也违心地举过手，至今我一想起这事，还觉于心有愧，当时的心情就更可想而知了。按说那次上庐山，是我第一次到这闻名遐迩的游览胜地，但是在会议的特殊环境和气氛下，我却毫无赏景的雅兴。所以那次虽然在庐山住了不少日子，除了参加开会和闷在住所里，什么地方也没有去，真是"不识庐山真面目，只缘身在此山中"。

从庐山下来，我把会议上发的一些文件和简报，交给部里一些领导同志传阅，也在会上谈了会议的情况，大家了解了党内发生的问题，心情都比较沉重。这时中央成立了专门的小组，审查彭老总的全部历史和各项错误，其中有一项是所谓"里通外国"问题，因为与中联部的工作有关，有一次通知我参加对彭德怀同志的揭发批判会。会议开始，专案人员声色俱厉地要彭老总交代他怎样搞"里通外国"的。当时我坐在他的左手边，见他的情绪和健康状况都明显下降了，精神上显得很颓丧。我只是半是批评半是规劝地对他说："老总，你有什么就讲什么嘛，如实地讲吧，把问题讲清楚了，就好了么！"他曾生气地说，他不会说外国话，同外国人打交道都要通过翻译，真要搞什么"里通外国"的事，翻译可以揭发，他自己实在"交代"不出什么问题。

庐山上吹出的这股"反右倾"之风，很快刮到了全党以至全国。中联部也按上面指示展开了"反右倾"运动。由于我是中联部的机关党委书记，负责部里运动的领导任务。在党委的掌握下，我们部的运动是比较稳妥的，没出什么大的岔子。但是在总的形势影响下，同样发生了过火斗争和扩大化的错误，也整了不该整的同志。被搞错了的主要有两个同志，一个叫刘谈锋，他在香港等地工作过，并有些海外关系，在运动中被当成了重点对象审查，结果为了"纯洁组织"，把他的党籍给开除了。还有一个叫张维冷，在20世纪50年代初是我国驻印度的记者，因为他写过些小品文，有"小资产阶级思想情调"，被认为"斗争意志衰退"，加上他工作能力确实差点，也被错误处理调出中联部，还被送到外地。直到前几年，十一届三中全会以后，才重新提出了他们的问题，虽然我已经不在中联部了，但当初是由我负责部里的运动的，对他们的处理当然负有责任。中联部党组织征求过我的意见，经重新审理，恢复了刘谈锋同志的党籍。这位抗战时期入党的老党员，在去世前得知这样的讯息，也就可以瞑目于九泉了。对张维冷同志的错误处理，虽然也纠正了，但是因为户口关系等问题，还不能迁回北京，对此我也只能向他表示歉意。此外还有一些同志，也曾受到过不同程度的错误处理，我也为此感到抱歉，在此就不做细述了。总之，在这样大的运动中，中联部这个部门的打击面还是比较小的，这也是领导上注意政策有所控制的结果。

三、出席布加勒斯特会议

中苏两党分歧的由来

从 20 世纪 50 年代后期起，中苏两党和国际共运中开始出现了分歧。1960年 6 月在布加勒斯特举行的各国兄弟党代表会议，则成为使内部分歧走向公开分裂的起点。对于这段历史的是非功过，后人自会评说，我仅将自己参与的活动和知道的情况，做些回顾和叙述，以供人们去分析研究。

中苏两党之间的分歧，是从 1956 年苏共二十大开始的。在这次会上，赫鲁晓夫全面否定斯大林，在苏联国内和国际上掀起了一股"非斯大林化"浪潮。接着，又提出了"和平共处""和平过渡""和平竞赛"等一系列理论观点和政策纲领。我党对此一开始就在内部表示了不同态度，曾在 1957 年兄弟党莫斯科会议上提出了自己的意见，并发表文章继续肯定和赞扬斯大林，在我国首都天安门广场等处仍旧竖立斯大林的画像。1958 年赫鲁晓夫提出与我国建立联合舰队，在我国建立长波电台等建议，遭到我党拒绝，赫鲁晓夫等人对此当然是十分恼火的。1959 年初的苏共二十一大，出现了批评我党的人民公社、"大跃进"等路线政策的言论。同年 9 月，苏联又在中印边界冲突中公开偏袒印度一方，紧接着赫鲁晓夫又在我国建国 10 周年庆典的前后攻击我国，还在国内外多次发表讲话，反对我国的内外政策。这些事实表明，中苏分歧是深刻的，并且越来越严重了。这种分歧又在 1960 年初的华沙条约国家会议表现了出来。

华约政治协商会议

1960 年 2 月上旬，在莫斯科召开了华沙条约政治协商委员会高级会议，苏联及东欧各国党的主要领导人和政府首脑加上外交部长、国防部长，还有华沙条约武装部队总司令、苏联元帅科涅夫等参加了会议。中国、朝鲜、越南和蒙古也派观察员参加会议。我国观察员是康生、我和驻苏大使刘晓。我同康生于 2 月 2 日到达莫斯科，越南的长征和武元甲与我们同时到达。2 月 4 日，就在匈牙利总理明尼赫主持下开会了。各国代表讨论了当前的国际局势，交换了关于裁军和对德和约等问题的意见。康生也以观察员身份讲了话。讲稿是在国内起草并经中央审定的，实际上同赫鲁晓夫等人唱了反调。当时赫鲁晓夫正热衷于周游列国，到处鼓吹他的实现"三无世界"（没有武器、没有军队、没有战争的世界）等主张。我国却认为帝国主义本性不会改变，战争危险依然存在，必须警惕帝国主义者的两面手法。赫鲁晓夫等人认为"世界已经进入了谈判解决主要的国际争端问题以建立持久和平的阶段"，我国则认为国际局势出现缓和趋势，"是东风压倒西风的结果"。苏联在大会上宣布将单方面裁减 120 万军队，即将苏联军队裁去三分之一，加上华沙条约其他各国裁减的军队，共达 379.5 万余人。苏联鼓吹与美国等资本主义国家签订互不侵犯条约和裁军、禁止核试验等协定。我国则认为裁军问题是一个长期的、复杂的斗争，目前是不可能实现的；凡是中国没有参加的一切协议，对我国都没有任何约束力。

这次会议实际上只是走了个形式，2 月 4 日上午作了些"讨论"发言，下午就由苏联和东欧各国党政主要领导人联名签署了《华沙条约缔约国宣言》。会议只开了一天，就宣布"圆满结束"了。会议结束后，赫鲁晓夫设宴招待出席会议的各国代表团，他在祝酒词中又影射攻击了我党，说我们口头上宣传社会主义阵营以苏联为首，实际上在拆苏联的台。

苏共中央给中共中央的"口头通知"

第二天，波斯别洛夫和葛罗米柯又在苏共中央大楼专门会见了我们代表团，宣读了苏共中央给中共中央的一件"口头通知"，再次对我党的内外政策进行了攻击，进一步表明了两党的分歧。面对这一情况，我们代表团当即进行必要的有力驳斥。关于这次会议，我国《人民日报》于 2 月 6 日发表社论《维护和平的决定性力量》，加以支持和赞扬。当时在我国报纸上仍然宣传"中苏同盟永远不可动摇和不可战胜"，继续高呼"中苏人民的友谊万古长青"等口号，目的仍然是维护中苏团结和社会主义阵营的团结，但是实际上已事与愿违。四个月后，召开了布加勒斯特会议，中苏争论发展到了新的阶段。如果说在华沙条约国家会议以前，中苏两党的内部论争是布加勒斯特会议的前奏，那么华沙条约国会议就是布加勒特会议的序幕，中苏争论明显地表露出来了。

1960年4月，我国在纪念列宁诞生90周年时，发表了《列宁主义万岁》等三篇文章，阐述了我党对国际形势和共产主义运动中一系列问题的观点，回答了苏共对我党的种种批评指责，对苏共的一些论点和做法也作了不点名的批判。对于这些越来越明显的严重分歧，中苏两党及各兄弟党从各自的立场出发，都企图设法解决它。苏共提出召开一次社会主义各国兄弟党的代表会议，我党未同意，主张经过充分准备后再开。

后来经过协商，决定利用6月间罗马尼亚工人党第三次代表大会的机会，趁各国兄弟党代表团来到布加勒斯特时，就已经出现的分歧和召开兄弟党会议问题，内部交换意见，但不作决定和不发表任何正式文件。为此，我党派出了以彭真为团长，由康生和我加上我国驻罗大使许建国为团员，还有熊复、张香山和阎明复等为工作人员的中共代表团。出国以前，我们先在钓鱼台集中了一段时间，为即将举行的会议进行准备。6月16日代表团启程赴罗，19日到达布加勒斯特。由赫鲁晓夫亲自率领的苏共代表团先我们一天到达。20日罗党三大开幕，有50来个兄弟党的代表团参加了大会。

22日，彭真同志代表中共中央向大会致贺词。他在贺词中强调了社会主义阵营和国际共运的团结，说应该结成最广泛的统一战线，反对帝国主义。赫鲁晓夫先我们一天在大会上致辞。

赫鲁晓夫对我党发起突然袭击

也就在这一天，他们片面地向参加大会的各兄弟党代表团散发和宣读了苏共中央致中共中央的通知书，发起了对我党的突然袭击。这一通知书同赫鲁晓夫的致词，以及他们后来在兄弟党代表大会上的发言，大都宣称列宁主义的若干原则，是在苏联及社会主义各国出现以前提出的，现在不能机械地重复当时的论点，指责中共是"教条主义""宗派主义"和"'左'倾冒险主义"等等。

各国兄弟党代表团的会谈（即布加勒斯特会议）是在罗党三大的同时，利用大会的空隙时间进行的。赫鲁晓夫一开始就控制了会议，在他的带头发难和直接指挥下，对我党展开了猛烈的围攻，从我党的理论观点到我国的内外政策，特别是对《列宁主义万岁》等几篇文章，进行了全面的批驳和指责。当时的气氛，真有一股"黑云压城城欲摧"之势，我们代表团一时处于十分孤立的境地。由于苏共历来的地位和威信，许多党还是跟着他们跑的；有的原来与我们关系较密切的党，由于事情发生得比较突然，一时也无法表示态度；就连阿尔巴尼亚劳动党的代表团长卡博在听了我们的申述后，也只是模棱两可地说什么"如果情况确实如中共代表团所说的那样的话，那么中国同志的立场就是对的"。换句话说，如果情况不是这样，中国党也可能是错误的。所以在当时的会议上，我们只有阿尔巴尼亚半票的支持。不过就这种态度赫鲁晓夫也是不能容忍的，他们对阿尔巴尼亚党马上施加了压力，逼迫阿党代表参加对我们围攻，结果却反而惹恼了他们，促成阿党干脆明确地支持了我们。

会议开始以后，我们代表团立即将被围攻的情况向中央作了报告。中央很快复电给我们，批示用中共中央名义向各国兄弟党发表一个声明，同时发来国内写的声明稿。我们收到电报后，立即将声明稿译成了俄文和罗马尼亚文，做好散发的准备。由于当时的气氛比较紧张，作为东道国的罗马尼亚党见此状况很为不安，他们担心我们代表团因为受到意外的围攻，会退出这次兄弟党会议，这对于他们来说当然是比较难堪的。就在一天晚上，由罗党总书记乔治乌·德治和他们的全体政治局委员出面，约请我们代表团团长彭真同志去谈话，我陪同他参加了这次会谈。见面以后，罗马尼亚领导人反复地劝说我们，希望中共代表团能继续参加这次兄弟党会议，说如果我们中途退出会议，不仅将使兄弟党代表会议流产，也使他们很为难。乔治乌·德治和他们政治局的同志，一个接一个，一遍又一遍，翻来覆去地向我们讲述他们的愿望，努力说服我们接受他们的意见，把会谈的时间直拖到深夜。这真是一次疲劳战术的会见。彭真同志对乔治乌·德治说：中国共产党人是可以被碾得粉碎的，但决不会在错误的围攻面前屈服。我们是心里有底的，根据我党中央的指示，我们并不打算退出这次会议，相反正要在这个会议上发表声明，以回答赫鲁晓夫等对我党的攻击，表明我们的立场和态度。听了罗马尼亚同志的劝说，我们也就顺水推舟地表示接受他们的好意，同意继续参加会议，他们也就放心满意了。考虑到即将发表新的声明，会谈结束后又投入了紧张的准备工作。

我党代表团的书面声明

因为用口头发表声明的方式，很可能被赫鲁晓夫等人打断，他们不会容许我们顺利讲完，就决定利用书面方式，将声明稿分发给各国代表团。我们把已经译成外文的声明稿打印出来，分别装在写有 50 个兄弟党代表团名称的信封里，做好了分发的准备。

第二天会议一开始，我们就将 50 封声明译稿送交大会执行主席乔治乌·德治，说我党有一个声明稿，请他们分发给出席罗党三大的各兄弟党代表团。我们还表示这是为了尊重主人，才请他们代为分发的。乔治乌·德治当时来不及看我们的声明全文，顾及礼貌也不便拒绝，马上交大会工作人员一一替我们分发了。我们看到各国代表团接到我们的声明稿，急忙打开阅读，有些人脸上马上露出了惊异或紧张的神色。苏共代表团也收到一份，赫鲁晓夫原想把我们一下子就压服吓倒，大概没有估计到我们的反击如此迅速，内容又如此尖锐，一时似乎有些恼怒和慌乱。

我们在声明中揭露了苏共代表团利用自己的特殊地位，破坏了兄弟党之间的协商原则和对此次会议的事先协议，组织了对我党的突然袭击，极其粗暴地把自己的意志强加于人，对兄弟党采取了家长式的、武断的、专横的态度，在国际共运中开了一个恶劣的先例。声明指名批评了赫鲁晓夫，指出我们同他在马列主义的一系列基本原则上存在着根本的分歧，表示中国党决不听从任何人的指挥棒，决不向违反马列主义的错误观点屈服。又说我们同赫鲁晓夫的分歧，从两党整个关系来说，仍属部分性质，两国都是社会主义国家，两党都是马列主义党，应该进行平心静气的同志式的商谈，在 1957 年各国兄弟党《莫斯科宣言》的基础上，使国际共运的团结得以巩固和发展。

在我党声明的第一节中，就严正指出赫鲁晓夫"滥用苏联共产党从列宁以来长期形成的在国际共运中的威信，极端粗暴地把自己的意志强加于人。这种态度同列宁的作风毫无共同之处，这种做法在国际共运中开了一个极端恶劣的先例。中共中央认为，赫鲁晓夫同志的这种态度和做法将会在国际共运中产生非常严重的后果"。

又一激烈的回合

赫鲁晓夫看了我们这样的批评，马上又组织了对我们代表团新的猛烈攻势。赫鲁晓夫再次一马当先，带头对我们声色俱厉地攻击了一番。别的党的代表团也一个个跟了上来，按照赫鲁晓夫定的调子把我们骂了一通。在这种紧张气氛下，我们代表团岿然不动，冷静地准备再次予以反击，顶住迎面而来的强大压力。我见到彭真同志情绪也很不平静，想提醒他不要激动，就在一张字条上写了"哀兵必胜"四个大字，传给了彭真同志。他看后会意地朝我点点头，各自都坚定了斗争的信心。随后彭真同志作了一个尖锐而激烈的即席发言，对苏共代表团发起的攻击进行了坚决的回击。他借用了一句中国成语，说赫鲁晓夫现在的做法是"只许州官放火，不准百姓点灯"，自己为所欲为，听不得别人的意见，谁不听他的就组织对谁围攻，还不准别人为自己辩护。这种行为，完全破坏了国际准则。为彭真发言作口头翻译的是阎明复同志。由于共同的义愤情绪，他翻译得不仅迅速清晰，还用语准确，译词有力，我听了也很兴奋和赞赏。在双方辩论激烈时，我曾经不用翻译直接用俄语当面指责赫鲁晓夫组织对我们的围攻，却不准我们进行答辩的霸道行为。赫鲁晓夫在我们的反击后，当然不会认输，他们运用多数通过了会议公报。我们代表团按照中央的指示，在会上发表了声明，不赞同苏共的错误立场，但是为了顾全大局，仍然在这次会议的会谈公报上签了字，以便对外缓和一下已经出现的严重分歧和对立。

6月25日，罗党三大宣告闭幕。当天下午在布加勒斯特"八二三广场"上举行了群众大会以示庆祝。各兄弟党代表团应邀参加了大会，但是却只安排赫鲁晓夫和法国、意大利、古巴、日本等几个党的代表在大会上讲话，没有给我们发言的机会，大概是怕我们又去宣传自己的观点和批评赫鲁晓夫，造成他们的难堪。我们当时也看出，赫鲁晓夫对我党和我们代表团未能压服下来，是决不甘休的。

回国和总结

在这种紧张的气氛中，我们在做回国的准备时，为避免意外，相互商量说，按照原定路线，我们得经过莫斯科回国，赫鲁晓夫一伙会不会制造事端，找我们的麻烦。通过赫鲁晓夫的一贯作风和这次会议的情况看，什么情况都可能发生。赫鲁晓夫等人也是什么事都干得出的，为此我们应该有充分的思想准备。开始曾考虑将我们代表团的人分成两批走，如果前一批人出了问题，后面还有第二批人在，不致把我们一下子都整掉了，弄得回去汇报情况的人都没有。后来再三分析了情况，认为思想上要提高警惕，行动上却不必过于紧张，决定还是整个代表团一同走，只把会议的有关文件和资料编了两份，一份由我们自己带着，一份留交驻罗大使馆保存着，万一我们代表团出了事，还有一份完整的文件资料在，不致使这段历史事实湮没。

6月27日，我们代表团包括许建国大使在内，一起离罗经苏返国。我们在路过莫斯科时，倒未遇到什么特别的刁难。不过就在以后不久，赫鲁晓夫终于片面决定，在一个月内撤退全部在华的苏联专家，撕毁了两国间的几百项协议和合同，停止出版和发行《苏中友好》杂志，接着又赶回我国驻苏使馆的工作人员，挑起边界纠纷，使中苏两国关系面临严重恶化和全面破裂的状态。

6月28日，我们代表团全体人员安全返回北京，邓小平、李先念等同志在机场迎接了我们。随后我们到北戴河就这次会议进行总结，并向中央写了正式的总结报告。在布加勒斯特会议过程中，康生本来没有什么突出的表现，但是他以后却一再大吹其牛，说自己曾经如何敢于当面顶撞赫鲁晓夫。其实只有过这么一件事，有次会议结束后，赫鲁晓夫搂住康生半开玩笑地说："你这个家伙是个机会主义者。"康生也是半开玩笑地回答道："你才是个机会主义者，我是马克思主义者。"也就是这么一句并无实际内容的自我吹嘘的话，康生竟当作了不起的资本，反复吹嘘自己曾经如何敢于当面顶撞赫鲁晓夫。这还不算，他后来为了打击别人抬高自己，竟攻击当时真正同赫鲁晓夫进行面对面斗争的彭真同志，说别人如何"软弱无力"。回国总结时，康生参加了全部工作，并未提出什么不同意见，哪知事后他却突然翻过脸来，攻击这个总结是"机会主义"的，"没有如实地反映出会议的情况"，等等。到"文化大革命"中，更将这一条当作彭真同志的"罪状"，又编造了自己的"功绩"，真是翻云覆雨，不知羞耻。

四、1960年9月的中苏两党会谈

1960年9月，即布加勒斯特会议两个多月后，我刚参加了古巴人民社会党八大，从南美来到瑞士，正在伯尔尼时，就奉国内电令赶到莫斯科，参加于9月17日至22日举行的一次中苏两党会谈。这次会谈是内部性质的，我党代表团团长是邓小平同志。会谈的内容主是解决布加勒斯特会后苏方片面恶化两国关系所引起的若干问题。在会谈中，邓小平同志批评了苏共领导，指出他们在兄弟党、兄弟国家之间的关系上，以"老子党""老子国家"自居，把中苏两党之间的思想分歧，扩大到国家关系方面，把同敌人的关系和与兄弟党、兄弟国家的关系摆错了位置。苏共领导决定撤走在华的苏联专家，撕毁与我国签订的各项协议和合同，给我国造成了很大的损失。他在发言中又说，虽然苏共给我国造成了困难，但是我国人民是有志气的，决心用自己的双手，努力克服当前的严重困难，把苏共造成的损失夺回来。小平同志这样讲，气魄是很大的。当时在我的思想上，存在着一定要苏联赔偿对我国所造成损失的想法，其实这是主观主义的，办不到的。小平同志的意见是正确的，是有气魄的。在发言中，我们要求苏共领导改变态度，回到正确的

20世纪60年代伍修权出访留影。

立场上来。苏共领导人不仅不听我们的告诫，反而总想迫使我们就范。双方争来争去，各自"陈述了自己的观点"。

这次会谈结束后，10月间又在莫斯科举行了26国兄弟党的代表会议，为即将在11月间举行的世界各国兄弟党会议起草文件，我党代表团团长仍然是邓小平同志。11月初利用十月革命节43周年的机会，召开了世界81国兄弟党代表会议，我党由刘少奇同志率领代表团前往参加。所有这些会议，每次都有激烈的争论以致争吵，勉强通过的共同声明等文件，实际上是反复争论和适当妥协的产物。到以后就连这样的文件也签订不成了，旁敲侧击的内部的批评，发展为公开的指名道姓的批评，而这一切都是从1960年开始的。在这一年中，从2月的华沙条约国高级会议算起，接着是6月的布加勒斯特会议，9月的中苏内部会谈，10月的26国兄弟党起草委员会和11月的81国兄弟党会议，我党先后五次派出代表团去过或路过莫斯科。听说郭沫若同志曾经写诗记载此事，称为"五下莫斯科，稳坐钓鱼台"。这后一句是双关的，因为这场斗争方案计划的讨论研究，大都是在北京钓鱼台迎宾馆内进行的。在这五次中苏接触中，我参加了前三次，直接经历了中苏两党严重分歧和两国关系严重恶化

的开始阶段，这对我个人来说，是一段很有教益和值得总结的经历。

五、出席东欧四国党代会

在保加利亚

东欧四国党代会的背景：1960年以后，中苏分裂之势日益明显，其中有意识形态上的分歧，也有国家利益的矛盾等因素。世界各国兄弟党随着中苏分歧而重新组合，许多党内也因对中苏两党的不同态度，出现了对立的派别。大多数国家的党尤其是东欧的党，由于苏共的传统地位影响和迫于一定的压力，是站在苏共一方的；有一些国家的党则采取中立态度，只强调团结，不参与任何一方对另一方的攻击；有少数几个党或党内的某一派，表示支持我们。当时的阿尔巴尼亚则成为我们的"坚定战友"。正因为阿尔巴尼亚党公开支持我们，苏共对他们采取了一系列惩罚性措施。1961年10月举行的苏共二十二大，他们不仅破例地不邀请阿党参加，还在大会上公开攻击阿尔巴尼亚劳动党，在国际共运中开创了一个恶劣的先例。当时人们都心中有数，苏共的攻击阿党，其实是指桑骂槐，是借骂阿党之名骂中国党。为此，我党出席苏共二十二大的代表团团长周恩来同志，也在自己的致辞中对此作了相应的回答，并且在会议的进行中就提前回国，表示了我党的严正立场。

1962年11月到1963年1月，东欧的保加利亚、匈牙利、捷克斯洛伐克和民主德国四国，相继举行党的代表大会。当时我们同这些党还维持着传统关系。按照惯例，他们仍然邀请我们参加他们党的代表大会。我党为了多一个机会表明自己的观点，争取更多的人对我们的了解和支持，也接受了这些邀请，并决定我为出席这些党代表大会的代表团团长。团员除熊复同志以外，随着到不同的国家不断换将，先后有康永和、周兴和张平化同志。这几国的党代表大会显然都是在苏共的统一策划下召开的，几国党的领导人在会前都轮番赶到莫斯科进行磋商，保共领导人日夫科夫直到他们党代表大会开幕前两天，才从苏联访问回来。看来也正因为如此，这些大会几乎都是一个调子。

1962年11月5日至14日，我们首先来到索非亚，参加了保共第八次代表大会。我党代表团除我和熊复同志以外，还有康永和同志，工作人员有阎明复等同志。苏共代表团团长是苏斯洛夫。由于苏共二十二大的示范和苏共代表

伍修权（左二）与参加四国党代会同志的合影。

团的带头作用，保共代表大会一开始，就对阿尔巴尼亚党发起了攻击，对我党则用比较隐晦的语言进行指责，有少数几个外国党的代表团在致辞中指名批评了我党。起初我们从自己的良好愿望出发，并未同对方进行针锋相对的争辩，只准备按照国内写好的祝词，对保共八大作一般性的祝贺，没有指责和攻击性的语言。可是事情并不以我们的意志为转移，在以后的会议过程中，不少保共代表和外国党代表团，相继在自己的发言或致辞中，或明或暗地攻击了我党。这种情况，我们事先也是预料到了的。我们的祝词也就做了两手准备，如果出现明显地攻击阿党并指名攻击我党的情况，就相机加以反击。对于会场上可能出现的情况，如全场起立、鼓掌等，我代表团的对策则是凡有攻击我党或阿党的言论，或是在重大问题上有原则分歧的讲话，都既不起立也不鼓掌。所有代表团成员和工作人员都照团长的行动办事。当时我坐在主席台上，从同声翻译中直接听俄语的传译，能及时知道每个人都讲了些什么，虽然我听时不露声色，但是心里是不舒服的。面对这一形势，我就实行事先商量好的对策，对发言中我认为凡是正确的内容，同别人一样起立鼓掌，凡是有直接或间接攻击我党的言论，我就坐着不动，既不鼓掌也不起立，代表团全体人员都照我的行动采取一致态度。例如苏斯洛夫致辞时，在他开始讲话前，我们为了保持礼貌，也随全场一齐起立和鼓掌；而当他致辞完毕后，由于他在讲话中攻击了阿党，当全场再次起立鼓掌时，我们就故意稳坐不动，用这一方式表示了中国共产党的原则立场。我们的这一行动，很受人们注意。后来从侧面了解到，有些保共中比较高级的工作人员曾经这样说过：中国党代表团的行动很能说明问题，对发言中的一般问题他们同大家一样表示赞同；对于不利于国际共运团结的言论，就不支持，用不鼓掌、不起立表示反对，这样做是严肃的、有水平的。

开幕后的第四天，我们才被安排在大会上致辞。我向保共八大宣读了我党中央的贺电。在致辞中除了对保共作了一些通常的祝贺以外，我又针对大会上出现的情况说道："令人十分遗憾的是，在你们党这次代表大会上，我们听到了无理指责阿尔巴尼亚劳动党的言论。我们认为……这种做法是只能叫我们的共同敌人帝国主义高兴的。"大概是出于礼貌的关系，在我致辞的前后，会场上照样全体起立并鼓掌。大会于11月14日闭幕，当晚保共中央举行了盛大的宴会，招待各国党的代表团。我被安排在苏斯洛夫和一位保加利亚同志中间。由于苏斯洛夫在保共八大上带头攻击了我们，我为了表示对他的不满，虽然同他并肩坐着，却始终没有同他交谈和碰杯，坚持着避而不理的冷淡态度，弄得他十分尴尬。这也算是我们对于从保共八大开始的反华活动的初步反应。大会结束后，我们代表团又拜访了日夫科夫。会见中主要由我们向他阐明中印边境冲突的真实情况，提醒他不要相信西方的歪曲宣传，而应相信我国的正式报道。

在匈牙利

保共八大结束后，我们代表团于11月15日离开索非亚，到达罗马尼亚首都布加勒斯特，准备在那里休息几天，然后再去布达佩斯，参加匈牙利社会主义工人党的第八次代表大会。从一年半以前的布加勒斯特会议以来，罗马尼亚对我党保持着一定的距离。我们到那里后，预订去布达佩斯的飞机票，罗方竟表示有困难，说是订不到票。我们就找到匈牙利的驻罗使馆，说是我们要去参加你们的党代大会，现在买不到飞机票，希望能帮助解决。我们作为他们党的客人，这个要求是不过分的，他们果然很快帮我们买到了匈航的飞机票。当我们上飞机后，看到舱内空座位不少。我们于11月18日如期到达布达佩斯，按时参加了匈党八大。

大会于11月20日开幕。不出所料，会议一开始，在匈党代表发言和外国党代表团的致词中，又发生了对阿尔巴尼亚党和我党的攻击。为此，我们在

21 日的祝词中，除对匈牙利党作了一般的祝贺外，对于他们大会上出现的反华、反阿言论，再次表示了遗憾，并在致辞中提出了消除分歧和加强团结的愿望。我们的态度当然改变不了他们这次大会既定的方针，只是他们接受了保共党代大会的经验，在会议一开始就宣布了一条规定，对于大会上的所有发言和致辞，会场上一律不起立。我一听就知道这一条规定是冲着我们来的，因为我们在保共党代大会上，对凡是攻击我党、不利于国际共运团结的言论，都用不起立、不鼓掌表示反对，在会上影响很大。匈牙利党这么一规定，就使我们少了一个表示不同态度的方式。不过他们并不能规定不准鼓掌，所以我们就在别人照例大鼓其掌时，对于攻击我党和阿尔巴尼亚党的言论，态度严峻地端坐不动，偏偏不鼓掌，同样表示了我们的态度。我们还在会上做了个统计，会议开始以来，有哪几个兄弟党代表团和多少匈党代表，在致辞或发言中攻击了我党和阿尔巴尼亚党。我们把这个统计同保共党代大会的情况做了比较，结果是参加保共八大的 64 国党的代表团，有 20 来家有攻击性言论；参加匈党八大的外国党代表团只有 60 个，可是却有 30 来家攻击了我党及阿尔巴尼亚党。不仅数字增加，调子也升高了。我们对这些情况在会下作了研究，及时向中央作了报告，并要求对我们的工作作进一步的指示。

大会结束的当天上午散会时，匈党中央书记内梅什来问我们，在今天晚上的招待会上，我党代表团是否讲话。那时我们还没有得到中央的指示，不好确定讲不讲和讲些什么，就先推脱了一下，说是下午再答复他们。正好中午吃饭时得到北京的电报。中央指示我们，利用招待会祝酒的机会，公开回答大会上对我党的攻击，要求我们抓住要害，进行回击，集中讲三点：第一，中苏和阿苏关系的恶化，责任在于苏共；第二，揭露当前的这场反华大合唱，是苏共一手导演的；第三，提出召开兄弟党代表会议以消除分歧，高举团结的旗帜。电报同时发来了国内拟就的声明稿。我们收到电报指示，心里就有底了，马上把声明稿翻译成匈牙利文和俄文，准备当晚到招待会上公开发表。考虑到在招待会上发表声明，我讲一段翻译再重复一段，费时间太长，人家一听到我们讲得不对口味，就可能不让我们讲完，收不到预期效果。于是临时想了个办法，到招待会上祝酒时，我先上去说了几句，说是为了节约时间，我自己不再用中文讲，委托翻译同志代我直接宣读译稿，就让匈文翻译上去一气读完了我们的祝酒词。匈共中央领导人和苏共代表团开始不知道我们要讲什么，就同意我们这样做了。这个祝酒词实际上是我党的一个正式声明，其中表明我党的立场后，明确指出："不幸的是，现在还有些党，还有些人，仍然继续扩大分歧，对国际共产主义运动采取分裂主义的立场，利用一个又一个兄弟党的代表大会的机会，进一步加剧国际共产主义运动的分歧，这是亲者所痛仇者所快的事情"；又指出："利用某一个党的代表大会攻击另一个党或一些党的做法，是不能解决任何问题的，也是极不正常的。"这个声明对于全体与会者来说是出乎意外的，匈牙利党的领导人们似乎一下子发了呆，对我们的这一声明不知所措。只见苏共代表团马上同一些别的党的代表团临时接触，匆匆商量交谈之后，拉出一个很听苏共话的拉美某个党的代表，让他出面对我们进行反击。接着，匈牙利党的第一书记卡达尔走到我面前，对我说："真没有想到你们代表团会有这么一个讲话，对于你们这种做法，我们只能表示遗憾。"在外交辞令中，"遗憾"也就带有抗议的性质。在这种气氛下，我们也就很难再做出什么友好姿态了。我便当机立断地回答他："我也很了解你的意思。因此这个招待会我们就不能参加到底了，我们代表团现在就向你告辞。"说完后我就带领我们代表团的同志提前退席，抗议式地离开了招待会。我们在匈牙利党代大会的活动，也就到此结束。

参加这次大会的我党代表团成员，除我和熊复同志未动外，山东省委书记周兴同志代替了康永和同志。这一期间，我们代表团同志之间合作得很好，熊复同志是一位很好的"笔杆子"，工作能力强，态度认真，办事尽职，又很有组织性纪律性，在代表团内起了很好的作用，对我的工作也是很大的支持。当时我们每次开完会回到使馆，对于当天的情况，代表团内都要进行讨论和研究。议论过后，熊复同志总是很快把大家讨论的内容，特别是一些比较重要的意见，有条有理地归纳整理出来，及时报回国内。参加匈牙利党代大会的苏共代表团团长是苏共最年长的领导人库西宁。阿尔巴尼亚党照例没有被邀请参加大会。在参加大会的外国党代表团中，公开表示同我们友好的，是以黄文欢同志为团长的越南劳动党代表团。他同我们经常聚会交谈，关系十分密切。由于阿尔巴尼亚党没有参加这些会议，我们和黄文欢同志曾经在大会期间，几次一起去找阿尔巴尼亚大使，向他介绍一些会议的情况，使他们十分高兴和感激。

匈牙利党代大会以后，我们一行几人坐火车到了波兰，以便在战后重建的美丽的华沙短期休息一下。王炳南同志正在华沙当大使，他同波兰方面的关系处得比较好。与东欧其他几国相比，波兰对我们的态度算是比较好的。我们去后本来只打算在使馆停留几天，不想惊动所在国。可是波兰领导人知道我们到华沙后，热情邀请我们到他们的高级疗养地去休息。王炳南大使说既然人家邀请了，还是应该去，我们几个人就同王炳南等同志一起去了。到了那里后，波兰主人请我们去打猎。50 年代中我在南斯拉夫打过猎，这次打了三枪，第一枪就打中了一只野羊，看它蹦跶蹦跶了几下，就倒下不动了，自然是满意的。只是此后接着两枪，却什么也没有打中。王炳南和周兴同志两人也都各自击中了一次目标。在波兰停留期间，我们代表团的人员中又一次换了将，湖南省委书记张平化同志赶来替换了周兴同志，同我们一起转赴布拉格，参加捷共的党代大会。

在捷克斯洛伐克

捷克斯洛伐克共产党第十二次代表大会于 1962 年 12 月 4 日开幕。我们代表团于 12 月 3 日赶到布拉格。苏共代表团团长是勃列日涅夫，他带着苏共中央国际部的大批人马来到布拉格。在捷共党代大会会场内外，到处见到他们的人在频繁活动。我们就预感到这次大会期间，同他们必有一场较量。不出所料，大会第一天，捷共总书记诺沃提尼就在自己的总结报告中，猛烈攻击了阿尔巴尼亚党和支持他们的"教条主义、宗派主义和民族主义者"。作为第一个外国党致辞的苏共代表团团长勃列日涅夫，紧接着诺沃提尼大骂阿尔巴尼亚党和所谓"自称为马克思主义者"的人，说他们企图把人类拖入热核战争。这就等于发出了大肆反华的动员令。由此开始，无论是捷共代表的发言，还是外国党代表团团长的致词，都纷纷攻击阿尔巴尼亚党和指责我党。我们又统计了一下，参加大会的 60 多个外国党代表团，有 50 多家指名攻击阿尔巴尼亚党，其中又有 20 家指名攻击我党，其数量和比例都比保、匈两国党代大会增加了。最值得注意的是，连不同意这样攻击中国的朝鲜劳动党代表团，也受到一些人的无理指责。这就使大会形成了又一个反对中国党的高潮。

12 月 5 日，我在代表中共中央向大会致的贺词中，不得不对勃列日涅夫和诺沃提尼等人对我党及阿尔巴尼亚党的攻击作出回答。我说："我对于一年以前开始发生，以后又一次再次地发生的，一个党利用自己的代表大会的讲坛，对另一个兄弟党进行公开的、片面的攻击的做法，表示深切的痛心……你们的代表大会又一次重复了这种破坏无产阶级国际团结的做法……这使我们不能不表示极大的遗憾"；并指出这种做法只能起到加深分歧、损害团结的作用。我们的这些话当然是勃列日涅夫等人不爱听的，同大会的主调也是不合拍的，因此当我还在主席台上致辞时，会场上就出现了嘘声、拍桌、跺地板等极不正常的现象。我没有理会，在一片嘈杂声中坚持把祝词讲完。大会执行主席在我讲完后，即席讲话，硬把别的党对我们的肆意攻击说成是符合民主原则和兄弟党关系准则的。在此以前，有的发言在攻击我党时，还用一点隐晦的语言或采取不直接点名的办法，至此也就什么都不顾了，指名道姓地攻击我党和我们代表团。

我们向国内汇报了这些情况，中央复电指示我们，在这次大会上再发表一个特别声明，要求我们坚持原则，坚持斗争，后发制人，留有余地，在任何情况下，不退会，也不抗议，把会议参加到底，反对和揭露苏共挑起的种种破坏国际共运团结的错误做法。中央同时发来了声明稿。鉴于参加前几次党代大会的经验，我们决定再次利用布加勒斯特会议上用过的方式，以书面形式发表我们的声明。我们代表团协同大使馆的同志，把声明稿译成俄、捷等文字，再一份一份打印装订好，于12月8日带到大会上去。那天的议程是诺沃提尼作大会的总结讲话，在他的讲话结束以前，我亲自将声明稿当众送交大会执行主席亨德里赫，请求大会主持人将我们的声明转发给各党代表团，还特地先给勃列日涅夫送了一份。亨德里赫马上交了一份给正在讲话的诺沃提尼。他看到我们的声明后，表现出很不高兴的样子，就用十分生气的语调对大会全体代表说："中共代表团现在送来了一个声明，要我们转发给各国兄弟党代表团。现在我把他们的声明先念给大家听一听。"说着就把我们的声明从头到尾全文照念了一遍。他自以为表示了"气愤"，其实是给我们做了义务宣传，对此我们只能向他表示感谢。

我们的声明说，我党代表团是"抱着增强兄弟党的友谊、增强国际共运团结的真诚愿望"，应邀出席这次大会并表示祝贺来的，"但是，非常不幸的是，同我们的期望相反，在你们的代表大会上，捷共的一些同志和某些兄弟党的同志，利用这次代表大会的讲坛，继续攻击阿尔巴尼亚劳动党，并且大肆攻击中国共产党……对于这种违背马克思列宁主义和无产阶级国际主义的行动，我们不能不表示最大的遗憾"。声明又批评这次大会"甚至采取喧嚷、嘘叫等不正常的方式，并不能证明自己是有道理的，也是无助于问题的解决的"。

诺沃提尼在自己的总结讲话中否认他们的做法破坏了无产阶级的国际团结，为他们公开攻击我党和阿尔巴尼亚党的行为辩护。当天上午会议结束时，诺沃提尼同他们的中央国际部部长急急忙忙来到我面前说："我们没有义务替你们转发什么声明，你们要发就自己送给每一个代表团去。"说着把一堆我们请他们分发的声明稿退还给了我们。我们完全是为着对主人的尊重，才请他们转发文件的。现在诺沃提尼当众说可以由我们自己直接送发，我马上紧接着他说过的话问道："诺沃提尼同志刚才说，你们不能为我们转发我党的声明，并说我们可以直接送发各兄弟党代表团，请问是这样吗？"诺沃提尼无法否认这一点。这样，他就把直接在大会上散发文件的合法权利交给了我们。我们回到使馆后大家商量了一下，决定在下午开会时提前到达会场，趁各国代表团入场的时机，一一发出了所有的声明稿。正好各外国党代表团在上午的会上未能听得很清楚，正需要看看我们声明的书面稿，他们也很重视我们究竟说了些什么，有的还是主动前来索要的。这样我们也就完成了任务。

在捷共的代表大会上，反华的气氛虽然很浓，发言攻击我党的人数也很多，但是各代表团的态度还是很有区别的。即使参加了反华的，在发言的先后、采取的方式和所用的语言等方面，也是大不一样的。大会的东道主捷克党这次不得不站在反华、反阿的第一线。但是有的外国党代表团在大会上批评了我们和阿党，而在捷党报纸上正式发表讲话稿时却又把批评我们的话完全删去了。在参加这次大会的外国党代表团中，朝鲜劳动党代表团表现得最为突出。他们的代表团长李周渊同志在讲话中公开赞扬中国革命和中国共产党，反对在一国党代表大会上攻击另一国的党。他说："某些同志片面地指责中国共产党和兄弟的中国人民，不能把这看作是同志式的态度。这必将削弱我们的团结和大大损害工人阶级的共同事业。"他还说："如果对苏共的态度是衡量一个党的国际主义的话，同样对中国党的态度也是衡量一个党的国际主义的。"其他亚洲邻国的党都同朝鲜劳动党代表团一样，公开表示同我们的友好关系，在会议休息室里同我们围坐交谈，不避嫌疑，不畏压力，表明了他们的党维护团结、反对分裂的正确立场。

大会结束以后，捷共中央按照通常的国际礼仪，由他们的国际部长和一名中央委员出面，在 10 日同我们代表团共进午餐。这顿饭吃得很不平常，与其说是一次共尝佳肴的友好活动，不如说是一场短兵相接的激烈舌战，从中午 12 点半一直舌战到下午 5 点半，鏖战了整整五个小时。开始是他们向我们递交了一份诺沃提尼总结讲话中反华部分的书面稿，要求我们将此文件转交我党中央。我们为了表示礼尚往来，就把带在身边的关于中印边界问题真相的小册子交给了他们。他们说捷共对于已经发生的分歧决不让步，我们就说中国党同样一分一毫也不退让。他们说阿尔巴尼亚党不应该攻击苏共，我们说事实证明是苏共首先公开攻击阿尔巴尼亚党的。他们说谁首先攻击是次要问题，分歧的实质才是重要问题；我们说对实质问题只能用平等协商的讨论方式，不能采取片面攻击的方式。他们又无理纠缠地说，阿尔巴尼亚党已被中国党抓在手中；我们立即回击说，谁被抓在谁手里这句话，完全不符合中阿两党的实际情况，倒是反映了捷共同苏共的关系。他们说我们是攻击捷共；我们说恰恰相反，到现在为止，中国报纸从未指名批评过捷共，而捷共跟在苏共后面，从苏共二十二大以来，在报纸上和党的代表大会上，公开攻击了中国党。我列举了一件又一件确凿的事实，他们也不得不予以承认。最后我们严肃地说："捷共的这次代表大会，是一个分裂的大会，它将同 1960 年的布加勒斯特会议一样，要受到历史的谴责。"

午宴后的第二天，即 12 月 11 日，我们代表团离开了布拉格。这时已快到年底，东德的党代大会在下月中旬召开，中央为了照顾我们，让代表团的同志都回国休息，过了新年再去，并关照中国民航的班机，在伊尔库茨克等候我们，使我们于 12 月 14 日顺利地回到了北京。一下飞机，我们看到当天的《人民日报》用了一个半版的篇幅，刊登了捷共代表大会上诺沃提尼及其他代表们的反华言论，向人民公布了他们对我党的批评、指责和诬蔑。第二天，即 12 月 15 日，《人民日报》发表了题为《全世界无产者联合起来，反对我们的共同敌人》的长篇社论，同时发表了我们代表团在捷共党代表大会上的声明全文，还发表了朝鲜劳动党代表团在捷共党代大会上发言支持我党的报道等。

在我参加捷共党代大会的同时，意大利共产党也召开了第十次代表大会，我党派赵毅敏等同志参加了这次大会。在这次大会上，意共总书记陶里亚蒂等也公开攻击了中国。为此，我国《人民日报》在本月底又发表了长篇社论：《陶里亚蒂同志和我们的分歧》，对意共党代大会上出现的反华言论，也予以公开回答。几天以后，即 1963 年 1 月初，《红旗》杂志又发表了题为《列宁主义和现代修正主义》的长篇社论，进一步阐述了我党当时的一系列理论观点，批判了苏共及其支持者的观点。至此，这场国际共运的大论战，就在全党、全国以至全世界公众面前，全面地展开了。

我们回国以后，正在杭州的毛泽东主席通知我们去那里向他当面汇报。我当即赶到杭州，把保加利亚、匈牙利和捷克斯洛伐克三国党代大会的主要情况，向他一一作了如实汇报。他听后说，"你们做得还可以"，对我们的三国之行表示满意。

东德的党代大会定于 1963 年 1 月 15 日召开。我们在国内得知参加这次大会的苏共代表团团长，将由苏共中央第一书记赫鲁晓夫亲自担任，其规格异乎寻常，代表团的阵容也格外强大，表明了他们对这次大会的重视，也预示了在这次大会上将有一次新的更激烈的斗争。面对这一情况，我向中央提出建议，是否将我党代表团团长换一下，由一位地位和威望更高的同志去。邓小平同志考虑后果断地说，不必换人了，我们一视同仁嘛！四个国家的党代大会，都是同一个代表团参加，连成员都不再调换。除我和熊复同志以外，张平化同志又同我们一起去了东德。

在东德

1963 年 1 月 13 日，我们代表团到达柏林。次日，赫鲁晓夫率领着阵容强大、人员众多的苏共代表团乘专机到达。1 月 15 日上午，东德统一社会党第六次代表大会宣布开幕，66 个兄弟党派代表团参加了大会。鉴于前几国的党代大会上的情况，每次都在对华、对阿的问题上发生分歧和争论，苏共及其追随者不能完全封住别人的口，自己也不能为所欲为，东德党代表大会一开始就宣布了几条限制发言的新规定，例如只邀请各党第一书记为代表团团长的来宾在大会上致辞。这一下就剥夺了许多代表团的发言机会。大概他们自己也觉得这样做太过分了，又补充说中、捷两党不在此例，因为诺沃提尼也未去参加大会。对于其他各国的党，则按地区推派代表致辞，如亚洲地区由日本党作为代表，拉丁美洲由古巴党作为代表。所有没有机会在大会上致辞的外国党代表团，可以书面形式向大会致送祝词，然后在报纸上发表。这些规定不仅限制了一些兄弟党在大会上的发言，实际上还压制了支持我党的正确意见。例如朝鲜和印尼等代表团的祝词，就不能到大会发言，连东德的报纸上也不予发表。这种种限制措施，都使大会一开始就处于极不正常的气氛之中。

苏共及其追随者在这次大会上采取了更为恶劣的手法。东德党总书记乌布利希首先在自己的总结报告中，说中国党拒绝和平共处原则将导致战争，中印边界的冲突是由于中国未遵守和平共处原则引起的，等等。其实中印边境冲突是由印度尼赫鲁政府挑起的，但却得到了赫鲁晓夫的积极支持，而乌布利希又利用这一事件对我党率先发出了攻击。作为第一个外国党代表团致辞的赫鲁晓夫，却在自己的致辞中突然建议从现在起停止各党之间的公开论战，不再在自己党内批评别国兄弟党；并提出要求阿尔巴尼亚党"放弃自己的错误观点"，返回到他们所谓的"社会主义兄弟大家庭"来，表示出一副愿意"和解"的姿态。这实际上是一个企图将我们置于一种困难境地的新伎俩。如果我们接受了他们的建议，就一下封住了自己的口，丧失了我们揭露对方和进行反击的权利。如果我们拒绝他们的建议，则又会失去群众，别国党和公众将难以理解，反而显得他们采取了"高姿态"。果然，在赫鲁晓夫致辞之后，东德党中央的社会主义国家国际委员会负责人马上约见我们代表团，表示东德党支持苏共的"正确建议"，要求我们回答和响应这一建议。同时，苏共代表团同东欧、西欧等各个跟苏共跑的党，在会场内外到处活动和游说，大肆宣传赫鲁晓夫的讲话是"温和的、和解的"，说现在不应该追究谁先开始攻击，"而是如何停止争论的问题"，说现在"一切都清楚了，就要听中国代表的讲话了"，企图一下"将"住我们的"军"。

我们代表团研究了赫鲁晓夫和乌布利希的讲话，分析了大会内外出现的种种新情况，认为赫鲁晓夫等人虽然气势汹汹，但却害怕承担分裂的责任，还没有下定彻底破裂的决心，只是为了要迷惑和拉拢一些中间分子，才放出了"和解"的烟幕。针对这一动向，我们则要进一步揭穿苏共借团结之名行分裂之实的企图，提醒人们对于赫鲁晓夫那一套，要听其言，更要观其行，不要上他的当；同时要尽可能地争取群众，利用各种方式，向一些兄弟党的代表团做说服工作，宣传我党的主张，扩大我们的影响，使他们理解和赞同我们的行动。我们把大会的情况和我们的意见及时向中央作了报告。1月17日下午，中央复电给了我们新的指示，并发来了我党对东德党六大的祝词的审定稿。根据中央指示，我们争取到了在大会上致辞的机会。为了对付可能的阻挠和压制，我们又将祝词稿事先翻译和印出来，分交我们代表团和我国大使馆的同志，还有我国驻东德的新华社记者，让大家在我们致辞以后，分别从几个方面，利用各种场合和机会，将祝词的书面稿广为散发。

1月18日上午，我代表中共中央向大会致辞并宣读了贺电。当时赫鲁晓夫未到场，也许是故意避开了。我们在贺词中，强调各兄弟党应当平等协商，消除分歧，加强团结；对所谓"和解"建议，要听其言观其行，反对搞假团结真分裂；并对利用自己的党代大会来攻击另一些兄弟党的做法，再次表示了"极大遗憾"。我们的讲话当然不合苏共和德国党的口味。就在我发言过程中，大会执行主席、德党柏林市委书记维尔纳竟一再摇铃制止我发言。这个祝词是在国内起草并由中央审定发来的，我既无权修改，也不能中止发言，就不顾他的反对，仍然坚持往下读。谁知道这下子就热闹了，从主席台上到会场中间，发出了一片喧闹声、口哨声和拍桌子、跺地板的声音。我的发言被粗暴地打断了。那时我心里倒还冷静，我想站在这里的不是我一个伍修权，而是一个有着几千万党员的中国共产党的代表，我个人虽无所谓，我却代表了一个伟大的国家和伟大的党，你们再闹也不能把我怎么样，还不敢把我从讲坛上拉下来。我就不动声色地看着台上台下的混乱场面，倒看出了一点苗头，发现闹得最凶的主要是主席台上和会场前几排中间的座位，那里坐的基本上都是东德党的高级干部，而后排和两边的一般代表席上，则相对地比较安静。这场喧闹持续了足有好几分钟，当他们终于慢慢停息下来后，我立即重新开始发言，并且离开讲稿临时加进了一句话："你们这样做很好，这就使我看到了你们德国同志的'文明'。"由于这话是离开讲稿针对现场情况讲的，同声翻译室中的德国译员有意不翻这句话。正好那里有一位中国同志，他也在那里担任口译，他见德国译员故意漏了这句话，立即拿起话筒，用德语把这句话补充播发了出来，在会场上又一次引起了反响。这位同志叫梅兆荣，他开始是我国派去的留学生，当时是使馆的工作人员。他机敏、及时的行动，给我留下了很深的印象。

由于德国党代大会对我们代表团采取了无礼的冷淡态度，我们只得以冷对冷。从18日我在台上被哄闹起，我们除了参加大会的闭幕式和向烈士墓献花的活动，并去了一下波茨坦外，其余的活动如参观展览会、出席音乐会和酒会等等，虽然德方也邀请了我们，我们一概谢绝不去。在闭幕大会上，当乌布利希和赫鲁晓夫等进入会场和乌布利希作闭幕讲话时，全场代表和外国客人都照例要起立鼓掌，我们都冷冷地既不起立也不鼓掌。在会议执行主席一宣布大会结束后，没等唱《国际歌》，我们就起身离开会场。这些行动在大会上都显得非常引人注目，大大影响了这次会议的"圆满"气氛。

在这次党代大会上，各国党的代表团对我们的态度同样是很不一致的。他们在会上发言的调子也不尽相同。在我们18日向大会致辞以后，赫鲁晓夫等人曾经召集了几党的代表团，秘密开会商讨对策，他们的人员也在会场上进进出出，频繁地进行着串联活动，好像要组织一场更凶的反击和围攻。但是过了几天，"反击"并不有力，队伍也不齐整，有的党只是一般性地"谴责"了我们几句，有的党连我们的名都没有提，只是影射地说了几句。朝鲜劳动党代表团仍然明确表示态度，不同意攻击中国共产党。在我们致辞以后，还有不少德国群众到我国使馆去索取我们的祝词稿看，有人看了当场表示赞同我们的态度。有一位从事冶金专业的老教授，听到我们致辞的消息后，特别邀请我国的几名研究生到饭馆里谈心，他坦率地表示，他认为中国党是正确的，而他们党中央搞的那一套是错误的。

德国党代大会于 1 月 21 日闭幕，我们代表团于 22 日离柏林回国。朝鲜劳动党代表团的同志和我们同机返回，德国党的这次大会，不仅未给他们致辞的机会，连书面贺词也未予发表，就因为他们的贺词中指出了公开片面地批评中国党无助于团结，这样做是敌人所欢迎的。1 月 24 日，我们和朝鲜劳动党代表团一起回到北京。到此，我们结束了东欧四国之行。

从 1962 年 11 月的保共八大和匈党八大，到 12 月的捷共十二大和 1963 年 1 月的德党六大，赫鲁晓夫精心策划了对我们党的围攻，尤其是在捷共和东德两党的大会上，公然抛弃一切礼仪，对我们进行喧闹和起哄，这也是极其罕见的事。我们作为中国共产党派出的代表，不论在何种场合形势下，都认真地执行着中共中央的指示，"我自岿然不动"，顶住并应付了种种不利局面。一些参加了这些大会的外国记者，看当时的情景，根据我几次面对反华喧闹时都表现得异常冷静和沉着，就在他们新闻报道中说我的态度始终是"泰然自若"的。事后有人把我和赵毅敏同志在同一时期内出席了几国党代会的事，编了几句打油诗，其中两句是"'赵再见'（"赵"在意大利语中是"再见"的谐音）独战'罗马国'，'伍泰然'四闯'恶虎村'"。毛主席听到后颇表赞赏。在特定的历史条件和具体情况下，我们当时尽了自己的党员义务和代表职责，努力维护着党和国家的尊严。在一个历史时期之后，再来回顾这段历史，确有经验教训可以吸取，但是有一点是很清楚的，就是我们党同苏共当年的争论不是我们挑起的，把两党之间的分歧扩大到国家关系上和国际范围内，更不是我们党的责任。我们党遵循着坚持团结、坚持原则、求同存异、后发制人的方针，现在看来还是正确的。

六、1963 年和 1964 年中苏两党的两次会谈

1963年的两党会谈

东欧四国的党代大会及同时召开的意共党代大会，预示着国际共运的公开

分裂。中苏关系全面地恶化了。苏共在赫鲁晓夫操纵下，自中央至各加盟共和国的党组织，纷纷作出反华的决议，赫鲁晓夫连续发表反华讲话，又开动一切宣传机器，在报刊上和广播中连篇累牍地发表攻击中国党的文章、讲话和材料。党内分歧又扩大到国家关系上。赫鲁晓夫片面决定撤走 1300 多名来华帮助建设的苏联专家，撕毁了三百几十项合同和协议，废除了 200 多个科技合作项目，又在中苏边境挑起纠纷。两党两国关系已处于尖锐矛盾之中。与此同时，世界 40 多个兄弟党也发表了反对中国党的决议、声明和文章。由于中苏对立，许多党内也因对中国党的不同态度发生了分歧以至分裂，形成了许多派别。当时的这种分裂局面，确实是广泛而又深刻的。西方世界对此大为幸灾乐祸，欧美报纸上高兴地说：“国际共产主义运动发生混乱”，“已经无可挽回地摧毁了斯大林时代的统一集团”。美国总统肯尼迪说，在国际关系上是“没有什么永久的敌人”的，美国对苏联的态度将以苏联对中国的态度为转移。美国报刊宣传“在赫鲁晓夫同赤色中国的争端中，美国应当给赫鲁晓夫以最大限度的支持”。

在此世界性的反华声浪中，我们当然不能沉默。从 1962 年底到 1963 年春的近三个月内，我党连续发表了八篇重要文章，以回答各国党对我们的批评和攻击，为我党的观点和政策一一进行了答辩。在那个时期内，全党、全国以至全世界的人，都密切注视着国际共运分裂和中苏关系破裂的事态发展。我们以及世界上关心同情我国的人，一面对苏共领导的欺人太甚感到愤慨，一面又对这种恶劣形势感到忧虑。我个人由于从事对外联络工作，更以绝大部分精力，投入了这场紧张的国际纷争之中。

1962 年以来，越南、印尼等国的兄弟党就建议召开各国兄弟党的代表会议，以解决各党之间的争端问题。1963 年 3 月，苏共中央给我党来信，也提出召开这种会议的建议，并表示要“停止公开争论”。3 月 9 日，我党中央复信苏共中央，提出在召开各国党会议以前，先进行中苏两党会谈，并建议赫鲁晓夫或苏共中央其他领导同志来华进行会谈，还表示为了给各党会议和中苏会谈创造一个良好的气氛，我党在保留公开答辩权利的前提下，可以“暂时停止作公开的答辩”。3 月 30 日苏共来信，同意举行两党会谈，但表示赫鲁晓夫已经来过中国三次，而毛泽东同志才去过苏联两次，他早先曾表示要第三次访苏，因此苏共中央向毛泽东同志发出邀请，希望他在“即将来临的春天或夏天——我国一年中的好季节”，赴苏访问和休假，同时与苏共领导人进行会谈以交换意见。我党研究了苏共来信，于5月通过苏联驻华大使告知对方，毛泽东同志现在不拟访苏，中共中央将派代表团赴莫斯科进行会谈，时间建议在6月中旬。后来苏方提出将会谈时间定在7月5日以后，双方达成了协议。我党中央随后确定了参加中苏会谈的代表团人选，代表团团长为总书记邓小平，副团长为政治局委员、书记处书记彭真；团员为政治局候补委员、书记处书记康生，中央候补书记杨尚昆，刘宁一、伍修权，驻苏大使潘自力；还有姚臻等作为代表团的工作人员，也将一起赴苏参加会谈工作。

在我们准备赴苏会谈的过程中，我党中央于6月14日发表了《关于国际共产主义运动总路线的建议》，作为中共中央对苏共中央3月30日来信的复信。由于全文共分25条，所以又被称为"二十五条"。这个文件除了系统地、正面地阐述了我党在国际共运等一系列重大问题上的观点外，也全面而严厉地批判了苏共提出的理论观点和政策主张。"二十五条"中指出，我党同苏共不是在某些个别问题上的观点分歧。这一文件在发表以前，曾经由中央进行了多次讨论和修改，在定稿以前，又将稿子送交几个同我们关系比较密切的兄弟党，以征求他们的意见。"二十五条"的发表，当然使赫鲁晓夫等人十分不满，他很快就做出反应，在自己的讲话和苏共中央于6月18日和6月21日的文件中，指责我党的"二十五条"是对苏共"毫无根据的诽谤和攻击"。他们"断然拒绝"我党的各项建议；又要求我国立即召回我国驻苏使馆五名工作人员和研究人员，因为他们在苏联散发了我党的"二十五条"。他们的这些言论和行动，使当时的气氛一下子紧张起来。不过尽管如此，双方都未表示要取消会谈，我们也就在这种极不友好和不平静的气氛中，在双方激烈的争论和指责声中，仍然按原定计划赴莫斯科参加会谈去了。

1963年7月5日，邓小平、彭真同志率我们代表团全体同志离京出发。清晨7点半钟，除毛主席以外的中央主要领导人几乎全体到机场欢送我们，社会主义各国的驻华使节和我们代表团成员的家属也都参加了欢送。我们与送行者一一握手告别，他们都祝愿我们早日胜利归来。刘少奇、周恩来、朱德和董必武等领导同志，一直送到飞机舷梯前。我们的专机于当天下午到达莫斯科，与已在苏联的潘自力同志会合。苏共中央来欢迎我们的人，也就是这次会谈的苏共代表团成员，他们是苏斯洛夫、格里申、安德罗波夫、伊利切夫、波诺马廖夫、萨丘科夫和苏联驻华大使契尔沃年科，也都是苏共的一批重要人物。

在会谈前夕以至会谈的全过程中，不仅没有停止相互攻击，以创造出一个良好的气氛来，相反争论比平时更激烈。除了在报刊上连续攻击对方，还在外交上一个照会又一个抗议地打着官司。7月初，因我国驻苏使馆展览橱窗被砸，激起我国的强烈抗议。接着苏联外交部又宣布我使馆几名工作人员和研究人员为"不受欢迎的人"，将他们赶回中国。我国则对这些被驱赶回来的人，在人民大会堂举行了盛大的欢迎仪式，并发表外交照会，抗议苏联这一无理行动。苏联外交部和报纸上则反击说，被驱赶回国的人在苏联散发"二十五条"等文件，是"违反苏联现行制度"和"干涉了苏联党内事务"，等等。7月4日，即我们代表团出发的前一天，苏共中央还发表声明，指责中共继续加剧论战，攻击和诽谤苏共和别的兄弟党，又宣称他们将坚持苏共二十大、二十一大和二十二大路线。一面攻击，一面又提出迅即停止公开论战，摆出一副强加于人的架势。7月5日，即我们代表团出发和到达时，我党中央也发表声明，顶回了苏共中央7月4日声明中对我党的指责，并责成我们代表团在即将举行的会谈中，对苏共的攻击给予必要的评论，还要求我们"以最大的耐心，尽最大的努力"，寻求与苏共和其他兄弟党在马列主义和国际主义基础上的团结，表示对会谈仍然寄予希望。我们到达莫斯科并已开始会谈后，7月9日，苏共中央又发表声明，指责我国大肆欢迎被苏联赶回国的人，"是企图在人民中煽起对苏联的不友好感情，使会谈的局面尖锐化"。7月10日，我党马上再回了一个声明，指责苏共的言行是掀起反华运动，使中苏分歧扩大化。说在我国的苏联人一直在中国散发苏共的材料，苏联单方面禁止我国人员在苏散发材料是"只许州官放火，不许百姓点灯"。在此同时，我国报刊上摘要发表了苏联各加盟共和国、各大城市和主要报刊刊登的反华决议、文章和消息。接着，7月13、14、15、16日四天，也就是两党会谈的同时，我国《人民日报》连续发表了《我们要团结，不要分裂》《不许美帝插手中苏分歧》等社论和观察家文章。

两党会谈就在上述不断发表的党的声明、政府照会和报刊文章对骂中开始了。在这种强烈的不协调的"音乐伴奏"中，如何能平心静气地进行平等协商和交换意见呢？我们明知这种会谈不可能取得什么一致的意见，但是为了表示我们还是要团结的，还是照常赴会与苏共代表团会谈。会谈中我们代表团根据中央的指示，按照"二十五条"的精神，严厉批判了苏共的一系列观点，表明我党与他们的分歧性质是遵守马列主义原则和 1957 年莫斯科宣言、1960 年莫斯科声明的问题，指责苏共在会谈过程中一直没有停止攻击中共，不断煽动苏联人民对中共的不满，并且一直不敢发表我党致苏共的信件和有关文章。苏共代表团当然寸步不让，把我们指责他们的话又照样回敬给我们。双方就这样你攻过来我顶回去地进行着"会谈"，这当然不可能真正解决什么问题。西方国家舆论形容这种会谈实际上是一场"聋子对话"。事实正是这样，每次会谈都是你讲你的，我讲我的，各讲各的一套，就不可能寻求能解决问题的共同点了。每次会谈的基本方式是今天你拿着准备好的稿子，由代表团团长或主要成员到会上念一通，翻译用对方语言重复一遍，两三个小时就过去了。另一方听了当天不予回答，这一次会议就算结束了。休会以后代表团内马上进行紧张的研究，分析对方所讲的内容，提出我方回答和反驳的初步意见，交由随代表团去的"秀才"执笔写成在下一次会议上发言的稿子，有时是团长、副团长亲自指导写稿和定稿，提到下一轮的会议上宣读。将这稿子照念照译一通，下一次又轮到对方发言了。如此来回反复的论战，代表团的工作确是十分紧张的。会谈的唯一成果，就是双方各自阐述了自己的观点。就实际情况看来，既然举行会谈，总应该有个解决问题的愿望，双方都有点起码的诚意。当然，当时要赫鲁晓夫有什么良好的愿望和诚意，也是不现实的。但是就我们方面来说，既要坚持原则，又要讲究方式，不能真的是"聋子对话"式的无效劳动，还是有着值得总结的经验教训的。

作为会谈"伴奏"最强音的是《苏共中央给苏联各级党组织和全体共产党员的公开信》的发表。信是 7 月 14 日发表的，其中对我党的"二十五条"做了全面的反驳与回击。苏联在发表此信的同时，也发表了我们的"二十五条"。这样，中苏两党争论的主要内容，就在苏联全国以至全世界完全公开了。《公开信》和"二十五条"发表以后，苏联各报连续发表了《苏共高举列宁主义伟大旗帜》《党和人民牢不可破的一致》《我们忠于列宁主义》等社论，接着又发表了大量支持苏共中央、反对中国党的文章、消息、读者来信等材料。在会谈期间苏方采取的另一个重大行动是签定苏、美、英三国部分核禁试条约。这个条约的一项重要内容是阻止我国拥有核武器。这时，在莫斯科的号召下，东欧各国报纸也相继发表了苏共的《公开信》和我党的《关于国际共产主义运动总路线的建议》即"二十五条"（有的只登了"二十五条"的摘要）。几天以后，我党中央又于 7 月 19 日发表声明，表示苏共的《公开信》不符合事实，我党不能同意，还决定于 7 月 20 日在我国报纸上全文重登"二十五条"，同时附发了苏共的《公开信》。

在这场白热化的论战声中，正在进行的中苏两党会谈当然不可能取得任何进展，双方都无意再进行这种没有任何实际意义的"聋子对话"了，就于 7 月 20 日达成了唯一的一项协议：代表团的工作暂时告一段落，再过一些时候继续举行会谈。时间和地点由两党中央另行商定。实际上中止了这场世界瞩目却无一成效的两党会谈。我们代表团于当天离开莫斯科回国。

7 月 21 日下午，我们的专机返抵北京。中央为代表团安排了一场破格的欢迎仪式，毛泽东、刘少奇、周恩来、朱德和董必武等党和国家主要领导人，党、政、军、民和地方各界负责人与群众代表，加上社会主义各国驻华使节和代表团成员的亲属，5000 余人到机场热烈欢迎我们。代表团的同志们走下飞机时，机场上锣鼓喧天，口号震耳，到处都是红旗和大幅标语，只见毛主席等领导同志亲自走到专机前，同小平、彭真等同志热烈握手，亲切问候，还让我们代表团全体人员绕场一周，与欢迎群众见面。我们每人都接受了少先队员献上的束束鲜花，被各色彩带所环绕，每到一处，那里就是一片雷鸣般的欢呼和掌声。通过对代表团的欢迎，显示了我国人民同党的团结。当我们的车队从机场驶回市区时，代表团成员都没有回去休息，而是随着毛主席的车一直进了中南海，立即向他和周恩来等领导同志，详细汇报了在莫斯科会谈的具体情况。

在中联部工作期间，伍修权（前排左六）陪同毛泽东（前排左四）接见外宾。

领导同志这样抓紧时间听取汇报，可见对这次会谈的关注和重视。第二天各报都在第一版以整版篇幅，用通栏的标题和照片报道这个隆重的欢迎仪式。在这次欢迎中和汇报时，毛主席一直显得兴致勃勃，情绪很好，看来他对于我们此次莫斯科之行还是满意的。

两党会谈中止以后，中央又组织对苏共《公开信》进行系统而详尽的批判反驳，自1963年9月6日起，至1964年7月14日止，先后发表了九篇评论文章。

这一段"反修"斗争，王稼祥同志基本上没有过问。他对康生一直抱有戒心，曾经明确表示，不让康生插手党的对外联络工作。开始我们对此还不太理解，直到以后康生逐渐暴露了自己的面目，才认识到王稼祥同志是很有眼力的。但是也正因为这一点，康生对王稼祥同志一直怀恨在心，总在伺机报复，这次"反修"斗争，正好给了他一个机会。新中国成立以后很长一段时期内，他先是"养病"六年，1957年以后，他这里"视察"，那里巡游，一会儿插手教育问题，一会儿又过问文艺工作，还画国画、写诗词和"收集"古董，十分逍遥自在。可是他却又不甘寂寞，从20世纪50年代后期开始，他终于发现了可钻的空子，拼命抓住"阶级斗争"和"反修"问题大做文章，骗取了中央的信任和重用，逐步排挤了王稼祥同志，篡夺了党的对外联络工作的大权，由他插手以至把持了中联部的工作。在"反修"斗争开始以后，王稼祥同志就曾提出过一些正确建议。这些建议与康生那一套是冲突的，他当然要加以反对王稼祥同志，对王稼祥同志进行了诬陷。

1963年至1964年发表的评苏共中央公开信的文章，原来计划写十篇，才发表了九篇，1964年10月16日，赫鲁晓夫突然被勃列日涅夫赶下台了。就在苏共中央作出这一决定的当天夜里，世界上所有的人对此还毫无所闻时，苏联驻华大使契尔沃年科突然打电话到中共中央办公厅，说有重要事情要向我党中央通报。当时谁也没有想到是怎么回事，中办主任杨尚昆同志就交代中联部与他接谈，部里就由我出面会见了他。由于机关早已下了班，我就在家里的会客室接待了他。他当即向我告知了苏共中央10月16日的最新决定：撤销赫鲁晓夫的领导职务，由勃列日涅夫接任其苏共中央第一书记职务，由柯西金接任其部长会议主席职务，米高扬留任最高苏维埃主席。在此以前，我们每次同这位大使打交道，总免不了发生争执以至争吵，这次却因为他带来了这个意外的消息，受到了我的格外欢迎。他走后，我立即将这一重要情况报告杨尚昆同志，再由他转报中央的其他领导同志。第二天一早，我又向部里的同志们宣布了，大家也都感到意外和十分高兴。同时，这条消息也迅速在全世界传播开了。也就在赫鲁晓夫下台的当天，毛主席下令，进行我国第一颗原子弹的试验，并取得了成功。这两条看来互不相关、实际密切呼应的爆炸性消息，一时间成为震动世界的特大新闻。我国人民以此引为值得骄傲的特大喜讯，在国际上也产生了强烈的宣传效果。正如当时有的国际上的左派人士说："两个令人欢迎的消息，在彼此相隔不到二十四小时的时间内在全世界传开了。"第一个消息是赫鲁晓夫下台，第二个消息是中国爆炸了第一颗原子弹，"表明了马克思列宁主义力量日益增长的威力"。继此，我国又发表了"九评"以后的第十篇文章《赫鲁晓夫是怎样下台的？》，对赫鲁晓夫的路线及已进行的斗争，作了一个总结。

1964年参加十月革命节庆典时的两党会谈

面对新的形势，为着改善中苏两党和两国的关系，中国党和政府又做了新的努力。赫鲁晓夫下台与勃列日涅夫上台，标志着国际共运的大论战进入一个新阶段。最初我国很希望形势能朝着正确的方向发展，因此对苏共新领导是采取争取和欢迎态度的。当勃列日涅夫等就任新职时，我国领导人很快联名向他们发出了贺电，以几年来从未有过的热情语言，对苏联新领导人以及苏联一艘宇宙飞船发射和着陆的成功，表示了热烈祝贺。勃列日涅夫等人也很快联名向我国领导人复电致谢。这些迹象给了人们一种希望。在十月革命节47周年前夕，我国领导人又致电勃列日涅夫等人祝贺节日，并提出了团结对敌的真诚愿望。与此同时，我国报纸几年来第一次不作为反面材料转载了苏联《真理报》社论《苏共不可动摇的列宁主义总路线》和编辑部文章《共产主义建设者的伟大旗帜》。接着又在北京举行了庆祝十月革命节的隆重集会，《人民日报》又发表了社论《在伟大十月革命旗帜下团结起来》，提出在社会主义各国和各兄弟党之间，实行联合、相互支持援助和协商一致的原则，以维护国际共产主义运动和社会主义阵营的团结。在苏联大使举行的节日招待会上，我国领导人刘少奇、邓小平、彭真等出席，并在致辞中表示几年来的中苏分歧不足为怪，两党两国之间总是要团结的。

上述一系列行动，都是中央在分析了新形势以后作出的。当时，中央领导同志认为，这次十月革命节可能是一个改善中苏关系的有利时机，我们应当加以利用。就由周恩来总理出面分别接见了几个社会主义国家的大使，向他们表示我国打算派出代表团赴苏参加十月革命节的庆祝活动，以便与苏联新领导人接触，谋求改善中苏关系以及各兄弟党之间关系的途径。各国大使听了，都很赞同我们的意见。随后，我国的这一愿望也为苏联了解和接受，就由苏共中央和苏联政府向我国发出正式邀请，欢迎我国代表团参加莫斯科的纪念十月革命47周年的庆祝活动。于是我国就派出了以周恩来总理为团长、贺龙元帅为副团长的中国党政代表团应邀赴苏。我和其他一些同志也参加了代表团，连同其他工作人员，加上一批其他随员等共达五六十人。这一强大阵容表明，我国代表团不是一般性的礼节性访问，而是有着更高的目的和任务的。

11月5日，我国党政代表团分乘两架专机离京赴苏。越南党政代表团和我们同机前往。专机飞达莫斯科时，苏联新任部长会议主席柯西金等人到机场迎接我们。当我们同柯西金等人亲切握手问候，接受献花并与他们合影留念时，真好像又回到了中苏友好的岁月里。到达的次日，我们循例一一拜访了新上台的苏共中央第一书记勃列日涅夫、部长会议主席柯西金和最高苏维埃主席米高扬，相互都做了十分友好的表示。11月7日，我们代表团全体人员应邀参观了红场上的阅兵典礼和群众游行。周总理和贺龙元帅同苏联领导人一起登上了列宁墓的检阅台，其他同志则在一侧的观礼台上，观看了苏联武装力量和新式武器的检阅和群众游行。7日下午，我们又参加了在克里姆林宫举行的庆祝大会，晚上，还出席了盛大的节日招待会。这天从白日到夜晚，我们都在节庆活动中度过。我们代表团所到之处，都受到隆重接待，我们也利用各种场合，主动同苏方人员表示友好，很希望这次访问能改善一下恶化了几年的中苏关系。

我们代表团赴苏的使命，首先是想摸一下苏共新领导的态度，希望他们能改弦更张。同时还想解决一个具体问题，即赫鲁晓夫当权时曾通过一个决定，预定于1964年底召开一次实际上是围攻中国党的国际会议；苏共新领导上台后，将这次会议改期到1965年3月召开，我们是反对召开这个会议的，现在赫鲁晓夫已经下了台，我们希望将他过去决定的这次会议取消。在节日活动结束后开始与苏方会谈时，我们提出了这一问题，认为这仍然是一次分裂会议，是按照赫鲁晓夫的错误方针定下的，我们建议不再召开。如果召开国际会议，最好首先由中苏两党进行协商并取得一致意见之后，再与其他各国兄弟党进行磋商，然后才决定是否召开会议。哪知这些问题一摆出，会谈就出现了僵局，我们同苏共根本谈不到一块，并且很快又引起了争论。其实在此以前，在勃列日涅夫等人的公开讲话和苏联报刊文章中，已经表示苏共仍然要召开这次国际会议，认为"再次召开兄弟党的国际会议的必要性已经成熟"，又宣称苏共将"一如既往地"执行召开这次会议的决定，"始终不渝地"执行苏共二十大、二十一大和二十二大的政治路线。在会谈过程中，苏联领导人表明的果然仍旧是这种态度。他们说，已定于1965年3月召开的兄弟党国际会议，不能取消原定计划，必须继续如期举行。我们当然不能同意他们的意见，于是开不开这次会议的问题，就成为会谈中争执的焦点，起初有过的一点和缓气氛又被破坏了。我们在会谈中发现，勃列日涅夫一开始就态度很僵硬，谈来谈去很难有协调的可能。兄弟党的国际会议，当然不能说是哪一个党的内部问题，而苏联党则完全是以老子党的姿态来决定问题的，这延伸到国家的关系上就是霸权主义的表现和行动。因此，继续会谈下去已无实际意义。

在此期间，苏方还挑起了一起对我党极不友好的事件。11月7日晚上，我们代表团参加苏联政府举行的招待会时，贺龙同志同苏联元帅崔可夫等一起谈话中，苏联国防部长马林诺夫斯基竟对贺龙同志说："我们现在已经把赫鲁晓夫搞掉了，你们也应该仿效我们的榜样，把毛泽东也搞下台去。这样我们就能和好。"贺龙同志一听这话，立即很严肃地对他说："这是根本不能相比的两回事，我们党和你们的情况是完全不一样的，你的想法是根本不会实现的，而且是错误的。"当场顶回了对方的恶意煽动。崔可夫元帅也对马林诺夫斯基表示："我们并不这样看。"贺龙同志马上向周恩来总理反映了这一情况，周恩来同志当即向勃列日涅夫、苏斯洛夫和米高扬等指出，马林诺夫斯基的讲话是对我们的严重挑衅。勃列日涅夫在了解情况后，对周总理掩饰地说，马林诺夫斯基今天喝醉了，是酒后失言，不必介意。周恩来同志立即指出，这不是什么"酒后失言"，而是"酒后吐真言"。在后来举行的中苏两党代表团正式会谈时，周总理就马林诺夫斯基的挑衅，又向苏方提出了严重抗议。直到勃列日涅夫不得不表示了道歉，我代表团对此才未再加追究。这些情况表明，我们代表团已经不可能取得任何预期的成果，已没有继续访问的必要。这次赴苏访问，开始是满怀希望而去，最后是不欢而散地归来。

从11月5日到11月13日，我们除参加了节日活动和与苏共领导人进行了几次会谈外，还参加了一些别的活动，如由克里姆林宫卫戍司令等高级官员陪同，拜谒了列宁墓和敬献花圈，还同我国驻苏使馆人员、我国留苏学生和我国在苏联原子能研究所工作的研究人员等见了面，周总理等领导同志向他们讲了话。11月13日又是晚上10点，我们代表团全体人员离苏回国。11月14日下午到达北京，毛泽东、刘少奇、朱德、董必武和邓小平等领导同志及党、政、军、民各界领导人，还有数千群众，都到机场迎接，其场面和气氛与一年多以前中苏两党会谈归来时十分相仿，实际上也是一次政治上显示团结和力量的表示。

1964年11月，伍修权（右二）随同周恩来（左六）、贺龙（左四）等参加纪念十月革命47周年活动后从苏联回来，毛泽东主席（左七）率中央领导同志到机场迎接。

七、出席罗共九大

1965年春，我因病到海南岛休养了一段时间。南国风光完全是另一派景象。北方是冰天雪地，但在海南岛却可以下海游泳。我们每天的活动就是下海、散步、阅读轻松的书籍。当时斯特朗老人也在那里休息，我们是邻居，所以每晚还有一次桥牌战斗，老太太是非赢了不结束的。我们也到了"天涯海角"，那里的绮丽风光确实是引人入胜。

罗共对我党持较友好态度

7月中下旬，我参加了以邓小平同志为首的中共代表团，出席了罗马尼亚共产党第九次代表大会。从 1960 年起，国际共运发生了严重的分歧以至分裂，各党之间，尤其是中苏两党和两国之间的关系都处于紧张状态。而这一切正是从 1960 年 6 月在罗马尼亚党代大会期间召开各国共产党和劳动党的布加勒斯特会议开始的。五年以后的罗共，即在其九大前后，多次表示，应该坚持社会主义阵营和国际共运之间的团结，主张用冷静、明智和建设性的态度解决争端，对于苏联侵犯别国利益、违反社会主义国家之间经济关系的言行，公开表示了不同的意见。罗共的这种态度，使他们成为东欧除阿尔巴尼亚以外的另一个与我党保持友好关系的党。也正因此，我党对于罗共这次代表大会是十分重视和热情的，同不久以前我参加的保、匈、捷和东德四国党代会的态度，是完全不同的。

团长是邓小平总书记

我党出席罗共九大的代表团团长是邓小平总书记。因为我在中联部一直主管与苏联、东欧党的关系，所以我也参加了代表团。代表团于 7 月 17 日凌晨乘专机离京，朱德、彭真、贺龙和李先念等同志到机场为代表团送行。当天下午到达布加勒斯特，罗共主要领导人齐奥塞斯库等亲自到机场迎接。三个月前，罗共原领袖乔治乌·德治同志去世，齐奥塞斯库接任了总书记职务。罗马

伍修权（后中）陪同邓小平（前中）、彭真（右一）接见泰国共产党总书记。

尼亚国务委员会主席斯托伊卡、部长会议主席毛雷尔，他们一同迎接了我们。这说明了罗党对我党代表团的重视。我们代表团到达后，首先去向不久前去世的乔治乌·德治墓和其他烈士墓、英雄纪念碑等敬献了花圈。

齐奥塞斯库的报告

7月19日上午，罗共九大开幕，邓小平同志和各国党的代表团长同罗共领导人一起登上主席台。齐奥塞斯库首先宣布了党的名称和代表大会次数的更改，在此以前罗党叫作罗马尼亚工人党，现在恢复原名为罗马尼亚共产党，党代大会也从罗共初创时期算起。大会又为几个月前去世的乔治乌·德治志哀。这时罗共已有140余万党员，出席九大的代表有一千三百几十名，有50多个外国兄弟党及民主党的代表应邀参加了大会。这次大会是在国际共运分裂和中苏论战的形势下召开的，在齐奥塞斯库的总结报告和代表发言中，都不可避免地涉及了这些问题。齐奥塞斯库在报告中说，由于各国的经济发展水平、历史和民族特点所形成的活动条件不同，各国在社会主义革命特别是夺取政权的方式，在社会主义建设的形式等问题上，出现不同的看法和做法，是很自然的事。每一个党都有权利独立地决定自己所采取的方式，制定自己的政治路线。这不应该成为各党之间争论的内容，而应该看作是把马列主义普遍真理在本国具体条件下的应用，是对世界共运革命经验宝库的贡献。对于各党之间特别是中苏两党之间的激烈争论，齐奥塞斯库说，应该从马列主义共同观点出发，遵守各党独立、平等和互不干涉内部事务的原则，进行同志式的诚恳讨论，相互尊重和信任，谋求相互谅解和接近，在反对帝国主义、争取世界和平与社会主义胜利等基本问题上，达到团结一致。他说各兄弟党之间有着共同的意识形态、奋斗目标和历史使命，是应该而且可以克服分歧的。

邓小平的致辞

20日下午，邓小平团长代表我党中央向大会致祝词并宣读了贺电。祝词和贺电称赞罗共在坚持兄弟党、兄弟国家关系的马克思列宁主义原则，捍卫本党及本国的独立自主和正当权益，维护国际共运和社会主义阵营的团结等方面，"进行了不调和的斗争，作出了重大的贡献"。表示中国党认为只有坚持马列主义理论阵地，坚持1957年莫斯科宣言和1960年莫斯科声明中规定的原则，遵循兄弟党、兄弟国家关系的准则，才能谈得上国际共运和社会主义阵营的真正团结。邓小平同志在台上致辞时，我不由想起五年前在布加勒斯特会议上，我曾针对我党正被围攻的形势，写了"哀兵必胜"几个字的条子给彭真同志。当时我们只有阿尔巴尼亚党半票的支持，确是处于一种"哀兵"的地位。可是也正因此，不少兄弟党、兄弟国家逐渐看清了赫鲁晓夫任意欺压别国的霸权主义面目，开始转而同情和支持我党。到1965年，公开支持我党的兄弟党及其组织已为数不少。在这次参加罗共九大的各国党的代表中，支持我们的还是大有人在的。所以当邓小平同志致辞时，会场上的反应是很好的，致辞的前后都是全场起立和长时间鼓掌，致辞中间也时时被掌声所打断。

参观罗中农业生产合作社

大会期间，我们代表团在布加勒斯特市第一书记陪同下游览了市容，参观了新住宅区的农作物研究所，还参观了几个炼油及石油化工等配套工厂。一天中午，我们正好来到一座酿酒厂的葡萄园和造酒车间，就在那里品尝了美酒。23日，我们又在布加勒斯特州第一书记陪同下，访问了罗中友好农业生产合作社。这个合作社同我国京郊的卢沟桥中罗友好公社结成了姊妹社，经常互赠礼品和友好往来。这次我们代表团来访，合作社接待得十分隆重热情。从村外大路两旁直到村子中心，排满了穿着鲜艳民族服装的社员群众，见我们一到，马上按照当地风俗，由一位德高望重的老年社员，向我们献了面包和盐。随后我们参观了合作社的畜牧场、水稻田和向日葵地，他们还特别请我们看了用卢沟桥公社送的种子种出的玉米、大豆、青豆和南瓜等的农田。许多正在田间劳动的社员，都向我们热情招呼表示欢迎。最后双方互赠礼品，我们将从国内带去的两台手扶拖拉机，以中共代表团的名义，送给了这个农业合作社。

齐奥塞斯库同代表团告别会见

7月24日，罗共九大胜利闭幕。25日，邓小平同志和我们代表团全体成员，同我国驻罗使馆全体工作人员与留学生等见了面，向他们介绍了国内情况并表示了对他们的希望。26日，新当选为罗共总书记的齐奥塞斯库和罗共主要领导人斯托伊卡、毛雷尔等，同我们代表团举行了告别式的会见。27日，代表团离开布加勒斯特回国。再次路过莫斯科时，受到苏共领导人谢列平、沃罗诺夫等人的礼节性迎送。我国驻苏大使潘自力同志也在机场迎送我们。28日上午，我们回到北京，朱德、董必武、彭真、谭震林和杨尚昆等同志到机场迎接。我们代表团离京和回国的时候，都在《人民日报》一版重要位置发表了消息和照片，表现出中央对这次出访的重视。

从罗马尼亚回来近两个月后，我就去安徽省农村参加"四清"了。

八、参加"四清"

几次要求才得批准

1965年10月，我和中联部的四个同志，去安徽的六安、霍邱等地参加了为时半年的"四清"运动。这是全党干部轮流参加的一次在农村等基层单位进行的社会主义教育运动。我由于新中国成立以后一直从事外事工作，对国内工农业情况特别是农村基层工作了解甚少。若干年来，只有1961年曾经到河南、陕西和山西几省农村人民公社，三门峡水利工地和太原钢铁厂等地进行参观访问。在走访这几处时，还曾先后遇到董必武、吴玉章等老同志，一度同他们结伴而行，交谈过当时的观感。因为那次参观时间短，仅仅是走马观花，了解的情况不多也不深。"四清"运动开始以后，我就几次提出下去蹲点，了解些基层的实际情况，可是领导上却总是不让我走。一方面是因为工作需要，另一方面也可能由于对"四清"运动的指导方针，中央领导人之间意见并不一致，过早下去弄不好会跟着"犯错误"。直到中央制定了新的文件，中央才同意我去安徽参加一期"四清"工作。

1964年，伍修权（右二）在"四清"运动期间与地方同志合影（左二为中联部于洪海）。

与贫下中农"四同"

10月间，我们同安徽省委以及所在地委、县委的"四清"工作队一起下了乡。为了工作方便，我还用了个假名字，叫"吴光"，住到一个生产队里。那个生产队将场院边上的一间空房子整理出来分给我住。平时吃饭，则到社员家里吃派饭。按照当时规定，轮到派饭的社员家不得用豆腐以上的好菜招待我们，只许吃普通农家的家常便饭。当地农民的生活很苦，副食主要是腌酸白菜，吃豆腐就算是会餐了。除了"四清"工作之外，我还同社员一起去田间参加劳动。当时我已近60岁了，农民的本性真是善良呵，他们见我参加劳动很费劲，又是笨手笨脚的，总是挑些轻活给我干，我虽尽力而为，但是也只能算作

伍修权在"四清"运动中。

一个不合格的辅助劳动力。这样，我同许多农民交上了朋友，能听到他们的知心话。我基本上过的是与贫下中农"四同"（同吃、同住、同劳动、同学习）的生活。在"四清"中虽然生活比较艰苦，但却非常愉快，大有回到青年时期之感。

我在"四清"期间，大量时间是参加或主持"四清"工作队的一些会议和生产大队、生产队的各种集会，也曾经就当地运动中的问题向干部们作过报告。在这段时间内，我接触了许多基层干部和农民群众，了解到许多农村的实际情况，对人民公社的政治、经济状况，作了一些调查研究。这对我来说，不仅增加了许多知识，对自己的思想也有不小的触动。几个月的生活给我的突出印象之一是，全国解放十多年了，各方面工作虽然有了很大的提高和发展，但是同实际的需要和可能相比，同世界上许多国家的情况相比，我们的进展还是太缓慢了，人民生活仍然异常艰苦，农业生产还相当落后。

参观了几个水利工程

当时我曾利用机会，访问过安徽省的几个重要的水利工程，那是淮河中游的淠、史、杭三条支流上的大型灌溉工程，特别是佛子岭、梅山和响洪甸等

三大水库，这是几个完整的配套成龙的水利系统，其规模可与我国古代的都江堰等水利工程相媲美。当时预计，这套工程设施全部配套运转使用并发挥作用以后，不下五年，当地的农、林、渔业生产以及发电、航运等事业必将大大发展，人民生活也会大大改善，这里的面貌就将大变。我们在参观这些工程，倾听这些介绍时，也感到很受鼓舞，心想五年以后，也就是 1970 年就可以看到成果，我们已经认识了的那些农民乡亲，生活就将富裕起来，我们的心里将得到告慰，共产党人已经为人民做了好事，为后代人造了福。我还暗暗地下了决心，过几年再去看望那些熟悉的老乡，看看当地所取得的成果。哪里知道，几个月以后，就开始了史无前例的"文化大革命"，一场席卷全国大地的政治大动乱，把正常的生活和劳动都给搅乱了，冲垮了！我们的、也是人民的美好愿望暂时落空了，想起来真叫人心疼！

政治动乱苗头显露

其实，这场政治动乱的苗头，早就显露出来了。那些年，正是林彪鼓吹什么"活学活用""立竿见影"和"突出政治"的时候，首先在军队里发行了大量的《毛主席语录》，并大肆宣传到处推销。我在离京以前"走后门"得到了几本，后来到南京时，部队同志又送了一些给我们，我将它们分给了"四清"工作队的一些同志。当时还觉得十分珍贵难得，不料后来此书不仅全国人手一册，还译成了各种外文，在许多国家散发，成为闻名全球的发行量最大的"小红书"。我们在"四清"中，依据的是 1965 年初中央政治局通过的《农村社会主义教育运动中目前提出的一些问题》（简称"二十三条"）。这个文件的基本精神是强调"我国城市和农村都存在着严重的、尖锐的阶级斗争"，"运动的重点，是整党内那些走资本主义道路的当权派"，等等。

我在公社住着时，也曾寻找和处理过如文件所说的"走资派"或"四不清"干部，我自己就曾多次同一个公社干部谈话，做他的思想工作，动员他坦白交代问题，卸掉包袱，改过自新。我记得他的主要问题是利用职权，动用公款为自己盖房子，与一个女劳动模范结婚，又花了许多钱，还打击过反对他的贫下中农社员群众。在当地看来这些问题还是相当突出的，因而撤销了他的职务。

1966 年 4 月，我们这一期"四清"结束。返回省会合肥时，省委第一书记李葆华同志安排我们在稻香楼宾馆休息，这同我们不久前住过的生产队场院小屋相比，不能不有所感慨。当月，我们从安徽回到北京。两个月后，"文化大革命"就正式开始了。运动初期我还在部里抓工作，并且同康生等一起又去过阿尔巴尼亚，不久就被卷入了这场历时十年的政治大动乱中。

九、二访阿尔巴尼亚

1964年参加阿解放20周年庆典

60 年代中，我国在国际上有过一个"最亲密的战友"——阿尔巴尼亚，当时常用"海内存知己，天涯若比邻"来形容两国的关系。虽然两国相隔千山万水，国情差距极大，但是友好往来却异常频繁。同阿党的不断联系和互相访问，自然成为中联部的工作重点之一。1964 年我随我国访苏党政代表团去莫斯科参加十月革命节庆祝活动后，不欢而散地回到北京还不满十天，又奉命作为去阿尔巴尼亚的中国党政代表团成员，参加他们的解放 20 周年庆祝活动。这一代表团由李先念同志任团长，团员中有许世友同志和我，还有全国总工会书记处书记狄子才、北京市副市长范瑾和我国驻阿大使许建国。同机赴阿的还有我国文化代表团曹瑛、林林等同志，中阿友协代表团彭康、吕梁等同志。

11 月 23 日，我们离京启程，25 日到达地拉那。那时的阿尔巴尼亚大概也就剩了我国这个唯一的好朋友，所以对我们的欢迎是格外的热情友好，机场上到处都是中阿两国国旗和有关中阿友好的大幅标语，欢迎的人群中还有许多中国各行各业的专家和留阿学生。我们到达的当天下午，霍查、谢胡、卡博、巴卢库等党政主要领导人就会见了我们，正如新闻中常说的，"作了兄弟般的亲切谈话"。随后连着几天参观了他们全国最大的地拉那大学、斯大林纺织联合厂、民族解放战争博物馆和艺术展览馆等，还向烈士墓献了花圈。

11 月 28 日，是阿尔巴尼亚解放 20 周年纪念日，我国代表团全体人员应邀参加了在游击队体育馆举行的庆祝大会。同时参加的还有以李钟玉为团长的朝鲜代表团、以阮维桢为团长的越南代表团和罗马尼亚、古巴、阿尔及利亚、印尼、日本、新西兰、澳大利亚、比利时等国的代表。他们大都是同我国保持着友好关系，因而也同阿尔巴尼亚友好，其中有的只是该国共产党中分裂出来的"马列主义派"代表。我国代表在大会上受到了特别的欢迎和礼遇，当霍查向大会介绍到中国代表团时，全场群众一齐起立，热烈地有节奏地欢呼"恩维尔——毛泽东——"等口号，并长时间地鼓掌。

在这个大会上，霍查发表了歌颂阿尔巴尼亚的成就，赞扬中国和抨击苏联的长篇演说，长达几个小时。霍查也是个能说的人，虽然当时他们内政外交的状况都不太乐观，他演说时却充满了自信，口气很大。他常一边讲话一边抽烟，一支接一支地抽，抽的都是我国的"大中华"烟。阿尔巴尼亚党当时同我们的关系确是很不一般，曾经有过这样一件事：他们有个女政治局委员叫贝利绍娃，1960年访华时，我党向她介绍了一些有关中苏分歧的情况，她在回国路过苏联时，把我们同她谈过的问题又向苏共领导人透露了，这使霍查大为恼火，马上将她开除出党，连她的丈夫（是一个部长）也被撤了职。这说明他们很重视同中国的友好关系，而决不允许任何反华亲苏的活动。

11月29日，我们又在地拉那市中心广场参加检阅了盛大的阅兵式和群众游行。这场庆祝盛典前后进行了三四个小时，其场面之大，人数之多，气氛之热烈，在阿尔巴尼亚这样的国家里，可能是十分不容易的。这是由于苏共对他们的欺压，激起了他们强烈的民族情绪。他们的阅兵式，前列是以霍查、谢胡命名的军事院校和以古代民族英雄斯坎德培命名的少年军官学校，从分列式的队形到方队的步法，基本上都是苏联操典中所规定的。用来检阅的飞机、重炮、坦克和少量火箭，大都也是苏联过去提供的，可是现在却被用来向苏联示威了，想来真耐人寻味。游行后的当晚，又在游击队宫举行了盛大宴会，霍查等党政领导人全体出席，欢宴各国外宾和本国各界人士。在此前一天晚上，阿尔巴尼亚领导人还陪同各国代表团，出席欣赏了一场规模宏大的庆祝音乐会。别看阿尔巴尼亚国家不大也不富，但是在组织这些活动上，还是很下功夫和不惜代价的。

庆祝活动结束后，有的外国代表团开始回国了，我们又被邀请到阿尔巴尼亚各地参观访问。12月初，我们在阿党政治局委员科列加等陪同下，先后去了南方海港城市发罗拉和萨兰特、山城培拉特、阿尔巴尼亚全国最大的水电站、以毛泽东命名的纺织联合工厂，还特地去了霍查的故乡，看了他出生的房子和读书的小学。我们每到一地，照例都受到最热情的迎送和高规格的接待，有时天上下雨，群众仍然兴奋地冒雨欢迎我们。到外地访问结束回到地拉那后，霍查等全体领导人又一次会见和宴请我们，真是叙不尽的深情，说不完的友谊。这也难怪，在苏联断绝了对阿尔巴尼亚的一切援助和贸易往来后，我国向他们提供了从政治、经济到军事上的全力支持，中国的各项援助，对阿尔巴尼亚起了重大的作用。就在我们访阿期间，李先念同志还参加了中阿科技合作议定书的签字仪式，我国轻工部副部长罗叔章同志率领着一个科技代表团在那里进行这项会谈。协议中规定中阿两国将不断互派科技专家和实习、考察人员，不断交流科技先进经验和交换资料，等等。

12月5日，我们离阿回国。6日到达上海，在那里停留一天。8日返回北京，正好赶上去印尼、缅甸等国访问的陈毅副总理回京，我们没有离开机场，又参加了对他的欢迎。这是我第一次去阿尔巴尼亚。

1966年参加阿党五大

我第二次去阿尔巴尼亚，正是我国的"文化大革命"席卷全国并震惊世界的时候。那是1966年10月，我国派出党的代表团，去参加阿尔巴尼亚劳动党的第五次代表大会和建党25周年庆祝活动。我党代表团团长是康生，副团长是李先念，成员有刘晓、我和彭绍辉。由于国内到处"造反"，影响到同外国的关系也有点紧张，出国时就没有发消息，10月28日到达地拉那后才予公布。到达当天，霍查、谢胡等阿党领导人就会见了我们，同我们"进行了十分热烈和亲切友好的谈话"。阿党代大会11月初才开，我们就应邀先去各地参观访问。由于卡博同我们在布加勒斯特会议上有过"战友"之谊，就由他陪同我们出去参观。我们参观了中国援建的拖拉机配件厂，听他们大加赞美我们援助阿尔巴尼亚建设的重大成就；又访问了阿最大的海港都拉斯，那城市本来人口不多，可是却组织了几千人的队伍夹道欢迎我们代表团，还举行了盛大的欢迎大会，康生在大会上发表了长篇讲话。他本来就爱卖弄他的知识和口才，当时又因"文化大革命"而正红得发紫，他扬扬得意地一边抽烟一边信口开河地讲了好长时间。阿尔巴尼亚人也有发表演说的爱好，主客轮番在讲坛上滔滔不绝地讲，翻译再依次照说一遍，大会一开就是几个小时，把我们搞得十分疲劳。

康生率领代表团在各地参观时，每到一处就向人家赠送我国的"红宝书"和像章等礼品。阿尔巴尼亚人看来倒也乐意接受这些赠礼，因为他们当时几乎照搬了我国的许多搞法，有着与我国近似的政治气氛。他们也在搞干部下放劳动锻炼、降低干部工资、缩小等级差别、军队取消军衔制度、在各部门实行工人监督和教育革命等等"具有深刻的社会主义革命意义的革命化运动"。对于我国当年的这一套，现在大家都看得比较清楚了，可是那时却当成好经验介绍给人家。当然这也是客观历史条件造成的，由于苏联对阿尔巴尼亚的一系列惩罚性措施，造成他们的严重困难，不得不求助于万里之外的我国。尽管我们自己并不富裕，却给了这位"最亲密的战友"以全面的支援。也正因此，阿尔巴尼亚人民把我国当成他们最好的朋友，把我党看作是光辉的榜样。

10月31日，地拉那市举行盛大的群众集会和游行，庆祝阿党五大的开幕，我们和朝鲜、越南、罗马尼亚和印尼等29国党的代表团和观察员应邀参加了这次会议。当天下午，霍查等阿党领导人又会见了各国党的代表和观察员。11月1日，阿党五大正式开幕，当大会主席介绍到中共代表团时，全场都起立，一面热烈鼓掌，一面欢呼"恩维尔——毛泽东"，成为当天会议的高潮。11月2日，康生代表中共中央向大会致贺词并宣读了毛泽东同志署名的贺电。当康生向大会展示贺电上毛泽东同志的亲笔签名时，全场简直沸腾了，一次又一次地欢呼、鼓掌和起立，有时鼓掌十来分钟都不停息。在这份贺电中，阿尔巴尼亚及其领导人被称为"欧洲的一盏伟大的社会主义明灯""耸入云霄的高山""大无畏的无产阶级革命家"，在另一份贺电中又说阿尔巴尼亚是"伟大的、不可战胜的红色根据地"，是世界革命的"光辉榜样"，等等。现在看来，这些话都成了对霍查和我们自己的讽刺，但是在当时却是很有鼓动性的热烈语言。康生致辞和宣读贺电完毕，又代表中共中央向大会赠送了巨幅锦旗，上面用金线绣着中阿两种文字："中阿两党两国人民的革命团结和战斗友谊万岁！"霍查亲自接了旗，又同康生长时间地热烈拥抱，全场欢呼鼓掌又一次达到了高潮。

康生无论是在大会致辞中，还是在别的讲话和谈话中，他一面不厌其烦地极力称颂阿尔巴尼亚的那一套"革命化措施"，一面又反复宣扬中国在这方面的经验，对正在进行的"文化大革命"，更是大吹特吹其"伟大的胜利"。他扬扬自得地介绍我国正在怎样斗争"走资派"和"反动权威"，怎样把他们都批得"威风扫地"，又大谈其"反帝必须反修"等"高论"，还同霍查等人相互鼓励，"不怕孤立，也不会孤立"，要"将反对现代修正主义的斗争进行到底"！此后不久，姚文元又带着一帮"造反派"头头和红卫兵代表访问了阿尔巴尼亚，把他们的那套极左黑货再一次推销到那里去。

1966 年 11 月 7 日，是阿尔巴尼亚劳动党建党 25 周年纪念日。这天晚上，在地拉那歌剧院举行了盛大的歌舞晚会，庆祝这一节日和五大的召开。晚会充满了政治色彩和战斗气氛，许多节目都是表现阿尔巴尼亚人民怎样"一手拿镐，一手拿枪"地建设和保卫国家，也有一些富有民族特色的节目。我们感到，阿人民同我国人民一样，也是勤劳勇敢的，问题是作为党和国家的领导人，应该如何珍惜他们的劳动和斗争精神，不使其白白消耗或把劲儿使错地方。11 月 8 日阿党五大宣布闭幕。当天下午，在地拉那斯坎德培广场举行了十几万人的大会，全国几乎有十分之一的人都赶来参加了，隆重庆祝阿党五大胜利闭幕。康生又在这个大会上大讲了一通。晚上接着又举行了盛大宴会，表示庆祝和招待各国党的代表。他们这样大会套小会，晚会加宴会，一个接着一个，自己劳民伤财，把我们也搞得疲劳不堪。

大会和一系列庆祝活动结束以后，阿党中央再次邀请我们到阿各地访问，并且由谢胡亲自陪同。因为阿尔巴尼亚也就那么大，去的地方都是我已经去过的。先到南方山城培拉特，那里的人民倾城出动，欢迎我们代表团，并在毛泽东纺织联合工厂再次举行大会，由我们代表团副团长李先念同志讲了话。接着又访问了我去过的海滨城市发罗拉和费里区，在这两地的欢迎大会上，都由爱讲话的康生讲了话。回到地拉那后，又在阿党领导人陪同下，观看了他们国家剧院演出的中国芭蕾舞剧《红色娘子军》。这是他们在中国观摩学习几个月的成果。我看着那一群高鼻梁、深眼窝的"中国女兵"，表演着不中不西的舞蹈，虽然觉得有点滑稽，但是对于他们这种热心介绍中国艺术、促进两国文化交流的精神，还是表示了赞扬和祝贺。演出结束后，我们向他们赠送花篮祝贺，上台同演员合影留念，兴奋的演员们纷纷同中国代表拥抱。随后几天，我们代表团又分别参观了工业展览会等地方，在阿前后逗留了近 20 天。11 月 14 日，在谢胡、巴卢库和卡博等人的欢送下，我们才离阿回国。

代表团的专机经过新疆，在乌鲁木齐作了短暂的停留。当时全国都正处于"文化大革命"高潮之中，作为中央文革小组顾问的康生，已经成为各地"造反派"和红卫兵心目中了不起的人物。乌鲁木齐的红卫兵组织得知康生来到这里，立即派出代表请求康生接见他们。我奉命去接待了这批"革命小将"，听取了他们的要求，回来问康生怎么办，康生表示可以见一下，但不能超过半小时，仅仅是接见式的见一下面，可以向他提一点问题，他能答复的就答复，但不一定都予答复。他让我把这个意思转告红卫兵代表们，同他们商量和安排了一下，后来康生就表面庄重、内心得意地出来接见了一下这批"革命小将"。新疆的第一书记王恩茂同志当时还没有被打倒，也参加了接见。那些红卫兵还比较单纯和天真，对于康生这种"大人物"也不知底细，认真而虔诚地听他信口作了一番"指示"。他主要是对这些年轻人不着边际地鼓励了一番。红卫兵出于对他的敬畏，又多少得到了一点"新精神"，也没再纠缠，就这样顺利地结束了这次接见。11 月 16 日下午，我们代表团全体安抵北京，周总理和陶铸等同志到机场迎接我们的归来。

一位外国"左派"

在我们回国的专机中，还搭乘了一位当时未予公布的人物。他原来是欧洲某国党的中央委员，因为反对本国党中央的路线，支持阿尔巴尼亚和中国党的主张，在国内待不住，就到了阿尔巴尼亚。当我们代表团在阿尔巴尼亚时，他向我们提出要求，希望来我国进行访问。我们接受了他的要求，同意他搭乘我们的专机，将他带到了北京，并由中联部予以接待。由于我同他已经相识，就由我陪同他到我国一些地方参观访问。我带他去了南方，先在长沙，又到韶山看了毛主席故居和一些革命纪念地。那时的韶山，真是热闹极了，成千上万的红卫兵，都涌来这里"朝圣"，他们那一股对毛主席的崇敬热爱之情，把我们的客人也给感动了。他在韶山曾同红卫兵们一起吃了一顿据说能增强革命意志的"忆苦饭"，使这位外国"左派"也觉十分新鲜和兴奋。离开湖南以后，我们又去了广东。最后我将他送到了南方海港湛江市，我们在那里联系好了一艘远洋轮船，因为那艘船满载了我国运往阿尔巴尼亚的各种物资，即将直接开往那里，就由他们将他再带回阿尔巴尼亚。这样，我同他就在湛江分了手。此人以后的情况如何，我就不知道了。因为将他送走后我一回到北京，就立即被卷入了"文化大革命"，这正是 1966 年底。从此我结束了在中联部八年的工作，随后就开始了极不正常的"牛棚"八年生活。

第九章 "牛棚"八年

一、风暴骤起

山雨欲来风满楼

在我国当代历史和我个人的经历中，横亘着一个不可忽略和难以忘怀的阶段，就是被称为十年内乱的"文化大革命"时期。在这十年中，我有七年半时间，即从 1967 年 4 月到 1974 年 9 月，是在各种所谓的"牛棚"中度过的，加上我开始受冲击和等待重新工作的时间，前后正好整整八年。

1966 年江青伙同林彪搞了个《部队文艺工作座谈会纪要》，耸人听闻地说我国已被什么"黑线""黑帮""专了政"，同时成立了以陈伯达为组长，江青、张春桥等人为副组长，康生为顾问的中央文革小组。他们大批什么"三家村"，叫嚷"向反党反社会主义的黑线开火"……大有"山雨欲来风满楼"之势。不过我由于一直忙于党的对外联络工作，开始对此并未过分注意，并且以为所谓"文化大革命"，无非是文化界的事，同我们关系不大。自己又多年来从事国际上的"反修"斗争，在"反修防修"问题上，自认为是没有什么问题的。因此对这场运动最初没有思想准备，对它后来的发展及其影响更是没有估计到。

"很不理解，很不认真，很不得力"

开始一阶段，我还在部里抓工作，没有直接卷入运动。对于彭真、杨尚昆等比较熟悉的老同志突然遭到批判，感到难以理解。不久我参加了八届十一中全会。这时"文化大革命"已在全国全面展开了，刘少奇、邓小平等中央领导同志都被认为犯了"错误"，从主要领导岗位上被拉了下来；而新中国成立以来很少工作，近年内大搞所谓"活学活用"运动的林彪，突然跃升为中央唯一的副主席，中央书记处已不复存在。康生、陈伯达和江青、张春桥、姚文元、王力等人，一下子成为政治舞台上的风云人物。会议通过了一个关于"文化大革命"的纲领性文件"十六条"，其中指出，党内许多负责干部对这场运动是"很不理解，很不认真，很不得力"的。我实际上也属于这种情况。随着形势的发展，特别是看到毛主席亲自写的《炮打司令部——我的一张大字报》，我也意识到这次运动非同寻常，但是仍未想到它同自己有什么切身关系。

"八一八"在天安门城楼上

八届十一中全会后不久，1966 年 8 月 18 日，毛主席等中央领导人第一次检阅红卫兵，林彪作为他的"亲密战友"也占据了天安门城楼上的中心位置。检阅开始以后，许多"革命小将"和"造反战士"被邀请到天安门城楼上，向毛主席和林彪以及陈伯达、康生等"文化大革命"的头面人物，一一献上了红卫兵袖章。我不是这些"小将"们心目中的"革命左派"，当然没有资格享受这个荣誉，只能看着别人被佩戴上当时十分招人的红袖章。检阅中间休息时，我看到刘少奇同志冷落地在一旁呆坐着，没有什么人去接近他。我这人有点怪脾气，见别人不大理他，偏要去找他谈谈。我过去同他工作接触不少，一向对他很尊重，这次便主动坐到他旁边，同他闲谈起来。开始是寒暄地问问他的健康状况，后来就谈起当前的运动来了。交谈中我发现他对运动也是"很不理解"的，他说把北大聂元梓的大字报反复看了几遍，实在看不出它的意义为什么"比巴黎公社宣言还要重大"。我当时也是这个想法，但是在那种情况下，也不便明确地表示支持他，当然也不大愿说不同意他的意见，只说自己还没有认真看那张大字报，打算回去再找来好好读它几遍，看看到底有什么意义。

听孩子们谈学校的运动

在这股"革命"热潮中，我家里的孩子们也被发动起来了。他们分别参加了所在学校的红卫兵组织，有的还成为小头头。只是他们一开始就分了派，经常为一些"不同观点"争论不休，回到家里也不断谈论和辩论他们遇到的各种问题，有时还将他们各自的"战友"领回家来，一起讨论他们所关心的"国家大家"，弄得我家里经常十分热闹。由于我尚未直接参加运动，正好从他们那里得知不少情况和动向，也感受到一些青年人的热情，所以有时也很有兴味地听听他们的交谈和讨论。那时他们并没有搞什么打砸抢活动，只是虔诚地响应着毛主席的伟大号召，积极参加这场史无前例的"伟大革命"。其实对当时这

场 "革命" 到底怎么革法，别说是他们，连我也闹不太清楚。我们都从不同的地位，以不同的方式，被卷进了运动之中。我在参加中央的会议时，谈了自己及家中的情况，部分发言内容被编进了会议简报，竟引起了毛主席的注意。他在 10 月间举行的中央汇报会议和中央工作会议上，针对当时有的领导干部不敢接触红卫兵的情况，就以我为正面例子介绍说："伍修权有四个孩子，分为四派，有很多同学到他家里去，有时几个人或十几个人，接触多了，就没有什么可怕的了，觉得他们很可爱。" 他认为我这也是联系群众的一种有效方式。

1966 年冬伍修权（前右一）全家合影，前左二夫人徐和，前左一曼曼，前右一天福，后左二望生，后右一连连，后右二延力，后左一伍星。

许立同志成了中联部第一个被揪斗的部领导

"文化大革命" 的形势发展，很快超出了我们的预料，全国各地，所有部门，无一遗漏地被卷入了运动之中，中联部当然也不是桃花源。康生早就插手部里的工作和运动，又将他的得意门徒王力从部里提拔到中央文革小组，因此中联部的运动一开始就受到他们的操纵和干扰。运动开始以后，按照 "十六条" 规定，部里也成立了文化革命委员会，作为领导运动的权力机构。我们这样的 "当权派" 不是被排除在外，就是被当作 "监督使用" 的对象，不仅不能干预部里的运动，连自己的命运都不能支配了。部里较早被拉出来当 "靶子" 的部领导干部是许立同志。他是分管为外国党培训干部教学工作的副部长，是一位勤恳忠实的老同志。当时我还没有被批斗，就在"造反分子"们狠斗许立等同志时，针对他们搞"残酷斗争，无情打击"的做法，反复强调"十六条"中的"要文斗，不要武斗"，要求"造反派"们"君子动口不动手"。有一次会议上，我说许立同志"人家六十多岁了，又有高血压，请同志们还是要照顾这一点。再过三十年以后，你们也六十岁了，如果那时你们也遭到同样的情况，就会知道应该怎么办了"。我原想提醒和告诫一下"造反派"们不要搞得太过分，谁知反而被他们抓住，说我这是用宣扬"资产阶级人道主义"，来反对"阶级斗争观念"，说我的讲话压制了"造反派"的"革命热情"和"造反精神"。这样，我自己也成了一个被批判的靶子。后来眼看着一些同志受迫害而无能为力，至今想起心中还觉沉重。

康生说：中联部的大方向是批倒批臭王稼祥

当时运动的口号是"横扫一切牛鬼蛇神"，康生对中联部只斗争了许立等几个同志，当然是很不满足的。6月中，他带着王力几次来到中联部，看了部里的大字报，亲自向部里干部作了"文化大革命"动员报告，生气地批评中联部运动的方向不对头，说"毛泽东思想还没有进中联部的门"，"群众没有充分发动起来"，还指着大字报说："你们写了些什么乱七八糟的东西，根本没有抓住大方向！"他说中联部"文化大革命"的重点，应该是批判斗争王稼祥，他是提出"三和一少"的代表人物，应该将他批倒批臭！他诬蔑王稼祥同志是"定时炸弹"，说"中联部过去不是高举毛泽东思想红旗的部，而是打着王稼祥白旗的部"。

中联部的"造反派"在康生、王力的煽动指使下，马上对王稼祥同志进行了连续的围攻揪斗。他几次被架到中联部接受批判。批斗时又挂黑牌又坐"喷气式"，使他从精神到身体上都受到了难以忍受的摧残折磨。稼祥同志在战争时期负过重伤，一直身体不好，新中国成立以后长期带病工作，当然很难承受这样的打击。可是那帮"造反派"斗了他还不够，连他的夫人朱仲丽同志也被拉到中联部来批斗。

周恩来总理指示我站出来为王稼祥同志讲话

这一情况被中央知道了。有次我到中央参加一个会议，休息时周恩来同志找到我，告诉我说："毛主席有过指示，王稼祥同志是有过功劳的人，现在身体不好，不要揪斗。把人弄死了，只有损失，没有好处。"周恩来又对我说："修权同志，你是了解王稼祥同志的，也了解中央对他的态度，你应该出来替王稼祥同志讲话。"我接受了这一指示，马上在中联部召开了十七级以上干部会，根据周总理的指示精神，向大家介绍了王稼祥同志对党的重大贡献，说他在国内革命战争时期，特别是在遵义会议上起过重要的作用，是有功劳的；他在许多问题上是站在毛主席一边的，毛主席曾经多次赞扬过他。我又针对"造反派"的过火行动说："你们批判他的错误是允许的，但是应该讲政策，要文明一点，照顾他，他的身体本来就不好。如果把人斗死了，那就太不好了。真把人斗得翘了辫子，并不说明你们斗争水平高。"我还颇有情绪地对"造反派"们说："你们也不要太骄傲了，要听听别人的意见。我们经过几十年革命，什么艰难斗争都经过了，起码可以向你们提点意见！"谁知我这些话，不仅没有被他们接受，反而被他们当成了我的"罪行"，被他们用来作为我早就是"王稼祥的黑干将"的证明，后来我就遭到了更狠的批斗和更长时间的迫害。

我怎么检查都过不了关

运动开始以后，部里的群众也贴过我一些大字报，内容大都是工作中的问题。例如说我在外事活动中，同外国同志谈话没有大力宣传毛泽东思想，却讲自己的革命经历；同苏联外交人员接触时，强调友好多，坚持斗争少。这些意见当然有对有错，有的可以参考，也有的是无限上纲，甚至无中生有的，但是绝大多数群众显然对我还是抱着肯定态度的。这也给了自己一点信心。我曾借用一句俗话说："为人不做亏心事，半夜不怕鬼敲门。"自认从没做过对不起党和人民的事，也就不怕人们对自己的揭发批判。那时所有的"当权派"都得依次向群众作检查，我于1967年1月12日在部里的群众大会上作了第一次检讨。当时我是真心诚意地按照群众的要求，努力用毛泽东思想来对照检查自己的。我着重检讨了自己在"文化大革命"以来的错误，承认自己对运动"一直处于很不理解、很不认真、很不得力的状态"。在逐条检讨了自己在运动以来的一些具体问题之后，又认真地批评自己"没有充分的思想准备来迎接这场伟大的运动，迎接这场对全体干部，特别是领导干部大审查、大批判、大改造的伟大运动，所以运动以来我的思想总是落后于形势，迟迟跟不上来"。我甚至主动批判自己借用了"半夜不怕鬼敲门"的俗话，等于把群众比成了"鬼"，"是对革命群众的侮辱"，等等。

我以为自己这样检讨已经相当"触及灵魂"了，哪知却一点不中人家的意，我的检查根本过不了关，于是我就一而再、再而三地反复检查，尽力给自己"上纲"，说自己"执行了刘邓的资产阶级反动路线，犯了严重的错误"，"违背了八届十一中全会精神，特别是违背了毛主席（炮打司令部）这张大字报的精神"。可是不知为什么，我愈是深刻检查、真诚请罪，却愈是过不了关。部里的"造反派"组织召开了一次又一次大会，对我进行了猛烈的批判斗争。我郑重其事的检查以至必要的解释，竟都成了"很好的反面教材"，说明我"仍然顽固坚持资产阶级反动路线的立场"，是在"攻击革命造反派，支持保皇派"，甚至是在"耍阴谋""负隅顽抗""利用合法机会公开放毒"，对群众"怀恨在心"。尤其严重的是说我"明目张胆地抗拒康生指示"，"掀起反康生的逆流"，等等。连王力的妻子也散布说我如何"一贯仇恨王力"，还说我曾说过"王力是康生的黑秀才""中联部有康生的一批人马"等等。这一情况使我极为不安，困惑不解，怎么也想不通到底为了什么。

后来我才慢慢察觉，问题的根子还是出在康生、王力等人那里，中联部运动中的种种怪事，几乎全是他们搞的。最初他们也曾想拉拢我，假惺惺地为我说过几句好话，康生还曾专门托人传话给我说，只要我听他的，他还是要保我的。但是我并没有买他的账，我对家里人说，我革命40多年，毛主席、周总理都了解我，哪个要他康生来保！所以我并未服服帖帖按康生的意旨办事，相反对康生一伙的颠倒黑白、倒行逆施极为反感，有时为表明自己的严正立场还不得不公开同他们唱反调，尤其是对康生不大恭敬。我对此人确实早有看法，感到他在党内是个特殊人物。20世纪30年代初，他是紧跟王明一伙的，后来和王明一起在共产国际中共代表团工作，1937年底才同王明等一起由莫斯科回到延安。国内斗争的艰苦年代，他长期住在国外，因此他在我国的历史上并没有什么实际贡献。但是此人的最大特点是善观风向、能钻会拍，因此他很快取得了中央领导人的信任，大大施展了他纵横捭阖的"才能"，不断在党内兴风作浪。在延安整风运动中，他搞的什么"抢救运动"，使许多同志被错抓、错关起来；在土改运动时，他又搞什么"搬石头"，打击伤害了许多农村基层干部。过去我对他一直"敬"而远之，很少来往，直到60年代他插手党的对外联络工作，与他一起参加了布加勒斯特会议等国际活动，才同他有了比较多的接触，直接感受到此人的反复无常和阴阳怪气。"文化大革命"风暴一起，他更是空前活跃，不可一世，到处煽风点火。我和许多同志一样，感到此人很可能是埋在毛主席身边的一颗定时炸弹，我还根据他善于观风使舵、投机取巧的"特长"，给他取了个外号——"智叟"，有时谈到康生时不呼其名，只叫他"智叟"。这样，我当然不会像有的人那样去巴结和奉承他。他对我的态度也心中有数，早就把我看作是他在中联部施展权谋的一个障碍，只是开始抓不住我多少把柄，不便一下子把我除掉，只能指挥一些"造反"头头们以"群众"的名义不断对我进行批斗纠缠，正因如此，我怎么检查也过不了关。

按康生的指使，中联部的"造反派"一直揪住我不放。有次在大会上我一面表示愿意接受批判和考验，一面想对自己的观点做必要的解释，但是他们却不准我讲下去，甚至不允许我读《毛主席语录》。主持大会的造反派头头竟宣称："伍修权读主席语录是对主席语录的亵渎和污辱！"我不理他们，坚持要读。因为那时正盛行"打语录仗"，人们常常互相引用"最高指示"来攻击和制服对方。我这时便选了一条大声读道："谁是我们的敌人？谁是我们的朋友？这个问题是革命的首要问题……""造反派"头头一听就向我喊道："你就是我们的敌人！"我马上抓住这句话进行质问。因为到当时为止，康生、王力一伙只是借助"群众"之手对我乱轰，并未抓到我什么把柄，没法一下把我打成"敌人"。那些唯康生、王力之命是从的"造反"分子，也不敢自作主张。加之我态度强硬，一定要他们明确表态我到底是不是"敌人"，主持大会的"造反派"头头只好表示"收回"刚才那句话。但是好景不长，我不久就真的成了"敌人"。

随着动乱形势的升级，"造反派"们对我越来越不客气，不断对我进行围攻，逼迫我交代承认一些莫须有的"罪行"。在批斗我时，对我连推带撞，手指直戳到我脸上，叫骂不绝，唾星直喷。挂黑牌子、戴高帽子的滋味我都尝过了。我的孩子上来照看我，也被骂成"铁杆保皇派"，将她撵走。我被车轮战术式地连续批斗，长时间得不到休息，脑子被又"轰"又"炸"得昏昏沉沉。有一次我被斗得一下发高烧到39.8℃，不得不住进了医院。但是医院也不是"避风港"，我1月31日住院，病情稍缓，2月11日就被"造反派"揪出院，继续接受批斗和交代自己的问题。就这样，从我个人的生活，到机关的工作和秩序，一切都乱套了！一向安静的中联部大院同全国各地一样，完全陷于全面内乱、一场混战之中！

我的一张大字报

由于康生和王力的直接操纵，制造了中联部严重的派性对立，领导和领导、干部和干部、群众和群众之间发生了深刻分歧和尖锐冲突，我很为部里这种严重的混乱局面而不安。但是我仍没有充分认识到问题的复杂和严重，却从个人的善良愿望出发，希望很快解决中联部发生的问题，制止事态的发展，便在一次"造反派"批斗我而又不许我讲话申辩的大会后，采取了一个当时不得已的做法，写了一份大字报，公开阐明了我对中联部发生的严重问题的看法。中心思想是：坚持实事求是和群众路线，反对支一派压一派，反对把在运动中不搞极左、言行较为温和求实的大批干部群众打成"反动保皇派"而加以迫害镇压。这份大字报于4月6日贴出。它的出现马上在中联部院子里成了人们的注意中心，引起了不小的反响，得到了许多同志的支持，被人们称为中联部有名的"四六大字报"。开始我以为自己那样做是符合中央对"文化大革命"的指导方针的。谁知正是这张大字报给我招来了大祸：我的言行刺痛了康生、王力一伙，严重危害了他们控制中联部运动和另搞一套的阴谋做法，我便一下子成了"自己跳出来的敌人"。

康生的"四八指示"

为了消除我的"四六大字报"的影响，他们马上作出反应并采取了行动。4月8日凌晨，康生和王力以中央文革办事组名义，直接对中联部造反派下达了"重要指示"，即为中联部有名的"四八指示"。他们说："希望你们同中联部伍修权划清界限，他最近贴出的大字报是错误的，继续把斗争矛头指向革命干部和革命群众，继续挑动群众斗群众，指向以毛主席为代表的无产阶级革命路线。"当夜，康生、王力直接派人到中联部宣读了他们的"指示"，这就使我的问题立即起了质的变化。当天下半夜，"造反总部"的人马突然冲进我家里，把我从床上拖了起来。在一片辱骂和震耳的口号声中，我被反扭着双手，又推又搡地拉到会场批斗。开始我还懵懵懂懂不知怎么回事，慢慢地才听出来，事情已非同寻常，康生、王力已经公开将魔手伸到我头上来了。也有好心的同志悄悄向我透露了康生、王力"指示"的内容，提醒我注意。但是从那时起我就成了"专政对象"，一切都身不由己了。

"造反总部"的头头们声色俱厉地向我宣布，从现在起，不准我再上班，停止我的工作，剥夺一切权力，进行审查和接受批斗。于是，我这个革命几十年的负责干部，党的中央委员，仅凭康生、王力几句话，便被一下子"打倒"了，什么中央任命和党的决定，在他们眼里，全成了废纸。开始我脑子里总转不过弯来，但是在那种情况下，我无法做任何抗拒，只得迷迷糊糊地被人猛斗狠骂着。第一场批斗过后押出会场时，我才发现中联部院内院外，楼里墙上，从脚下到头顶，到处都刷写和张贴了巨大的标语："打倒彭真黑帮分子伍修权！""打倒反革命修正主义分子伍修权！"……我回到家里，稍稍清醒过来以后，便用红机子电话向周总理办公室报告了我的情况，希望他们能派人来中联部处理一下这里发生的严重事件。其实那时每天不知道有多少同样的电话打到周总理那里，他自己处境也很艰难，不可能顾得上每一个向他告急的人。这个电话没有起到预想的作用，却引起了"造反"头头们的注意。他们马上将我的全家轰出原来的住处，搬到另一处很小的没有电话的房子里安身，并且勒令我不准乱说乱动，使我一夜之间就由一个党的负责干部变成了被管制分子。

康生和王力对我进行直接迫害，林彪和叶群马上也来落井下石。我同那位红极一时的"副统帅"早就相识，只是老是"话不投机半句多"，他是明显地对我抱有成见和戒心的。解放战争时期我同他都在东北，他是野战军司令员，我是军区参谋长，有不少工作关系，但没有什么个人交往。尤其是在他同彭真发生分歧时，我曾支持过彭真同志的意见；辽沈战役中，我又曾对他军事指挥上的某些问题提出过不同意见，并向毛主席和军委作了反映，这些都引起过他对我的不满。我在中联部被"揪出"不久，他和叶群就通过王力专门讲了我的"罪状"，把我的问题同彭真连在一起，定我为"彭真黑帮分子"。他们恶意煽动说："伍修权这个人很坏，阴险得很，一般人看不出来。""他是个危险人物，是个坏人，是隐患。他脑子里一点毛泽东思想也没有。""（在东北）他安排开干部会议，不让林总参加。""他支持彭真，每次开会他都骂娘……骂的是林总。""彭真同苏联人接触，他翻译。林总说，他们几个都是洋奴，坏事他都有份。""东北所有的坏事，都有他的份。""他为什么当上中央委员，是谁搞的还要查。""这次他自己跳了出来，很好。"……这些话当时都是能置我于死地的！正是林彪、康生对我的诬陷和迫害，使我饱尝了近八年的监禁之灾。

二、初进"牛棚"

我的问题一下子捅到社会上

在林彪、叶群和康生、王力的唆使下，"造反派"们将我的问题一下子捅到了社会上，大大扩大了我被批斗的范围。4月8日深夜康生专门对我的问题作了批示，并亲自拟写了打倒我的几条标语，发动了对我的全面攻击。当夜大街上就出现了"打倒彭真黑帮分子伍修权！""打倒反革命修正主义分子伍修权！"的巨幅标语。接着，首都大专院校"红代会"和"人大三红"等造反组织又成立了什么"专揪伍修权兵团"。说来也好笑，我在战争时期还没有单独指挥过一个兵团，现在专门揪我的人倒有了一个"兵团"。不仅如此，还由什么"首都大专院校红代会"及"社会斗批改联络站"专门出版了题为"伍修权罪行录"的铅印小册子。编者在"前言"中宣称对我的揪斗，"是毛主席的无产阶级革命路线的又一重大胜利！"又说："长期以来，伍贼与彭（真）贼结成死党，狼狈为奸，大肆吹捧苏修、南修，积极鼓吹刘修的'三和一少'，给修正主义头子们贴金镶玉，恶毒攻击我们伟大领袖毛主席及林副主席，在文化大革命中顽固坚持反动立场，反对中央文革，犯下滔天罪行！"

他们将我在遵义会议上为李德做过翻译，会后又"得到彭德怀的重用，被提拔为三军团副参谋长"，作为我早就"反对毛主席"的证明。而我"一贯反对毛泽东思想"的证据，则是我在1964年或1965年对外宾说，"在国内，我们可以宣传'读毛主席的书，听毛主席的话'，在国际上就不能这么说，而只能说一切革命同志都要在马列主义的基础上团结起来"。又把我对中联部机关干部提出的在保证劳逸结合改善生活的情况下，"充分利用业余时间学习毛主席著作"，说成是"把学习毛著当作茶余饭后的消遣，认为只有吃饱了肚子才能学习毛泽东思想，这真是修正主义混蛋逻辑"。又说我曾如何"包庇反革命修正主义分子王稼祥、许立"，是什么"兔死狐悲，物伤其类"！"罪行录"中还将我在处理中苏关系、中南关系时一些活动和言论，加以歪曲和恶意渲染，攻击我如何"里通外国"搞了"阴谋"，等等。

把我拉到社会上批斗

我除了在中联部接受批斗和审问以外，还不断被拉到社会上去批斗。这类批斗分为大、中、小三种形式，最大规模的有两次，一次是在北京体育馆内，一次是人民大学操场上。这两次都斗得我莫名其妙，除了听到造反分子们大骂我是什么"反革命修正主义分子""彭真黑帮分子"和"里通外国分子"等等之外，我什么也没听进去。在体育馆批斗时，是以我为主角，仅有许立同志陪斗。那时我身体不好，情绪更坏，又正是夏天，脑袋昏昏沉沉，只觉得自己很快就会支持不住，可能要被斗得一命呜呼了。在人民大学批斗的那次除我以外还有张闻天、李昌和黄甘英等同志。那次批斗不知为什么把我当成了被斗的主角，却让张闻天同志屈居配角地位。李、黄二位名次更低。当时我就暗自好笑，造反派今天搞乱套了，张闻天同志过去是中央的总书记，地位比我高多了，现在竟让他当我的"配角"，未免太不"公正"了。至于那次为什么拉李昌、黄甘英等同志去陪斗，我一直也未弄清楚其中原因，也许与他们负责全国青年和妇女组织的外事工作时，与我有过工作关系。

林彪和康生素来阴险毒辣，我自知落在他们手中是很难脱身的，数不清的批斗、审讯，弄得自己精神非常紧张，身体极度疲惫。批斗之余还不准待着，被迫去从事各种繁重的体力劳动。"造反派"用各种办法来折磨和侮辱我们的人格，我心情烦躁苦闷得常常整夜睡不着觉。想到自己十几岁参加革命，40多年来南征北战，中外奔波，对党和人民不说有多大贡献，至少是尽心尽力地工作着，党对自己一直也是十分信任的。记得1965年我有次陪同外宾去见毛主席，毛主席指着我对外宾说："从苏联回来的人，他是没有反对过我的一个。"我自认对毛主席是有相当感情的，从心里把他看作是当代的一位伟人。就在运动开始以后我受到冲击时，孩子们几次劝我将有关情况和想不通的问题，用红机子电话直接向毛主席汇报，我总是不同意。孩子们要自己写信给毛主席，我也不让寄发，一再告诉他们说："不到万不得已的时候，绝对不能打扰主席。"我始终是由衷尊敬和自觉维护这位老人家的。

可是万万想不到，我的勤恳忠诚，换来的只是一顶顶大得不能再大的可怕帽子："一贯反对毛主席，一贯反对毛泽东思想，一贯反对毛主席的革命路线"……甚至是"苏修的间谍"，等等，简直是"罪大恶极，死有余辜"了！难以承受的政治压力，又加上难以忍受的肉体摧残、精神折磨和人格侮辱，还祸及全家老小，妻子儿女都因我受到牵连。眼看全国大乱，不知何日是头，真想一了百了，自我解脱。我虽然成长在革命队伍中，在思想上多少也还带有一定的"封建烙印"。"士可杀而不可辱"这句古话，对我就有过相当大的影响。但是我又觉得这可对不起党对自己的培养教育，也担心家人和孩子们能否经得起这大风大浪和"继续革命"考验，心情真是极度痛苦和矛盾！在那些年月中，全党、全军和全国有多少老同志、好同志，因为忍受不了摧残凌辱，陷入绝望难以自拔，被迫含冤结束了自己的生命！所以，从这个意义上来说，我确实是一个幸存者，至今想起那些日子，还觉得不寒而栗，余悸未消！

由家中软禁到机关隔离

造反派们发现我的反常情绪和表现后，立即对我采取了新的措施，将我升格为"机关隔离"，关到了南小楼的一个房间里。这样，我就进入了"牛棚"生活的第二阶段。那时中联部的"牛棚"已经"高朋满座"了。只是"牛棚"里管住不管饭，每天还得自己家里送三次"牢饭"。原来在家里帮忙的阿姨已被迫离开了，每顿饭都由徐和或孩子自己做送来。不过

1967 年伍修权被关押时用过的饭盒，现保存在武汉中共第五次全国代表大会纪念馆内。

这也好，可以不断见到家里人，并且能适当保证我的营养。我的孩子还利用送饭的机会，仿效过去搞地下工作的方式，常在馒头、米饭和水果等食品里夹塞一些小字条，对我进行必要的劝慰，向我透露一点外头的新情况、新动向，以免我完全与周围的生活隔离起来。关我的地方是一个套间，里间由我住，外间当"看守室"，由两个"造反派"轮流守看，昼夜不断人，倒也十分辛苦。

那些"造反"分子们对我们真是充满了"阶级义愤"，总是想了各种办法来折磨人。他们说你们这些老家伙从来不劳动，这回就让你们尝尝滋味；还说他们反正有办法不让我们闲待着，就安排我们在他们的严密监视下，从事各种体力劳动。我们劳动的内容很繁杂，开始让我去清扫旧大字报。那时的大字报真是铺天盖地，密密层层，一批刚贴上去，另一批又加上来，一层又一层，贴满了楼内楼外墙上廊上，每天都要收拾清理，不然就会塞满通道。我的任务就是把旧大字报集中起来，用手推车一趟趟送到大门外头的垃圾堆去。原来打算放在那里由清洁工人把它拉走，不想那时出现了一种在"文化大革命"中应运而生的新兴行业——收大字报卖废纸。我的工作就得到了这批收废纸的人的欢迎。他们每天到时候就在外头等着我，只是那时的人们不太讲文明礼貌，每次一见我推着小车出来，不等我推到地方，就一拥而上，你争我夺，把大字报抢得满地都是，弄得我满头满身都是废纸残片。他们抢过以后，我还得把地上打

扫收拾干净，以免造反派说我没有完成任务。这是较轻松的一种劳动方式，还有一种劳动方式是淘公共厕所。我也懂得了一点淘厕所的"学问"，掌握了一种"技能"。发生了几次突发情况，我都按照师傅教的办法，一一修理和收拾好了。这是一种使人难以忘怀的劳动方式。到了冬天又给我们增加了一项任务：劈柴火。那段时间我天天抢着斧头，把大块木柴劈成一定长度的短块，以保证几个火炉的需要。此外，还叫我们去收捡散落在院内各地的乱砖头，并从这大量的乱七八糟的残砖碎瓦中挑出比较完整一些的弄回来码好。这样的劳动如果说有什么实际意义，也就是古代陶侃搬砖式的磨炼意志吧。实在没有什么事情可以干时，造反派们便指派我们到一片高低不平的闲地上，命令我们把高处的土铲起来，填到比较低凹的地方去，进行着除了折腾人以外毫无意义的平整土地的工作。每当我们满头大汗地干着这一切时，"造反派"的头头们就扬扬得意地说，他们总有办法让我们干活就是了。后来因为被揪出的人越来越多，南小楼"牛棚"有人满之患，又把我们关到中联部院内新盖起的22号楼继续"隔离"。

三、长期"监护"

送卫戍区"监护"

1968年5月3日，我奉命去继续劳动时，突然来了一辆吉普车，由中联部的"造反派"头头领来两个军人，就地对我宣布了一项命令，说是奉中央决定，由北京卫戍区对我实行"监护"，现在立即将我带走。说着就一人一边，绑架式地将我押上了车。吉普车路过我家住处，见老伴徐和正在门口，我却连一声招呼也不能打，除了身上穿的衣服，什么东西也没有拿，被押向一个不知去向的地方。

后来才知道我这次被突然抓走，也是康生直接指示干的。当时他曾几次说，"中联部的原领导人都是坏人"，"坏人和叛徒比较长久地篡夺了"中联部，部里"特务叛徒很多，部长、副部长也垮了"。还特别指名诬陷我，并下令"把伍修权关起来"。关我的地方是北京卫戍区在通县的一处军营。那里有一座二层楼房，楼下住着看管我们的连队，楼上的一个个单间，分别关着像我这样一些"黑帮分子"。我住的那个屋子约有20平方米，进去后发现里头只有三件东西，一张木板床、一张破桌子和一把木椅子，床上扔着一条破棉絮。卫戍区一位很神气的干部将我带进去以后，冷峻地向我说："你就住在这里，好好地反省检查自己。"可是我光身一人，什么东西也没有带来，这日子怎么过呢？那干部不顾我有什么反应，又指着床上那条破棉絮说道："这就是给你用的。"我一看更是哭笑不得，那简直是叫化子也不愿用的东西啊！用它当被子盖，显然太小，当褥子垫又太薄，卷起来当枕头又太脏，这简直是一种人身侮辱。那干部说完就不屑一顾地转身将我锁在屋里。我正在犯难时，中联部转送来了我的全套被褥、衣物等生活必需品，其实都是些简单的家常用品，可是我得到时简直是喜出望外了，高高兴兴地把被褥铺上，把衣物一一放好，心情也才渐渐地安定了下来。

"监护"和坐牢没有多大区别

从此，我开始了自己一生中唯一的一次漫长的被"监护"的生活。所谓"监护"和坐牢并没有很大的区别。关我的屋子有着一门一窗，只是窗户早就被粗木条钉死了，从我进去后就没有打开过，窗户玻璃上还涂上了白漆之类的不透明的东西，关在里头就无法窥视外界的一切。这个所谓窗户，除了透进一丝光亮之外，连新鲜的空气也无从进来。唯一可开启的房门也是整天关着。不过那上面开了一个鸡蛋大小的洞，看守人员可以从那里监视我的一举一动。由于门窗终年地日锁夜闭，里面的空气当然十分污浊，好在每隔一段时间还给我放一次风。放风的地方也很特别，不是通常的院子，只是一个十几平方米大的天井。这样的天井有四个，设计得很巧妙，入口的门是错开的，每隔十分钟送进一个人，送进四个人要30分钟。四周都是高墙，一个警卫站在上面，就可以同时监视四个人，使用兵力是很合理的。每人到了这个地方，尽量呼吸几口新鲜空气，接受一点珍贵的阳光照射，只是照样与世隔绝着，外头的一切还是什么也看不见。放风半小时或更长一点时间以后，又一个一个地带到原房间，谁也见不到谁。根据气候的好坏，每隔一两天就有一次放风。最头痛的是每天夜里睡觉时，都是在强烈的灯光下。刺目的灯光直射着眼睛，叫人根本无法入眠。有时还有些战士在外面大声逗闹，好像是存心折磨人，更增加了我的烦恼焦躁。实在睡不着时，我就捡了块毛巾蒙在眼睛上，不过又被看守的战士训斥了一顿，勒令我马上拿掉。后来我发现战士们对我的态度并不完全一样，就钻了他们一个空子，一听到他们换班时，就马上拉手巾盖上眼睛，有的以为是上一班岗允许我盖上的，不再强迫我取掉，我就可以安稳地至少睡到下一班岗。不过如果新换班来的人过分严格，我还得老老实实地将手巾取掉。

我到那里不久夏季就到了。管理人员给了我一顶蚊帐，因为当地蚊子很多。谁知用了没多久又给收走了。我猜想可能是蚊帐影响了看守者监视的视线，担心"犯人"在帐子里出什么问题。只是帐子一收走，我就被整苦了，每夜被蚊子围攻和干扰得简直无法安睡，但是我除了干挨着又有什么办法呢？这种情况直到秋后才得缓和。不过紧挨着冬天就来了，我的房子里是没有暖气的，管理人员来给我安了个炉子，可是却不给煤球和煤块，只给了一些煤末子，让我自己用它做成煤球。严冬腊月要用冷水用手去做煤球，这确是不好受的事，但人总是要想方设法生存下去的。由于监管人的恩典，允许用热水和煤，我又在一边摆一盆较热的水，当做煤球的手有些发僵时，就在热水盆里泡泡，以便恢复活力。做好的煤球一排一排地晾在屋子的一角，等它晾干后再集中堆放起来。每做一次够两三天烧的，用完再做。就这样我熬了五个严冬，手总是黑乎乎的洗不干净，也管不得那么多了。

"监护"时的伙食与战士同一个标准，只是他们连队里自己能养猪种菜，又有伙食结余，经过调剂还是可以的，我们可就只有四角来钱可吃。每天照例早上一顿玉米糊糊，中午一顿粗窝窝头，晚上吃馒头算是细粮，副食更都是白菜萝卜之类最便宜的蔬菜。这种伙食在当时的全国人民中，按说也不是最差的，我在年轻时也长时期过着困苦的生活。但是这与我近一二十年的生活水平相比，可就悬殊了，最初确实难以适应。尤其是思想负担很重，精神受到压抑，根本谈不上什么胃口，只是勉强吃点维持生命而已。这样，营养就很难跟上，体内原来的储存也一点点消耗掉，加之夏天蚊子侵扰，冬天冷热不均，每天睡眠不好，体质迅速下降，身体渐渐由消瘦变得浮肿，各种病状也陆续出现了，我就请求给我看病和吃药。可是那时林彪一伙正强调什么"医疗为政治路线服务"，我这样的"黑帮分子"病了也不给治。有个医生竟对我说："你们这些人都是敌我矛盾，而我们对于敌对分子是决不施仁政的，你们的身体就自己能怎么支持就怎么支持吧！"面对这种不通事理的人，我又能说什么呢？想想自己革命大半辈子，没有坐过国民党的监狱，却进了共产党自己的特别"牢房"，并且连个普通犯人的正常待遇都没有，真是又委屈又生气。

当时关在同一个地方享受着同我一样待遇的虽有十多个人，却从未见过面，只出现过这么几件事：那里的厕所是公用的，一共有四个便池，我们被分别带去大便，隔着一块木板蹲着。次数多了总想试试了解隔壁是什么人，当然不能问话，只好咳嗽几声，看对方有什么反应，有时对方也咳嗽几声。如果彼此能从中辨别出熟人的声音来，就感到莫大的欣慰，真可谓厕所寻知音了。这样搞了几次，引起了战士的注意，他们训斥说："你们这些人已死到临头，还在搞什么阴谋？从现在起，禁止你们咳嗽。"结果我们一下子就成了连"咳嗽权"都没有的人。又有一次我被叫出去受审，刚走到半路上，另一位战士赶上来了，说让我快回去，不是提审我，是提审蒋南翔。这样我无意中知道了一位难友的名字。又一次我从便所被带回房间，迎面见到了平杰三同志。他当时蓄满胡须，但我还是认出他来了。我知道彼此不能见面的规定，便马上停步转向一侧，让平杰三顺利地进了厕所。事后战士问我见到了什么人，我说我认真执行了规定，见有人来自觉地侧身不看他，不知道他是什么人。战士们也就放心了，仿佛一件重大的机密没有被泄露，使他得到了没有失职的安慰。几年以后我解放出来时，陆续得知吕正操、赵毅敏和张学思等同志也同我在一个楼上关着，真是他乡有故知，相邻不相见，相见又不敢相认呀！那里为了保密和计算人数方便，我们都被编了号，不准用自己的名字，我是第42号，我的有些用物上都被贴上了"42号"，看守人员平时也只叫我这个代号。

专案组对我的问题"按敌我矛盾考虑"

我被"监护"起来以后，也体会到一点被"保护"的好处。在外头时，每天不是批斗就是围攻，一会儿来勒令，一会儿听声讨，加之没完没了的逼供交代，还要从事各种劳动，把人折腾得昼夜不得安宁，每天都疲惫不堪。关到卫戍区以后，除了专案组来找我，其他人都不来抓我了，相对的安全和安静了。但是这种生活也有其难受之处，唯一同我打交道的那个专案组就很难缠。他们经常来找我的有三个人，都是部队干部，正好陆、海、空三军每家一个，由陆军的那一位负责。看来那人级别不算低，50来岁，派头不小，可能是个抗战时期的干部。每次提审时，他当然地朝中间一坐，开始审问以前还要先泡上一杯茶，都是挺讲究的龙井之类的好茶，抽的烟也是比较高级的，每次都得等他泡好茶点上烟才开始审讯。他们一开始就有一个前提，即先肯定我的问题是敌我性质。那位专案组头头振振有词地对我说："对于你的问题，应该先按敌我矛盾来考虑，自觉地以此为根据进行交代检查，这样才有利于解决你的问题，否则对你将是很不利的。"我当然不同意这种说法，就提出自己的意见说："我究竟是什么性质的问题，应该首先依据事实来说话。在还没有弄清我到底有什么问题的情况下，不能先定下我是属于敌我矛盾的性质。"我又说："我在长期的工作中难免有缺点错误，但是我的一切活动和一贯表现，组织上都是了解的，而工作中的错误是不属于敌我性质的，因此我的问题应该首先按人民内部矛盾来考虑。"这就同他们顶了牛，结果每次审讯的开头，都得进行一场辩论。我那时是"秀才遇到兵，有理讲不清"。专案组那个头头既主观又蛮横，根本听不进我的申辩，却又不能说服我，只能凭借权势对我发脾气，说我态度恶劣，不肯认罪。我不管他怎么生气，还是坚持实事求是态度，对于他们提出的各个问题，认真地按照事物本来面貌回答。在陈述一些事件时，不免要讲讲道理和自己的经验，结果搞得他非常恼火，责问并训斥我道："你知道你的身份吗？你现在根本不是在接受审问，而是在摆老资格教训人！"他们这样审来审去，当然得不到他们预期的结果，使来自陆、海、空军的三位干部对我毫无办法，我对他们当然也不感兴趣，但是我们仍然得不断打交道，双方都留下了相当深刻的印象。可惜当时不允许我问问他们的姓名和单位，不然也是一段很有意思的"友谊"呢！我想他们现在也许还在部队，说不定还升了官。不过他们当时在我身上可没有捞到多少东西，没有取得什么足资晋升的功绩。对海、空军的那两位我印象稍好，每次审讯都由他们两个做记录。审讯结束让我看记录时，我发现他们的记录都记得比较准确，说明他们都是有一定的工作能力的。可惜他们的才能却没有用在有益的地方。但愿他们在回忆这段往事时，也能得出一点经验教训。

"九一三事件"后专案组态度有改变

在同专案组的接触中，我发现他们并没有掌握我多少材料。由于我的态度一直"不好"，没有顺从他们的意愿，对我就渐渐失去了信心，提审的次数也就越来越少，后来隔两三个月才来一次，平时我就被他们扔在一边关着。这样的状况继续到1971年秋季，才有了改变。这年发生了林彪叛逃的"九一三事件"，我们在这里当然什么也不知道，但是也觉察到一点异常迹象。我从国庆节期间的报纸上，看到林彪的名字不见了，开始还在外国来的贺电上出现过，只是不像往常那么显眼，渐渐地就完全消失了。当时有几个外国首脑来华访问，周总理出面接待时，按照惯例总是要代表毛主席和林彪对他们表示欢迎。可是在周总理的讲话中，却只代表毛主席不提林彪了，我便猜想到可能是林彪出了问题。也就是"九一三事件"以后一个来月，专案组又来找我了，向我提出的问题也变了，不再只是追问我自己的事，而都是有关林彪的。他们虽然什么也不明说，我却多少心中有数了。我对所问的问题，一一如实做了回答。可是专案组的人却以为我还有什么顾虑，不敢揭发林彪的问题，就对我说："你现在不要有什么顾虑了，林彪已经成了一个大坏蛋，有什么你就只管说吧！"他的话证实了我的猜想，但是我表示了惊奇后，又对他们说："林彪是不是个大坏蛋，我现在不了解情况不好说。我只知道讲事实，没有问题的就是没有问题，我不能随便说。"

也就是从那时开始，专案组对我的态度开始有了改变。对于我自己的问题，也能够听取我的申辩和解释，只是有一些具体问题，特别是某些历史上大的事件，常常各执一词，得不出一致的结论来。虽然审查过程中还有不少令人头疼的问题，但是"九一三事件"以后，我们的待遇和处境都有了明显的改善。我们营养不良体质下降的问题，看来引起了注意。1972年初，卫戍区指定了两名战士专门给我们这批特别"犯人"做饭，伙食标准也提高到每天六角钱。虽然比原来只多了一角五分，可是对于当时的我们来说，无疑是一个福音，同前几年的粗劣伙食相比，饭菜开始好一点了。医疗条件也同时有了改善，专门派来医生给我们看病，也肯开药给我们，晚上睡不着觉还给一点安眠药吃。这不仅诊治了我们身体上的病，更给了我们精神上很大的安慰。关在这里几年，我自己感到不仅身体越来越衰弱，还发现了不少病状，糖尿病就是一种。我要求医生给我诊断一下。检查后果然确诊为糖尿病，就让我每天服用D860，连吃了一个月，复查后认为已经恢复正常了，实际上并未根治，以后又复发了，一直也没有治好。这也是"文化大革命"在我身上留下的一个真正的后遗症。

总之，虽然我们那时刚得到这样最起码的待遇，却觉得已经是很不容易了。后来我们才知道，这种改变是有原因的。林彪事件暴露以后，有人向毛主席反映了监狱和监护中的许多严重问题和恶劣做法，才引起有关方面的注意和改进，使我们因而"沾了光"。林彪的垮台也使包围着我们的沉沉黑暗现出了一道亮光。

四、曙 光 初 露

四年后同家属首次见面

林彪垮台以后，好事接踵而至。1972 年 6 月，我得到通知，准备与家属见面。从 1968 年 5 月被关进卫戍区以来，我已整整四年不仅没有见过妻子儿女，连他们的音信也一无所知，他们当然也不知道我的下落，现在能够重见，当然非常高兴。见面以前，我连忙向看守人员讨来刮胡刀，在他们监视下刮了刮胡子，以免家属看到我的囚徒模样。上午我就被带出关押地点，送到附近一个地方，看到徐和已经领着孩子们守候在那里了。亲人相见，真是感慨万分，只有二女儿望生远在安徽，未能赶回，别的全都见上了。原来在我进了"牛棚"以后，我的全家人除了一个最小的女儿以外，先后都进了各自所在单位或学校的"牛棚"，其重要"罪名"之一也就是因为有我这么个"黑关系"。他们被关了一阵以后，又分别被下放到外地的干校、农场或生产队劳动，只有大女儿曼曼由于早在部队医院工作，一个人还留在北京。她就到处打听我的下落，直至写信给周恩来总理，请求来探望我，经过不少周折，也可能是她给周总理的信起了作用，终于被允许来看我。她一得到批准探望的通知后，立即向散在外地的亲人发了电报，让他们赶回来参加探望，所以才有了这么一次极为难得的聚会。

见面不许谈政治

在会见之前，管理人员就预先对我下了禁令，同家人谈话时只准说说家常事，不准涉及政治问题，尤其不准说监护中的情况。家属子女们看来事先也得到了同样内容的警告。在会见的时候，旁边还坐着一个看守，监视着我们的活动及谈话。开始我们确曾认真地遵守着有关规定，不过孩子们总想利用这个难得的机会，尽可能让我多知道一点外头的情况，他们便趁看守人员比较松懈走出室外时，让几个女孩子故意大声说着一些无关紧要的话，掩护着我的儿子天福，让他凑在我耳边，悄悄对我讲述了林彪的"九一三事件"等重要情况，这些消息对我当然是十分重要的，除此以外我们都没有违犯禁令。特别是我自己，不让讲的事确实没有讲，因为讲多了也没有什么好处，又会增加家里人的不安。卫戍区方面对我们这次会见看来还是相当照顾的，中午还让我们全家在一起吃了一顿饭，虽然吃的是战士做的简单饭菜，但是却给了我们精神上很大的安慰。家里的人知道我在这里生活不会好，来时给我带了不少吃的东西，有糖果和各种罐头，还有水果，这都是几年来未见过的东西呀！他们初见我时，还以为我是发胖了，一细看才知道是浮肿，这是几年的囚禁生活和低劣的伙食造成的。营养不足加上精神压力和无法活动，使我体质迅速下降，浑身软弱无力，过去就有的心脏病加重了，又增加了糖尿病等新症。老实说，在那种情况下，我能一直支持下来，没有被折磨倒下，已经是万幸了。好在大搞法西斯专政的林彪终于倒台，我们的生活已有改善，精神上也稍为放松，这次又能与妻子儿女相见，还得到他们带来的食物，真是精神物质双丰收了。

到阜外医院"监护"就医

这样的亲人会见，以后又安排了几次。他们每次来探望，都给我带来一些吃的，既补充了我的营养需要，又给了我极大的精神安慰。我的孩子们了解到我的病情后，联名给周总理写信，要求及时治疗我的疾病。他们的信不久就有了反应。1973年春季，我被送到阜外医院住院治疗。这家医院在治疗冠心病上很有名，我能到那里住院治心脏病，当然是很满意的。只是住院时仍有值班战士日夜看守着我，不准我与别人接触，连自己的名字都不能使用，临时给我起一个假名字，我早已把它忘记了。医院方面看来还是知道我的身份的。他们对我的态度还比较和善，治疗也十分细致认真。不过，我"被监护者"的身份并未改变，不仅身边还有看守，专案组的人也不断来医院找我，继续审查和核实我的问题。

专案组查清我是"犯错误的好人"

1973年3月起，专案组的负责人换了。这个人还是部队来的，但却不像他的前任那么蛮横和主观，对我比较客气，能够听取我的意见。1973年秋，我还在医院中，专案组又来找我，让我看了他们为我写的审查初步结论。我看后发现原来许多对我的诬蔑不实之词基本上都没有了，一些被歪曲了的事实也一一订正恢复了本来面貌，连历史上的家庭成分和我入团、入党的时间等等，也都重新按照事实肯定下来。我的主要"错误"也就剩下了我自己承认并检讨了的三条，即在东北支持过彭真同志，为南斯拉夫说过话和在"文化大革命"中的"错误"等三个问题。只是在对我的整个评语中，说我"推行了刘少奇、彭真等的反革命修正主义路线"，我对此提出了反对意见，我说我仅仅是"执行"而不是"推行",我没有独立地"推行"过什么路线,只是按照上级的指示和决议做过一些工作。开始他们认为不必要改,但我仍旧坚持自己的意见。经过争论,他们最后才同意了我的意见,将"推行"改成了"执行",这是通过结论时发生过的唯一的争执。按照这个结论,我的问题的性质当然地就不再是敌我矛盾,而是工作中犯的错误了,我成了"文化大革命"中常说的"犯错误的好人"。专案组对我的态度也有了明显的改善。我们相互间也不再是对立的敌我关系,双方可以平等地交谈一些意见。他们告诉我,我的问题基本上都已查清,他们非常愿意帮助我尽快解决问题,马上向中央提出建议,及早批准对我的结论,争取尽快将我"解放"出去。在这个基本前提下,我当然不想在结论稿的细节和字句上再做计较,爽快地表示了同意,由他们去上送批准。

重回监房,又熬了一年半

这时我还在医院中,专案组将那个结论拿走以后,我就十分安心地等待着对我的"解放"了。谁知左等右等不仅总是不见下文,反而又将我从医院送回卫戍区,重新关进了那间门窗紧闭的房子里,使得我十分丧气。当时我不明白是怎么回事,后来才知道了原因。林彪虽然垮了,康生和"四人帮"还在台上,他们继续变本加厉地迫害党的干部和广大群众,并图谋进一步篡夺党和国家的最高领导权,为此又煽起了"批林批孔"和"反击右倾翻案""反对复辟回潮"的黑风,干扰和破坏党的落实干部政策的工作,我们的问题一下子又搁置了起来,使我在反"复辟"声中反而"复辟"进了牢房,连原来被允许的和家属见面也被取消了,我重新沉入到暗无天日的失望之中。

"难得"的学习机会

那日子真是难熬啊!幸好当时我还能看到《人民日报》,因此每天报纸来时,也就成了我最愉快的时刻,读新来的报纸,就是每日大事了。每份报纸从一版头条的大消息,到末版下角的小球讯,我一个字都不肯漏掉。我本来是不大注意体育消息的,可那段时间里对于在什么时间,什么地点,进行了什么比赛,哪几个运动员出场,什么人得了多少分,最后的名次如何,等等,我都非常熟悉。也就是这么一份报纸,还使我与外界的社会生活存在着一点联系。我带在身边的《毛泽东选集》,也被反复阅读和朗读了好几遍。虽说"百读不厌",却总想扩大点阅读的范围,就请求管理人员给我些别的书看看,让家里送来了《反杜林论》和《唯物主义和经验批判主义》等马列主义经典著作，我开始——认真阅读起来，觉得这倒是一个难得的学习机会。以后我又要求家里给我送一套《资本论》来，家里也及时将《资本论》送给了有关组织转交，我催问了多次，却老是置之不理，直到最后也没有得到这部书。我真不理解为什么不让看这样的书，这真是我学习上的一大损失。当时正是"尊法反儒"的高潮时期，他们也给我送来了杨荣国编著的《简明中国哲学史》等书，还给我拿来当时畅销的《艳阳天》《金光大道》等长篇小说，我是来者不拒，给了就看，并且认真地看，总想吸取点有用的东西。这样读读书，总比每天呆坐着好。于是我这个平时难得有空闲读大部头小说的人，也饥不择食地将《艳阳天》等百万字巨著从头到尾一字不落地拜读了一番，填补了我囚禁生活中的不少空虚。在读《简明中国哲学史》时，看到书中引用的唐代佛教徒写的几句偈语，其中一段是："身是菩提树，心如明镜台，时时勤拂拭，莫使染尘埃。"这使我深有所思，觉得一个佛教徒尚且有这样精神，作为一个共产党员应该怎样呢？因此拟了以下几句：

> 身为共产党，坚贞为革命，
> 时时勤检讨，莫使染病根。

听说许多"文化大革命"中被关着的老同志，都写了一些"明志诗"。我除了上述这几句"偈语"，也曾诌过几句，记得还有这么几句。因为我从1967年初到当时已近八年，所以写道：

> 人生八年有几何？岁月蹉跎风浪多；
> 奋斗一生如一日，晚晴高唱晚节歌。

虽然不算什么诗作，却也表明了当时的心境和感慨。

最后苦熬的两个月

直到"批林批孔"告一段落的1974年8月，我又被允许见了一次家属，这次把我送到市里铁狮子胡同的大帅府内。见面后，家里人悄悄向我透露，现在已经有不少老同志被"解放"出来了。我在前几天的报纸上，也在参加八一建军节的活动报道中，看到了不少熟悉的名字，曾经被"打倒"的杨成武、王尚荣和吕正操等同志，还有许多也曾被"监护"的同志，都一一出狱参加了社会活动，并在报纸上露了面。我想别的人我不太了解，吕正操同志的事我知道一些，他在东北时是所谓"桃园三结义"成员之一，"造反派"对他加上了许多十分可怕的罪名。他现在都"解放"了，我这个被称为"桃园四结义"之一的人却被压着"解放"不了，未免有点不合理。家属在同我见面时，不住宽慰我，说可能要等一个时机，赶一个什么节日"解放"一批，让我耐心等着。我想也可能是这样，下一个节日是国庆节，到那时可能又会"特赦"一批，我也许会在其中。从那时起我便一天一天地盼望着国庆节的到来，真是度日如年啊！哪知一直等到 9 月 28 日，距国庆节剩了最后两天，还没有动静，我不禁失望地想道：这一批可能又没有希望了，国庆节出不去，至少又得待到元旦，还得准备在这里再关三个月。

终于熬到了"解放"

正在我做这样的打算时，1974 年 9 月 29 日上午，卫戍区派人来通知我，让我把自己的行李物品全部整理捆包起来。我一听心里立刻欢跳起来，心想这可是一个新动向，希望终于来了！马上遵命收拾好东西，反正很简单，几下就弄好了。不久他们把我带出了这间消磨掉我近七年光阴的房子，来到了一处挺讲究的会客室。里面除了卫戍区的同志，还有中联部军管会的负责人。他同我见面后，说他受部里的委托来通知我，对我的审查已经结束，现在就接我回去，还特别告诉我，我将参加明天（即 9 月 30 日）在人民大会堂举行的国庆招待会。久盼的一天就这样来到了！上午我就带着自己的全部行李物品，在中联部来人的陪同下，回到了阔别多年的机关住地，马上同

1974 年 10 月伍修权在工人体育场。

家里人见了面。部里还通知我，已经给我家另外找了个住处，下午才能搬过去。其实当时我能如愿"解放"出来，已经喜出望外，对于搬什么地方也就不介意了。这样，我的生活又起了一个巨大的变化，结束了将近八年的"牛棚"生活。

说来好笑，刚刚恢复自由回到家里时，总想先来点吃的解解馋。我向家里人说，先给我煎几个荷包蛋吃吃吧！以为这是最容易办到的事。在长期的关押中，别说吃荷包蛋，连一个完整的鸡蛋都没有见过，这次得补偿一下。按我以往的惯例只是一两个，我要求家里人今天煎它三个，好吃个痛快。哪里知道，那几年国家被"四人帮"和"左"倾错误搞得民不聊生，市上鸡蛋很少，我家里一共只有两个鸡蛋，无法满足我的"奢望"。见此情形，我只得遗憾地说，好吧，就来它两个吧！心想要在"牛棚"中连这两个也得不到呢！

家人经受了迫害和考验

令人遗憾的事还不止这一件。我自己总算出了"牛棚"，但是，经过八年离乱的全家人，却很难一下子聚齐，几个孩子大都还流落在外地。在我被整的这些日子里，我们全家每个人也都吃了不少苦头。就在我被抓进卫戍区的那一天，我家里又再次被抄家，不久又说不能让我老伴徐和"逍遥法外"，将她也关进了机关里的"牛棚"，不是写交代，就是挨批判。关了几个月后又被迫去"五七干校"，连床铺桌椅都被捆扎起来带去"安家落户"，接受监督劳动。那时徐和已年近花甲，但也不得不"战天斗地"了好几年。几个孩子都以各种罪名被关了起来，有的什么罪名也没有，只因为是我的孩子，就作为"黑帮子女""狗崽子"被狠整了一番。康生甚至点我四女儿的名说："伍延力这个人很坏，反对毛主席、反对林副主席、反对江青同志，更不要说是反对我了。过去一切坏人都反对我。"其实延力也只是议论过对康生和"文化大革命"的一些看法，康生却诬以"反对毛主席"的罪名，结果使她被关后又被赶往外地，党籍也被取消了。大女儿曼曼正怀孕，也得挨斗和进行"劳改"，直到生孩子也逃不脱进"牛棚"的厄运。最小的女儿伍星才是个初中学生，在全家都被关进"牛棚"后，报名上山下乡，可是因为是"黑帮子女"，连农场都不能进，只能到内蒙古大青山下武川县的一个农村插队劳动。

我听了自己全家人这几年的遭遇，一面觉得心情沉重，一面也觉得他们都经受了一场难得的考验。特别使我欣慰的是，我们全家人虽然无一幸免地受到林彪、康生等人的迫害，但是却没有一个向他们屈服的，更没有跟他们的。尽管他们由于年轻，在动乱开始时也曾热情投身运动，但是现实生活很快教育了他们，使他们一一清醒过来。延力在被康生点名受迫害时，曾填一首《浪淘沙》明志："大江千古流，英雄难究。巾帼女儿何自羞，不肯深院锁春秋，此生何求？峥嵘岁月稠，百感心头。来日方长显身手，血气方刚不须愁，大任肩头。"甚至还曾写了血书，表示忠于毛主席，来抗议康生对她的诬陷。从这一点上来说，年青一代都在政治动乱中经受了锻炼，逐渐成熟起来。大概这也是"文化大革命"的"成绩"之一，虽然它是由痛苦的代价换来的。

参加国庆招待会

我回家的第二天，即 9 月 30 日，接到参加当晚在人民大会堂举行的国庆招待会的正式通知。为了能精神和体面一点参加这次盛会，我请中联部招待处的理发师傅帮我理了一下发，把我从"牛棚"中带出的"晦气"一扫而光，容光焕发地出席了招待会。当晚，我来到了八年未进过的人民大会堂，当我步入宴会厅时，碰到了不少久违了的同志，有不少同志与我一样，也是刚刚从"牛棚"中出来的。这些年来，我们许多人都有着相似的遭遇和经历，所以在我们重逢的时候有种心心相印的感觉，当然我们庆幸的不只是个人的解放，而是看到党的干部政策又开始落实，使我们这些一度被打成"黑帮"的人，终于又获新生。

后来我们知道，这次许多同志获得"解放"是毛主席直接干预和周总理努力工作的结果。当时江青和康生等人攫取了很大权力，在他们的干扰下，落实干部政策的步子进行得很慢。后来毛主席指示，这样一个一个地解放干部太慢了，应该一批一批地解决问题。周总理根据这个指示，一下子提出了几百人的名单，通过让他们参加国庆招待会的方式，宣布他们的"解放"。毛主席批准了这个名单，江青、康生一伙也就无法表示反对，这才有了我们大批人的同获"解放"。在招待会上，我们见到了一直在为党和人民事业操劳的周恩来同志，他是从医院里直接来到人民大会堂的。只见他的身体同八年前相比，明显地瘦弱和衰老了，林彪、江青、康生等的疯狂破坏捣乱，加剧了"文化大革命"的灾难，为了应对极其复杂的政治局面，日理万机的周总理过度地消耗了他的精力，加重了他的病情。尽管在一个时期内，他不得不同康生和王、张、江、姚等人坐在一起，但他总是在力所能及的范围内，坚持着党的正确方针，尽可能地减少着、弥补着内外敌人造成的损失。就在这次招待会上，我们又听到了他以那熟悉和亲切的声音发表了简短而鼓舞人心的祝酒词。他讲话结束后，我和全场几千人一起，由衷地为他的讲话、也为我们能重新听到他的声音、更为在艰难时刻度过的国庆25周年热烈鼓掌和举杯祝贺。

10月1日的报纸上，登了一个长达一个多版的几千人大名单，公布了参加国庆招待会的全体人员姓名，前面照例是党、政、军和北京市负责人的名单，在"出席招待会的还有"之后，也出现了我的名字。虽然它只占了三个小号铅字的位置，但这是八年来第一次不是作为"打倒"对象出现的。它标志着我的生活的又一次转折。不管怎么说，我们终于又恢复了自由，重新获得了一个公民和革命干部的起码权利，当然还是值得庆贺的。

五、不 堪 回 首

回老家探望老母亲友

解除"监护"以后，虽然已经审查结束，却未分配我的工作，只得赋闲在家。这时我的老母亲还在武汉老家，这几年内乱中也不知她怎么样了，只听说她和老家的亲属也都因为我的问题受到不同程度的株连。我决定利用这一空闲机会回武汉去探望他们。这年11月，我同徐和还有大女儿曼曼自费回到了武汉。虽然当时我什么职务也没有，湖北省和武汉市的同志还是十分热情地接待了我们，在武昌东湖边的翠柳村给我们安排了个住处。一安顿下来，我就去武昌戈甲营那个巷子里的老家，看望久别的年迈老母和其他亲属。这次相见，真是"别有一番滋味在心头"。原来我在北京被"打倒"以后，武汉的"造反派"也闻风而动，马上在我家里里外外刷上了"打倒反革命修正主义分子伍修权"等大标语，糊满了公布我"罪状"的大字报，高音喇叭整天冲着我家大门吼叫。尽管我从来没有在戈甲营这个家里生活过，"造反派"们却照样在那里抄了家。我的老母亲已经90多岁了，从来不问外头事，只知道忙家务，竟也因为有着我这么个儿子受到训斥。别的亲属也因受我株连影响到他们的处境，有的被迫离开部队或调动工作，有的被下放外地，有的档案中增加了说明与我的"黑关系"的材料，真是"一人犯事，九族受害"。林彪、江青之流口口声声"反复辟"，其实他们当时搞的那一套，才是地地道道的封建法西斯主义大复辟。

1974 年 10 月伍修权回武汉探母时与七弟一家合影。

考证了一下我的家庭成分

这次回武汉，我顺便考证了一下我的家庭成分，因为这个不成问题的问题，曾经也是我被审查的内容之一。我家里明明都是普通劳动人民，属于"城市贫民"，"文化大革命"中竟被造反派们说成是什么"反动资本家"，甚至说我家"五代以前有过血债"。据说北京的专案组以及什么"专揪伍修权兵团"之类的"造反"组织曾经到武汉来调查我的材料，真的追查了我家五代以前的历史。当他们要我的一个小学同学证实我家确实是"反动资本家"时，那位同学说："这真是活见鬼了，你们说他家是资本家，你们可以去看看他们家的房子，有哪个资本家是住那种破房子的？"原来武昌曾经有过一个叫"伍亿丰"的大杂货商资本家，只是我们除了同姓一个"伍"字之外，没有任何瓜葛。想不到连这点捕风捉影的事，也被"造反派"利用来当作诬陷人的"炮弹"。

八年来第一个团圆年

1975 年元旦，我们全家好不容易集合起来，过了八年以来第一个团圆年。我和一家大小挤在临时分给我们住的不大的房子里。我欣喜地看到，几个大孩子已经在动乱年代分别成了家，并且有了下一代。我们这一家没有被政治风暴摧垮掉，反而兴旺起来了。在历史进程中，我党我军曾经遭受过几次重大的挫折，但是每一次都在危难中重新站立并且发展起来。只是在这中间，有多少好同志牺牲了生命。这次"文化大革命"实际上又是一次"大内战"，又有成千上万名好同志在这次"内战"中失去了生命。我本来是历次战争的幸存者，又成了这场特殊"战争"的幸存者，抚今思昔，不由感慨万千。

参加四届全国人大会议

元旦后不久，召开了第四届全国人民代表大会，我意外地又成为这一届全国人大代表，参加了大会。我是被编在天津市的代表团里，住在京西宾馆，同江华同志在一个房间，周恩来总理也在天津代表团。在这次人大的选举中，我又意外地成为本届全国人大常委，这表明了党和人民对我的信任，也是我在"牛棚"中做梦也没有想到的。

1975 年春节伍修权全家。

1967 年 1 月，我开始受到冲击，被迫停止了工作，到这时整整八年，恰好与我在外交部工作的八年和在中联部工作的八年相等，成为我新中国成立以来度过的第三个八年。所以我曾自嘲地说："我现在也是'三八式'干部了！"

不论怎么说，当时虽然全国的十年内乱尚未结束，我个人却同许多同志一样，终于告别了噩梦般的长达八年的"牛棚"生活。

第十章　审判林彪、江青反革命集团

一、审判工作领导小组

1980 年，我国政治生活中的一件大事，就是对林彪、江青反革命集团十名主犯的公开审判。这是根据十一届三中全会精神，由中央纪律检查委员会提出，由公安部受理并进行对这一案件的侦查预审工作。1980 年 6 月，中央成立了一个由彭真同志主持的审判工作指导委员会（也叫领导小组），成员有七人，除彭真同志外，还有彭冲、江华、黄火青、赵苍璧、王鹤寿和我，作为中央对审判工作的党内指导机构。按照法律规定，本来应该由司法机关独立审判，但由于这一案件特别重大，情况特殊，工作进行得好坏将对国内外造成很大影响，所以必须置于党中央的直接领导之下，这才专门成立了这个组织以具体负责这一工作。

我被推选入这个领导小组，主要是考虑到受审的主犯中有许多是军人，还都是红军时代就参加革命的老资格，我被认为在资历和声望上能够担当起这项任务，就由胡耀邦、杨得志等同志推荐，参加了这个指导委员会，并且从 6 月份起，就直接参与了两案审判有关的一系列工作。

二、特别检察庭和特别法庭

审判"四人帮"和林彪反革命集团，是党和人民的一致要求。但是这在我国历史上，还是一个从未有过的特殊问题。要进行这项工作，首先要解决一个立法问题，才能使审判工作取得合法的地位。在中央领导小组及有关的公安、检察和法院等部门进行了大量的准备工作以后，于 1980 年 9 月，由全国人大常委会通过了一项特别的决定，宣布成立了审判林彪、江青反革命集团的最高人民检察院特别检察厅和最高人民法院特别法庭，任命黄火青为特别检察厅厅长，江华为特别法庭庭长，同时任命我和曾汉周、黄玉昆三人为特别法庭副庭长，还有一批审判员，连我们庭长、副庭长在内，共35人，其中有八名是各民主党派的代表，如著名的社会学家费孝通教授等。黄火青和江华等审判工作的主持者，都是我们党的老同志，他们革命历史悠久，斗争经验丰富，在群众中也很有威望。特别是江华同志，已经担任了较长时间的最高人民法院院长，对法律内容和审判工作十分熟悉，他对于这次审判，从方针大计到注意事项，都能及时提出重要的建议，作出必要的指示，后来的重要审判，他都亲自主持，实际上是为我们做了示范。他不直接出庭时，也通过闭路电视随时了解审判情况，对"前台"的工作进行指导。我原来没有从事过法律工作，这次从他那里学习了不少东西，我们相互间工作配合得一直很好。

三、第一审判庭和第二审判庭

特别法庭分为第一审判庭和第二审判庭，第一审判庭负责审判江青、张春桥、姚文元、王洪文和陈伯达五名"文职"人员。第二审判庭负责审判黄永胜、吴法宪、李作鹏、邱会作和江腾蛟五名原军人主犯。我受命任第二审判庭（即特别军事法庭）的审判长，黄玉昆为副审判长，还有15名审判员。当时参与这一工作的人员共有400余名，各省、市的公安厅长、检察院长和法院院长都来了，部队里也抽调了有关部门的得力干部来担任审判员等工作，集中了强大的力量来完成这一重大任务。

四、预 审 工 作

只审刑事犯罪，不涉及路线是非

审判工作的第一阶段是公安预审，首先确定受审的案犯究竟有什么罪名。这一阶段的工作量很大，是一件件核实他们的罪行事实，肯定他们的罪状，然后由特别检察厅向特别法庭提起公诉，特别法庭接受后，才能进行审判。这个工作相当复杂，并且不是没有争论的。争论的中心问题是究竟审什么，即什么是各个主犯的罪行？在讨论这个问题时曾经出现过周折，有个别同志认为林、江反革命集团案是在"文化大革命"中发生的，是党内路线错误被林彪、"四人帮"利用了，因此林、江等人的罪行同党内的路线错误是分不开的，是由于党内的路线错误才发生的，因此，单纯审理他们的罪行是不好办的。经过争论，最后认为对林、江反革命案的审判，只审理林彪、江青等人的刑事罪行，不涉及党内的路线是非问题，否则就会把党内的路线是非同林彪、江青等人的反革命刑事罪行混淆了。决定只审判有关的刑事罪行，这是一个重大的决策，不然确实是很难开审的。

正由于有过这些争论，关于本案的起诉书的稿子，也就反复修改甚至重写，我记得起码经过了 30 次修改。经过多次讨论修改定稿后，才将起诉书提交特别法庭。按照法律规定，特别法庭有权接受起诉书，也有权拒绝接受。认为起诉书内容符合事实，证据确凿，就接受起诉并进行审理，如果相反，就可以不予审理。法庭有权不按检察院的意见办，他们是明确分工又互相配合的。林、江反革命案的起诉书由特别检察厅提出后，特别法庭进行了研究，认为起诉是有根据的，就接受了这一起诉书，对所指控各主犯开始进行正式的审讯和判决工作。

第一审判庭负责审理的江青等五个主犯的案情，较之第二审判庭的黄永胜等人要复杂得多，江青等人的态度也特别坏，相比之下第二庭的担子较轻一些，各个主犯的罪行都比较明确，态度相对地也比江青等人好些。但是在开始确定哪些人应该是出庭受审的主犯时，也是有过周折和多方考虑的。第二庭审理的案犯都是军队的高级干部，其中黄永胜是总参谋长，吴法宪是副总参谋长兼空军司令员，李作鹏是副总参谋长兼海军政治委员，邱会作是副总参谋长兼总后勤部部长，他们是林彪反革命集团的主要成员，但是在林彪的反革命政变阴谋中，还有一项很重要的内容，即企图直接谋害毛主席的"小舰队"的活动。这个阴谋组织的头头是林立果，他下边的重要分子有空军司令部副参谋长王飞及周宇驰、于新野等人，"九一三事件"发生时，林立果与林彪、叶群随机摔死，周宇驰、于新野二人乘直升机叛逃未成，迫降后自杀身亡，王飞由于突然事故，又得了神经病，都已无法出庭受审。就在参与上述阴谋活动的案犯中，经过衡量比较，确定南京军区空军政委江腾蛟为合理的受审人，通过他将整个"小舰队"的问题带出来，使他也成为出庭受审的十名主犯之一。在十名主犯中，有九人是中央政治局委员和政治局常委，江腾蛟不是中央委员，相比之下地位最低，仅仅作为"小舰队"的代表人物，才列为十名主犯之一，被排在最后一名。

认真钻研相关法律

在受领这次任务以前，我们许多人本来都是不大懂法律的，受到党和人民的委托之后，我们都认真地钻研起法律条文来，把我国的刑事诉讼法等有关法令都找来一一反复研读，对照我们受理的案件，看某个犯人符合某条某款，要记得很熟，因为到开庭时就不能临时再去翻看本本，只能说根据某某法的某条某款，某某人犯有什么罪行，并且能针对实际情况随时找到法律根据来回答问题。除此以外，我们还看了一些有关法庭审判的中外影片，对我们要进行的工作增加一点感性知识，对一般的法庭情况和审判程序等，也有点间接的感受。在预审过程中，曾经将讯问各个主犯和旁证案犯的情况，一一做了电视录像。我们在开审前看了全部录像，对我们将要打交道的这批罪犯，预先熟悉了解一下他们的基本特点和态度表现。

练兵性的审判预演

在正式开庭审判前，我们还按照实际开审过程，搞了几次练兵性质的预演。在指定时间内，应该出庭的检察人员、审判人员、法庭工作人员和法警等等全部到场，又指派了几位同志分别扮演各个主犯，如同正式开审一样，由法警一一押解出庭，程序和气氛要求与真的完全相同。这真是一项既严肃认真，又非常有意思的工作。开始，要受审的假犯人以他所充当的真罪犯的口气，尽量为其罪行狡辩，再由审判者依法据理予以驳斥。这虽然有点像在演戏，可是实际上比审真的犯人还难，因为假犯人精神上没有压力，又熟悉案情和认识审判人员，可以钻空子和我们纠缠，审判者就必须能随时制得住对方。记得有一次假扮吴法宪的"犯人"突然提出了一个问题，说他与作为军事法庭副审判长的黄玉昆过去在空军共过事，两人曾经有过矛盾，这次黄玉昆可能会乘机报复，因此黄玉昆应该回避，不能参加审判。这个意外的问题，使黄玉昆同志措手不及，一时无法回答。我见机稍一思考，马上根据人大常委会的决定和有关文件的精神回答说，这次审判工作的人选，是经过人大常委会的慎重考虑后确定的，每个人都是受党和人民的委托，来对危害国家的反革命罪犯进行审判，根本不存在所谓的个人报复问题，因此，包括黄玉昆同志在内的全体审判人员，都没有回避的必要，"犯人"提出的问题是没有根据的，本法庭予以驳回。

观察狱中主犯情况

在此期间，我还到关押江青等人的秦城监狱，在不被他们知道的情况下，一一观察了这些即将受审的主犯。记得我悄悄观察江青时，她正坐在床铺上，用手不住地在摩平自己裤子上的褶纹，看来她一方面是感到很无聊，一方面还是有点穷讲究，坐牢也不忘打扮。她每次出庭前都要梳梳头，衣服也要尽量穿得整齐些。我观察张春桥时，看到他同后来受审时一样，靠在床上一动也不动，要死不活地木然不响。开审前送起诉书给他，他依然如此，装作不理睬不接受的样子，但是在他以为没人看见时，又忙去偷偷翻看，可见他还是心虚得很，却又想故作姿态，也不失其两面派的本色。我观察姚文元时，他正在吃饭。他很能吃，他们那一伙人就数他胖。后来受审时，他常常眼睛朝天连连翻动，半天才说一句话，其实他是在考虑问题，也刁得很。只有王洪文看来精神上完全垮了，一点抵抗能力也没有，问他什么他就讲什么，这个人出现在我国政治舞台上，可以说是"文化大革命"中产生的一个"怪胎"。尽管这次审判一直强调要把他们的问题同"文化大革命"的路线错误分开，但是王洪文这个人物的产生、起家和上台，确实很难同党内错误路线分开。按照当时盛行的"唯成分论"和反动"血统论"，王洪文出身贫农，当过兵，做过工，又学了些吹吹拍拍的本事，在"一月风暴"中"偶尔露峥嵘"，被江青、张春桥发现了"人才"，一下子竟成了天然的"革命派"、理想的"接班人"，被他们又推又抬火箭式地提拔上来。可是他毕竟根底极差，品性很糟，是个扶不起来的"阿斗"。由于他一开始就同江青、张春桥等搞到了一起，在政治上、思想上和组织上，早就是江青反革命集团的重要人物。当时毛主席曾经指示他不要同江青他们搞在一起，可是他没有听，他被个人野心冲昏了头脑，反而变本加厉地参与他们反党篡国的一系列重大阴谋活动，结成了"四人帮"，终于同江青等人一起成为受审的反革命罪犯。

这批案犯在关押期间，按照我党历来的政策，也为了适应审讯工作的需要，生活待遇比较好，伙食上从未亏待他们，同他们迫害我党广大干部时的残酷手段截然相反。到审判时，又将他们的伙食标准提高了一些，让他们吃得稍微好一点，以保证其营养充足身体健康，好有足够的精力来出庭受审。如果他们身体不好，到时候出不了庭，或者出庭时狼狈不堪，有气无力，对内对外影响也不好。由于事先考虑到这个问题，采取了一些措施。江青等人在这次审讯中健康状况都不错，所以也使我们的审判工作没有因为这方面的问题受到阻挠和造成拖延。

制作了专门的检察和审判人员服装

为了使开审时的法庭显得特别庄严，还给我们每人专门做了制服：我们审判人员和法庭工作人员一律是藏青色制服，检察人员和律师等又一律是深灰色制服，还给我们发了专用的公文皮包，使整个法庭看上去整齐统一。我们每个人也都很精神利落，都为法庭增加了庄严气氛。我们的工作从一开始起，不仅受到了党和国家的重视，也受到了人民群众的普遍关注和各种方式的支持，连在我家做饭的阿姨都接到电话，让她最近把伙食搞得更好些，"保证你们的首长更健康地去审判那帮坏家伙！"给她打电话的是她过去服务过的一家归国华侨，可见这次审判是受到各方面人士的关心和欢迎的。这促使我们更加兢兢业业地去从事这项重要的工作。按照法律规定，只要有过半数审判人员到庭，就可以开庭审判了。我们第二庭共 17 名审判人员，每天只要九人到庭就行了。但是那时我们每个人都积极得很，除了极个别的特殊原因外，不论公开审判还是内部开会，都是场场必到，全体出庭，人人都在全力以赴地工作。

五、特别法庭第一次正式开庭

1980 年 11 月 20 日下午 3 时，特别法庭第一次正式开庭，江青、张春桥等十名主犯第一次被传到法庭上，接受人民对他们的公开审判。当时的气氛和情景是令人难忘的，我们被一种崇高的责任感所支持，行使着人民授予的权力，身子都坐得挺直，始终保持着威严庄重的姿态，来审理和判处这批对整个国家造成巨大灾难，对亿万人民造成巨大痛苦的罪犯。十多年来，这批家伙身居高位，大权在手，横行一时，不可一世，有的直到受审时还顽固死硬，装腔作势，不肯认罪服罪。但我们代表了广大人民的意志，行使着国家授予的神圣职权，他们是受审判的一小撮罪犯，我们是完全可以制服他们的。我们在战略上是藐视敌人的，但是在战术上也是重视敌人的，每一个工作细节都得安排周全。由于考虑到可能发生的情况，如江青本来就有歇斯底里症状，审理中很可能会闹庭，我们就没有按照十名主犯原来的名次顺序押进法庭，将王洪文排在第一个最先传出。他当时被推了个光头，一副萎靡不振的样子，当年那"造反

1980 年 11 月，伍修权（前右二）在审判"四人帮"的法庭上（前右一为江华、右三为曾汉周、右四为黄玉昆）。

司令"和"中央副主席"的派头一点不见了。第二个押进来的江腾蛟，他还有一点老干部的样子，其实在十名主犯中，他地位是最低的。接着是邱会作、吴法宪、黄永胜。黄永胜头发胡子花白了，比过去老多了。特别是陈伯达，更老了，他和李作鹏本来身体就不好，分别由法警连押带架地带进法庭，指定的医护人员就坐在他们后边，可以随时进行诊治或急救。倒数第二个押进来的是张春桥，这个家伙不像别的主犯比较整洁，只穿了一件中式老棉袄，领口不扣，胡子也不刮，歪着脑袋，耷着眼皮，既邋遢又窝囊，还是那副阴阳怪气半死不活的样子。

十名主犯的头子江青最后一个被押解进来。这个人一辈子都在演戏，她进场时故意装得若无其事，左顾右盼地看看旁听席上的人，衣服穿得比较整齐，头发梳得溜光，两手有时还放在背后，好像挺神气，尽管如此，到底掩盖不住自己内心的空虚与紧张。我们原来估计她会捣乱的，因为在预审过程中，她一直胡搅蛮缠，大耍泼妇加"女皇"的威风，但是到了这个庄严的法庭上，她竟十分守规矩，并不乱说乱动，一声不吭地静静听完对他们的长篇起诉书。她还生怕漏听了什么话，把为他们准备的助听器紧紧地按在耳朵上，还常常歪起脑袋用手掌兜着耳朵用心听。起诉书宣读了约两个小时，接着又向他们宣布了法庭规则和审判程序等等。他们一直认真地听完，没有任何出轨的行动和表示，情况比我们预想的要顺利。首次开庭在下午 5 时 20 分胜利结束，我们大家都愉快地完成了这次任务。

在整个庭审活动中，除了每场有几百名旁听者外，在审判庭的后台，还安装了闭路电视，许多中央领导人和负责同志，可以在那里收看审判的现场实况和全过程，所以实际上党和国家的许多领导人都参加或旁听了每场审判。

六、十名主犯的主要罪行

第一审判庭的审理工作

首次开庭以后，就由两个审判庭分别审理各主犯了。开始时每个被告的罪行列得很多，平均每人可以写 100 条，十个主犯集中起来有 7000 条，但是在准备起诉的过程中，逐渐把他们的罪行减少了条数，压缩在每人平均 10 条，到我们审判时又加以压缩，每人只剩了 3 至 5 条，其实他们的问题不在条数多少，每人有一条就够判死刑了。如江青、张春桥，最主要一条就是改朝换代，阴谋夺权，推翻人民民主专政，建立他们自己的反动统治，这一条就可以杀他们的头了。第二条是他们迫害大批干部，其中许多人被迫害致死，这个数目本来很大，后来我们就将间接被他们迫害的数字都勾掉，只提直接受他们迫害的。第三条是他们侵犯人身自由、进行诬告陷害等等，如江青授意对上海文艺界人士抄家逮捕。再如姚文元的主要罪行是进行反革命宣传，他同希特勒的戈培尔一样，是个反革命吹鼓手。他从 1965 年批判《海瑞罢官》起，就在制造反革命舆论，以后接着批"三家村"，批陶铸的两本书，批悼念周总理的所谓"天安门事件"，证明他早就是个反革命吹鼓手和蛊惑者。这样，他们每个人的罪行不超过 5 条，就很大了。开始是将他们按原来的职务排名次的，王洪文是中央副主席，在位的时候权力还是相当大的，就被排在第一位。后来按照实际罪行一排，王洪文的位置就变了，他当不了这个头了。还有陈伯达，开始曾考虑他不是"四人帮"之一，又很早被看管审查，后来的事也都没有参与。但是他在"文化大革命"初期，同江青他们还是一伙的，他当时的讲话是影响很大的，例如他说冀东的党组织不可靠，可能是国民党的组织，这就造成了成千上万人受迫害。他同江青等人的罪行特点很接近，所以就把他排到"四人帮"的后头，看来这个位置，对他也是适当的。

根据法律规定，被告可以委托律师为自己辩护。这次审判也由有关方面提供了附有资历介绍的律师名单，陈伯达、姚文元、吴法宪、李作鹏和江腾蛟五人要了律师。江青本来也说要请律师，但是她异想天开地想让律师不仅为她整理材料、起草文稿，等于替她当秘书，还说因为她身体不好，要律师代替她在法庭上回答讯问和进行答辩。她这种无理要求被理所当然地拒绝了。律师说这不是他的工作范围。江青只得作罢，还是自己为自己辩护吧！张春桥反正从头到尾不开口，问他什么都是拒绝回答，对所指控罪行也是无言以答。其余几人也没有要律师。

当时，我们有的同志心里似乎有一种畏难情绪，对江青有点发怵，认为她特别难缠，不好对付，此外确有投鼠忌器的顾虑。其实是多虑了，江青一伙祸国殃民、罪恶累累、铁证如山，我们有中央的正确领导，有广大人民的支持拥护，我们以事实为依据、以法律为准绳，代表着正义和真理，完全站在主导地位，我们有充分的信心完成党和人民交给我们的这一重大审判任务。

不过在第一庭的审讯中，开始的突破口未选准。当时拿出的第一个题目是"长沙告状"问题，即江青、张春桥等为篡夺国家领导权，于1974年10月派王洪文去长沙，向正在那里的毛主席"告状"，反诬周恩来、邓小平等同志正在"搞篡权活动"。问题的真相是这样，当时江青等人在党内都有合法的地位，她在钓鱼台找王洪文、张春桥和姚文元几个政治局委员一起商量一些问题，然后让作为党的副主席的王洪文到长沙去向毛主席讲他们的意见，尽管内容是诬陷周恩来和邓小平同志的，但是在组织上却是合法的。如果这样做算是罪行，那么以后同志间谁还敢一起商谈问题交换意见呢？审理这一问题的情况，在报纸、电台和电视上报道以后，国际上对这个问题也有了反映，认为这一条算不上什么罪行，说我们这样审判没有什么名堂！所以一开始选这个题目实际上是一个失误。随后，我们即将这一条从罪行中加以排除。

第一庭对江青等人的审判难度虽然大些，但是总的看，第一庭的审判工作进行得还是相当顺利的。

第二审判庭的审理工作

第二审判庭除了我和黄玉昆同志外，还有15名审判员，我们将他们分为五个小组，每三个人专门研究一个被告人。我们对每个被告的基本情况都要熟悉，三人小组对所分管的被告则要了解得更加具体透彻。每个被告都有自己的特点。在第二审判庭，即特别军事法庭受审的主犯中，黄永胜是个首要人物，他的罪行特点是同林彪、叶群的关系特别密切。但是他比较狡猾，很难抓住他的辫子。我们就抓住他的要害问题进行突破，如他同叶群打电话，有时一次就通话 135 分钟，我们就审问他，这么长时间，你们到底谈了些什么？他当然不敢如实讲了，开始说他是核对一个作战文件。我们拿出调查的证据，在时间上同黄永胜说的差了三天，证明他们这次密谈与那个文件无关，说的是另外的不可告人的私房话。我们还拿出一个证据，是他同叶群在另一次通话时，被林立果偷着录的音。在那次谈话中，叶群对黄永胜说：我们不管是政治生命还是个人生命，都是联系在一起的。称黄永胜"永远是元帅"，叶群自称是他下边的"通信兵"，说黄永胜"在中国革命的领域上"将要"起很大的作用"，还说林彪手下有许多人，真正最喜欢的只有你黄永胜。他们还说了许多乌七八糟的话，都有录音在，充分证明了黄永胜同叶群和林彪之间，是一种极其肮脏的关系。他们这种非同寻常的特殊关系，说明了黄永胜在林彪反革命集团中的位置和作用。

吴法宪罪行的特点，是把空军的权力交给了林立果。当时的林立果是个没有入党的新兵，可是吴法宪为了投靠林彪，对林立果来了个"第一年当兵，第二年入党，第三年当了副部长"。吴法宪还讲，林彪把林立果派到空军来，是对他们的"最大的信任，最大的关怀，最大的幸福"，胡说二十几岁的毛孩子林立果是什么"全才、帅才、超群之才"，是什么"第三代接班人""第四个里程碑"，林立果可以对空军"指挥一切，调动一切"，空军的一切重大问题，都要向林彪的儿子"请示报告"。在吴法宪心目中，林彪就是"党"，林彪的孩子当然就是他们的"领导"，谁不同他一样想一样做，谁就是"犯罪"。他还将这一套在高干中传达贯彻，强求大家执行。这就是吴法宪的要害问题，他把党交给他在空军的领导权，私自移交给了林立果，让林彪反革命集团利用空军来为他们的武装政变阴谋服务，这就是吴法宪无法辩解的主要罪行。

李作鹏的要害问题是他在"九一三事件"中放跑了林彪的座机。"九一三"前夕，周总理察觉林彪活动反常，因为那飞机所在的北戴河机场归海军管，就亲自打电话给李作鹏，命令那架飞机必须有周总理本人和黄永胜、吴法宪、李作鹏"四个人一起下命令才能飞行"，实际上把放飞这架飞机的权力抓到总理自己手上，未经他批准的命令都是无效的。周总理的这个指示，本来是很清楚的，可是李作鹏却篡改为四人中的"一个首长指示放飞"就可以了。当林彪爬上飞机就要发动起飞时，机场向李作鹏请示，他又不下令阻止，却让机场"直接报告请示周总理"，下面的同志怎么能直接找到总理请示呢？这完全是李作鹏为拖延时间放跑林彪而搞的鬼。尽管他后来造假记录，企图赖账狡辩，但是事实俱在，李作鹏是逃脱不了这一罪责的。

邱会作的突出问题是在总后勤部实行法西斯专政，残酷迫害了成千的干部，不少人被他整死整残废了！

江腾蛟的主要罪行就是参加了林立果的"小舰队"，其中最主要的是企图谋害毛主席。他出了许多坏主意，阴谋用炸药炸铁路桥、炸油库、用飞机炸、用喷火器烧等等罪恶手段杀害毛泽东同志，并被林立果指派为这一行动的"第一线指挥"。虽然后来阴谋未遂，但是就这一条在全国人民感情上就通不过，太触目惊心了！对党和国家的危害也太大了！因此我们第二庭一开始就审问这个题目。这个问题对被告很容易突破，事情比较集中突出，所以我们审讯得也比较顺利和成功。

十个主犯在审判过程中每人都出庭了五次。法庭调查以后，有一道程序是法庭辩论，辩论以后每个被告还有一次最后陈述权。这时，我们给他们机会讲话，黄永胜第一天就讲了两个小时，第二天接着又讲了一个小时，可是我们听来听去没有多少新东西，无非是反复为自己的罪行辩解。按照法律程序，还可以让他讲，但是要给以适当的限制。我告诉黄永胜，你已经讲了三个小时，现在还有机会讲，没有讲过的问题可以继续讲，已经讲过的就不能再重复了。本来这里是庄严的法庭，不是搞儿戏的，哪能老听他的"转磨子话"？黄永胜承认他实在也没有什么新的话可说了，就结束了这一程序。

第二庭审判黄永胜时，他为自己作了长篇狡辩，总想减轻罪责。李作鹏的头脑相当清楚，能不认账的事，决不认账。其余的人态度也都基本可以：江腾蛟是从1971年9月14日，即林彪死后的第二天起，就开始交代罪行，一直不变口供；邱会作也表示认罪；吴法宪骂自己将"遗臭万年"。他们各人的犯罪事实比较单纯明朗，所以第二庭的审判工作进行得比较顺利，开庭初期关于第二庭的报道也特别多，邓小平同志也说第二庭进行得比较好，并让加强了对第一庭的审判和报道。

从1980年11月开始，第二庭共开庭22次，我主持了其中的16次，连同首次开庭、最后审判和参加第一庭的审讯，在一共42次庭审中，我出庭了约30次，除了每天在前台挺直腰杆坐着，每次开庭结束，还要马上到后台进行总结，今天有没有什么问题，什么话该说什么话不该说，都要及时提出来。此外还有许多有关的会议，特别是后来讨论如何判刑时，从中央政治局的专门会议到全体审判员的会议，一系列的会议不仅要出席，还要拿出意见。我们在精神上和体力上都相当紧张，但是一想到这是一项全国关心举世瞩目的重大政治任务，所以我们都全力以赴地参与了一切活动，愉快地贡献着自己的全部力量。

七、关于量刑问题

在如何判刑的问题上，是经过不少争论的，中央在讨论这一问题时，有人主张轻些，说将这些人养起来算了；有人主张重些，提出一定要判处死刑；也有人提出不轻不重的判法，即分别判处不同时限的徒刑。可是当时全国到处都是一片喊杀声，这对我们也是一种压力。在全体审判员会议时，大家同样认为江青、张春桥等人死有余辜，不杀不足以平民愤，开始都准备判决杀，但是反复考虑以后还是不行，一要顾及国际国内的影响，二要设想后代人将怎么看，不能凭一种义愤情绪来决定。这样，关于首犯杀不杀的问题，经过多次反复讨论，老是定不下来，先提出江青、张春桥二人一定要杀，以后又认为不杀为宜，后来又说还是得杀。我们也决定不了，最后提交到中央政治局去讨论，我也去参加了。政治局多数同志提出判"死缓"，即判处死刑，但暂不执行，这在法律上是允许的。开始讨论时江华同志说，根据法律应该判处他们死刑，但是为了照顾国际影响，可以判为"死缓"。我在他发言后接着讲，赞成江院长意见，目前可能有人对这样判想不通，再过两年，特别是公布了《关于建国以来党的若干历史问题的决议》以后，更多的人就会明白为什么要判死缓。我说我们都是林彪、江青进行反革命活动时期的当事人，曾经亲身受到他们的迫害，正因此，我们要克服可能有的感情作用，要更加冷静客观地来处理这件事，要经得起后代人的检验，我认为将来人们会承认我们现在这样判是正确的。

开始我还担心我们的意见未必能取得全体审判员的一致同意，在当时那种全国齐声喊杀的气氛下，能否大家都转过弯来，审判员中还有几位民主党派的代表，他们又会怎么看，这些问题我是没有多大把握的。后来看，我对此又是多虑了。我们充分陈述了自己的意见后，很快得到了各审判员的支持，最后又得到了中央的同意，即将江青、张春桥判处死刑，缓期两年执行。别的主犯则分别判以无期或有期徒刑。王洪文主要因为他还年轻，他自己就曾说过，十年以后再看分晓，对他判轻了可能还会出来起作用，此外他的地位也最高，罪行及影响仅次于江青和张春桥，所以将他判为无期徒刑。姚文元本来也应该重判，后来考虑到他搞的宣传活动，许多都是上面指示了叫他办的，对他判重了就不大公道了，所以判了个 20 年徒刑。黄、吴、李、邱等人，1971 年 9 月就被抓起来了，被关已近十年，陈伯达被关得更早，他的年龄也很老了；江腾蛟则是最早主动交代的，一直态度较好，只是他的罪行是谋害毛主席，太轻了人民通不过，所以分别判了 16、17 到 18 年的有期徒刑。

开庭以前的起诉书曾经写了三十几稿，审判以后的判决书，同样经过了修改，次数也不下于 30 稿。开始的稿子在许多地方还是涉及了对"文化大革命"的评价，仍然把党内的路线斗争同林彪、江青等人的反革命活动扯在

1980 年 11 月审判"四人帮"法庭现场（台上前右六为伍修权、右五为江华、右四为黄火青、右七为黄玉昆、右八为曾汉周）。

一起了。后来还是坚持审判时的做法，决不涉及路线问题，一律只提刑事罪行。最后才将判决书定下稿来。后来通过的判决书，内容比开始的起诉书去掉了三分之一，把那些立足不稳的事情都去掉了，如"长沙告状"问题，在起诉书中是很重要的一条，到判决书中却一字不提了。这样改的结果，就使判决书中的每一条都能立于不败之地。由于庭审工作拖了时间，在如何判决的问题上又经过长时间的反复讨论，对判决书的内容作了不断修改，提法和文字上也再三推敲斟酌，整个审判工作的结束日期，就比原来预计的时间晚了好多，直到1981年1月25日才正式开庭宣判。

八、特别法庭对十名主犯的最后宣判

1月25日上午，第一庭和第二庭的十名主犯，又全部押到一起，听取对他们的判决。这天法庭里的气氛似乎显得格外庄严肃穆，旁听席上早已坐满了人，都屏息等待这一具有历史意义的重要宣判。十名被告也显得十分紧张，他们也急于想知道自己将受到什么样的惩处。开庭以后，由江华庭长宣读判决书，由于判决书很长，由江华庭长和我分别宣读。判决书的最后，就是对这批罪犯的判决了。江青这个人尽管平时装腔作势，这时也沉不住气了，当江华庭长刚念到"判处被告人江青死刑"时，还没等念出"缓期二年执行"，她就慌忙叫喊起来。由于这天是最后审判，不需要犯人回答问题，被告席上就没有安话筒，江青喊了些什么，许多人都没有听到，不过她正好冲着我，我听到她喊的还是什么"造反有理""革命无罪"，还有什么"打倒反革命修正主义"。待宣读完对江青的判决，法警立即给她戴上了手铐，这时全场破例地爆发出了一阵热烈的掌声和欢呼声。由于江青企图挣扎和还想喊反动口号，头发也散乱了，装的架子也没有了，显得十分狼狈和滑稽，使这个本来十分庄严的法庭里，出现了一点闹剧的气氛。我看到江青还想捣乱，立即下令道："把死刑犯江青押下去！"当时我也是太着急了，竟少说了一句话，应该先说一句"由于江青违犯法庭规则，破坏法庭秩序"，再依法将她押下场。事后想起来总觉得有点遗憾。当全部宣判完毕，并由江华庭长宣布将十名罪犯押下去交付执行时，全场又洋溢起了无法抑制的欢庆胜利的声浪，我作为这一伟大历史事件的参与者，内心也觉得兴奋不已！

九、尾　声

历时两个月零七天、开庭 42 次的对林彪、江青反革命集团主犯的公开审判胜利结束了！我自 1980 年 6 月起参加这项工作，也可以告一段落了。这次判决，全国大快人心，国际反应基本上也是风平浪静，各方都认为我们判得还是合理的，没有发生什么异议。在宣判以前，国际上的反应是比较强烈的，当时我们已经看出苗头，如果立即杀了江青，反应可能很坏，有的国际组织呼吁要援救江青，有的外国人到我国驻外使馆去请愿保护江青，并且国际上曾经有过这么一条，即对妇女一般不采取死刑。虽然我们是独立审判，不受外国的影响，但这些情况在判刑时也不能不予考虑。根据判决后的国际舆论来看，我们做的是正确的。原来估计国内可能会有人不满，现在看来也都被大家理解和接受了。

至于"死缓"两年以后怎么办，当时我们也有个初步设想，在《关于建国以来党的若干历史问题的决议》公布和十二大开过以后，我国人民对这类重大问题有了进一步的认识，国际上对此事也不再议论纷纷了。那时就可以用某种方式，通过一个特别决议，对这次判决予以减刑，将江青、张春桥死刑变为无期徒刑，其他的无期和有期徒刑，是否也相应地减刑，到时候再酌情处理，以此体现我们政权的稳固和政策的正确。这项工作 1982 年底就开始做了，于 1983 年 1 月 25 日，即对两案主犯宣判整两年以后，用最高人民法院刑事审判庭名义发表了一项"裁定"，宣布"对林彪、江青反革命集团的主犯江青、张春桥原判处的死刑缓期二年执行的刑罚，依法减为无期徒刑，原判处剥夺政治权利终身不变"。并说他们在"死缓"期间，"无抗拒改造恶劣情节"，其实还应该说"也无接受改造实际表现"。

1981 年 1 月正式宣判以后，江青等人的生活待遇被降低了，不过又允许他们看报纸了，审判期间是不准他们看报纸的，主要怕他们从报纸上知道审判的整个情况，了解各人的态度如何，防止他们可能的串供，审判结束后已不存在这些问题，也就允许他们看了。对于这些人，我们主张生活上不必太苛刻。有的人身体不好，也可以保外就医，让他们回家；还同意他们有的人同家属会面，那些人一见面，个个都是痛哭流涕，有的人特别是其家属，对他们所犯罪行表现出一股悔恨之情，他们对于党的宽大政策也是很感激的。

　　在第二庭受审的几个人中，有的过去还是有战功的，他们现在犯了罪，但是他们战争期间做过的好事，我认为也是不应抹杀的。如邱会作，长征时在总部当管理员，到达陕北以前，他生了病跟不上大队，领导上就发给他十块大洋，让他留在当地隐藏起来，以后自找生路，可是他不愿离开革命队伍，就请了个年轻力壮的老乡，背着他跟着部队走，背一天给一块大洋，就是不肯离队。后来终于跟上了队伍。他这段艰苦的历史，我是清楚的，尽管现在不好宣传这事了，但是我在审判他时，还是想起他的过去。他现在毁掉了自己的未来，也毁掉了自己的过去，值得人们深思。还有那个江腾蛟，他是怎样走上犯罪的道路的呢？应该说是他的极端个人主义恶性发展的结果。因为毛主席对他有所察觉，曾经两次否定提拔他为空军政治部主任的建议，他就对毛主席有了不满情绪，一旦林彪对他封官许愿，他就死心塌地为其效劳，积极策划谋害毛主席的阴谋，终于得到了应有的惩处。前些时他的家属请求将他保回家治病，全家保证他不再出问题，按照宽大政策，我认为也是可以的，但愿他们能深思一下已经无可挽回的历史教训。

　　这次审判，是我国政治生活中的一件大事，对于我个人来说，也是我一生历史上光荣而重要的一页，尤其是我已经年过古稀，进入晚年了，还能参加这一举世瞩目的工作，亲自审讯并判处了我国一批当代最大的阴谋家、野心家，不能不感到十分荣幸和不虚此生。审判工作全部结束以后，组织上给我一段假期，让我到外地休息一下，我又回到我的故乡武昌，在那里我找到一位小学时的同学，他说在审判期间他们几乎天天在电视上看见我，又说我很早就当过"法官"，这次又当法官，已经是老资格了。他这么一说，我倒想起过去上学时，学校排演过一出有法官的戏，我演戏中的法官，在台上也审判了几个戏中坏人。回顾起来，倒是很有意思的。我从少年时期做戏剧舞台上的"法官"，到老年时期当政治舞台上真正的法官，不仅说明了我个人一生走过的道路和发生的变化，也生动地反映出我们整个国家的巨大发展和社会生活的深刻变化。尽管在中国革命的伟大斗争中，我个人一直只是一个执行党交给的具体任务的工作人员，但是我一生所经历和参与过的、从国际到国内的、从党内到军内的，一起又一起的重大历史事件，还是很值得后人特别是历史学家们去研究和思考的。

附录：

忆 毛 泽 东

中国革命中的我们这一代人，一生的活动几乎都与毛泽东紧密相连着，我们的成就和失误，许多都是执行他的指示的结果；同样，他的功勋和遗憾，其中不少也有着我们的份。

与别的老同志相比，我与毛泽东同志直接交往不算太多，但仅有的几次不仅给了我极其深刻的印象，更是决定中国革命历史进程的重要几页。下面就是深藏在我记忆中的几件事。

山沟里出来的马列主义

20 世纪 30 年代初，中国共产党内有过一种说法，叫"山沟沟里出不了马列主义"，意思是指国内正在进行的革命不太符合"正统"的马列主义，许多是山沟沟里的一些土知识分子和农民，甚至"山大王"们搞的一套。他们的代表人物就是出生于湖南山村韶山冲，正领着工农武装在山沟里打游击的毛泽东。当时的共产国际和中共中央为了加强中国革命的领导和改变其领导成分，将在国外比较系统地学习过马列主义理论的青年革命者陆续派回国内，他们中有秦邦宪（博古）、张闻天（洛甫）、王稼祥和沈泽民、陈昌浩等，其首要人物却是深受共产国际信任并重用的陈绍禹（王明）。我也是那时从苏联回来的，上述那些人都是我在莫斯科中山大学的同学。除王明以外，我们大都先后去了毛泽东所创建和领导的江西中央革命根据地，因此都不同程度地接触并接受了毛泽东所代表的"山沟沟里的马列主义"。只有并未进过"山沟沟"的王明，始终不理解也不承认并非来自莫斯科的马列主义，一直站在毛泽东等同志的对立面，先后成为"左"、右倾机会主义的代表人物。

我于 1931 年夏进中央苏区不久，就去瑞金担任了红军学校学员连队指导员兼军事教员，就是在那里我初次见到并认识了毛泽东。他当时是红一方面军总政委，又是苏区中央局和红军前敌委员会的负责人。进苏区以前我就不断听到他的大名，白区报纸上也时有关于他的报道。他和朱德同志共同领导的朱毛红军，早已为国内外人士所瞩目和关注。他开创的革命根据地更成了国民党政府的心腹大患。可是我见他以后，第一印象既不像我在苏联见过的那些政治家和革命领袖，更不像人们概念中的军事家和军队统帅，而是一个对人亲切和蔼、言谈诙谐和不修边幅的中国书生，甚至像个农村塾师。

他是应红军学校师生要求给大家讲课来的。虽然我早已听到过针对他的"山沟沟里出不了马列主义"的议论，但是第一次接触他并听他讲话以后，立即对他产生了信服甚至折服之情。那天他讲的是帝国主义侵略对中国民族经济的破坏。这本来是个比较枯燥、深奥的政治经济问题，我在苏联学习时，每逢这类课程，都把主要精力花在强记政治名词、理论定义、专用术语和数据比例上。谁知毛泽东讲课时根本没有那些东西，全部用社会上和生活中的现实事例，来分析解释政治和经济上的各个重要问题，阐述自己在这方面的深刻认识和独到见解。例如他说外国资本对我国的经济侵略，造成了我国手工业经济的破产，举了个农村随处可见的例子，中国过去一直用竹篾箍木盆木桶，现在从外国进口了铁丝，很快夺取了竹篾的市场，木盆木桶都改用铁丝箍了，结果使我国大批竹篾手工业者失业，劈竹篾用的竹子滞销，生产和销售外国铁丝的资本家们却发了财。毛泽东在讲这些问题时，使用的全是普通农民都能听明白的语言，加上许多俗话、谚语和生动手势，使所有的人都听得津津有味，自然而然地接受了他的思想观点。当时我才 20 多岁，他已 30 多岁，并且已是党和红军的重要领导人，有着丰富的斗争经验和很高的威望影响，所以我一下子就被他"征服"了，并从此坚信和追随他，一生也没有动摇过。20 世纪 60 年代初我陪外宾见他时，他曾对外宾介绍说：伍修权是个老实人，在莫斯科回来的人中，他是从来没有反对过我的。

正由于毛泽东在广大群众中的很高声望，在 1931 年举行的全国工农兵代表大会上，他被推选为中华苏维埃临时中央政府主席，并且一叫几十年，后来"主席"二字竟成了他的专用称呼。不过，包括我在内的许多基层干部和普通战士都不知道，正是当时，毛泽东日子并不好过，"左"倾错误的中央领导不断对他进行排斥打击，他的思想主张都被当作所谓"右倾错误"和"富农路线"等等横加批评指责。在 1932 年 10 月的中共苏区中央局宁都会议上，他受到排斥和打击，会后被撤销了所有军事领导职务，被迫离开军队。1933年初，受王明遥控的博古等人的临时中央迁入苏区（这事本身就具有讽刺意味，一面批判否定毛泽东的思想主张，一面不得不投靠毛泽东创建的革命根据地来立足存身），王明的"左"倾错误全面深入地在苏区推行贯彻，毛泽东的处境就更糟了。当年秋天，一个来自苏联的德国人李德，以共产国际军事顾问身份来到苏区，我被中央指派去为他做翻译，直接领教了这位"洋钦差"的军事教条主义那一套。李德和博古一唱一和地完全排斥了毛泽东的领导和否定了他的主张。当时毛泽东对党和红军的领导权已被完全剥夺了，仅剩了一个苏维埃主席的地方政府职务虚衔，所以博古曾嘲笑他成了"加里宁"，和苏联没有实权的苏维埃主席一样。毛泽东被迫"靠边站"时，不是去养病，就是去做农村调查，中央和军委的会议很少通知他参加，他的声音也很难听到了。

但是，正由于党和红军失去了他的领导，人们反而更加清楚地认识到他的正确主张和积极作用。他指挥苏区军民反击敌人的第一、二、三次"围剿"，每次都以少胜多，以弱制强，粉碎了五到十倍敌人的进攻。第四次反"围剿"，由于仍沿用了他原来的战略战术，也取得了重大胜利。到第五次反"围剿"时，李德和博古凭着洋本本在地图上指挥作战，盲目宣称"游击战的黄金时代已经过去"，要打"国与国之间的正规战争"，搞什么"六路分兵""全面抵御"等等，结果使红军处处被动挨打，部队伤亡惨重，阵地连连失守，兵力越战越弱，苏区越打越小，最后只剩下了撤退转移一条路。严重失败使许多红军指战员都发出了疑问：

"为什么毛主席指挥我们时接连胜利，现在却光打败仗？"

"为什么不让毛主席来继续指挥我们？"……

连高级领导人中的张闻天、王稼祥也对博古、李德的错误指挥提出了异议和批评，并且逐步转而听取和接受了毛泽东的思想主张。我和许多同志一样，也由认为应该听从李德的指挥，转为更加信服毛泽东的领导。

严酷的事实教育我们认识到：山沟沟里不是出不了马列主义，能使革命取得胜利的，才是真正的马列主义。毛泽东的办法就是马列主义在苏区山沟里的实际应用。李德和博古所推行的王明那一套，完全脱离了苏区的实际情况，必然把革命引向失败。

正是党和红军的这种思想认识，促成了遵义会议的召开和成功。

生死攸关的遵义会议

中共党史把 1935 年 1 月在长征途中召开的遵义会议称为"伟大的历史转折"。事情确是这样。正是从那时起，以毛泽东为代表的"山沟里的马列主义"，开始为全党全军所认识和接受；王明的"左"倾教条主义错误，在党内受到了批判和纠正。这个胜利是毛泽东长期深入细致和艰苦工作的结果。鉴于对遵义会议本身的记述研究已有不少，我想从另一方面做些补充，即毛泽东如何在组织上和方法上保证会议取得成功的。

博古和李德决定撤出苏区开始转移时，最初打算将毛泽东和瞿秋白、何叔衡等一起留在江西，不让他们随军出征。幸亏这事没有成为现实，不然中共党史和中国革命的进程肯定会是另外一个样子。好在当时由于毛泽东在党和红军中的声望，又还挂着中华苏维埃主席的名义，党内许多人不同意把他留下，博古等才勉强地带上他，但是只让他跟着军委二队的休养连，作为病号躺在担架上随军行动。正好当时的军委副主席兼总政治部主任王稼祥因重伤未愈，也在军委二队坐担架，二人的担架经常走在一起，毛泽东就抓紧时机将自己长期思考的问题，一路和王稼祥边走边谈，把他的思想主张对王稼祥作了深入详尽的阐述解释。

王稼祥与博古、张闻天和王明同为"从莫斯科回来的"最受共产国际信任、重用的"四大金刚"之一。但是他为人正直坦诚，到苏区以后越来越为毛泽东的丰富知识和实践经验所吸引，早在宁都会议时就曾力排众议为毛泽东辩护。长征以后他和毛泽东的多次长谈，使他们进一步相互了解和尊重了，王稼祥完全同意并信服毛泽东的一系列主张。毛泽东又通过他争取到张闻天的支持，长征途中他们三人索性一起行军和宿营，日夜反复交谈，对反"围剿"失败的原因，面临的危险局势，解脱困境的办法，取得了一致的认识。直到进了遵义，他们三人都住在遵义新城同一座楼上。当时中央的领导核心是博古、李德和周恩来组成的"三人团"，由于毛泽东、张闻天和王稼祥在长征途中形影不离，人们就把他们叫成了"新三人团"，这意味着党内又出现了一个新的核心。博古、李德对此虽然很为不满，认为他们在搞"非组织活动"和"小团体"，但因当时敌情紧迫，内外交困，早已自顾不暇，也只能对他们听之任之了。周恩来本来就很敬重毛泽东，实际上支持着他们的活动。这样除了远在莫斯科的王明，在苏区的博古、张闻天和王稼祥三人中有二人转向了毛泽东，加上周恩来的实际支持，博古完全被架空了，李德更成了"孤家寡人"，朱德等红军领导人更是尊重和拥护毛泽东的，毛泽东的意见这才开始被中央采纳。根据毛泽东的建议，改变了原定的长征路线，转兵贵州，突破乌江，占领了遵义，使奔波苦战几个月、损兵折将一大半的中央红军，终于有了个难得的喘息机会。正是这一切，为遵义会议的顺利召开，创造了良好的前提条件和适宜环境。

毛泽东通过王稼祥等向中央提议，在遵义召开政治局会议，总结检查前一阶段的工作，特别是反"围剿"的失败问题，讨论解决面临的严重局势。毛泽东考虑到政治局委员中有近半数人不在遵义，在遵义的又未必都能支持他的主张，又建议将会议扩大到红军军团指挥员一级，红军将领中许多是从井冈山到历次反"围剿"都和毛泽东一起战斗的，他们早对李德、博古的瞎指挥不满，他们的参加会议，使毛泽东增加了一批天然的支持者，这就保证了他的正确主张在会议上得到多数的支持。

李德也被通知列席了会议，我作为他的翻译，也有幸参加了会议的全过程。中央和军委以往的会议，李德一向以"太上皇"自居，一切都是他或博古说了算。这次会议却一反往常，不仅取消了李德的特权，会前的酝酿准备就完全排除了他的干预，开会时更把他摆到了实际是受审的位置上，别人都围桌而坐，他却被指定坐在门口一张独凳上。会议还是由博古主持并由他作了第五次反"围剿"的总结报告，但由于明显地失去了多数人特别是张闻天、王稼祥和周恩来等主要人物的支持，他不得不丧气地承认失败，只是力图把失败原因推诿到客观上。周恩来作为博古、李德指示的主要贯彻执行者，主动承担责任，认真地作了自我批评，大家马上对他表示了谅解。

许多人都以为，遵义会议讨论时的主要发言是由毛泽东作的。其实讨论发言时的第一发重炮，是由张闻天发出的。正是他的发言，不仅第一个旗帜鲜明地批评和否定了博古的总结报告，更严厉指责了李德在军事指挥上的错误。他的发言使博古、李德感到震惊，也使不少参加会议者感到意外。事后我了解到，所以由张闻天首先发言，正是出于毛泽东的计划安排。会前他就和张闻天、王稼祥共同研究好发言的内容，最初的发言提纲实际是由毛泽东执笔起草的，主要的观点论据也都是由他提出的。但是他却执意不首先发难，再三推举张闻天在会上放第一炮，因为张闻天当时在党内的地位虽然略低于博古，其学识影响实际超过了博古，他与博古同样受到共产国际的器重，由他来带头批评博古，就显得更公正和有分量，别人听来也更有说服力。

张闻天发言以后，毛泽东才发表了自己的意见，看来是对张闻天发言的补充和发挥，实际却是作了归纳概括和结论定性。具体的话我记不清了，几条结论性的话我却一直难忘。他说反"围剿"军事上的错误，主要表现为进攻时的冒险主义、防守时的保守主义和退却时的逃跑主义。其根本原因又是完全脱离实际的"本本主义"，即"左"倾教条主义。他在发言中又举了许多实例来说明他的论点。心里本来就不太服气的博古，这时也只得低头接受批评，一向"老子说了算"的李德，除了干生气也无言以对。别的同志更觉毛泽东说出了大家早已要说只是还没有说出的话。正是在毛泽东和张闻天发言的基础上，才形成了后来的遵义会议决议。还是由于毛泽东的推举，这一决议是由张闻天执笔写出来的。

在遵义会议以及毛泽东和张闻天的发言中，对博古和李德的批评有着明显的不同。对李德可说毫不留情，措辞十分尖锐严厉，多处直接指责了他个人。对博古则留有余地，并且对事不对人。毛泽东会下还曾向参加会议的红军将领打了招呼，让他们将博古和李德区别对待，对博古这个才20多岁的中央负责人，尽量予以爱护和照顾。毛泽东这样做，使李德完全孤立了，他对此感到十分恼火和委屈，认为许多事原来是中共中央推给他干的，现在出了问题却集中火力攻他，弄得他一肚子气无处发。但是毛泽东的处理方法实际效果很好，会议团结和争取了博古，使他冷静地听取了批评意见，开始认识并逐步改正了自己的错误。从这里我体会到了毛泽东努力缩小打击面、尽量团结大多数的策略思想和政治胸怀。

遵义会议决定撤销了博古和李德的军事指挥权，接受了毛泽东的一系列建议，实际上实现了他的意图，但是在后来的党内分工时，他却又极力推举由张闻天来接替博古在中央"总负责"。会议还决定朱德为"军事指挥者"和"最高军事首长"，周恩来是党内对于军事指挥下最后决心的"负责者"，毛泽东本人开始只是周恩来在军事指挥上的"帮助者"。后来由于战事需要，才成立了由毛泽东、周恩来和王稼祥三人组成的军事指挥小组，毛泽东这才开始成为党和红军实际上的负责人。这个不短的过程，都表明毛泽东为了党的事业，善于等待和因势利导地稳步前进。正如他当时指挥的四渡赤水一样，为了达到目标，不惜迂回曲折。

在遵义会议以前，还曾经有人提出，当时的军事路线是错误的，政治路线同样有着严重问题，也应该加以检查批判和纠正。毛泽东不仅马上劝阻别人这样做，而且在自己的发言和最后的决议中，特意加上了"政治路线无疑是正确的"之类的话。他这一着也是十分高明的。因为当时的政治路线不仅是中央的既定方针，也是得到共产国际批准和支持的。如果轻易批评甚至否定其政治路线，不仅牵动太大，并且将失去许多人的理解和支持，连一直受共产国际和王明、博古信任的张闻天、王稼祥也可能会难以接受和转不过弯来。所以在遵义会议前和会议上，毛泽东一开始就绕开了政治路线问题，只集中力量解决了当时最迫切的军事路线问题。直到中共七大前夕延安整风时，共产国际已宣告解散，王明失去了后台，其政治主张也被批判否定了，毛泽东在全党全军的地位得到了确认并日益巩固，这才对遵义会议以前那一段的政治路线，作出了是"左"倾教条主义错误的结论。毛泽东为此等待了将近十年。在这一方面，他是把原则性和灵活性有机统一起来的典范。

遵义会议使长征红军反败为胜，转危为安，扭转了中国共产党和中国革命的历史命运。也正是从那时起，毛泽东的正确主张，才开始为全党全军所接受，他也才逐步取得了全党全军的领袖地位。如果当年他只凭意气，急于求成，不讲究策略步骤，不仅难以取得遵义会议的成功，长征红军以至党和革命的道路，很可能不是后来这样，中国人民又不知要付出多大代价才能走上正轨和取得胜利。毛泽东在这一关键时刻的历史作用和伟大功勋，确是永远不能抹杀的！

分裂危机　化险为夷

中央红军在长征途中与四方面军胜利会师之后，发生了张国焘阴谋分裂的严重事件。当时我已离开军委不再为李德做翻译，调到三军团担任叶剑英参谋长的副手，以后因为部队减员缩编，又主动要求下团工作，去了杨勇所在的十团。

一、四方面军会师时，全部中央红军只剩了一两万人，四方面军却有七八万人。张国焘自恃人多势壮，竟想由他来指挥全党全军，还要否定中央已定的北上方针，让中央红军都跟他返回南方去，否则就要"彻底开展党内斗争"。一场党内危机和分裂危险又摆到了毛泽东的面前。

在此以前，毛泽东对张国焘做了大量耐心而艰苦细致的工作。两军会师时，他指示召开隆重而热烈的会师大会，我们也参加了大会。毛泽东在会上向大家介绍了张国焘和四方面军领导人，对他们的活动做了肯定和赞扬，又让中央红军的文艺家们为大会做精彩演出，表示对四方面军的热烈欢迎和亲切慰问。由于张国焘在四方面军搞肃反，清除和杀害了许多干部特别是知识分子，使四方面军文化人才奇缺，毛泽东又指示将中央红军的大批宣传文化干部派到四方面军去帮助工作，著名的红军艺术家李伯钊和三军团宣传部长刘志坚等都去了四方面军。四方面军也派了一些干部到中央红军和红军大学来工作。毛泽东自己更不断地找张国焘交谈、商讨问题，对他表示十分尊重。因为张国焘是鄂豫皖苏区和川陕苏区的主席，毛泽东就招呼中央机关和中央红军的人，一律称呼张国焘为"张主席"。但是，当张国焘伸手要军委主席职位时，毛主席则考虑到这是个要害职位，便说军委主席已是党内外威望很高的朱德，不宜随便撤换，同时又做了某种妥协，让周恩来将红军总政委职务让给了张国焘，并且让人马上改称他为"张总政委"，部分地满足了张国焘的权力欲与虚荣心。

但是张国焘野心很大，欲壑难填，在过草地以后一意孤行地拒绝北上，表示如果中央红军不跟他走，他就要带原四方面军部队单独南下，甚至企图胁迫中央放弃北上方针，据说还发过一份要"武力解决"的密电。我从未见过这份电报，史实到底如何留待党史研究者去考证核实，但不论有没有那份电报，张国焘分裂党和红军确有行动，已是事实，我也是这一历史事件的见证人之一。

在过草地前，一、四方面军混合编为左路军和右路军，张国焘和朱德总司令、刘伯承总参谋长率左路军，中央机关和原一、三军团及四方面军部分部队组成右路军，由徐向前、陈昌浩和叶剑英等带队。当我们越过草地到达巴西一带时，右路军参谋长叶剑英连夜赶回中央报告了张国焘闹分裂的紧急情况。毛泽东为防意外，带着中央机关和一、三军团连夜离开驻地。我所在的十团奉彭德怀军团长之命，负责保卫中央机关。那天清晨，我见毛泽东等中央领导同志，正和三军团的彭德怀、杨尚昆和叶剑英等在一座大庙旁议事。我们听说张国焘要派部队来，血气方刚的十团政委杨勇气愤地说，他们要来，我们就坚决打！毛泽东听到了忙过来说，打不得，打不得！这时原四方面军副参谋长李特骑马赶来了，命令原四方面军的人都跟他走，"南下吃大米去，不要跟机会主义者北上！"我们许多人都很生气，毛泽东却冷静地去劝阻李特。但李特不听，他又把李特拉到庙里去坐下来谈。李特按张国焘的腔调指责中央是退却逃跑的机会主义。毛泽东还是耐心开导他说，北上方针是中央政治局讨论决定的，任何个人不能随便改变。李特仍然不听，执拗地拉原四方面军的同志马上跟他回去。我的马夫（当时叫饲养员）也是四方面军来的，不得不跟李特去了，所以长征后期只得由我自己牵马养马。面对这种情况，我们与李特等人的对立情绪很严重。但是毛泽东依然大度地说，四方面军的同志实在要走也可以，相信将来总有重新会合的一天。他还对我们说，一、四方面军都是红军，都是共产党领导的，全是一家人，一家人不打一家人嘛！现在愿意北上的就跟党中央走，愿意南下的也可以跟张国焘同志走，不过以后还会回来的。我们有的人还是愤愤不平想不通，他又对我们说，捆绑不成夫妻，他们要走，就让他们走吧，只要他们还是红军，迟早还会走到一起来的。

当时，正是由于毛泽东顾全大局地采取忍让克制态度，四方面军总指挥徐向前同志也严正表示，哪有红军打红军的道理！这才制止了几乎发生的党和红军内部火并，挫败了张国焘的野心。要是那时真发生了冲突，后果真是不堪设想，中国革命很可能会出现一个巨大的曲折甚至挫折。幸亏赖毛泽东的冷静和英明，加上朱德、刘伯承和徐向前同志对张国焘的抵制，终于使党和红军平安渡过了一场严重危机。毛泽东更以其实际行动团结和教育了广大的四方面军同志，使他们逐步认识到张国焘的面目和野心，最后在中央政策感召下，在走了一年弯路以后，还是遵照中央的方针路线重新北上，在西北实现了红军一、二、四三个方面军的胜利会师，完成了史无前例的长征壮举。

对于违抗中央决议，图谋分裂红军的张国焘本人，毛泽东对其一直采取争取挽救态度，当时有人主张立即开除张国焘的党籍，毛泽东认为不行，说张国焘还蒙蔽了好几万人的部队呢，一下子搞翻了脸，以后就不好见面了。中央根据他的意见，作了关于张国焘所犯错误的决定，不仅继续称张为同志，并且将传达范围限制得很小，最初只让中央委员知道这件事，尽量维护张国焘的"面子"，直到张国焘另立"中央"时，毛泽东决定将中央红军改称为红军陕甘支队，由彭德怀任支队司令，他自任支队政委，也一度不以中央名义发号施令，避免与张国焘过分对立。后来又让刚从莫斯科回来的张浩，以共产国际的名义电召张国焘到陕北。

张国焘回中央以后，毛泽东一面只在很小范围内批评其错误，一面又让他担任了中央所在地的陕甘宁边区政府副主席，在林伯渠主席去西安以后，又由张国焘代理主席职务，仍然执掌不少的权力。在此期间，组织上分配我担任了边区政府秘书长，并且与张国焘住在同一座房子的另一个房间里，成了他的主要工作助手。我本来是边区政府前身中华苏维埃西北办事处外交部的秘书长，早就从事着相近的工作，谁知张国焘却认为我是毛泽东派去监视他的。其实这完全是他自己心怀鬼胎。

毛泽东从未向我单独交代过什么任务，我也从未直接向他报告过什么。相反，毛泽东不只要求大家继续尊重张国焘，注意称呼他为"张主席"，自己也经常同他来往交谈，甚至照常和他说笑拉家常。1937年秋天，张国焘的妻子杨子烈带着儿子来到延安，毛泽东和他们开玩笑说，国民党里有个"张杨"（指发动西安事变的张学良、杨虎城），共产党也有个"张杨"（指张国焘及其妻子杨子烈）。这实际表明了他对张国焘还是另有看法的。1938年2月我离开延安调任为八路军驻兰州办事处处长，同年4月张国焘趁祭黄帝陵的机会，私逃到国民党统治区，毛泽东当即同意杨子烈带着儿子去了张国焘那儿，对他们一家做到了仁至义尽。直到张国焘公开背叛革命，拒绝党的挽救，中央才决定开除他的党籍并公布了他的罪行。毛泽东对待和处理这件事，给了我很深的印象，即使对张国焘这样的人，他都能如此谦诚相待和宽宏大量，不愧为党内斗争中既坚持原则又讲究方式的典范。

亢而不卑的莫斯科之行

中华人民共和国成立时，我正担任东北军区参谋长，开国当年12月，我领受了一项特殊任务，负责毛泽东出访苏联时专列路过东北境内的安全。一切布置停当后，我赶到山海关迎接已成为新中国头号领导人的毛泽东主席。在来自北京的专列上，我见到了三年不见的毛主席。与延安时期相比，他已发福了，为了出国，穿了一身比较讲究的中山装，他带头穿的这种衣服，后来几乎成为我国的礼服，竟被西方人称之为"毛式服装"。这次访苏是毛主席第一次出国，而且是长途旅行，所以他的心情举止不像往常那么轻松随便。我在车上向他汇报了情况，高岗等东北地区党政军主要领导人上车看望他时，他也关切地问了一些问题。我随着他乘坐的专列，一直陪他到了满洲里，下车目送他的专列驶入苏联国境，我此行的任务也宣告完成。

当时我已接到调令，被任命为中央人民政府外交部的苏联东欧司司长。护送毛主席出境的任务完成后，我利用调动工作的机会，请假回武汉探亲。哪知我刚到家几天，就接到周恩来总理兼外交部长的电令，要我马上去北京随他出国赴苏。毛主席这次去苏联是参加斯大林70诞辰的庆典，也准备就双方共同关心的问题同苏联领导人商谈。后来中苏双方认为可以趁毛主席访苏签订一项友好条约，这才又让周恩来代表我国政府赴苏进行签约谈判。由于我已是苏欧司司长，周总理指定我作为代表团成员之一，并为他做外交工作助手。我赶到北京几天后就随周总理出国，直奔阔别近20年的苏联首都莫斯科，会合了先期到达的毛主席一行。

我们是1950年1月20日到达莫斯科的，随毛主席先到的同志向我们介绍了不少情况，苏联领导人斯大林鉴于过去通过共产国际支持了王明，打击压制了毛泽东，对中国党作过一些不切实际的错误指示，使中国革命遭受了一定损失，斯大林对此感到歉疚。由于他与毛泽东是初交，互相不摸脾气，毛泽东到莫斯科后的活动，大都由他自己提出苏方才作安排，苏方避免将自己的意愿强加于人。当时毛泽东也在观察斯大林，想了解对方怎样对待自己，结果双方产生了一些隔阂和误会。

例如斯大林曾问毛泽东，他此行有些什么打算和要求。毛泽东却以他惯常的幽默藏而不露地说，我这一趟当然不能白来，总要搞点既好看又好吃的东西。斯大林听了怎么也闹不清这到底是个什么东西，同他的政治局委员一起研究，也解不开这个哑谜。后来由当时的苏联外交部长维辛斯基从我国驻苏大使王稼祥那儿才摸到了底。原来毛泽东想让苏联与中国签订一项同盟条约，"既好看"，就是可以对外宣传；"又好吃"，就是我国能获实利。斯大林明白后马上表示同意，并且希望由他和毛泽东二人联名签署这一条约。可是毛泽东却表示，自己是党和国家的主席，签订条约是两国政府间的事，只能由中国政府总理周恩来率领中国政府代表团赶来，进行签约的实际会谈与准备工作。直到会谈结束准备签字时，斯大林还希望能与毛泽东联名签署这一条约，但是毛泽东仍然客气地拒绝了，所以后来只由周恩来与维辛斯基都以外交部长的身份，签署了世界瞩目的《中苏友好同盟互助条约》。

这件事表明了毛泽东不愿受别人尤其是外国轻易摆布的自立性格。就在我们来到前后还发生过几件事，苏方曾请毛主席参观一些地方，如苏联卫国战争的战绩、遗址和汽车工厂等等，他看了却认为不过如此，对苏方人员的"吹牛"很不以为然。在列宁格勒参观冬宫时，有几个馆据说正修理内部，没有开放，他就悄悄对陪同的翻译师哲说，那里面肯定是过去沙皇抢的我们中国的东西，他们不敢让我们看。当时莫斯科上演一部以中国革命为题材的芭蕾舞剧《红罂粟》，苏方请毛泽东和我们去看。他让自己的政治秘书陈伯达和大使馆文化参赞戈宝权先去看了。他们看后回来说了剧情，原来此剧说苏联的商船停泊在上海港口时，一个苏联海员在码头上结识了一个中国妓女，接受了妓女献给他的爱情和红罂粟花，他则向那妓女灌输革命思想，通过妓女在中国传播马列主义，后来引起了中国革命，又建立了中国共产党。毛泽东一听十分反感，认为这是歪曲和污蔑中国革命，断然拒绝去看演出。由于陈伯达去看了并在演出谢幕时鼓过掌，毛泽东就批评责备他道，就是你看得津津有味，还给人家鼓掌捧场呢！毛泽东这种强烈的民族自尊心，不仅给我们很深的印象，也成为我们处理对外关系的基本态度的依据。

中苏会谈和签约中的大事，毛主席一直抓得很紧，周总理每天向他详细汇报一切情况，条约的文稿也都经过他逐字逐句的审改推敲，在一些细节和具体问题上，他允许向对方做一点妥协让步，一涉及国家主权和民族利益等大问题，他总是立场坚定寸步不让。例如在我国东北境内先由沙皇俄国建造、后由苏联管理经营的中长铁路，我国新疆的矿产开采及经营权益，中苏、中蒙接壤地区的国防和双边关系，抗日战争后期苏联红军从我国东北掳获运走的日本财产物资和工业机器设备等等，苏联继承沙皇俄国在我国大连、旅顺的特权及资产，以及北京的原沙俄兵营，等等，毛泽东认为这应全部无偿地交还中国，指示我们在签订总的中苏条约的同时，另行一一签订明确具体的单项协定，只能在维护我国利益的前提下，适当照顾到对方。我们遵照他的指示与要求，与苏方进行了一系列艰苦的讨价还价式的谈判协商。在毛主席、周总理于当年2月17日先期回国后，我奉命和李富春等同志一起留在莫斯科，与苏方就若干具体问题继续谈判并签订有关协定。历史证明，当年的这些条约及协定，对于维护我国独立主权，促进我国经济建设，特别是树立独立自主的新中国形象，起了重大而积极的作用。应该说这一切都是毛泽东思想指导和具体指示的结果。

中苏条约签字仪式举行后的当晚，由我国驻苏大使王稼祥出面主持盛大酒会，招待苏联党政军及各界领导人。隔一天后苏方又在克里姆林宫举行盛宴，庆祝中苏条约签订并为毛泽东、周恩来等钱行。斯大林自恃是苏联以至国际共运最高领袖，通常是不参加这些外交宴会的，这次却由于毛泽东的来到，每一次他不仅破例出席，并且对毛泽东特别尊重客气，席间还和毛泽东相互说笑，显得十分融洽友好。其实当时他们心中各自都有一本账。战争年代毛泽东曾多次抵制过共产国际的错误指示，中国革命的进程和方式并不符合斯大林的意图，建立新中国时又不照搬苏联的模式，政府中又有不少亲西方的人士。毛泽东对斯大林从未俯首听命和低三下四过。因此斯大林心有疑虑，担心毛泽东是个闹独立性的铁托式人物。只是中国革命的实践结果，使斯大林不得不承认毛泽东的胜利，而"胜利者是不受指责的"，新中国的诞生又使苏联有了个东方大国作为盟友，无论在政治、经济和军事上，对于苏联的巩固发展都是极为有利的。因此斯大林一直不愿怠慢，更不敢得罪在声望和地位上不亚于自己的毛泽东。

就在毛主席访苏时，有段时间苏方没有给他安排什么活动，他在莫斯科郊外的斯大林别墅中闲住了几天后，忽然向苏联的接待联络人员发起火来，说是我现在每天就是吃饭、拉屎、睡觉三件事，真不知你们把我从那么远请来干什么？翻译师哲对他说，你发火的对象都是苏联一般的工作人员，他们什么都听上面的，你对他们发火也没用。毛泽东却说，我就是要他们去向斯大林汇报，毛泽东在发脾气了！他的这种基于民族自尊心的独立不羁性格，确曾赢得了苏方以至斯大林的敬畏。

不过这只是毛泽东性格的一个方面，他作为党和国家的领袖，当然深知中苏团结的重要，早在新中国成立前夕，他就提出了"向苏联一边倒"的外交政策方针，新中国成立后他第一个也是他生平第一次出访的国家就是苏联，并且是去参加斯大林的 70 寿辰庆典，这就以行动驳斥了说他是"东方铁托"的议论。所以新中国成立初期中苏友好调子之高和气氛之热，我这个苏联东欧司长活动之多，业务之忙，都是按他的决策指示进行的，而这都是适应当时形势和符合我国利益的。

这种状况直到斯大林去世以后，才逐步发生了变化。

国际共运大论战的台前幕后

据师哲同志说，新中国成立前夕，斯大林曾对刘少奇等中国同志说，依我看来，世界革命中心正在逐渐东移，马克思主义诞生于西欧，却在东方的苏联取得了胜利，将来就会在中国发展，中国将是未来的世界革命中心，你们的毛泽东同志就是世界革命领袖。

我不知道这话对毛泽东有过什么影响，但在斯大林去世以后，世界革命特别是国际共产主义运动中，确实出现了谁听谁的问题，即谁是世界革命中心和领袖的问题。尤其是赫鲁晓夫上台以后，他继承了斯大林在党的关系上的"老子党"做法和在对外政策上的大国沙文主义、霸权作风。毛泽东对此坚决反对和极力抵制，自视为"正宗"马列主义的苏共头头处处咄咄逼人，从来不买外国人账的中共领袖常常寸步不让，这就产生了尖锐的冲突，从而导致了中国党对苏共方针路线和内外政策的全面抵制和公开的批评，最后造成了国际共运以至世界格局的大分化、大改组和大动荡。20世纪60年代初，所谓社会主义阵营各国以及世界各国的马列主义政党及其组织，全都一分为二，重新划线站队，绝大多数党或国家本着传统做法支持苏共，也有少数国家的党和小派别，赞成或同情中共，各国各党几乎无一例外地卷入了这场社会主义国家和全球共产党之间的空前激烈的"世界大战"。中国共产党和中华人民共和国领袖毛泽东，当然地成为"交战"一方的最高决策人和战略总指挥。

在此之前，我已从外交部调到中共中央对外联络部，由从事政府外交转为党的国际联络工作，因此也直接参与了这场针对苏共的名为"国际反修斗争"的国际共运大论战。事情是从斯大林辞世几年后开始的，先是赫鲁晓夫在苏共二十大作的反斯大林的秘密报告，造成了国际共运的动摇混乱，引发了波兰和匈牙利事件。中国党虽然力求维持表面上的中苏团结，实际上是反对苏共的许多做法的，赫鲁晓夫对此也心照不宣，对中国党的不紧跟他们十分不满。50年代后期，他们的不满日益公开化，苏共一面对我国的"大跃进"、人民公社等国内外政策表示批评和反对，又在当时发生的中印边界冲突中公开偏袒印度一方，赫鲁晓夫甚至在我国建国10周年庆典时，不指名地攻击我国是"好斗的公鸡"，又在种种场合用各种方式批评指责我国的内外政策是"实际上反动的""冒险主义""唯意志论"和"平均主义的共产主义"等等。

1960年2月，在莫斯科召开了东欧几国主要领导人参加的华沙条约国政治协商会议，我国派出了"观察员"身份的代表团，我是代表之一，康生领队。当时赫鲁晓夫正鼓吹实现没有军队、没有武器、没有战争的"三无世界"，苏联在这次会议上，宣布单方面裁军120万，华沙条约各国也跟着裁军共达380万人，又宣称要同美国等西方大国签订互不侵犯和裁军、禁止核试验等一系列协议。中国代表遵照毛泽东的指示，在会上作了主题相反的发言，提出国际形势好转是"东风压倒西风"的结果，帝国主义性质不会改变，战争危险依然存在，所有没有中国参加的国际协议，对我国一概没有约束力。赫鲁晓夫对我国代表团的发言很恼火，在招待会祝酒时，就不指名地说中国党在拆苏共的台，暗骂中共领袖是"应该扔到墙角去的破套鞋"，又在其他场合多次批评中共的主张和做法。我国代表团向国内报告后，又奉命作出了回答，一场影响深远的中苏论战和国际混战，就此揭开了序幕。

当年4月是列宁诞辰90周年，经毛主席决策并审改，发表了《列宁主义万岁》等三篇重要文章。文中按毛主席的观点及要求，对苏共的思想路线及其内外政策引据马恩列之经典，作了全面、系统和严厉的批判。其批判对象虽然只提了南共"现代修正主义"集团，但谁都知道其矛头是直指苏共及其领导人赫鲁晓夫的。苏共对此当然不能沉默，马上与各党通气，决定利用当年6月在布加勒斯特召开的罗马尼亚党代大会，约集各国党领导人，讨论和解决中苏两党之间的严重分歧。毛主席决定由彭真、康生和我加上驻罗大使许建国等，组成代表团赴会。出发前集中在钓鱼台学习领会毛主席的有关指示，研究制定赴会后的方针对策。我们按时出国并与50多个国家的兄弟党代表一起参加了罗共的大会。赫鲁晓夫对此也亲率苏共代表团先我们一天到达，他们不仅利用罗共大会讲坛在致辞中不点名地指责了中共，更在当天向各国代表团散发并宣读了苏共中央致中共中央的通知书，其中公开指责中共是"教条主义""宗派主义"和"左倾冒险主义"等等，接着又发动各党代表团利用各种机会围攻中共代表团，全面批驳我国的《列宁主义万岁》等文章，说中共是"要发动战争的疯子"，搞的是"假革命的极左路线"，是"托洛茨基方式"和"民族主义"，等等，使我们一时十分孤立，只剩东欧最小的阿尔巴尼亚一家还倾向和同情我们。

我们将事态迅速报告了北京，中央马上给我们发来写好的声明，让代表团立即译成外文发出去。声明中揭露苏共对我党搞突然袭击，对各国党采取家长式的专横态度，而中国党决不听从任何人的指挥棒，决不向任何错误的观点和做法屈服。这个措辞强硬的声明更加激怒了赫鲁晓夫，他们在会上对我们几乎到了对骂的程度，我见代表团长彭真有时也情绪激动得难以自控，就悄悄给他递过去一张写有"哀兵必胜"的字条，一面表示支持，一面让他压压火。当时现场口头翻译是阎明复，这次显示出了高超的翻译水平和很强的思辨才能，准确而有力地表达了我们的观点与意志，反而使赫鲁晓夫等围攻者常常慌不择言，甚至语无伦次。

苏共原想利用这次机会压服中共，结果只"打"成了平局，反而使分歧更明显、矛盾更尖锐了。他们岂肯就此罢休，经过组织发动和挑拨收买，使本来只是中苏两党之争，变成了中共与各国党之争，并且使本来主要是党内的意识形态和理论观点之争，很快转化扩大到国家关系上。布加勒斯特会议一结束，苏共中央就通过苏联政府通知我国，将按照协定来华帮助建设或进行合作的苏联专家立即全部撤走，并中止执行和片面撕毁几百项协议合同，又找碴驱赶我国外交人员，在中苏边界上挑起纠纷，一时真有"黑云压城城欲摧"之势。但是，毛主席镇静又充满自信地指挥全党全国，顶住了突然而来的恶劣形势，迅速组织了反击，坚持了自己的观点立场，维护了党和国家的尊严，使赫鲁晓夫等人未能完全得逞。当然，我们也为此付出了一定代价，由于苏联的毁约以及反华，我国从政治、经济到军事上，都蒙受了不少的损失，加上几乎同时发生的三年严重自然灾害，其实也是这场国际论争和政治风云的反映和后果之一。

1960 年 9 月上旬，我出访古巴尚未回国，就奉中央电令转道到莫斯科，参加当月 17 日举行的中苏两党会谈。我立即赶去并参加了会谈。我党代表团长是邓小平总书记，他在会上严正指出，苏共以"老子党""老子国"自居，把党的思想分歧扩大到国家关系上已造成了我国的损失，同时表示了在毛泽东主席领导下的中国党和中国人民，不怕困难决不妥协的决心。苏共当然不会轻易认错，于是这次本想解决两党两国关系恶化问题的会谈，仅仅是"各自陈述了自己的观点"，什么问题也没有解决就散了会，唯一达成协议的是于当年 10 月和 11 月的十月革命 43 周年，中共再来代表团继续会谈。不久，由邓小平和刘少奇于 10 月、11 月分别在十月革命 43 周年时和 81 国的兄弟党一起签署了一项纯属对外宣传的莫斯科声明和《告世界人民书》。但是这些文件丝毫掩盖不了由中苏两党分歧引起的国际共运间的分裂状况，由于中国党的批评反对，苏联实际上已经不能再"为首"和以"世界革命中心"自居了。

国际局势的这一重大变化，主要发生在 1960 年。从这年 2 月起，我党先后派出五个代表团，在莫斯科与苏共会谈或在布加勒斯特与苏共领导人接触。每次会谈接触都是按毛主席的指示决策进行的，每次会谈结束回国时，他都要亲自听取我们的汇报，有时他在杭州或北戴河，我们都要专程赶去，他对代表团的活动，一再表示了肯定、赞许和支持，我们也因为上头有他的指导和指挥，不论什么情况都觉得信心百倍。由于这年我党代表团曾去莫斯科五次，郭沫若曾为此写诗说："五下莫斯科，稳坐钓鱼台。"虽然毛主席本人并不住在钓鱼台，但是我们每次出国前的准备、回国后的总结，大都在钓鱼台进行，中央的"反修"领导和写作班子，也常在钓鱼台办公。如果说我们是这场国际论争的前线指战员，稳坐指挥并"钓鱼"的当然是毛主席了。

1961 年的苏共二十二大,将分裂形势推向了新高潮,赫鲁晓夫等公开攻击中共及支持中共的阿尔巴尼亚劳动党。当时惯例是党代大会得邀请各国党派代表团参加,苏共却不让阿党参加二十二大。中共代表团长周恩来在致辞中公开回答苏共对我党的攻击后,提前回国不再参加会议。1962 年底到 1963 年初中央决定我为代表团长出席保加利亚、匈牙利、捷克斯洛伐克和东德四国党代大会。各党大会无一例外地按苏共的调子对中共及阿党进行了攻击。我遵照中央和毛主席的指示,一一做了回答,苏共及东道国当然要做出反应,结果在捷、德的党代大会上,我致辞中提到苏共时,台下竟起哄拍桌子、吹哨和跺地板企图打断我的发言,我当时心里虽然不免尴尬,表面上却还镇静,我想自己正代表着一个伟大的党,执行着自己领袖的指示,作为一个客人来到这里,主人不能也不应该对我无礼,就像毛主席诗中所说"我自岿然不动"地硬着头皮顶住了。有的记者形容我"泰然自若",因而称我为"伍泰然"。

与此同时,中联部另一副部长赵毅敏代表我党出席意大利党代大会时,也受到了与我相似的对待。对这股气势不小的政治风潮,我国蔑称之为"反华大合唱",我们几乎到处受到攻击反对。我和赵毅敏先后回国后,分别向毛主席作了如实汇报,他对我们进行了鼓励和慰问。主席曾吟诗自励:"独有英雄驱虎豹,更无豪杰怕熊罴。""要扫除一切害人虫,全无敌"。

苏共指挥的"反华大合唱",我国针锋相对的"独唱"以及阿尔巴尼亚等的"帮腔",正喧闹得不可开交时,与我国友好的越南等国建议停止公开论争,举行中苏会谈以平息争端。几经斡旋磋商,定于 1963 年 7 月由邓小平、彭真率中共代表团访苏。可是因为在此以前,苏共不仅公开发表了大量攻击中共的文章报道,还在中苏边境、我国新疆和我国驻苏大使馆连续制造事端,其反华调子正越唱越高。为不让苏共乘机封住我们的口,就在代表团访苏前的 6 月 14 日,发表了由毛主席亲自定题定稿的,更加全面深刻地批判驳斥苏共观点的长文《关于国际共产主义运动总路线的建议》(简称"二十五条"),实际上使中苏论争达到了又一高峰。苏共哪能认输,立即予以"断然拒绝",认为"二十五条"是对苏共"毫无根据的诽谤与攻击",并再次驱赶我国外交人员和留学生,还砸坏了我国驻苏大使馆的展览橱窗,等等。就在这种极不平静极不友好的气氛中,我党代表团还是按原计划启程出国了。我又是代表团成员之一。

中苏两党的高级会谈就在双方的激烈论争和互相抗议中开始了。会谈中自然也是各不相让地你攻过来我顶过去，对于这种"会谈"，西方记者称之为"聋子对话"，还是什么问题也解决不了。我们代表团每天及时将会谈的情况和内容报告北京，中央向毛主席报告请示后，又立即给我们发来指示，所以会外反而比会内忙。就在会谈中，苏共于7月14日又发表了名为苏共中央给全党实际上是给全世界的"公开信"，对中共的"二十五条"进行了全面驳斥。这使勉强进行的"聋子对话"也对不下去了，最后仅达成一项协议，会谈暂停，以后再说。第二天我们就全体回国。

我们的专机飞临北京机场时，我发现机场上十分热闹，一下飞机忽见等候在机场亲自来迎接我们的竟是毛主席和刘少奇、周恩来、朱德等全体中央领导人，机场上聚集5000多人的欢迎队伍，还有各国的外交使节和国际友人。喧天锣鼓声中不时传出震耳的"反修"口号，全场到处都是红旗、彩旗和标语横幅。我们刚走下舷梯，毛主席就领头走过来，与我们一一热烈握手问好，又让少先队员为全体代表团成员献上了鲜花，还让我们与以他为首的欢迎者一起排在飞机前合影留念。我们绕场一周和离开机场时，全场一片雷鸣似的欢呼和掌声，中外记者纷纷把这一盛大场面和热烈气氛摄入镜头和写入报道，第二天各报和各种新闻工具都突出报道了我们代表团的归来，特别是毛主席对我们的迎接。对这场破格破例的欢迎仪式，我们都明白这并不是冲着我们这几个人，而是借题发挥地对外国"帝修反"特别是苏共"修正主义集团"，组织的一次规模宏大的政治示威。

欢迎仪式一结束，又破例地没让我们各自回家休息，全体代表团成员都奉命跟着毛主席的车一直开进了中南海。毛主席和我们一样，也一点没有休息，坐下来就让我们作详细汇报。邓小平、彭真作汇报时，毛主席和周恩来等中央领导同志都认真地静坐倾听着。从毛主席那专注和满意的神情中，我看出他对这次会谈的无比关切，对所汇报的内容不断点头称是，有时还插几句问话甚至笑话。

这次无结果的会谈，特别是中共"二十五条"和苏共"公开信"的发表，标志着中苏论争和共运分裂进入了一个新阶段。中央的"反修"写作班子，在毛主席的指示授意下，针对苏共中央"公开信"，连续发表了一批深入批判"苏修"的大文章。原来计划连发十篇，哪知才发表到第九篇，赫鲁晓夫就被迫下台了。虽然这是苏共内部的一次"宫廷政变"，但我们许多人都认为，我们的"九评"也是促使赫鲁晓夫下台的重要原因之一，甚至是"九评"把他轰下台的。就在赫鲁晓夫下台的这天夜里，中央办公厅杨尚昆主任突然打电话给我，要我以中联部负责人身份，出面接待苏联驻华大使契尔沃年科，听取他的重要情况通报。因为中联部机关都已下班，我只得用自己家的客厅接待了苏联大使。他来就是通报赫鲁晓夫由于"健康原因"下台的事，于是我有幸成为我国第一个知道此事的人。苏联大使一离开，我立即将情况报告了杨尚昆，他马上报告了毛主席。

正当全世界的目光都转向莫斯科时，突然从我国又发出一个更具轰动效应的名副其实的"爆炸性"消息——中国进行了第一颗原子弹爆炸试验。原来我国的原子弹试验早就一切就绪，但是毛主席非要等一个最有利的时机。赫鲁晓夫一下台，毛主席当机立断，立即下令"起爆！"。于是不仅把世界公众的视线牵到了中国，更把我国的这一胜利和赫鲁晓夫的垮台巧妙地联系到了一起，形象地说明了"苏修"的失败和我们的成功。正如7月间在北京机场利用欢迎中共代表团回国进行的政治示威一样，这次又利用原子弹试验进行了一次实力示威。这不能不说又是毛主席的大手笔。

毛主席马上决定再利用十月革命47周年的时机，派出以周恩来为首的庞大代表团，去苏联祝贺节日，我有幸又参加了这一代表团。我们出发前，中央已用各种方式向苏联发出了重修于好的意愿和信息，对新上台的勃列日涅夫表示祝贺，在报纸上介绍其新的建设成就。我们到达莫斯科后，一一拜访了苏共各领导人，反复表示希望团结友好的愿望，所有的庆祝活动都积极参加，对苏方人员一律热诚相待。哪知这只是我们的主观愿望，苏方仅仅撤换了赫鲁晓夫，并没有否定其思想路线，新领导人仍然坚持原来的政策方针，相反企图使我们改变方针。

在一次宴会上，苏共政治局委员、国防部长马林诺夫斯基元帅，竟对我国代表团副团长贺龙元帅说："我们把赫鲁晓夫搞下了台，你们也应该像我们这样，把毛泽东搞下去，这样我们就能和好了。"贺龙元帅马上顶回了他的挑衅。周恩来知道此事后，当即向苏方提出抗议，勃列日涅夫打马虎眼地说这是马林诺夫斯基"酒后失言"了，周恩来立刻严肃地说："不，他这是酒后吐真言。"迫使苏方向我们道歉认错。这次访苏也就这样未能如愿地结束了。我们来时颇有劲头，回国时不免有点失望甚至败兴。我们的专机在北京机场降落时，只觉面前呈现了几个月前的盛大场面，毛主席再次领着刘少奇、朱德和邓小平等所有在京的中央领导人，和数千各界群众一起，为我们举行了又一次热烈的欢迎仪式。我们下飞机和他见面握手后，他又领着我们绕场一周，接受各界群众对他和我们的欢迎欢呼。毛主席此举，再次向外显示了中国党和人民的团结一致和对他本人的拥戴，苏共的妄想图谋永远不会实现，同时也宣告了我们党与"苏修"斗争到底的决心。这次中苏双方都没有达到自己的目的，中苏关系不仅没有好转，反而矛盾更尖锐结怨更深了。也就从那年十月革命节起，我们与苏共完全停止了交往，我直到 24 年以后即 1988 年，才能再去苏联，中苏关系中断了几乎整整四分之一个世纪。

中苏关系恶化期间，我还曾出访过阿尔巴尼亚和罗马尼亚，当时我们党同这两国党的关系还是正常和友好的。对于这场 30 多年前的国际论战，我党已在种种场合用不同方式作了新的评价和结论，认为它是可以避免和不该发生的，任何国家的党，都不应该干涉别国的内部事务及其方针政策，应当尊重各党和各国人民自己的选择。从斯大林到赫鲁晓夫的苏联，都曾不断干涉过我们的内部事务，多次批评指责我们的方针政策。不过，我们也对人家的一套进行过毫不客气的严厉批判和全盘否定，我个人认为我们当时的某些论点和若干做法也是值得商榷的，它是我们党内当时那股"左"的思想在对外政策上的反映。毛主席作为这场国际论战的最高指挥，一方面表现出了他非凡的才智与魄力，另一方面多少也反映出了他个人的失误和局限。我作为当年这些活动的参与者，仅将以上事实回忆出来，供后人对此进行分析评说。

劫难岁月的希望寄托

史无前例的"文化大革命"初期，我还在执行外事任务，曾参加以康生为首的代表团重访了阿尔巴尼亚。开始我以为"文化大革命"大体是文化界的事，可是后来不行了，不仅是我所在的中联部，连我和我的全家都被卷入了。我在党的八届十一中全会等会议上，听了毛主席的讲话，看了他写的《我的一张大字报》和许多文件材料，一面感到自己有点思想跟不上，一面又认为运动是主席亲自发动和领导的，必须坚决响应和积极参加。在自己尚未完全投入运动时，常通过家里人和孩子们了解些情况。在一次中央会议上，我谈了自己的情况和想法，会议简报上摘发了我的发言，毛主席看到了，针对当时有些干部不敢接触红卫兵的现象，以我为正面例子讲道："伍修权有四个孩子，分为四派，有很多同学到他家里去，有时几个人或十几个人，接触多了，就没有什么可怕的了，觉得他们很可爱。"他认为这是接近和联系群众的一种好方式。不过，当运动搞到我自己头上时，情况就不一样了。

中央文革小组顾问康生一开始就插手和操纵了中联部的"文化大革命"运动。最初他想拉我跟他走，但是我见他在历次运动中都特别活跃，为自己捞名争权，就背地里称他"智叟"。这次运动，他更不择手段了。1966年初，由彭真、陆定一、周扬、吴冷西和康生组成了中央文化革命五人小组，对当时的文化革命（不是后来的"文化大革命"运动）中的若干问题，提出了一些政策性建议，经在京主持工作的刘少奇批准后，由彭真去向正在外地的毛主席汇报。汇报前彭真和五人小组成员一起整理出一个汇报提纲，后来就被称为"二月提纲"，康生不仅参加了讨论，同意提纲的各项内容，还在形成文件时画圈认可，并且和彭真一起去向毛主席汇报。哪知他一察觉毛主席并不赞成这个提纲，立即翻脸不认账，说汇报提纲是背着他搞出的，他根本不同意提纲的内容，把一切问题都推到彭真头上。当有人拿出他画圈表示同意的文件稿时，他又要赖说那个圈不是他自己画的。他的这些行为令人十分反感，我早就对他避而远之，存有戒心，当然不肯上他的钩。他一见我不跟他走，立即反过手狠整我，抓住我在东北局时曾支持过彭真，在中联部时支持过王稼祥，在外交部时又为南斯拉夫说过好话，他就伙同林彪、叶群等定我为"彭真黑帮分子"和"反革命修正主义分子"等等，指使造反派揪斗批判我。

我对此当然不服气，认为党和毛主席一直是了解和信任我的，毛主席曾说我从来没有反对过他，是个老实人。我家里就有直通中央领导同志的红机子电话，如果我把自己的问题向他反映一下，他只要为我说一句话，就谁也怎么不了我了。但是我几次拿起红机子又放下了，我想到现在运动这么紧张，每时每刻都有许多事情等着他去过问，我不应该将个人的事去干扰他，使他再分心。为了表示自己内心对他的敬爱和体谅，终于没有给他打电话，只向周总理的秘书电话报告了一下我的处境。"造反派"发现我用红机子打过电话，不仅马上把红机子给拆了，还干脆把我"隔离审查"关进了"牛棚"，别说再打电话，连起码的人身自由都被剥夺了。在本单位被关了一阵，又被绑架似的押送到通县乡下的卫戍区部队中被"监护"起来。只是这里是监而不护，根本不被当人看，冬天挨冻，夏天挨蚊子叮，吃的是棒子面加白菜或咸菜。成年整月不见天日，还不断忍受专案组的审讯逼供和看守的辱骂训斥，与家里更是音信不通，相互生死不知。那时每天"陪"着我苦度岁月的，只有一部"毛选"，我翻来覆去地通读了许多遍，为了保持自己说话和发声能力，常常出声地一篇接一篇地朗读其中文章，读着读着，不由分外想念毛主席他老人家，盼望他能拯救我脱离苦海。那时虽然外头什么事都不知道，每天的日子更是难挨，但是只要想到毛主席还健在，我们个人总有重见天日之时，我们党和国家总会转入正常生活，所以也真诚地随着外头的广播声，默唱着"……他是我们的大救星"，甚至默祝他老人家真能"万寿无疆"。不过尽管我日夜盼望和真诚祝愿，自己身体却一天不如一天，心脏病、糖尿病和浮肿病一齐出现了。

就在我情绪十分消极时，忽然情况好转，伙食逐步改善，允许看病吃药，还被安排见了一次家属子女，这是1972年的事。后来知道，这果然是毛主席发了话，当然不是为我一个人说的。原来是铁道部的刘建章同志忍受不了对自己的迫害，设法上书中央，使毛主席了解到许多干部受摧残折磨的情况，他毕竟还是关怀我们这批跟他几十年的老同志的，立即下令制止这种"法西斯审查方式"，不准继续虐待我们。这才使我们忽然获救，开始重享人的待遇。专案人员对我审查了几年，并未查出我有什么严重问题，从"黑帮""反革命"依次降为"敌我矛盾内部处理""犯错误的好人"和"可以悔改的干部"。当时我们已获准看到报纸，又几次看到家属子女，知道了许多毛主席"最新最高指示"，有关方面正在按他的指示，一步一步对我们落实政策。这使我信心倍增，认为自己不久也会和许多受审查同志一起，重见天日并重获工作机会。这一天终于来了！

1974年国庆前夕，我突然被解除监护放回家里。当时我的家早已七零八落了，我一被"监护"，全家就从原来宿舍"扫地出门"，后来寄居在一个机关招待所里，全家人天各一方，我90多岁的老母，被赶回武昌老家，子女们多数分散在外地插队劳动或学习，好几个都被当作"黑帮子女"和"小反革命"关押批斗过。我到家时，老伴将家中仅有的两个鸡蛋煎了，算是为我举行了接风盛宴。其情其景十分凄凉。好在当天就得到通知，让我参加9月30日晚上在人民大会堂举行的国庆招待会。我马上理了发刮了胡子，老伴找出我当年从事外事活动的衣服皮鞋等等，整容换装之后，几年来的"囚犯"形象一下改观了。当我按时进入既熟悉又陌生的人民大会堂时，不由感慨万千，转瞬间从监护着的"阶下囚"变成赴国宴的"座上客"，这个角色转换得也太快了。正当我思潮纷涌时，只听有人叫我的名字，我一看原来是多年不见的老战友和熟人，他们许多也是刚从监护点、下放地和"牛棚"、监狱中出来的，有的同志竟与我关在同一座楼内几年，却从未相见毫不知情。我们都为自己的终于获得"解放",重新回到人间而庆幸不已,并且都认为,是毛主席使我们获得了"新生"。

招待会开始后,几年来只能梦寐相见的周恩来总理,代表毛主席、党中央和国务院,向大家祝酒并致辞。我们目不转睛地看着他的形象,专心致志地听着他的声音,只见他消瘦和衰老多了,连声音都显得沙哑和似乎底气不足,但是他的话却使我们止不住热泪盈眶。不只是为我们个人的忽然翻身,更是为了党和国家终于开始恢复正常生活和优良传统而无比兴奋和激动。当时林彪一伙虽已垮台,"四人帮"却还在台上,宴会厅的中心席位上就坐着那帮人,甚至我的邻座就有他们的帮凶爪牙。但是我想,只要毛主席、周总理健在,他们毕竟翻不了天,我们能出席今天的国宴,说明毛主席、周总理忘不了我们这批老战士。按照惯例,毛主席本人没有出席今天的国宴,不过我感到,他的心和我们是相通的,尽管我们从战争年代到"文化大革命"运动,都经受了严峻以致残酷的考验,但我们对他的忠诚热爱,一直没有动摇,他永远是我们的希望所在。第二天正是国庆之日,套红的报纸上发表了国宴参加者的全部名单,在"出席招待会的还有"之后,也出现了我的名字,虽然只是三个小号铅字,却是八年来第一次不是作为"黑帮""反革命"和"打倒对象"出现,标志着我新生活的开始。由于这次名字见报的共有好几千人,光是名单就登了《人民日报》一个多版。这个异乎寻常的做法又是毛主席、周总理的决定。由于党和国家的逐步恢复正常生活,迫切需要大批干部出来工作,一个一个地解放干部速度太慢,周总理便不顾"四人帮"的阻挠反对,向毛主席建议整批整批地让正受审查和关押的干部迅速重新工作,毛主席同意了他的建议并决定利用参加国庆活动一起亮相,在报上公布名单,算是宣布我们解放了。

国庆以后,我先后拜望了一些老领导和老同志,在看望叶剑英元帅时,他关切地问我对今后的工作怎么考虑的。我说我正为这事作难,我在的中联部,早已被康生及其一伙人把持,我将难以和他们一道工作。当时叶帅正主持军委工作,就说:"这样吧,你回军队来,总参谋部正需要你这样的干部。你回去给毛主席写一封信,陈述自己的愿望,对自己的问题也作一点自我批评,写好交给我,我去送给毛主席,同时向他推荐你,要你来总参工作。"我听了简直喜出望外,马上回去以最真诚的心愿和恳切的语言,写了给毛主席的信。送给叶帅的几天后,他就给了我答复,说毛主席看了我的信,表示满意,接受叶帅的建议,同意我回军队到总参工作。不久,经中央军委和毛主席正式批准,任命我为解放军副总参谋长兼二部部长。叶帅亲自领我去总参报了到，他向总参常委介绍我时，一再强调是毛主席亲自决定并任命我回总参工作的。我心里由衷地感谢毛主席给了我重新工作并重回军队的大好机会，我又可以跟他"继续革命"了。

好事一件接一件，我又被通知参加了于1975年1月召开的第四届全国人民代表大会，并在会上被选为全国人大常委。这次会议的全部议程及其文件，都是在毛主席的指示授意下进行和制订的，周总理在大会上作的政府工作报告，更是经他反复审改定稿的。正是在周总理的报告中，我们听到了毛主席、党中央通过周总理发出的向四个现代化进军的伟大号召，我们多次为周总理的报告兴奋得大鼓其掌。后来分组讨论时，周总理又亲自参加了我所在的天津代表团的小组会，他亲切地一一问候我们之后，坦然而又沉重地说，他已经得了癌症，工作时间不太多了，这也是自然规律，是不以人的意志为转移的，但是，他正在同疾病作斗争，还要继续和大家一同奋斗。他说这话时，我的心里酸痛无比，才几年工夫，他因操劳消瘦得几乎变了形，脸上手上都出现了很深的皱纹和寿斑，动作和声音都显得苍老了，但是他还是鼓励我们特别是年轻同志努力工作，要求大家遵照党和毛主席的指示，把我国早日建成现代化的社会主义强国。令人痛心的是，这次会后仅过一年，周总理就猝然辞世。当年7月，朱德老帅也因年高逝去。唐山大地震后，我国又发生了更强烈的政治地震，我们追随几十年的毛泽东主席，也忽然离开了我们！几个月内，我们连续失去了三位党和国家的主要领导人，当时真有"天柱折，地维绝"之感。当我获准在人民大会堂瞻仰毛主席遗容并向其告别时，看到许多年过花甲甚至古稀的老同志，都孩子似的痛哭起来。几十年来，不论什么危难情况和险恶环境，只要得到毛主席的指示甚至仅仅想到他，我们就有了战胜一切的力量和勇气，有他在，我们就有胜利，就有希望，就有光明。现在一下失去了他，我们真像忽然都成了"孤儿"……与此同时，更使我们焦心的是，"四人帮"正打着他的旗号妄图抢班夺权，他们已经把全党全国搞得乱了套，一旦篡夺了党和国家的最高领导权，后果将不堪设想。

但是，毛主席培养教育出来的革命者，终于一举粉碎了"四人帮"，将党和国家的权力重新牢牢地掌握在真正忠于毛主席的新老战士手中。这时我们又由衷地欢欣鼓舞，1976年10月，我们和广大群众在一起，欢庆党和人民的伟大胜利，并且很有信心地认为，毛主席本人虽然不在了，他的思想言论和精神品德，将永远引导、帮助和鼓励我们前进，他的形象永远矗立在我们心里，他的声音永远回响在我们耳际，他永远和我们战斗在一起！

我国古往今来，一个人对整个国家历史直至亿万人个人命运，能造成如此巨大影响和深刻烙印的，毛泽东如果不是绝无仅有的，也是屈指可数的。

毛泽东的特殊贡献

中国革命的历程是曲折而悲壮的，其艰难困苦为世界革命史所仅有。在中国革命的关键时刻，毛泽东同志都是起了决定性的作用的。

我们不妨回顾一下中国革命历史上的四件大事，它能够比较充分地说明毛泽东同志的特殊贡献。

第一件事是走农村包围城市、武装夺取政权的道路。1927年大革命失败后，中国革命应该，也只能走农村包围城市的道路，党的工作重心要由城市转向农村。毛泽东同志是最早认识到这一点，并且亲身付诸实践的。根据党中央的决定，毛泽东同志首先回到湖南，发动秋收起义，组织了工农革命军，科学地研究了当时的国际国内形势，确立了建设农村根据地的思想，在湘赣交界的罗霄山脉中段，建立了井冈山革命根据地。毛泽东同志制定的一系列方针、政策，推广到其他革命根据地，对于推动整个中国革命的发展，起了重大的作用。这样，大革命失败后在血泊中站立起来的中国共产党人，终于找到了自己的立足之地。

第二件事是遵义会议及胜利完成长征。在毛泽东等同志的领导下，红军接连粉碎了敌人一、二、三、四次"围剿"。可是后来，以王明为代表的教条主义宗派排斥了毛泽东同志的军事领导，加上共产国际派来的军事"顾问"李德主观主义的军事指挥，导致了红军与根据地"兵日少而地日蹙"，遭到了严重失败。中国革命又一次处于危急之中，红军被迫进行战略大转移——后来叫做长征。长征头三个月，部队损失惨重，以一方面军为例，出发时号称十万大军，两个多月后只剩下三万多人，损失三分之二以上。为此全军上下议论纷纷，特别是在领导同志之间更是严肃地讨论了这个问题。毛泽东同志与张闻天、王稼祥，还有其他领导同志交换了意见，认为有必要在适当的时机召开党的会议，来讨论红军长征的前进方向，并解决军事领导问题。中央根据毛泽东同志的建议，决定中央红军改向敌人力量薄弱的贵州进军，一举攻下遵义。1935年1月15日起连续三天召开了著名的遵义会议。会上经过讨论与斗争，批判了"左"倾教条主义者错误的军事路线，撤销了博古与李德的军事指挥权，选举出了包括毛泽东同志在内的新的中央领导。部队撤出遵义后，又随即组成了毛泽东、周恩来、王稼祥三人军事领导小组。在他们，特别是在毛泽东同志指挥下，红军四渡赤水，抢渡金沙江、大渡河，爬雪山，过草地，最终完成了震惊中外、艰苦卓绝的二万五千里长征，胜利到达了陕北根据地。

第三件事是抗日民族统一战线的建立。到达陕北以后，毛泽东同志和党中央科学地分析了国内外形势，准确地把握了由于日本帝国主义入侵造成民族矛盾上升并超过了国内阶级矛盾这一新情况，提出了建立抗日民族统一战线的政策与策略。在这一正确政策指导下，我们首先对西北军、东北军做了大量的工作，使他们的许多官兵以至高级将领都接受了我党的正确主张。也正因此，以后便发生了西安事变。这又是一个关键性的历史时刻。党中央与毛泽东同志从中华民族的最高利益出发，确立了"放蒋"以促成抗日民族统一战线的方针，从而扭转了我国的抗战形势。七七事变后的八年抗战过程中，毛泽东同志又提出了各项方针政策，如开展独立自主的山地游击战争、建立敌后根据地、在统一战线中坚持独立自主的原则等，这些都是我们坚持浴血奋斗并最后取得抗战胜利的重要保证。

第四件事是赢得解放战争的胜利，创建新中国。日寇投降后，蒋介石三次电邀毛泽东同志去重庆谈判。我们都深知蒋介石的为人，为毛泽东同志的安全担心。可是毛泽东同志却以全国人民的利益为重，不顾个人安危，毅然登机前往重庆，以行动揭露了蒋方，并取得了广大人民的同情与支持。国共双方谈判的结果是签订了双十协定。协议的墨迹未干，我们在国民党中的朋友就告诉我们，蒋介石已经开始调兵遣将准备打内战。这个消息印证了毛泽东同志的预见。全解放区军民在党中央和毛主席的领导下，进行了第三次国内革命战争。在战争中，我们接连粉碎了敌人的全面进攻和重点进攻，经过辽沈、平津、淮海三大战役，消灭了蒋介石的主力部队。最后"百万雄师过大江"，解放南京、上海，直到解放了除台湾省外的全国大陆。在此期间，许多重大战役和重大斗争的胜利，都是在毛主席直接领导、指挥下取得的。

解放战争时期，我在东北工作，对于毛泽东同志指挥辽沈战役的指示有所了解。为了筹划辽沈战役，毛泽东同志和中央领导倾注了不少心血，发出了许多指示。仅就攻打锦州一事，毛泽东同志就亲自发出 72 封电报催促林彪抓住战机，果断进攻。但林彪一直消极应付，按兵不动。攻克锦州后，东北的敌人别无退路，只有营口一处可从海上逃跑。我们多次建议堵塞营口，防止敌人逃至关内，但林彪就是不听。当毛泽东同志命令林彪采取措施时，由于林彪延误了时机，敌人已先我到达营口，我军赶到时，只得眼睁睁地看着这部分敌人从海上跑掉。从辽沈战役中，我们可以看到毛泽东同志指挥全局的雄才大略，也可以看到他周密严谨的工作作风。

应该说，我与毛泽东同志的接触还是比较多的。在中央苏区和长征中我在毛泽东同志身边工作；抗战时，我在延安总部工作，也在毛泽东同志身边；新中国成立后我担任外事工作，也经常向毛泽东同志汇报、请示，并且接受他的指示。我一直是很敬重毛泽东同志的。他也确实以其崇高的品德、模范的行动给过我深刻的教育。就我个人接触而言，有几件事使我终生难忘。

1932年，我在苏区红军学校工作。当时我才20多岁，毛泽东同志已30多岁，按当时的眼光，他是我们的长辈了。有一天，毛泽东同志到红军学校讲话，中心内容是谈帝国主义侵略对中国经济的破坏。记得他在讲到由于帝国主义入侵，造成中国手工业经济破产时，举了个例子说：中国过去的木盆都用竹子箍，现在从外国来了铁丝，中国的竹箍只得取消，竹箍工人就失业了。他的讲话中有许多这样深入浅出的比喻，因而学校的师生们普遍反映很好，说是明白易懂。我也感觉到毛泽东同志确实非常注重调查研究，善于把马克思列宁主义的普遍真理与中国革命的实际情况结合起来。毛泽东同志的这种精神，对于像我这样一个在苏联学习、工作了五年，刚回国参加革命战争不久的青年来说，不能不是深刻的教育。

在长征后期，中央红军改编为陕甘支队时，毛泽东同志亲任支队政委，我任司令部作战科长。当时部队非常困难，党中央要动员部队发扬艰苦奋斗的精神，克服一切困难，向陕北苏区前进。毛泽东同志找到我，委托我写一个部队政治训令，以激励全军。我自知才疏学浅，无力承担。毛泽东同志见我面有难色，便极力鼓励我大胆写，他说：写不好没有关系，我给你改。于是我写出了初稿呈送给毛泽东同志。他对初稿进行了逐字逐句的修改，最后满纸密密麻麻，几乎都是他的字迹了。这件事使我很受感动，心想，要是毛泽东同志自己起草，一定会比为我修改省力。但为了培养干部，他还是采取了这个更为吃力的办法。

长征临近陕北苏区时，部队到达陕甘边区边缘的吴起镇之前，中央红军只剩下了六七千人，大家心情都很沉重。当时毛泽东同志提出，不能把敌人带进苏区，要把尾随我们的"尾巴"切掉。毛泽东同志委托彭德怀同志全权指挥，在吴起镇外围同马鸿逵、马鸿宾的四个骑兵团作战。他本来在后方安全地点，却非常关心战局的情势。一天下午三时许，毛泽东同志带了警卫员和通信班到指挥部，我们陪着毛泽东同志走到阵地上。他不断用望远镜观察情况，又细心倾听枪声的方向。当他听到枪声正慢慢移向远方，并且逐渐稀疏，判明敌人已在退却，才比较放心地回到宿营地。这是我唯一的一次陪毛泽东同志到阵地上视察。他那种不顾个人安危、镇定自若的大无畏精神以及高度负责的革命责任感，对我是一种教育与激励。

类似的例子很多，我就不一一列举了。

不能否认，中国革命的胜利是全党、全军、全国人民共同努力奋斗的结果。但是，我们也同样不能否认，在这中间，毛泽东同志的贡献确实比谁都大。今天，我们党通过了十一届六中全会决议，对毛泽东同志的是非功过有了准确的评价。我们应该继承他留给我们的思想宝库——毛泽东思想，结合四化建设中的新问题、新情况，来丰富、发展毛泽东思想。

根据作者发表在 1983 年 12 月 23 日《光明日报》文章整理

忆 周 恩 来

　　1976 年 1 月，敬爱的周总理告别人间时，"四害"正横行，人民在受难，我们许多跟随恩来同志革命几十年的老战士心里有话不能说，连对敬爱的老领导、老上级表示一下哀悼和惜别之情的权利都没有，真正是只有眼泪往肚子里流！越是这样，我们越是格外怀念自己的好领导、好上级和好老师周总理。在那些日子里，我常常深夜静思，回想恩来同志给予我的一次次教育和影响，追忆他留给我的每一点印象，在心里默默地为他编织着一个个无形的花环，谱写着一首首无声哀歌。

一

　　我第一次见到周恩来同志，是在土地革命战争时期的中央苏区。他于 1931 年底从上海经汕头、大埔等地来到瑞金。当时我在红军学校工作，最初是在干部会上听他的讲话。在此以前，我早就知道他的不凡经历和不朽业绩，中国革命史上的许多重大事件，如第一次国共合作和八一南昌起义、上海工人武装起义等等，他都是倡导者或主要领导人。1928 年他去莫斯科参加我党的第六次代表大会，那时我在莫斯科步兵学校学习，我原在中山大学的同学去大会从事翻译和服务工作，他们回来告诉我见到了周恩来等领导同志，谈到他们的印象，说周恩来同志通晓英、法、德、日等多种外国语言，才华横溢，胆识过人。几年以后我亲眼见到他时，觉得果然名不虚传。他讲话时不要稿子或提纲，滔滔不绝地一讲就是半天，有理论，有感情，时时透露出他的见解深刻、知识渊博、经验丰富和为人的谦逊诚挚。

　　1933 年 10 月，我从红校调到军委，为共产国际的军事顾问李德做翻译。周恩来同志是军委副主席兼红军总政委，由于工作需要，我们几乎每天都有联系和接触。多次来往后，我除了对他卓越的组织才能和指挥艺术有了更深刻的印象以外，还对他作为一个共产党人对党的事业的忠诚，作为一个中国革命者对我国传统道德的继承发扬，有了相当深刻的了解。那时正是王明"左"倾教条主义者统治的时期，占据中央领导地位的博古等人，大都是些脱离实际的"书生"，对革命实践尤其是对军事斗争几乎一窍不通，作战指挥上的事，都由洋教条主义者李德说了算。而李德虽是苏联军事学院的高才生，除了会背一些外国军事教条以外，只在苏联指挥过骑兵，对我国国情及我军作战特点等等几乎是一窍不通。可是他和博古二人大权在握，作为军委副主席的周恩来同志，既要保持对他们组织上的服从和尊重，负责将他们的指示贯彻落实，又要从党和红军的利益出发，在自己的职权范围内，设法弥补博古、李德等瞎指挥造成的漏洞，尽量减少以至消除可能的损失。要做到这一点确实是很不容易的，要有很强的组织纪律性和很高的军事指挥才能，更要能顾全大局，善于处理党内的分歧和矛盾。我比别人更深切地了解到，李德等人是极难相处的。他们仗着有共产国际和王明等的支持，专横粗暴，目空一切。尤其是李德，从我党我军的高级领导同志，到初级指挥员和参谋人员，不断被他挑剔责骂，甚至处分判刑。我们这些在他跟前工作的同志都非常生气窝火。我就曾向领导上说："李德简直是个帝国主义分子，我实在不愿在他那儿干了！"可是看到周恩来同志那样努力克制着个人感情，始终任劳任怨地做好自己的工作，又不得不为之感动。我一再感到，在当时的情况下，如果不是周恩来同志这样有丰富政治经验和高度品德修养的人在主持日常工作，形势发展很可能更坏。

按照当时的工作程序，通常是前方来了电报先送到我这儿来，由我译成外文并附上简图送给李德看，他批阅提出处理意见后，又交我译成中文送给周恩来同志。一般的问题，他就处理了，重要的再由他在军委或中央的会议上将李德的建议提出讨论，最后又由他负责执行和落实。应该说有许多事他是违心地不得已而为之。在组织上他对博古和李德不得不表示尊重和服从，但是同他们从无工作以外的特殊关系，不搞个人之间的拉拉扯扯，不像博古对李德那样投其所好，完全言听计从，关系很不正常。李德在博古的推崇和支持下，飞扬跋扈，独断专行，大至战略方针和战役指挥，小至部队行动里程和火炮射击位置，都得由他决定，不管谁的意见他一概不听。党内军内许多同志对此很为不满，周恩来同志则在其间尽力做着调和工作，用种种方式说服和影响着博古和李德。例如第五次反"围剿"时，他针对李德提出的"多路分兵"打"阵地战"等错误方针，建议集中兵力于一个方向，在运动中歼灭敌人。他有时在会议上发表意见，有时则直接用英语与李德交谈。但是他和许多同志的正确意见，大都被李德和博古所否定或拒绝，最后导致第五次反"围剿"的失败，红军被迫撤出中央革命根据地，来了一次空前的战略大转移。长征初期的部署也是李德等一意孤行地定下的，结果部队才打到湘西，兵力就损失了三分之二，有的部队已经溃散解体，而敌人正前堵后追重兵设围。在此危急关头，李德束手无策，只能发脾气骂人。博古也一筹莫展，只会唉声叹气。还是周恩来同志毅然挑起重担，承担了实际的指挥责任。他在王稼祥、张闻天和朱德等同志的支持下，接受了毛泽东等同志的正确建议，避开正面敌人设下的重重包围圈，改向贵州方向前进，指挥红军突破乌江、智取遵义，使红军获得长征以来第一个喘息休整的机会，为召开遵义会议、纠正"左"倾军事错误创造了条件。

在遵义会议上，周恩来同志根据党的决定，作了总结第五次反"围剿"的军事报告。谁都知道，第五次反"围剿"之所以失败，完全是博古、李德极力推行"左"倾教条主义的结果，可是博古在自己的主报告中，一再推诿自己的责任，只强调敌强我弱等客观因素。连瞎指挥打败仗的李德，也企图把自己的罪责朝别人头上推，他说自己只是提提建议，失败是中国同志自己造成的。而恩来同志却在自己的报告中，一方面客观地陈述了事实，一方面主动地承担了责任，着重检查了自己执行"左"倾教条主义军事路线的错误，表现了"严于责己，宽以待人"的磊落态度。接着他又在毛泽东、王稼祥等同志对博古、李德的批判发言以后，马上表示完全支持他们的意见，并且提议撤销博古和李德的军事指挥权，积极推举毛泽东同志来担任党和军队的领导。他说，只有改变错误的领导，红军才有希望，革命才能成功。他的严正态度和无私精神，当即得到了大家赞赏和支持。在他的倡议和促进下，毛泽东同志终于回到了党和军队的领导岗位。不久，又成立了他和毛泽东、王稼祥三人组成的军事指挥小组，统一指挥红军的军事行动，从实践上来纠正"左"倾教条主义军事路线的错误。这一期间，他支持并协助毛泽东同志，指挥了四渡赤水、巧渡金沙江、强渡大渡河、飞夺泸定桥等决定性战役，摆脱了敌人的重重包围，并在翻越夹金山之后，与四方面军胜利地会了师。接着又在同张国焘右倾分裂主义的斗争中，坚决地站在毛泽东同志和党中央一边，捍卫和执行北上抗日的正确方针，旗帜鲜明地反对和批判了张国焘的错误路线。在过草地以前，他不幸患了重病，只能躺在担架上随队转移，但是他仍然时刻关注着红军的行动和党内的斗争。我也是这段历史的见证人之一，周恩来同志当时的许多言论行动，我是亲耳所闻亲眼所见。几十年来，他从来不摆自己的功劳，更不讳言自己的缺点和失误，我曾多次听到他对自己一度执行过"左"倾教条主义的自我批评。十年内乱中，林彪、江青一伙曾利用这一点来攻击诬蔑他如何"反对毛主席"，是"当代大儒"等等。其实恰恰在这一点上，充分显示了他的光明磊落与高尚品德。也正因此，才使他更加赢得人们的敬重和毛泽东等同志对他的信任。

我参加十五军团长征，回师延安后，因病在中央所在地瓦窑堡休养，又来到了周恩来同志身边，并一起转移到保安。他和叶剑英同志组建中央联络局时，又将我调到那里，还交给我一项任务，再给李德做一段翻译，帮助他到红军大学讲战役学。我由于过去与李德相处得很不愉快，就对周恩来同志说："我宁可做任何工作，再也不愿给李德当翻译了！"他就苦口婆心地说服我，让我克服个人情绪，一切从工作利益出发，让我又去与李德共了一段事。不久发生了西安事变，周恩来同志受命飞赴西安，会同张学良、杨虎城与蒋介石等会谈。当时我也奉调去西安，准备参加红军和东北军、西北军联合司令部的筹建工作。后来因为形势变化这项工作未做，但却使我有机会看到周恩来同志在尖锐复杂的斗争中，每天以超人的精力和毅力同各方面人士周旋磋商，原则上坚定不移，方法上又灵活多变，终于联合张、杨迫使蒋介石基本接受了我们的主张，开创了停止内战、团结抗日的新局面，从而扭转了我国的形势。这以后他与叶剑英等同志到南方各地的国民党统治区内主持八路军办事处的工作，我也被派到国民党西北统治中心之一的兰州，担任八路军驻甘办事处处长，共同地做着抗日统战工作。

1939 年恩来同志因骑马跌伤赴苏治疗，次年又自苏回国，与邓大姐两次路过兰州，都住在我们办事处内。他们每次来都详细询问我们的工作情况，指导我如何进一步开展工作，还特地为我们全体工作人员讲话和上党课；又利用有限的时间，找当地国民党和其他方面的知名人士，对他们做统战和教育工作。有的人后来也就靠拢我党，帮助我们做了不少工作。他们在兰州办事处时，就住在小平房的土炕上，同大家吃一样的伙食，不许我们对他们有什么特殊照顾，相反对我们的生活却十分关心体察，一再嘱咐我们好好保重注意安全，坚持在白区的斗争。1941 年我被调回延安军委总部，恩来同志又到重庆等地主持抗日统战工作和我党在南方的领导工作，间或回到延安，都要来总参看望大家，给我们讲讲形势，并且了解我们的工作情况。抗日战争胜利以后，他又亲自陪同毛主席往返重庆，与蒋介石谈判并签订了双十协定。当时我们许多同志鉴于蒋方惯于背信弃义搞阴谋，对毛主席这次出行是很不放心的。

但是正由于周恩来同志的大智大勇，此行不仅大大地提高了我党和毛泽东同志的威望，还挫败和揭露了蒋方的阴谋，特别是谈判中的大量具体工作，从各项文件材料的起草修改，到毛主席的个人安全，无一不是恩来同志亲自主持和安排的。以后他又在重庆参加国共两党和美国代表组成的军事三人小组，签订了与国民党军队的停战协定。按照协定在北平成立了叶剑英同志参加的军事调处执行部，在东北成立了执行小组和执行分部，我被调到东北执行分部工作，许多活动都是在他统一指挥下进行的。解放战争中，周恩来同志作为我军总参谋长，与毛泽东等同志一起转战陕北，指挥着解放全国的伟大斗争。

二

正是在毛泽东、周恩来等同志的英明领导下，中国人民终于推翻了反动腐朽的蒋家王朝，建立了自己的人民共和国。恩来同志作为开国第一任政府总理，辅佐毛主席，根本改变了我国的历史面貌。当时他兼任外交部长。显然是出于他的建议和推荐，将我从东北军区调到外交部，担任了第一任苏联东欧司司长。1949 年 12 月，我利用调任新职之前的间隙，回到故乡武汉，去探望家人和师友。周总理命令我立即赶回北京随他一起出国访问苏联，会同已先期赴苏的毛主席，进行新中国成立以后第一次中苏两国政府间的会谈，协商签订《中苏友好同盟互助条约》。旅途中，路程太长，随行人员都觉得十分疲劳困乏，但是周总理却一路未露倦容，利用旅行的时间从事着紧张的工作，在颠簸的车厢小桌上，起草、批阅和审改着许多与这次出访有关的文件材料，还利用电话与远在莫斯科的毛主席商讨问题。他到莫斯科后在车站欢迎仪式上的演说稿，就是在火车上写出的，他还让我将中文稿译成俄文，并在到达时为他作了口译。

这次赴苏的是新中国第一个最大的政府代表团，成员包括政治、经济、工交、邮电等各方面负责人和专家，每人各有专职和专长，作为代表团团长的周恩来总理则一切都要过问。他一面主持整个代表团的活动，一面又要不断向毛主席请示报告和研究问题，更要与苏方连续会谈。由于当时我们刚刚建国，包括苏联在内的许多国家对我国的政策还很不了解，有的还抱着怀疑态度；加之苏联仗着大国地位，常常过于强调本国利益，同他们打交道并不是一切顺利的。会谈中既要强调团结友好，努力发展互助合作关系，又要坚持原则维护本国利益，不为对方单方面意愿所左右。周总理则以他杰出的外交才能，完成了党和毛主席交给他的这一艰巨任务。

中苏同盟互助条约的起草、修改和签订过程中，周总理更是倾注了全部心力。从整个条约的宗旨大纲到每条每款的措辞用语，他不仅亲自一一反复推敲，还组织发动代表团和驻苏大使馆的同志一起认真讨论修改，要求人人都为此开动脑筋，贡献力量，尽可能使其更准确无误。周总理对我们说，这个条约不仅要适应今天的需要，还要考虑到以后的形势发展，要经得起时间的考验和后人的检验，要对我们的国家负责，维护人民的利益，决不能出现差错和漏洞。本着这个原则，经过与苏方的多次会谈和我们内部的反复讨论，终于签订了《中苏友好同盟互助条约》和关于中国长春铁路、旅顺大连主权以及经济贷款等专项协定。在协定的签字仪式上，他发表了简短的演说，感谢苏联党和人民对我国的援助，同时又强调这些协定的签订符合中苏两国人民的共同利益，是互相支援性质的。这委婉地表明了与苏联外长维辛斯基讲话侧重点的不同，而他们只片面强调苏联对我国的援助，将条约的签订说成是"证明了苏联外交政策的伟大"等等。正由于周总理的既讲友好合作，又讲独立自主，又团结又斗争，才使这次会谈获得了圆满的成功。

此后我就作为外交部的干部，在周总理兼外长直接领导下工作了。1950年夏，发生了美国侵略朝鲜和我国领土台湾的严重事件，周总理代表我国政府庄严宣告："中国人民决不能容忍外国的侵略，也不能听任帝国主义者对自己的邻邦肆行侵略而置之不理"，同时向国际上反复呼吁和平解决朝鲜战事，要求美国撤出在朝鲜和台湾的侵略军队。周总理的声明在世界上引起了反响。在一些友好国家的支持下，我国政府决定派出代表出席联合国安全理事会，参加朝鲜和台湾问题的讨论，并作控诉美国侵略罪行的发言。在确定去联合国特派代表的人选时，周总理考虑到这是一场同美帝国主义者面对面的斗争，是与刚刚开始的抗美援朝运动和志愿军出国作战密切配合，派一个"武将"可能比去一位"文臣"更具有新中国的特点，正好我有较长的军队工作经历，有过将军头衔，就被周总理推荐，并经中央研究确定，由我来承担了这一既沉重又光荣的任务。他将这一决定通知我后，向我具体交代了任务，又派了外交部长助理乔冠华同志，还有龚普生、陈忠经、安东等政治上、业务上很强的同志，分别以代表团的顾问、专家等身份协助我的工作。人选全部确定后，他很快将代表团成员名单及赴美的签证地点等正式通知了联合国秘书长，要求立即作出安排。出国以前我们遵照周总理的指示，起草好了在安理会的发言稿，整理好了有关的文件和材料。这些文稿都由他一一审定批准。行前他又找我和乔冠华等同志谈了话，从此次行动的方针大计到出国后的注意事项都作了进一步的具体交代，规定了哪些事必须向国内请示报告，哪些事可以由我们在国外相机处理。当一切都安排停当并交代清楚后，我们才动身赴美。出国以后我们仍然保持着与他的密切联系。就在我们已经到达纽约时，美国还企图继续阻挠我们出席联合国的会议。周总理当天就致电联合国秘书长，再次声明联合国有关我国台湾和朝鲜问题的讨论，必须有我国代表参加，而我国政府特派代表已在纽约，随时可以出席会议。他的电报直接给我们撑了腰，使我们终于战胜美国的阻挠，及时参加了安理会的讨论。我在安理会的第一次长篇发言，用的是国内带去的经周总理审定的稿子。后来的发言则根据情况作了某些修改，并发回国内，请周总理作最后的审定。当我们几个人远离祖国，置身于正同我们敌对的帝国主义国家，第一次在世界上最大的国际讲坛上同杜勒斯等美国头面人物当面较量时，周总理又在国内调动全部舆论工具，对我们的斗争作了有力的支持和声援。在朝鲜战场的志愿军部队，又不断以胜利捷报鼓舞着我们。这一切都为我们增添了巨大的精神力量，保证我们很好地完成了党和国家交付的这一重大任务。当我们离美返国时，正是 1950 年 12 月底。周总理为了使我们能赶回祖国过新年，特地关照我国在国外的民航班机，留出座位等我们代表团安全到达后再起飞，使我们在 1951 年元旦前夕回到北京，周总理马上对我们表示了慰问和鼓励，给了我们极大的温暖。

在我国的外交战线上，周总理既是运筹帷幄的主帅，又是全体外交工作人员的良师和益友。他对于在外交斗争第一线工作的同志，在政治上不断给予明确的指示，在生活上又随时给予无微不至的关心。1951 年中国人民志愿军和朝鲜人民军同侵朝美军进行停战谈判时，我国外交部李克农副部长在开城指导着谈判工作。入冬后李克农同志得了很重的哮喘病。周总理得知了他的病情，立即派我去接替他的工作。我到达前线向李克农同志转达了周总理对他的慰问，传达了要他休息治病的指示，他为周总理对自己的关心而深深感动，当即以"临阵不换将"为理由请求继续坚持工作。周总理同意了他的意见，又指示我暂时留在开城，待李克农同志病情减轻后再回国，如他的病状加重就坚决让他回国休息。我遵照周总理指示，在那里一边观察李克农同志的病情，一边做些调查研究工作，在深切感受到李克农等同志工作辛劳和紧张的同时，更感到远在祖国的周总理其辛劳和紧张的程度，丝毫不亚于在前线的同志。当时每日白天由志愿军和朝鲜人民军代表出面同美国代表谈判，当晚我们听取他们的谈判第一线情况汇报，研究下一步方案，然后很快发电向周总理报告并请示。周总理收到电报后及时与毛主席和其他中央领导同志进行研究，马上又将研究结果给前线回电，对谈判工作发出新的指示。谈判代表团收到电报就是拂晓了，也就是说，周总理在进行上述工作时，全是在深夜几个小时内完成的。可以想见，当亿万人民正在安静入睡时，我们的总理却为着国家安全和人民幸福，从事着最紧张最急迫的工作。并且我们所知道的事，仅仅是他大量工作中的一部分。他那时是总理兼外长，除了外交工作，他又是全国各条战线的主帅，所有的战士在所有的时刻，都在等待着敬爱的周总理的指示，接受着他的关心和爱护。

事实正是这样，周总理兼任外交部长期间，尽管国务院的全面工作非常繁重，但他对外交部的工作却一直抓得很具体、细致和深入。我于 1951 年初任外交部副部长，经常向他直接请示工作和汇报情况，他通常是白天处理别的工作和进行外事活动，到晚上才专门安排时间同我们研究部里的工作。他总是事先列出要讨论和解决的问题，连谈话的时间也规定好，到了他那里就开门见山地拿出各自的意见和有关材料来，一一研究落实，不说虚词空话，也不拖泥带水，他的指示更是干脆利落，明确简洁，从领导方式、工作方法和办事效率上，都给了我们很大的启发和影响，使我们感到与他的每次交谈，都是很好的教育以至享受。所以我每次都想在他那儿多待一会儿，更多地听取他的指示。但是一想到在他的办公室外面，还有许多同志在等着同他谈别的问题，我不能过多地占用他的宝贵时间和精力，不无遗憾地按时从他那儿告辞出来。我们刚出门，下一拨人又顺序进去，又开始一项新的工作讨论。周总理在每一个晚上，像这样不同内容不同对象的工作交谈，至少有三五批，都是定好人员、题目和时间，依次等候着同他谈话。这样的谈话，常常通宵不断。可以说，恩来同志是世界上睡眠最少的国家总理。他工作秩序的紧张热烈和有条不紊，尤其是他似乎有用不尽的精力和无穷的智慧，一直为我们所敬佩，至今还是我们许多人心中的楷模。

周总理对工作的认真负责和严格要求，体现在许多方面。我们起草的各种外交文件，他都要亲自仔细审查和动笔修改。他批改文件有个习惯，就是他看到每一句的末了，都要用毛笔在那儿打一个顿点，一面表示这一句他已看过并认可了，一面加强他自己的记忆。所以许多经他审阅过的文稿上，都留有他阅读时的记号，凡有不妥的地方，他总是亲自精心修改，有的是使字句措辞更加准确恰当，有的则是整段整节的删改重写。每次我们拿回周总理批改过的文稿，总是马上一字一句地研究学习，看看他是怎样修改的，体会他为什么要这样改，从中学习他的思想和文风。周总理还善于启发和集中群众的智慧，调动大家的积极性，及时发现总结集体的创造。闻名于世的和平共处五项原则就是一例。50 年代初期，周总理就如何开展对亚洲各国的工作，先提出了一些方针性的意见，让外交部的若干同志进行具体的讨论研究，大家议了几次以后，亚洲司负责人陈家康同志将共同的意见整理出一个稿子，形成了五项原则的雏形。周总理看到后又作了内容上的提炼和文字上的修改，制定为语言简洁的条文，作为我国对外关系的基本原则，提交给毛主席审定。毛主席一看也深为满意，马上批准并指示照此执行。这就成为我国首倡的"和平共处五项原则"。周总理将它带到印度、缅甸和万隆亚非会议上，很快为各国所赞同和支持，成为世界公认的国际关系准则，迄今还为大多数国家所遵循。而这一对世界和平有着重大作用的原则，正是在周总理指示下，在集思广益的基础上创造并提出的。

三

建立和发展我国与世界各国、我党与各国兄弟党之间的友好关系，一直是周总理全力关注的工作。1954 年苏联与南斯拉夫的关系"解冻"以后，他马上与毛泽东等同志商讨与南建交，并与南斯拉夫达成了建交协议。在确定首任驻南大使人选时，他先让我们几位副部长和各司司长酝酿一下。由于南斯拉夫情况特殊，任务比较艰巨，对于大使人选大家颇费踌躇。正在此时，周总理却指着我问道："伍修权同志，这个首任大使由你去当，你看怎么样？"他见我显然没有思想准备，又说："这样吧，你先回去考虑考虑，明天再答复我，行吗？"我开始觉得有点突然，对这个任务感到担心和犹豫，但是想到周总理不会是随便问我的，他一定是早有考虑了，他能将这一特殊使命交付给我，说明了他对我的了解和信任。又想到自己正从事外交工作，也应该到国外去接受各方面的感性知识，积累多方面的实践经验，驻南首任大使的工作，将是一次很好的锻炼机会，这实际上是周总理对我的关心和培养，我不应该辜负他对我的期望。第三天我就向他报告了自己的考虑结果，决定接受这一任命。他听了也高兴地说："我相信你能很好地完成这一任务。"后来就由我国政府正式宣布我为首任驻南斯拉夫特命全权大使，及时赴任向铁托总统呈递了国书，开始了我的驻外使节生活。我在大使任内根据我国党和政府的指示，广泛地开展了对南友好活动。两国政府和民间的各种代表团不断来回互访，签订了一系列经济和文化合作协定，在中南关系上创造了前所未有的友好局面。1957年初，彭真同志率我国人大常委和北京市人委代表团到南访问，周总理通过我们使馆专门打电话给彭真同志，委托他与铁托作一次党内秘密会谈，并指定我为他们做翻译。我们遵嘱进行了会谈，与铁托就国际共运中若干问题坦率地交换了意见，促进了互相的了解和尊重。可惜这种好局面未能维持很久，在国内外种种不利因素影响下，周总理等亲手开创的中南友谊关系被迫中断了很多年，直到70年代后期，才恢复和重建了两国和两党之间的友好关系。

1960年苏共中央领导人背信弃义，片面撕毁中苏两国之间的各项协议，给我国造成了严重的困难。周总理通过外交斗争和国内工作，为克服困难做了大量的工作。他一面严正批评苏共领导人公开破坏兄弟党之间的关系准则，将党与党之间的分歧扩大到国家关系上等恶劣做法，一面努力加强与各国兄弟党和进步势力之间的团结，开展反对霸权主义的国际统一战线工作。1963年我参加邓小平、彭真同志率领的中共代表团赴苏进行两党会谈。当时两党两国关系极为紧张，在我们归国时，周总理和毛主席等中央领导人一起亲自到机场迎接我们，为我们组织了热烈盛大的欢迎仪式，并让我们在离开机场以后直接到中南海，马上向他和毛主席详细汇报会谈中的情况，对代表团的工作采取了充分肯定和大力支持的态度，给了我们很大的鼓舞。1964年赫鲁晓夫下台后，他亲率我国党政代表团赴苏参加十月革命节庆祝活动，以便了解苏共新领导人勃列日涅夫的态度和立场，我也是代表团成员之一。去后几经接触，周总理马上就指出，勃列日涅夫实行的是"没有赫鲁晓夫的赫鲁晓夫路线"，并未改变其"老子党"思想和霸权主义政策。在一次招待会上，苏联国防部长马林诺夫斯基竟对我国代表团副团长贺龙元帅说了极为恶劣的挑衅性的话。贺龙同志当场驳斥了他，并马上向周总理报告了。周总理问明情况后，立即向勃列日涅夫提出了抗议。勃列日涅夫为掩盖窘态，故意打哈哈地说，这是马林诺夫斯基的"酒后失言"，周总理紧接着他的话进一步揭露道，他这是"酒后吐真言"，迫使勃列日涅夫等人向我们道了歉，维护了我党我国的尊严。访问结束回国时，毛主席等党和国家领导人亲自到机场热烈欢迎周总理和代表团，可见党和人民对周总理出访的重视。近年内到处可见的毛泽东、周恩来、刘少奇和朱德同志四人在机场上的合影，就是那次下飞机时照的。尽管20多年前发生在中苏两党和国际共运中的这场分歧尚可进一步分析探讨，但作为我们党和国家的主要领导人之一的周恩来同志，全力捍卫我党我国的利益和尊严，坚持我党的原则立场，在压力和困难面前毫不屈服，却无疑是表现了中国共产党人的坚强性格和无畏精神。他通过自己的工作维护了我国的主权和我党的主张，其贡献是不可磨灭的，其精神也是值得我们永远学习的。

　　周总理对国内接待外宾的工作一直十分重视，亲自定下了一系列原则，不分大国小国，执政党非执政党，坚持一视同仁的平等态度，对于小国和在艰苦环境中坚持斗争的兄弟党代表，格外地给以关心，注意尊重他们的民族感情，由此也引起各国、各党代表对我党我国的尊敬和友好。1959年是我国建国的十年大庆，也是各国外宾来得最多最集中的一次，周总理亲自主持了接待委员会的工作，我也是这个委员会的副秘书长。按照分工，各国政府代表团由外交部负责接待，我所在的中联部负责接待各国兄弟党和马列主义组织的代表。那时苏共与我们还未公开闹翻，赫鲁晓夫亲率代表团来华，由于他们是党政代表团，也由我们负责接待。我们遵照中央和周总理所定的原则，一律予以热情接待，既不对任何小国小党表现傲慢冷淡，也不对赫鲁晓夫等的大国大党特殊对待。事后周总理对我们的工作给予了肯定与表扬，认为体现了我们党和国家的精神面貌。平时个别来访的兄弟党领导人，他也尽可能予以关怀照顾。1956年6月，越南劳动党胡志明主席来华休假，由我陪他到黄山等地游览，他一去就被那里的绮丽风光所吸引，一心要上山顶去"欲穷千里目"。我考虑到他年高体弱，步行登山不大可能，又无别的代步交通工具，便向周总理发电报告了这一情况，请示能否设法解决。他得讯马上命令就近的南京军区空军派直升机来送胡志明同志上山，好让他饱览一下我国的壮丽景色。空军的同志奉命派来飞机进行侦察，结果确实无法在黄山之巅降落，冒险行事是绝不允许的。他们同我联系商量后，我将情况转告了胡志明同志。他一方面感到十分遗憾，另一方面对周总理和中国同志对他这样体贴关心感激不已。除了这些兄弟党领导人，他还同许多外国人士建立了十分深厚的友好关系，如国际知名的美国记者斯诺、斯特朗和曾在驻延安美军联络组工作过的谢伟思等人，都把他不仅当作中国党的一个主要领导人，更将他看成是自己最信赖最敬佩的知心友人。所以，周总理生前可以说是不分党内党外，国内国外，到处都有好朋友，他的高尚品格和谦诚作风，赢得各国各界以至各种政治信仰的人的共同赞扬和敬仰。

四

十年内乱使我们党和国家遭受了空前的劫难，周恩来同志也被推到了一个相当为难的境地。他同党内绝大多数同志一样，对林彪、江青之流的反动行为和罪恶勾当是深恶痛绝的，他只得尽量克制自己，认真地贯彻执行毛主席的指示，尊重他作出的决定，为顾全大局而暂时委曲求全，力求缓和可能引起的党内冲突，他的心情和处境是可以体会和理解的。他一贯的善良厚道也曾被别有用心之徒所利用。周恩来同志作为中央的一员，自然也有一定责任，但是这并不影响人们对他的崇敬。他从来就不否认自己也有错误，历史上也从来没有万无一失的完人，他的一时失误是完全可以理解并且应该得到谅解的。在十年内乱中，他力所能及地采取了许多正确的措施，运用自己的职权和影响，努力减少以至消除林彪、江青之流对党和国家造成的破坏。这方面我又是亲历者和见证人之一。

1966 年 6 月，林彪、江青之流在全国掀起"横扫一切牛鬼蛇神"的狂潮。康生就到中联部直接煽动和指使某些人，揪斗中央书记处原书记兼中联部部长王稼祥同志，使本来体弱多病的王稼祥同志受到严重的摧残折磨。周总理知道这些情况后，对此极为不安。在一次中央的会议间隙中，他找到我当面交代要设法保护王稼祥同志，他说："修权同志，你是了解王稼祥同志的，也了解中央对他的态度，你应该替他出来讲讲话。"又说："毛主席有过指示，王稼祥同志对党是有功的。现在他身体不好，不应揪斗他，把人斗死了，只有损失，没有好处！"由于考虑到林彪、康生之流对他的忌恨，他嘱我尽量用我自己的语言去向群众讲清道理，不必透露是他的指示。我按他的嘱咐在中联部的干部大会上讲了这件事，介绍了稼祥同志对党的重大贡献，用事实说明他在许多问题上一直是支持毛主席的，毛主席曾一再肯定并赞扬过他。我还委婉地批评了某些"造反派"对他的过火行动。我的话当然不合康生之流的心意，后来连我自己也成了"王稼祥的黑干将"，遭到康生之流的诬陷迫害。当时虽然未能保住王稼祥同志，但是从这件事上反映出周总理与康生等人的不同态度。

由于康生等人的恶意挑动，中联部的干部和群众也发生了对立以至武斗。

周总理得知此事，非常生气，亲自赶到中联部进行指示。我们执行了指示，挑起武斗的人却由于康生之流的庇护，丝毫未受惩处。我又被增加了新罪名，康生亲自批示诬指我是反对"无产阶级革命路线"和所谓"无产阶级司令部"的，林彪也说我早就是反对他的一个"危险人物"，使我受到了多次揪斗批判。有一次我被斗得昏头昏脑，一时想不通就用红机子向周总理办公室报告了我的情况，希望恩来同志能设法解脱我的狼狈处境。谁知此事被造反派查知，反而从此限制了我的自由，勒令我"不准乱说乱动"。其实那时像我这样的告急求救电话，周总理每天不知接到多少，而他自己也正处于极端的艰难危险之中。

不久，我就被"监护"起来，完全与世隔绝了。林彪自我爆炸以后，我的几个孩子到处打听我的情况，直接给周总理写了信，请求"探监"。这信居然到了总理手中，他亲自批给有关部门处理，同意我的亲属来卫戍区看我，使我多年来第一次见到了家人，并得知了外界一些情况。以后我因病需住院治疗，又是周总理批示同意，让我到阜外医院就医。1974年9月底，周总理排除了"四人帮"的破坏干扰，开列了一个参加国庆招待会的大名单呈送给毛主席，其中包括我及许多还关在卫戍区的同志。毛主席批准了这个名单，这就使我们一大批遭受迫害和长期监禁的同志同时获得了"解放"。我在国庆前离开了卫戍区，次日就去人民大会堂参加了国宴，真有恍若隔世、喜从天降之感。正是在这次招待会上，我终于又见到了敬爱的周总理，重新听到了他亲切的声音。不过也就在这时，我发现我们的总理已经明显衰老瘦弱了，得知他是从医院出来，专门来招待会看望大家和讲话的，自己心中真是百感交集，万分痛惜！是十年内乱过多地消耗了他的精力，损害了他的健康，如今已经造成了难以补偿的损失。而他即使重病在身，却依然在为党和人民的事业继续费心尽力。在1975年1月的四届全国人大一次会议上，他抱病作了政府工作报告，首先提出了建设四个现代化的宏伟计划，并重新被任命为国务院总理。这次大会后我也是人大常委之一。大会期间我被编在天津市代表团内，正巧周总理也分在天津组。有一次分组讨论时，他来到我们中间，向大家一一亲切问好。他对我们几个老同志说，我们原来比较熟悉，就不必多谈了，却着重询问了一些年轻代表的情况，对他们提出了不少希望、要求和忠告，提醒他们在今后的发展中，要学会分清是非端正方向。周总理又同一些年高的爱国民主人士作了交谈，了解了他们的情况和意见，赞扬并鼓励他们继续与党合作，共同为实现四化而努力。也就是在这次分组会上，他坦然地对我们说："我已经得了不治之症，能继续为人民服务的时间不多了，这也是自然规律，是不以人的意志为转移的。但是我还要同疾病斗争，相信自己还能继续坚持再干一阵。"他说得安详自若，我们听得却是满心绞痛。据我所知，他的体质一向较好，工作中常表现出一种过人的精力和毅力，是十年内乱的内忧外患，很快将他折磨成这样，致使他重病在身还得为国操劳，躺在病床上，还得批阅各种文件，并且和他在战争时期一样，太困了就抹一点"万金油"提提神，真正做到了"鞠躬尽瘁，死而后已"。我们万万没有想到，就在他同我们这次谈话以后不到一年，人们还在心中希望并默祝他能恢复健康，继续领导我们奔向更美好的未来的时候，他却永远地离开了我们……

综观周总理的一生，在我国革命的每一个关键时刻，他都处于斗争的第一线，并且总是同毛泽东等党内大多数坚持正确路线的同志站在一起。他从我党的初建到人民共和国的诞生，直到党和国家经受了十年内乱的严重考验，几十年如一日地艰苦奋斗和辛勤工作，时间长达半个多世纪，贡献遍及政治、经济、军事、外交、文化等各个领域，全党、全军、全国各族人民以至遥远的异国小党，都曾受到过他的关注。他的品德智慧以及风度魅力，已为中外各方面人士（包括他的对手甚至敌人）所一致称颂。他既是一个忠诚的共产主义者，又是我国优秀传统道德的继承、体现者；既是卓越的国家领导人和政治家，又是人们的知交、挚友和良师。他一生从不谋求个人的权势名位，但却享有举世公认的崇高威望和巨大影响。他的思想言行和品德作风，永远是我们的楷模。我能长期追随这位当代有数的杰出人物，感到异常荣幸和自豪。为此，我将自己所知道的，也可能是已为大家所共知的几件事——回忆追述出来，如能使人从中得到启发教益，也不负恩来同志多年来对我的教导与培养了。

令人感到欣慰的是，在我们现在的一些领导同志身上，又看到了周总理的优良作风，他们正像当年的周总理一样，勤奋不倦，夜以继日，为党和人民的事业，操心劳碌，贡献全力，不愧为周总理亲自带领和培育出的又一代革命家。我作为一个跟随恩来同志战斗几十年的老兵，满怀对敬爱的周总理的怀念和思恋之情，编织出一束素馨的小花，献给我们永远崇敬的好上级、好领导、好老师和好友人——周恩来同志。

根据 1977 年 1 月作者在周恩来逝世一周年纪念会上的讲话
修改稿整理

忆 朱 德

　　稍知中国现代革命史的人，没有不知道"朱毛"的。朱德同志和毛泽东同志，早已成为中国无产阶级革命主要的代表人物，他们的名字也就成了中国共产党和人民军队的旗帜和象征。我们这些追随"朱毛"几十年的老兵，一直把朱德同志称为"总司令"或"朱老总"。不论是在艰难困苦的战争年代，还是在轰轰烈烈的和平建设时期，甚至在动乱的"文化大革命"岁月中，只要一提起朱总司令，就从内心唤起一股崇敬、希望和亲切之情。

　　1931 年，我从苏联回国进入江西中央革命根据地时，有幸见到闻名已久的朱总司令。以后因工作关系便经常与他接触，从而使我对他的经历有了进一步的了解，深知他对中国革命事业和人民军队的创建所作出的巨大贡献。

　　朱总司令的一生是辉煌的，同时也充满曲折、坎坷和艰辛。他作为一个贫苦佃农的子弟，出于爱国之心，立志从军习武，上过云南讲武堂，在爱国将领蔡锷的军队里，从班长、排长逐级升任为团长、旅长，立下了不少战功，积累了丰富的作战经验。但是社会现实迫使他不能满足于个人的功名成就，他一直在不断寻找着更正确的救国救民之路。1921 年，中国共产党的诞生，使他一下看到了光明。1922 年，他毅然放弃了旧军队的高官厚禄，奔赴上海要求参加刚刚一岁的中国共产党。然而，他的诚恳要求被陈独秀冷漠地拒绝了。随后，他到德国找到了周恩来同志，才在德国加入了中国共产党，最终实现了他的夙愿。从此，他选定了共产主义作为自己终生奋斗的伟大理想。入党后，他在德国、苏联努力学习马克思列宁主义理论，并进行了实地考察，还参加了许多革命活动，开始作为一个共产主义战士，出现在我国的政治舞台上。

　　1927 年 8 月 1 日，朱德同志和周恩来等同志一起，领导了著名的南昌起义，打响了武装反抗国民党反动统治的第一枪，树起了中国工农武装的第一面旗帜。南昌起义失败后，他又率领南昌起义余部转战闽粤赣边界，保存了革命火种。不久，朱德同志又领导了湘南暴动。1928 年 4 月，朱德同志率领南昌起义和湘南暴动的部队上井冈山，与毛泽东同志率领的秋收起义部队会师，正式建立了以朱毛为首的无产阶级革命军队，开辟了第一块革命根据地——井冈山革命根据地，揭开了中国现代革命史上极为光辉的一页。从此以后，朱德同志和毛泽东同志的名字便传遍国内外。

我到中央革命根据地以后，亲身感受到，朱德同志尽管功勋卓著，在党内外享有很高的威望，他虽然身居高位，手握军权，但是，始终把自己看成是一个普通的共产党员和红军战士，表现出他特有的忠诚、谦逊、宽容和忍让的高尚品德，使我感到非常敬佩。

第三次反"围剿"开始以后，我从闽粤赣军区调到瑞金的红军学校工作。当时，朱总司令正在反"围剿"前线指挥作战。他的夫人康克清同志也住在红校内。因此，朱总司令一回到瑞金，我们就能见到他。总司令对红军学校一直特别关心，每次从前线回来，都要找红校的干部和战士交谈，了解情况，向大家讲述战争形势，鼓励我们努力学习军事知识，迅速提高战术和技术水平，以适应新的更大规模的战争的需要。我第一次见到朱总司令并听他谈话的时候，觉得他根本不像人们传说中的红军领袖，更不像使敌人闻风丧胆的"赤匪头子"，而像一个身穿军衣朴实善良的老农民。他的平易近人与随和宽厚的性格，给我留下了最初的深刻印象，直至几十年后他仍始终如一地保持着自己的这种本色。

1933年1月，中共临时中央因执行以王明为代表的"左"倾错误路线在上海站不住脚而迁入江西中央革命根据地。他们一到中央苏区，就指责毛泽东和朱德同志在斗争实践中共同创造的正确的战略战术是什么"游击主义""右倾"错误等等。同年9月间，共产国际派驻中国共产党的军事顾问李德由上海来到中央革命根据地。他满脑子都是军事教条主义，自恃有共产国际和临时中央的支持，根本不把朱总司令放在眼里，独揽军事指挥权，听不进半点不同意见，独断专行。他的这种做法，使我们许多同志都愤愤不平。可是，朱总司令并不计较这些。他顾全大局，忍辱负重，努力工作，继续为党和中国的无产阶级革命事业贡献自己的智慧和力量。他这种从不计较个人得失的高尚品德，使我受到很大的教育。

不久，第五次反"围剿"开始了，我被调到军委总部，担任李德的翻译。当时，朱德同志是中央革命军事委员会主席兼红军总司令。这时，我同他的接触更多了，经常在军委和中央的会议上，听到他的发言和讲话。他的丰富的军事经验和对敌我情况的透彻分析，使我十分敬佩。然而，由于坚持"左"倾错误路线的中央领导人和李德的专权，朱德和毛泽东等同志的许多正确意见，都被一再拒绝接受。结果造成了中央革命根据地第五次反"围剿"失败，中央机关和中央红军被迫实行战略转移，开始了艰苦卓绝的二万五千里长征。

长征初期，朱总司令在军委纵队，我也随军委纵队行动，康克清同志是机关直属队的指导员。当时，因卫生条件很差，许多同志因吃了辣椒拉肚子。康克清同志为了朱老总的身体健康，不让他再吃辣椒。可是，朱老总是四川人，没有辣椒就吃不下饭，还是找辣椒来吃。康克清同志便以直属队指导员的身份禁止他吃辣椒，堂堂的总司令只得服从她的"命令"。这虽说是一件生活小事，但却反映了朱总司令的组织纪律性是很强的。

朱德同志既有顾全大局宽厚忍让的大海般的胸怀，又有在大是大非面前从不让步、坚决斗争的高度原则性。1935 年 1 月，长征到达遵义，因工作的需要，我也列席了在遵义城召开的中共中央政治局扩大会议。朱总司令在会议上拍案而起，严肃地批评执行"左"倾错误路线的中央领导人，愤怒指责李德等人的瞎指挥，坚决支持毛泽东同志的正确主张。虽然因事隔多年，对他在会议上发言的具体言词已经记不清了，但对他那慷慨陈词的神态和是非分明的原则性，我却一直铭记在心里。正是由于朱德等同志坚持了原则，维护了毛泽东等同志的正确主张，遵义会议决定撤销了李德等人的军事指挥权，从而使党和红军又重新回到以毛泽东同志为代表的正确路线上来。从此以后，伟大的中国革命事业，便取得一个又一个的胜利。

红一方面军和红四方面军胜利会师后，根据中央的决定，朱德总司令和刘伯承总参谋长一起，随同以四方面军为主的左路军行动。不久，张国焘背离中央的北上方针南返川康。这时，朱老总实际上被张国焘剥夺了指挥职权，以至被软禁起来了。但是，朱老总在这种极度困难的情况下，并没有畏怯退让，仍然坚持原则，主张北上，同张国焘分裂党和红军的活动，进行了坚决的斗争，迫使张国焘北上，实现了三大红军主力的胜利会师，从而维护了党和红军的团结。

长征以后，毛泽东同志正式担任中央军委主席。朱德同志一如既往地坚决执行中央和中央军委的方针、政策。他的这种不居功，不争权，毫不计较个人得失的坦荡胸怀，在党内外早已是有口皆碑，他的崇高威望是任何人都无法诋毁的。

抗日战争时期，我在中央军委总参谋部作战局工作，与朱德总司令同住在延安的王家坪。当时，他已年过半百，而我们只不过是 30 上下的年轻人，有的还没有成家。朱老总经常把我们叫到他家里去，做点好吃的犒劳犒劳大家。那时所谓好吃的，也不过是他用四川家乡的方法腌渍的臭咸鸭蛋，有时有一两盘四川味蔬菜。每当休息时，朱老总不是和我们一起打篮球，就是找我们或参谋、警卫员们一起打扑克牌。一玩儿起来，就分不清谁是总司令，谁是小战士了。他照样同打扑克的对家打暗号出牌。他每赢一盘，都和小青年们一样乐得开怀大笑，要是偶尔输了，就非得翻过本来才罢休。所以，在游戏时，他也是个非赢不可的"常胜将军"。从这些生活小事中，也可以看出朱德同志对同志、对群众是多么真诚与热爱！这是他的崇高品德的一个重要侧面。

全国解放进入北京以后，我与朱总司令直接接触的机会少了，主要是在中央的一些会议上见到他。有时，在外事活动中也常与他相遇。每次重逢，他都关切地问问我的近况。虽然这时他已经是党和国家的副主席、全国人大常委会委员长，但人们还是习惯地叫他"总司令"。他对我们也还是像过去在瑞金和延安时那样亲切随和。有几次他率领代表团出国访问，我有幸成为代表团的成员。例如：1959 年，波兰统一工人党召开第三次全国代表大会，朱德同志是我党代表团团长，王稼祥、王炳南和我都是代表团团员。出国前后，他从贺词和讲话文稿到活动安排与礼仪等各项工作，都过问得十分认真细致。他率领我们圆满地完成了中央交给我们的任务。

"文化大革命"开始，从朱总司令本人到他带领过的一大批老同志，都受到了林彪、江青反革命集团的诬陷迫害。一些造反派组织还成立了什么"揪朱兵团""批朱联络站"，把大字报和大标语贴得到处都是。当时，也有一个专门揪我的"兵团"。我听说朱老总面对那些恶毒攻击，一直像泰山一样岿然不动，不屑理会，我的心里也就踏实多了，使我受到很大鼓舞，经受住了这场特殊的考验。后来，我从"牛棚"里"解放"出来以后，第一个去拜访看望的就是朱总司令。因为我们都是劫后重逢，所以见面后格外高兴，他老人家给了我很大的安慰和鼓励。

令人十分痛惜的是，1976 年夏天，朱老总突然一病不起，溘然长逝。这不仅使我在个人的感情上受了重重一击，更重要的是加深了人们对党和国家命运的忧虑。当时，江青一伙正利用周总理的去世和毛主席的病重，企图篡夺党和国家的最高领导权。朱总司令这棵大树又倒下去了，确实使人分外担心。幸而几个月后，由当年"朱毛"亲自带领培养出来的老帅们和华国锋等党的领导人，在全党和全国人民的支持下，一举粉碎了以江青为首的"四人帮"，使党和国家终于摆脱了危机并出现了转机。虽然朱总司令没有亲眼看到这一天，但是，这个胜利无疑是实现了他老人家的遗愿。

朱德同志离开我们已经15个年头了，我每时每刻都在怀念着他。每当我追忆起他的丰功伟绩时，特别敬重他的革命精神和崇高品德。他确实是全党、全军和全国人民学习的光辉榜样。特别在今天，学习朱德同志的革命精神和崇高品德，更有重大的现实意义。我作为一个跟随朱德总司令数十年的老兵，衷心希望每一个人都应当以朱德同志为镜子，经常照照自己。特别是对每一个共产党员来说，更应该如此。

朱德同志的革命精神和崇高品德永存！

根据作者写于 1991 年 6 月的文章整理

回忆在叶帅身边工作的日子

不久前，我在家翻阅旧资料，重见几张叶帅送给我的照片以及我与叶帅的合影。其中的一张，我拿在手上看了又看，回想那时的叶帅正当中年，蓄着一撇小胡子，既英武又潇洒，集文臣武将的风度于一身。他往日的风姿又活现在眼前，好像又听到了他那带广东味的琅琅话音。那张照片是 1946 年底在北平照的。当时叶帅在北平军调处执行部主持中共代表团的工作，我在军调部东北分部的工作结束后专程来北平见他，在他的住处留下了珍贵纪念。

半个多世纪以来，我在叶帅直接领导下工作，可说是时间最长，见面的次数最多，因而印象也最深。他对我兼有着战友之情和师生之谊，我永远不会忘记在他身边工作的日子里，他对我的教育与影响，更不会忘记他为我国人民解放事业建立的伟绩奇勋。

北伐名将　革命师表

早在 20 世纪 20 年代大革命时期，人们就传颂过叶剑英的英名。他追随孙中山先生投身革命，参与建立并任教于黄埔军校，后来带兵参加东征讨逆和北伐战争，接着又策应和支持了八一南昌起义。在他参加领导了著名的广州起义以后，便按党的指示到苏联学习。当时我也在苏联。我有一位在莫斯科中山大学和步兵学校的同学梁振鸿，他的父亲与叶剑英同志时有往来。我从他那儿知道不少有关剑英同志的事。虽然当时我未能与这位革命名将相识，他的传奇式经历，却引起了我对他的敬仰和向往。

1931 年秋冬之际，我奉命从闽粤赣军区调到中央，被分配到新建立的红军学校工作，剑英同志正是这座新型军事学校的校长兼政委。我去报到后，叶校长马上同我谈话。他仔细询问我的经历和特长，特别是我在莫斯科步兵学校学习的情况。从训练课目、教学内容到我最感兴趣的课程，都一一问到，像是谈心拉家常，其实是调查研究了解干部。我告诉他，在苏联时，我就根据国内斗争的需要，着重学习了步兵战术、技术和兵器学，对步兵武器及射击原理等学科特别喜欢，回国后曾经负责培训过马克沁重机枪射手，还在实战中边训练边指挥过重机枪连的战斗。叶校长听了连声说好，让我教射击学，讲授射击原理。我的工作就这样确定下来。当时红校有四个学员连队，我除了当教员，还被任命为第四连的政治指导员。这是我第一次在叶帅的直接领导下工作。

红校是我军第一座比较正规的军事学校，中央十分重视。毛泽东同志曾经说过，大革命时办的黄埔军校，训练出了一批军事人才，我们办一个"红埔"，专门培养红色的军事干部。除了叶剑英这样的北伐名将外，还有何长工、邓萍、周以栗等红军将领都调来红校担任领导。又从红军部队中抽调了一批军、师级指挥员，分任红校的学员连队干部和教员。粟裕、彭绍辉和石衡中等同志，当时都是学员连的连长或指导员。与我同在四连的有连长林野同志，他原来就是红十二军的参谋长。同他们比起来，我在实战经验和工作能力上都有相当的差距，但是叶剑英同志对我的信任和重视，却坚定了我的信心，鼓起了我的干劲。几十年来，他与我初次交谈时表现出的和蔼谦逊态度与认真细致的作风，一直保存在我的记忆里。他的诚恳待人与知人善任，也是几十年如一日。这是他留给我的最初和最深的印象。

20世纪30年代初期的叶帅，已是我军的杰出将领之一，可是他的实际年龄也才30多岁。所以他既享有红军高级指挥员的名声和威望，又具有中青年干部朝气蓬勃的革命劲头，办事雷厉风行，以身作则，随时为大家作出表率和示范。他经过集思广益和自己的潜心研究，为红校制定了教学和训练的方针，特别注意培养全校教员和学员的战斗作风。每天天色未明，指战员们就顶着浓重的朝雾，踏着沁人的晨露，武装整齐地列队跑向瑞金东城谢家祠堂前的大操场，进行早操训练。这本来只是学员的必修课目，但是每当我们来到操场时，叶校长却早已在那里了。他用无声的命令对大家提出严格的训练要求，亲自参加各项操练活动，并对各连进行具体的指导和示范。我印象尤深的是他的单杠动作。他打起"大车轮"来，灵活、有力、大胆，使许多青年指战员都自叹不如。

叶校长的工作和教学方式是多样的。他不仅抓紧全校正课的教学和训练，还具体指导文化艺术活动，使学员们接受多方面的教育。当时从白区和国外陆续来了一批文化人和文艺活动家，如赵品三、李伯钊、危拱之、石联星及朝鲜音乐家崔音波等，都被剑英同志调集或邀请到红校俱乐部，组成了红校以至整个中央机关的文化活动中心。他们创作和演出戏剧、歌曲、相声和双簧等文艺节目，举行过多次文艺晚会。为了使文化活动开展得更广泛深入，他还发动干部和教员积极参加，我也曾在俱乐部编演的话剧中担任过角色。这些演出对于配合教育，鼓舞士气，活跃生活和宣传我党的主张，扩大我军的影响，起了很好的作用。剑英同志这种通过文化工作开展思想教育的做法，后来成为我军政治工作的优良传统之一。

任劳任怨　谦诚待人

随着战争形势发展的需要，剑英同志被调离红校，先后担任福建军区司令和军委参谋长等职务。刘伯承、萧劲光等同志相继来红校接替了他的领导职务。我也于1933年一度调离红校，先后到模范团、红三师和闽西汀连分区工作过。1933年春，为了配合红军主力进行第四次反"围剿"，我所在的模范团奉命支攻打清流。指挥这次战斗的又是叶剑英同志。由于我们事先未能将敌情侦察清楚，攻击中遇到敌人的强大兵力与火力，战斗难以取胜。为了避免更大的伤亡，剑英同志毅然决定停止攻击，待黄昏后分批后撤。这样的决定，反映了剑英同志的求实精神和他对部队指战员极大的爱护。那时"左"倾教条主义已经盛行，他这样做是很不容易的。

1933年秋，共产国际军事顾问李德来到瑞金，我奉命去为李德做翻译工作。剑英同志对李德等推行的"左"倾教条主义不满并进行了批评，因而很快受到压制和排斥。但是他以大局为重，在任何情况下都尽心尽力做好自己的本职工作，从不计较个人得失。

长征开始时，剑英同志担任军委机关纵队的司令员，组织并带领军委总部进行艰苦的战略大转移。出发前夕，"左"倾教条主义的中央领导人，曾想趁机排斥和抛弃一些不为错误路线所用的好同志，不让他们随军长征，甚至想杀害他们。边章五同志就是险些受害的一个。剑英同志知道后，立即向有关方面据理力争，陈述边章五同志的长处及功绩，坚决反对对他的打击，努力保护了濒临险境的干部。直到新中国成立以后，边章五同志才知道是剑英同志的力保，他才幸免遭难的。他后来常说："若不是叶帅对我的保护，我早已'报销'了！"

长征至湘黔边境，中央开始纠正李德等人错误的指挥方针，改向贵州方向前进。剑英同志满腔热情地协助刘伯承总参谋长，制定和组织了突破乌江、智取遵义的作战方案，胜利地占领了黔北名城遵义。使中央红军获得长征以来第一个休整喘息的机会，并利用时机召开了具有伟大历史意义的遵义会议。

遵义会议期间，中央和军委的领导同志全力投入紧张的会内活动，会外的军委日常工作则由剑英同志负责处理。会议期间，剑英同志使全军的指挥体系和作战行动正常进行。会议结束后，他对会上作出的历史性决定竭诚拥护，并以实际行动贯彻执行会议的正确决定，努力纠正"左"倾教条主义在军事指挥上的错误。

第二次攻打遵义时，原三军团参谋长邓萍同志不幸牺牲了，彭德怀军团长和杨尚昆政委请求中央批准由叶剑英同志继任参谋长。不久，我也被调到三军团任副参谋长。我又能在剑英同志身边工作，当然很高兴。但是对于自己担任这样的重要职务，心中总是忐忑不安，唯恐力不胜任。杨尚昆政委和叶剑英参谋长竭力鼓励我大胆工作，使我安下了心。这样，我便又一次得到了向剑英同志学习的好机会。

在长征途中，叶参谋长负责协助彭军团长和杨政委指挥作战，我则负责司令部的各项参谋工作。每到一个新的驻地，通常将电话机安在我的住处，各种电报等也都先送给我。一般的问题自我处理，比较重要的事，我就立即向剑英同志报告请示。常常是他刚休息不久就来了紧要的报告，我见他行军和工作太劳累，总是不忍心把他叫起来，但想到他一贯的作风和事先有过交代，只得叫醒他。而他总是马上挣脱困倦，毫不迟疑地工作起来。

不仅如此，在红军长征那样艰苦和极度紧张的战斗环境中，剑英同志还处处照顾同志。强渡金沙江以前，我奉命到彭雪枫为团长、甘渭汉为政委的十三团去协助他们执行架桥任务。可是没等架起桥来，我又奉命急行军赶到皎平渡，负责指挥本军团的渡江行动。待全军团的人马都过了江，我又赶上本队并回到军团司令部。接二连三的紧急任务，使我筋疲力尽，不想先行到达的叶参谋长和其他同志已经为我安排了很好的休息地点。那是一家地主的房子，里面有一张十分软和的绷子床。我来到以后，他们先让我美美地饱餐了一顿，然后休息。使我睡了长征以来最香甜的一觉，消除了连日的疲劳。

坚信中央　旗帜鲜明

红军一、四方面军在长征途中会师以后，中央确定了继续北上的正确方针，将一、四方面军混编为左路军和右路军。三军团属右路军，剑英同志为右路军总指挥部的参谋长。部队越过草地到达巴西地区时，张国焘悍然反对中央的北上方针，要带他所在的左路军及原四方面军部队重过草地返回南方，公开分裂军队分裂党，甚至企图加害党中央。

在这个关键时刻，剑英同志机警地识破了张国焘的阴谋，坚决地保卫了党中央的安全。他和彭德怀军团长等调派以黄祯为团长、杨勇为政委的十团，负责警卫中央机关，我也奉命到这个团工作。有一天深夜，十团突然接到命令，掩护中央机关从巴西紧急转移到阿西。天亮的时候，我看到剑英同志同毛泽东、彭德怀和杨尚昆等同志聚集在一座教堂似的大房子前，紧张地交谈。原来张国焘和左路军到达阿坝地区后，给在右路军的原四方面军政委陈昌浩发了一份用心险恶的电报，企图胁迫中央改变继续北上的正确方针。据说电报落在叶剑英参谋长手中。他星夜赶到中央，向毛泽东等中央领导同志报告这一紧急情况，使中央马上离开危险地区，安全地坚持北上。我们这天夜里的行动，显然与这一事件有密切关系。所以早晨我们见到剑英同志和毛泽东等同志在一起，他们正在讨论下一步行动的问题。

就在此时，只见原四方面军副参谋长李特带人飞马而来。他大声叫喊原四方面军的同志不要跟中央走，说什么"大家不要跟机会主义走，跟我们回南方吃大米去！"。毛泽东同志连忙上前叫他进屋里坐下来谈，他却非常傲慢，不但不理，反而诬蔑中央是"右倾逃跑的机会主义"。杨勇同志生气地说道："如果他们真要动武，我们就坚决回击！"毛泽东同志说道："不能动武，没有红军打红军的道理。"在剑英同志和彭德怀、杨尚昆等同志的支持下，毛泽东同志冷静地处理了这个问题，避免了可能发生的武力冲突和损失。剑英同志在这一关键时刻所起的重大作用，周恩来同志曾经引古诗赞为"疾风知劲草，板荡识诚臣。"他的这一行动，不但是他个人斗争史上的光辉篇章，也是我党历史上极为重要的一页。

张国焘分裂红军后，随中央北上的原一、三军团改编为陕甘支队，即中国工农红军抗日先遣队，由彭德怀任司令员，毛泽东任政治委员，剑英同志仍为参谋长，我担任司令部的作战科长。到达陕北后，叶参谋长又协助毛泽东、彭德怀同志指挥了吴起镇、直罗镇等战役。由于他在黄埔军校和北伐时的威望，中央又派他去做在直罗镇被俘的原东北军军官的工作。这批俘虏已被集中到安塞。剑英同志去后，让我也到那儿给那些原张学良的官兵上政治课，他自己更是亲自对他们一一谈话，进行教育和说服工作。有一个叫高福源的东北军团长，听了剑英同志的谈话，很快地转变了。他支持我党团结抗日的正确主张，并在被放回东北军后，向张学良、王以哲等人转达了我党的团结愿望，对张学良等的停止反共、一致抗日，起了积极的作用。

西安事变发生后，剑英同志也到了西安。当时我也奉召与李克农、边章五等同志一起赶到西安。李克农同志随即参加内部的领导工作。我和边章五待命参加红军和东北军、西北军联合司令部的筹建工作。我们与剑英同志住在同一个院子里，只见他每天一早就外出，协同周恩来同志进行会谈活动，直至深夜十一时左右才回来。他回来后，总是不顾劳累地和我们谈情况。我们既想听情况，又怕他过度疲劳，因而总是以矛盾的心情劝他休息。

西安事变促成了国共合作抗日的局面，红军改编为八路军、新四军，并在南京、武汉、长沙、重庆和西安、兰州等国民党统治区内设立八路军办事处。剑英同志协同周恩来同志领导南方各地八路军办事处的工作，我也奉调担任兰州八路军办事处处长。这时我与剑英同志虽然天各一方，工作的性质却是相同的。

1941年，剑英同志和我先后回到延安，中央原拟要我去统战部工作，已在军委总部担任八路军参谋长的剑英同志却来找我。他说："你一直是搞军事工作的，还是回到总参来吧！"他很快征得了中央的同意，决定任命我为总参一局（作战）局长，使我又一次在他直接领导下进行工作。

有胆有识　英明果断

在伟大的抗日战争中，我八路军、新四军和各解放区军民抗击了百分之八十以上的侵华日军及伪军，领导和指挥这一斗争的是党中央和延安军委总部。剑英同志作为总部的主要负责人之一，以他卓越的才能和辛勤的劳动，对全国的抗战事业和总参谋部的内部建设，都作出了重大的贡献。他领导下的总参各部门，像一台机器上的各个齿轮，都以他为轴心日夜不停地迅速运转着。记得我到任不久，他就领导我们讨论过一个重大问题，即苏德战争爆发后，我国抗日战争形势将如何发展，侵华日军的主攻方向将有何变化。当时有人认为日军将北上进攻苏联，以支援策应希特勒德军的行动，因而我国抗日重点应是防止敌人北上。剑英同志和我们研究了大量资料，分析了各种情况，提出相反意见：侵华日军仍将继续南下，扩大占领我国南方富饶地区，夺取足够的资源，进而向东南亚发展，实现其更大的侵略野心。而北上进攻苏联，对他们来说是得不偿失的啃骨头，很难取得什么战果。因而我国抗战的重点应是对付和阻挠日军南下。这一决策性意见马上得到了中央和毛泽东等同志的支持，以此确定了全国全军的战略行动计划。在苏德战争的紧张阶段，有的人为德寇的表面强悍和苏军的暂时失利而不安，剑英同志却作出乐观的估计。斯大林格勒战役时，他马上指出这是战局的重大转折，法西斯军队从此要走下坡路了。他的看法当即得到了毛主席、朱总司令的赞赏，形势的发展更证明了他预见的正确。

为了使中央和军委的负责同志及时了解国内外战争形势，剑英同志指示我们将各方面的战报消息和情报资料，不断综合整理出来，用简明的文字和标图，编印定期的《作战周报》《一月军事动态》和《国际资料》等等，发送中央及各有关方面，对各解放区战场及全国的敌、伪、友和我军动态，国外战事发展，提供了迅速、准确而充分的情况。此外还建立了定期的口头汇报制度。通常每周都用一个半天，由总参约请中央及各有关负责同志到王家坪来，在院内树下或墙上挂好各种地图，在剑英同志主持下，由我或参谋人员作一周来的战况汇报，继由有关同志作具体补充。毛主席、朱总司令和从各战场来到延安的贺龙、陈毅、刘伯承和徐向前等同志都来听过汇报和看过材料。他们都认为这些工作对他们了解情况、研究问题和制定方针，是大有益处的。

剑英同志又从各地上送的报告中，不断发现并归纳出新的作战特点和经验，及时上报中央和向各地推广。当时正是抗日战争的相持阶段，敌后军民对游击战的战略战术又有了许多发展创造，例如在敌人用大兵团合围"扫荡"时，我军实行主力部队地方化，地方部队群众化，将大部队化整为零，组成机动灵活的武工队，到处袭击敌人，大力发展民兵，发动全民抗战，使敌伪陷入人民战争的汪洋大海。又在边沿地区以至沦陷区内建立公开应付敌人、秘密掩护斗争的两面政权。这许多新的作战方法和斗争经验，都由剑英同志及时总结上报，并用军委名义转发到各解放区战场，使其在全国推广发展，大大地打击了敌人。

1943年，国民党反动派趁我八路军主力都在抗日前线，延安地区只有三四万守备部队时，调动四五十万大军包围陕甘宁边区，妄图发动第三次反共高潮。当时我身体不好正在休养，剑英同志对我说："你快回来参加战斗吧！"他领着我们紧急研究形势，分析了敌情，认为根据兵力对比，单用武装力量来粉碎敌人进攻，几乎是不可能的，只能采取别的有效办法。由于剑英同志一向重视情报工作，我军的情报网一直伸到国民党军队内部，对方的一举一动我们都了如指掌。他依据这一条件提出了一个近乎"空城计"式的政治作战方案，即充分利用我们已掌握的敌情动态，公开揭露反动派的进攻阴谋，发动全解放区军民以至全国进步力量，奋起反对和制止反动派破坏抗日挑起内战的罪行，从政治上来打击敌人，使其阴谋破产。但是这样做有一不利后果，就是会暴露并失去一批情报来源。在此紧急形势下，剑英同志果断地提出，从保卫党中央和保卫边区的全局出发，小有损失是值得的，也可以采取措施尽量避免和减少损失。中央听取并采纳了他的建议，一面布置我情报人员迅速转移，一面利用报纸、电台、通电和大会声讨等各种方式全面揭露反动派的阴谋，一下引起了全国的关注和震动。由于我们掌握了确凿情报，对方的一切行动计划直至兵力部署、行军路线等细节，全部暴露无遗，使他们想打也打不成了，只得狼狈不堪地一面抵赖，一面偃旗息鼓，收兵了事。这件事充分显示出叶帅高度的政治策略水平和军事指挥才能。

能文善武　可敬可亲

叶剑英总参谋长是毛主席、朱总司令在军事上的得力助手，又是我们政治上的好领导，学习上的好老师和生活上的好同志。在紧张的战争时期，他利用工作的间隙，亲自布置并与我们一起学习马恩列斯和毛主席的军事、哲学著作，组织大家集体研读重要的外国军事理论，如克劳塞维茨的《战争论》。由于这本书当时还没有中文译本，就由一位同志用外文本边读边讲，大家逐段讨论领会。还组织大家学习外语和补习文化。这对我们的军事素养及业务水平的提高，是很有裨益的。

整风运动时，总参成立了由叶剑英同志和胡耀邦、陶铸、舒同与我组成的领导小组，他同大家一起，对主观主义等错误思想作了认真的批评与自我批评。后来康生搞起的"抢救运动"也波及总参，我们有的同志因此受了委屈。剑英同志发现问题后，不顾康生的反对，马上向中央谈了自己的看法。他明确表示不能这样搞，延安不可能有这么多特务，并采取措施制止了一些错误做法，向被整错了的同志进行安慰和赔礼道歉，为他们平反和重新分配工作。所以整风期间总参虽然也受到了康生之流的影响，但与其他单位比起来还是比较稳当的，他当时保护过的一些同志，历史证明没有一个是真有问题的。边区开展大生产运动时，他也身先士卒地参加开荒种地和纺纱捻线，使总参做到大部分蔬菜自给。他在工作中对我们要求很严，生活上却同大家打成一片，常同我们谈心说笑，处处平易近人。各种文娱体育活动他都积极参加，他既能拉二胡，又会奏扬琴，每次晚会都有他的节目，还穿着草鞋同大家一起跳舞，这种场合谁也看不出他是一位声名赫赫的将军。

延安作为我国抗战和革命的中心，吸引来大批国内外知名人士和新闻、文化工作者，叶总参谋长经常受党的委托，代表八路军、新四军延安总部，向各方面人士介绍解放区军民的抗战情况。最重要的一次是 1944 年 6 月，叶总参谋长向中外记者参观团作了一个长篇讲话，以系统详尽的材料和具体生动的事实，全面地报告了我军的辉煌成绩，宣传了我党的正确主张，有力地回击了敌人和反动派对我们的诬蔑，也解答了一些中间人士对我们的疑问。为了使外国记者能及时和准确地了解他的讲话内容，还将讲稿事先译成外文。这个报告发表后一再被国内外报刊转载和引用，成为关于解放区抗战情况的权威性材料，赢得了中外人士的一致赞扬，说他作了一个"掷地有声"的"第一流的报告"。不过，只有我们了解，剑英同志为了准备这个报告费了多少心血。他曾经带领我们不分昼夜地整理战报，统计数字和核对资料，紧张得常常使他忘了吃饭睡觉，真像组织了一次战役。除了这些大型报告，他还多次接受名记者史沫特莱、福尔曼、斯坦因和美军观察组等外国人士的访问，按照党的指示回答了他们的许多问题，宣传了我们的胜利和政策主张，也促进了我党与国际上的友好活动。所以剑英同志不仅是我军一位卓越的军事家，又是我党的一位热诚的宣传家。

1945 年 9 月，抗日战争刚刚取得了胜利，进入我国东北的苏军远东部队派人乘专机飞到延安，要求我党中央立即派负责干部去东北，以协调东北我军与苏军的行动。中央决定由彭真、陈云、叶季壮和我等六个同志，马上跟他们来的专机飞赴东北。剑英同志当晚将中央的这一决定通知我，要我第二天一早就乘飞机出发，同时又宽慰我说："任务是太急迫了，不过你放心地去吧，你的爱人和孩子留在延安，由我来负责照料。"我去后他果然一直无微不至地关怀着我的家属和子女。

1946 年 1 月，我党与国民党签订了停止内战的协议，在北平成立了国共两党和美国联合组成的军事调处执行部，剑英同志受命主持军调部中共代表团的工作。当年四月，北平军调部指示在东北成立第二十七执行小组（以后改为东北执行分部），我被调到执行小组，同剑英同志又建立了直接的工作关系，电信联系不断。他对我们的工作一直非常关心，对于揭露国民党反动派挑动内战的阴谋，执行中央巩固东北根据地的方针，作过许多重要指示。当时我们虽未见面，但时时感到剑英同志正在带领我们进行着新的斗争。1946 年 11 月，他亲自来东北视察我们的工作，同时受中央委托来了解东北局内部的某些问题和内战爆发后的东北战略形势。他乘飞机从北平来到长春，我在那里等候他，随后登上飞机与他一同飞往哈尔滨。我们在飞机上匆匆交谈了工作和别后的情况。一到哈尔滨他就同东北局的同志紧张地交谈东北的形势和工作问题，林彪曾趁机攻击别人吹嘘自己，剑英同志则按党的指示和自己的分析，回答了他们的问题，事后向中央如实作了报告。

剑英同志此行还兼负了一项特殊任务，即取走东北向中央提供的一大笔黄金。按说他作为一个高级领导同志，可以不亲自做这种具体工作。但是他却以对党高度负责的精神，甘当一名党的"运输员"。由于黄金数量较多，他让有关同志缝制了两件特别的棉背心，将金条一一絮在背心夹层里，一件由他自己穿着，一件由与他同来的赖祖烈同志穿着，外头再套上别的衣服，使人看不出来。只是那种又凉又硬的沉重的黄金"铠甲"，使他穿上后只能老是直挺挺地坐着，真是吃了不少苦头。可是他却照常谈笑风生，像一个普通战士似的完成了这一非同寻常的任务。

由于国民党破坏停战，到 1946 年冬，内战已在全国展开，东北执行分部实际上被迫停止了工作，我乘军调部的飞机来北平，又一次见到剑英同志。他让我到他的住处进行了亲切的家宴招待，也就是这次才留了那张珍贵的合影。此后他又同我去会见了军调部的美方代表，一起出席了他们的家庭晚会。正巧朱德总司令这时也来到北平，又赶上总司令的六十大寿。剑英同志便领我们一起为总司令祝寿。他让人做了一个大生日蛋糕，和大家聚集在总司令身边，过了一个难忘的喜庆之夜。这时的剑英同志，有时身着将军制服，有时穿起皮革便装，加上他那撇小胡子，显得英姿勃勃又儒雅可亲，连美方和国民党的人员，也赞佩他既有将军的威严和魄力，又有外交家的才智与风度。也就是这次，他安排我乘便机回延安探望了爱人和孩子。我本想利用机会将他们带出来，却因故没有实现愿望。他知道后让我别着急，亲自交代一位同志乘下一趟便机，将我的爱人和孩子安全带到北平，使我们全家在他身边重获团聚。这时的剑英同志，完全是个关心体贴下级的善良长者。他用自己的炽热情怀，给了每个在他身边的同志以党的温暖。

德高望重　肝胆照人

从解放战争到新中国成立以后一段时间，我未能再在剑英同志直接领导下工作，但个人之间还有往来，每次相见都分外亲切。不料我同他这点儿老关系，却遭到林彪之流的忌恨。十年内乱中林彪通过叶群恶毒地诬蔑剑英同志和我，说："伍修权同叶剑英关系很密切，叶剑英在延安时是参谋长，参谋处人员是他的小集团"，与康生合谋将我诬陷为既是彭真的又是叶剑英的"黑帮分子"，并使我因此蹲了八年"牛棚"。他们对我们的攻击和迫害，从反面证明了剑英同志与林彪、康生一伙，从来是泾渭分明、水火不相容的。1974 年 9 月底，我被"解放"出来并参加了国庆招待会，在重见周恩来等党和国家领导人的同时，看到了久别的剑英同志，历尽祸乱，终于重逢，真是感慨万千，可是当时还不便一诉衷肠。不久，他就约我去他家作了交谈，关切地询问了我的身体情况和今后的工作打算。我说自己原来所在的单位还被康生之流控制着，很难在那里继续工作，想调换一下岗位。他当时正主持军委工作，说现在总参正需要既熟悉参谋业务又同林彪之流划清了界限的领导干部，我如果愿意回军队工作，他可以帮助争取，向中央建议并推荐我。我一听当然高兴，就按他的指示将自己的情况和愿望，向中央写了一份报告，交他转呈毛主席。不久，毛主席和中央果然接受了他的建议，批准我回到总参工作。1975 年 4 月，我奉命来到总参，叶剑英同志亲自召开了一次总参党委和有关干部的会议。他在会上宣布："毛主席和中央决定，伍修权同志来总参担任副总参谋长兼 × 部部长。"并风趣地说："你们都认识吧？老红军都认识的。"接着他说明了中央作出这一决定的原因，是由于林彪之流（当时"四人帮"还未被揭露）对总参工作的干扰破坏，造成了混乱，现在必须加以整顿，有的追随林彪、黄永胜的干部要换掉，另派更合适的同志来工作，后来就找到了我。接着就将我的经历和情况向大家作了介绍，说了不少对我肯定和鼓励的话，希望我回到总参以后，同大家在一起，按照中央团结安定的方针，把总参的工作搞得更好。他的这番话使我很自然地想起 20 世纪 30 年代初在红军学校时，他同我第一次交谈时说过的话。虽然已经过去了 40 多年，他对干部的关心体察和知人善任却一直未变，我能在这样的领导同志手下工作，应该说是一种幸福。我当即向他和与会的同志表示了自己的心情，对于他所说的评价我的话，觉得愧不敢当，但是有决心努力工作，不辜负党和叶帅对自己的期望。

　　我回到总参以后，又曾不断得到剑英同志的指示与帮助。他对于邓小平同志提出的整顿军队的一系列措施，一直是积极支持的，同时又同"四人帮"的倒行逆施作了坚决的抵制和斗争。1976年10月，他作为主帅之一，亲自决定和指挥一举粉碎了"四人帮"，使我党发生了又一次历史性的伟大转折，也再次显示了他作为一位老一辈无产阶级革命家的胆识与气魄。尔后，他又作为党和国家的最高领导人之一，参与制定了拨乱反正的英明决策，规划了建设四化的宏伟蓝图，为党和人民的事业继续奉献着心血。近年来党考虑到他的年龄和健康状况，逐步减少了他的领导工作和日常活动，我一面为不能继续得到他更多的指示教育而感到遗憾，一面又觉得他已为革命历尽艰辛，耗尽心力，也该安心休息，安度晚年了，他的宏愿壮志，将由新一代战士来继续实现。正如他曾经豪放地以诗言志道："英雄一代千秋业，敢说前贤愧后生。"叶剑英同志不愧为英雄一代的革命老师，他亲自参加开创和领导的千秋大业，必将在后生们的努力下胜利完成。

　　书不尽言，言不尽意。我虽然写了这么多，觉得仍未完全说出我对敬爱老师的深情、半个多世纪以来，他对我的教育和影响，无论对于我个人还是对于后人，都将是一笔重要的精神财富。因此我不顾自己笔拙，还是将叶帅留给我的印象一一追忆记录下来，把我所知道的敬爱老师的伟大业绩和高贵品德告诉大家，共同来学习这位功勋卓著、德高望重的老师。

1984 年 3 月

同学·战友·师表

——怀念王稼祥同志

我同王稼祥同志在青年时期相识并同过学，中年时期曾同他长期共事、并肩战斗，直到十年内乱中他受到迫害，我们又在一起。我同他有着近半个世纪的革命友谊，他一生的光辉业绩和崇高品德，不能不引起我对他由衷的尊敬和深切的怀念。

1925年，一批年轻的中国革命者乘船从上海到苏联海参崴，又乘火车到莫斯科中山大学学习。我有幸与稼祥同志同船、同车，一起度过了这次漫长的旅程。那时我才17岁半，只上到初中二年级，稼祥同志也才20岁左右，但已经颇有学识，并且有较好的英文底子，所以到中山大学以后，他就编在英文班直接听外语讲课。虽然如此，他对学习却仍十分勤奋，特别爱静，爱读书。当时我们的宿舍条件并不很好，就在走廊里放了许多小桌子，给大家用来自习。稼祥同志每天晚上回到宿舍后，至少还要加班两个小时。他自习的位置，就在我住的寝室外面。我几乎每晚都看到他伏在那张小桌上，认真阅读英文或俄文的理论书籍。他这种刻苦自学并且持之以恒的精神，对我的思想曾经有很大的触动和激励。稼祥同志奋发学习，自强不息，终于取得了优异的学习成绩，在第二季度的学习期间，他是我们班上正式的英文和俄文翻译，在学习上给了我们不少帮助。

我们从1925年11月到1927年8月，在中山大学进行了紧张的学习。当时，国内不断传来消息说，蒋介石和汪精卫先后叛变了革命，中国大革命失败了。鉴于这一情况，我们中国同学中除一部分同志回国参加斗争以外，留在莫斯科的同志按照我党中央的指示，我和一些同志未经考试进入莫斯科步兵学校学习军事，稼祥同志和张闻天、沈泽民等几位同志却经过严格的考试进入了苏联造就马列主义理论干部的最高学府——红色教授学院，去进行理论上的进一步钻研。至此，我们就分赴了不同的学习岗位，以后又各奔东西，完成着党交给各自的不同任务。在中山大学期间，稼祥同志留给我的印象既是一个勤勉的学生，又是一个具有稳健风度的学者。

1931年6月我由苏联回国，到上海与党中央取得了联系。当时稼祥和张闻天等同志已先于我回到国内，但是我未能见到他们，只在党内报刊和文件中，看到许多署名"稼穑"或"稼蔷"的文章。其中，稼祥在《实话报》上发表的几篇理论性文章，对"立三路线"等错误倾向作了比较深刻的批判。同年夏天，我在进入闽粤赣苏区后，不久在一次战斗中负了伤，被转到汀州傅连暲同志的医院治疗。伤情基本好转后，我奉命随同军委总政治部的部分人员一起，由汀州转到瑞金去，带队的恰巧就是稼祥同志，他这时已是总政治部主任，显然比以前更加成熟了。

到瑞金后，我被分配到新建的红军学校工作，与稼祥同志虽无直接的工作关系，但还常常见面。1933年10月，共产国际的军事顾问李德来到瑞金，我被调去当翻译，与稼祥同志的接触就多了。当时中央苏区的第五次反"围剿"已经开始，稼祥同志又是军委副主席，各种重要的军事会议他都要参加；中央红军大的作战行动，战前都要进行政治动员，所有这类政治动员的文件，军委会议都委托稼祥同志起草。

稼祥同志具有认真负责和深思远虑的性格，对于党分配给他的任务，他总是尽力完成。但是，对于那时临时中央的错误领导，特别是对李德的错误指挥，他逐渐产生了不同看法，对他们的作为和主张，常常采取保留态度，并且开始有意地疏远李德。在中央或军委的一些重要会议上，稼祥同志曾几次提出与博古和李德不同的意见，支持过毛泽东等同志的正确主张，还曾在力所能及的范围内，保护过一些被错误路线打击的好同志。比如，萧劲光同志曾被博古和李德授意判处五年徒刑。判决书本应由稼祥同志签字后才能生效，但他不同意这个判决，就是不签字；加上毛泽东等同志出面干预，那个错误的判决最后未能执行。

稼祥同志在长征途中，特别是在关系到我党和我军命运的遵义会议前后，也是作出了重大贡献的。

长征开始后，稼祥同志因病伤坐担架随队行动。当时毛泽东同志也因病坐担架，经常与他同行。每当到达宿营地休息时，他们常常在一起交谈，商谈许多有关党和军队前途的问题。王稼祥同志向毛泽东同志坦率地表示了自己对当前形势的忧虑。毛泽东同志针对现实情况，谈了马列主义的普遍真理必须与中国革命实践相结合的道理。这给了王稼祥同志很大启示，也更加坚定了他支持毛泽东同志的决心。这时，他们还商谈应该召开中央政治局会议，解决面临的严重问题。接着，稼祥同志首先找张闻天同志，谈了毛泽东同志的主张和自己的看法。他认为，应该撤换博古和李德，改由毛泽东同志来领导。王稼祥同志又利用各种机会，找了其他一些负责同志，一一交换了意见，并取得了这些同志的支持。聂荣臻同志因脚伤坐担架，在行军途中听取并赞同了王稼祥同志的意见。周恩来和朱德等同志也毫不犹豫地支持了王稼祥同志的意见。正是在此大势所趋、人心所向的形势下，再加上毛泽东、王稼祥同志做了大量的工作，才顺利地召开了遵义会议。

在遵义会议上，毛泽东同志发言以后，紧接着发言的就是王稼祥同志。他旗帜鲜明地支持毛泽东同志的意见，严厉地批判了李德和博古在军事上的错误，拥护由毛泽东同志来指挥红军。会议改组了党和军队的领导。会后，稼祥同志作为新的三人军事指挥小组成员之一，协助毛泽东和周恩来同志指挥全军的军事行动，使长征中的红军转危为安，胜利地完成了长征。事后毛泽东同志曾几次说，王稼祥同志在遵义会议上投的是"关键的一票"，是有功劳的。

长征以后，稼祥同志被派到苏联去向共产国际汇报工作并治疗病伤。他作为我党驻共产国际代表之一，在莫斯科工作了一个时期。他曾与共产国际领导人季米特洛夫等讨论了中国当时的国内形势，极力赞成以毛泽东同志为领导的中国共产党与中国国民党形成抗日民族统一战线的政策。王稼祥同志说过：现在的中国共产党不会重复第一次国共合作时陈独秀犯的右倾机会主义错误，因为毛泽东同志坚持共产党的独立性。1938 年，稼祥同志由苏联回国，向党中央传达了共产国际重要的正确指示，并对王明的错误作了坚决的斗争。

1941 年我由兰州回到延安，又见到了稼祥同志。正是由于叶剑英同志和他的共同推荐，我被分配到军委总部一局（作战局）任局长。稼祥同志当时正主持中央军委的常务工作，这样我就又同他在一起工作了。这一期间，他草拟了军委的工作计划，以后中央又委托他主编六大以来两条路线斗争的文件等。在抗日战争的敌后艰苦斗争年代里，稼祥同志积极参加党的第七次全国代表大会的筹备工作。在延安时期他为党中央起草了几十份指导性的文件，其中重要的有中央《关于增强党性的决定》《关于统一抗日根据地党的领导及调整各组织间关系的决定》等，对夺取抗日战争的胜利，作出了新贡献。

1943 年，王稼祥同志为纪念中国共产党成立二十二周年和抗战六周年，在《解放日报》上发表了《中国共产党与中国民族解放的道路》一文，明确地提出了"毛泽东思想"这一概念。文章写道："中国民族解放整个过程中——过去，现在与未来——的正确道路就是毛泽东同志的思想，就是毛泽东同志在其著作中与实践中所指示的道路。毛泽东思想就是中国的马克思主义、列宁主义，中国的布尔塞维主义，中国的共产主义。""毛泽东思想与中国共产党的民族解放的正确道路是在与国外国内敌人的斗争中，同时又与共产党内部错误思想的斗争中生长、发展与成熟起来的。……毛泽东思想是马克思列宁主义在中国的发展，它是中国的共产主义、中国的布尔塞维主义。"

今日读来还令人钦佩的是，王稼祥在论述毛泽东思想在我党和中国革命过程中的作用后，没有把它看为静止的东西，他指出，"这个理论也正在继续发展中"。

同年，成立了以毛泽东同志为书记的中央宣传委员会，稼祥同志担任了副书记，并直接领导了由邓拓同志主持的我国最早的《毛泽东选集》的编辑出版工作，对毛泽东同志著作的整理和传播作出了重大贡献。

1945 年秋，抗日战争胜利结束，我被派到东北工作，并参加了东北局。不久稼祥同志也来到东北，担任了东北局的城工部长。当时，我党只在东北占有几座中等以上的城市，城市工作尚无经验。但是稼祥同志经过调查研究，对关于如何对待城市工商业者等问题提出了一系列正确的政策，并为中央所批准。结果，在很大程度上制止了将农村土改方法搬到城市中的错误做法，有利于发展解放区的城市工商业，为避免和减少城市工作的混乱现象，取得了一定的经验。这对其他解放区和以后的城市工作，也有一定的指导意义。

1949 年新中国成立，稼祥同志担任了中华人民共和国外交部副部长，协助周恩来总理兼外交部长主持我国的外交工作。新中国同苏联、东欧等 20 多个国家建交时，毛主席亲自推荐稼祥同志出任首任我国驻苏大使。我也随后来到外交部就任苏联东欧司司长，又同稼祥同志在一起工作。他于当年 11 月到莫斯科赴任。不久，毛主席和周总理相继访苏，作为大使的稼祥同志为中苏两国领袖和政府间的会谈，做了大量的工作，使《中苏友好同盟互助条约》得以顺利签订。这期间，我随同周总理也来到莫斯科。一面在代表团内部协助周总理做会谈时的具体工作，一面常到大使馆去，接受稼祥同志交付我完成的某些任务。在这些接触中，我又一次看到了稼祥同志的优良作风。从中苏条约的文字稿本，到庆祝宴会的组织安排，无不凝聚了稼祥同志的大量心血。对于建立和发展我国的对外友好关系，稼祥同志作出了重大贡献，立下了很大功劳。

1952 年稼祥同志由苏联回国，毛主席亲自指派他任中央联络部部长兼外交部第一副部长，这时我也是外交部副部长，同稼祥同志又直接相处并亲密无间地工作在一起。1955 年 5 月，我出任我国首任驻南斯拉夫大使，同稼祥同志还保持着经常的工作联系。1956 年 9 月，我回国同他一起参加了我党的第八次全国代表大会，并与他一同被选入了党的中央委员会。

1956 年秋，稼祥同志与周总理一同出国去匈牙利和波兰，参加了有关匈牙利事件和波兰事件的会谈。

1958 年中央武昌会议时，稼祥同志向党中央口头提出了不赞成农村搞"共产风"的正确意见，表现了他敢于向党提出自己的不同看法的优良品质。

1958 年 5 月，我因对南斯拉夫的看法与当时国内的调子不一致，被召回国，在党的会议上受到批评。正在我思想有负担时，稼祥同志极力推荐我到中央联络部去工作。1958 年 10 月，我去稼祥同志领导的中联部任副部长。

从 1958 年到 1966 年"文化大革命"开始，我在中联部工作了整整八年，也是同稼祥同志直接合作最长的一段。这一期间，我们工作得很有秩序，同志间关系也十分融洽，稼祥同志还同我一起出席了几个兄弟党的代表大会。

稼祥同志在主持中联部工作时，一直对康生抱有警惕态度。他曾明确表示，不让康生插手党的对外联络工作。开始我们有些同志对此不够理解，后来的事实证明他是对的。他的目光很敏锐，斗争性也相当强，正因为如此，他才遭到了康生一伙的忌恨和陷害。正是康生，为稼祥同志制造了许多可怕的罪名，其中之一是所谓"三和一少"问题，对稼祥同志大兴问罪之师。稼祥同志出于对自己的严格要求，首先检查自己，并向毛主席表示愿意在中央全会上作自我批评。毛主席却对他说，不必在中央全会上作检讨，自己加强认识就可以了。这桩历史公案，直到"四人帮"被粉碎以后，才重新作了结论，为稼祥同志平了反，恢复了历史的本来面貌。

"文化大革命"初期，康生就直接插手中联部的运动，恶意煽动"集中批判'三和一少'"，蓄意把火引到稼祥同志身上。中央领导同志发现了这一问题，在我参加八届十一中全会时，毛主席通过周总理告诉我，稼祥同志在党的历史上是有功劳的，你对此是清楚的，应该替他讲讲话。第二天，我就在部里十七级以上的干部会议上，以我个人的口气，传达了这个精神。但是康生之流不仅继续残酷迫害稼祥同志，还把我也打成了"王稼祥的黑干将"，加上了种种可怕的罪名，在"牛棚"中关了八年。在我被关押期间，稼祥同志自己也还处于困难境地，但他仍然多次安慰我的子女，并给他们以经济上的帮助。

毛主席对稼祥同志的评价一直是肯定的。他曾说：在内战时期的许多重要的作战决策，稼祥都是投我的票的，他对遵义会议的召开，起了重要的作用。他是从教条宗派中第一个站出来支持我的。因此，在七大时毛主席就积极推荐稼祥同志进入中央委员会。新中国成立后毛主席推荐稼祥同志担任首任驻苏大使及中央书记处书记等重要职务，支持他在各个重要岗位上的工作，直到党的第十次代表大会时，毛主席还排除"四人帮"之流的干扰，继续推举稼祥同志为中央委员。

稼祥同志本来可以为党多做些工作，但是他由于战争中负过重伤，工作中过分操劳，长期身体不好，再加上林彪、"四人帮"和康生一伙对他的残酷迫害与摧残折磨，使他在精神上受到难以忍受的压抑和伤害，终于过早地离开了我们。稼祥同志于 1974 年 1 月与世长辞，终年 68 岁。我由于当时还身处囹圄之中，未能参加稼祥同志的追悼会，不能不引为终生的遗憾！如今我追思当年，稼祥同志与我早年同学，多年战友，更是我一生的师表。愿他的精神与品格，长留人间！

1982 年 6 月 10 日

忆 陈 潭 秋

　　1922年，我正在故乡武昌高等师范附属小学读书。当时正实行所谓学制改革，由原来的初小四年高小三年改为小学六年一贯制。就在这一年，陈潭秋同志来到武昌高师附小，担任了五年级的级任教师。从1922年秋到1923年秋，任教一整年。我是他班上的学生。在当时条件下，很难谈得上教育改革，但在他任教期间，却脱离了原来的课本，按照他自己的思想对学生进行教育。最主要的是他教历史课时，反复教育学生，不要从朝代、帝王的更迭看历史，而要从社会的经济发展看历史的演变，用社会发展史的启蒙思想教育学生。他上课时经常以生动的语言和巧妙的方式，揭露社会当时所存在的各种不平等现象，指出什么"教育救国""工业救国"都是没有希望的，只有改变社会制度，才是消除社会一切弊端的根本出路，使我们在听讲中受到深刻的革命启蒙教育。

　　在他的启发引导下，我们这一班的学生中，先后有十人参加共青团（当时名为社会主义青年团），我是其中的一个，并被他指定为第一批三个团员的小组长。由于大革命失败，多数人先后离开了革命队伍。值得纪念的有两位同学：一位是吴楚桢，黄冈人，为人耿直，他在潭秋老师的影响下，进入了黄埔军校，1926年北伐军攻打武昌时，在汀泗桥战斗中牺牲了；一位是范正松，黄陂人，思想开朗，后来成为共产党员，1927年大革命失败后，在白色恐怖下，面对敌人的屠刀无所畏惧，最后坚贞不屈，英勇牺牲，坚持了一个共产党员的崇高气节。

　　1923年秋，潭秋老师一度离开了学校，到江西安源从事工运工作。第二年夏秋季节，他又返回武昌领导党的工作。1924年列宁逝世后，他在附小临街楼上的会议室召开了一次党团员会议，到会约20人，我也参加了这次集会。会上主要是潭秋老师发言，他分析了列宁逝世与巩固苏维埃政权和国际共产主义运动的关系问题。董必武同志也参加会议并发了言。记得参加会议的还有武汉地区比较活跃的革命者林育南、李子芬、何恐等。这次会议给我留下了深刻的印象，因为这是我第一次参加这样的会议。

1925年潭秋老师在武昌全面开展了党的工作。据我观察，当时附小的教员钱介磐（后改名亦石）、刘暨良就是潭秋老师做工作吸收入党的。另外，张朗轩、江子麟等老师在潭秋老师的影响下，思想也都很进步，但我不能准确地说他们当时是否也参加了党。我在高小六年级时，张朗轩是我的级任老师，因此我对他很熟悉。他当时写驳张君劢的哲学文章，就是叫我给他誊抄的。1925年秋，我被党组织选派到莫斯科学习，从武昌到上海的路费就是张老师解囊相助的，否则我要去莫斯科学习也就难了。1949年底，我在离开家乡25年之后，回武汉就打听他们的消息，但却没能再见到他们，深感遗憾。江子麟同志是我到汉口他家中看到的，重叙旧情，倍感亲切，他现在也已去世。回忆当时的高师附小，可以毫不夸大地说，由于陈潭秋同志的工作，这所小学是共产党员和进步分子占优势的，实际上成了当时党在武汉地区的活动中心之一。在大革命时期，我党的第五次代表大会和共青团的第四次代表大会都在这所小学召开，更使我的母校成为我国的革命纪念地之一。

伍修权在陈潭秋墓前留影。

1925年孙中山先生逝世，在党组织的领导和潭秋同志的积极参与下，掀起了一次大规模的宣传新三民主义运动。记得一次在武昌阅马场召开了有数千人参加的群众大会，通过宣传以联俄、联共、扶助农工为基本内容的革命三民主义，扩大共产党的影响，当场出售孙中山先生的三民主义和其他著作。当时湖北还在吴佩孚、萧耀南等军阀的统治下，宣传三民主义也是违法的。这一活动在潭秋等同志的组织领导下，冲破了反动统治者的禁令，进行得很有秩序，在群众中影响很大。

1925年在上海发生"五卅惨案"的消息很快传到武汉。党组织动员了所有的共青团员和部分进步青年，三人一组，到武昌和汉口进行街头宣传，反对日本帝国主义屠杀上海纱厂的工人领袖顾正红，动员群众不用日货；同时宣传反对英帝国主义在上海南京路上对工人、学生的屠杀。我也曾和另外两位团员一同到汉口大街宣传。白天到处散传单、喊口号和发表演说，夜晚找个小旅馆住下，臭虫、蚊子咬得不能睡觉也不在乎。每次在街上宣传，只要有较多的人在周围听，就是对我们最大的鼓舞。

潭秋同志进行工运的事迹很多。他还在武昌城郊靠长江边的徐家棚工人区，办了一所工人子弟学校，用竹子搭成棚，做成桌子、椅子，招收部分十岁上下的工人子女到那里识字、学文化。潭秋同志专门介绍我们一些青年团员去那里，了解工人子女的学习情况，了解工人群众的生活状况。这使我们学会了接近工人，成为做工人工作的一种形式。

当时武汉的一些大中学校主要设在武昌，如武汉中学、共进中学、第一师范、中华大学、商科大学、外语专科学校。这些学校都有党团活动。武汉党组织派了卢寿春同志专门负责这方面的工作。同时还从我们学校挑出一名团员，与各学校的党团组织进行联络工作。

1933 年，陈潭秋同志进入江西中央苏区，担任了中华苏维埃政府的粮食部长。1934 年，中央红军开始长征，他奉命留在江西苏区。1935 年，他突破敌人的封锁"围剿"，到闽西开展游击战争，后转上海，再由上海转赴苏联学习。1939 年从苏联回到新疆，接替邓发同志为我党代表在新疆工作。1943 年，被反动军阀盛世才秘密杀害，为革命壮烈牺牲。直到 1945 年，我们还不知道他已经牺牲，在党的第七次代表大会上，我还曾参加投票，选举他为党的第七届中央委员，足见他虽死犹生，永远活在我们的心上。

发表于 1983 年 10 月 17 日《长江日报》

悼念李伯钊同志

　　我出访日本刚回来，一个意外的消息，一下冲跑了我从樱花之国带回的愉悦心情。我的老同学和老战友李伯钊同志去世了！我当即赶到她家里，探问了她发病及临终的情况，并在她的灵前献上了一个小小的素净花圈。当我在她的遗像前默哀致敬时，一位热情爽朗而又顽强坚毅的红军宣传员、革命艺术家的形象，又在我眼前出现了。

　　20世纪20年代中期，我在苏联莫斯科中山大学学习时，就认识了伯钊同志，她那时才15岁，但在国内的学生、工人运动中已是一个十分活跃的斗争骨干。她从事工人运动的方式之一，就是对受苦最深的女工秘密教唱和讲解《国际歌》等革命歌曲，以启发她们的政治觉悟。她到中山大学后，不仅学习成绩很好，还是课余活动和周末晚会上的积极分子。她在学习正课的同时，又参加了一个文艺学习组，不断吸取掌握文学艺术知识和本领。由于她活泼好动，爱说爱唱，年龄又最小，大家就亲切地叫她"小麻雀"。后来我离开中山大学改学军事，又在苏联远东工作了几年，1931年辗转回国并进入中央革命根据地。一到闽粤赣军区，与伯钊同志意外重逢，才知她已先我回国，当时正在红军中做宣传工作。只见她一身整洁的军服，一副女战士气派，比几年前更显干练以至成熟了。她一见我热情如初，马上拉我去参加一个座谈会，让我给大家讲讲当前的国际形势和国外见闻。不久我奉调去中央另行分配工作，正好伯钊同志也得到同一通知，我们便一起由长汀行军到瑞金，又一起被分配到红军学校工作。

　　当时的红军学校不仅是培养革命人才的主要基地，又是"红都"瑞金以至整个中央苏区的文化活动中心，伯钊同志的文艺禀赋及组织才能正好有了用武之地。她和赵品三、危拱之、石联星等同志一起创建了红校俱乐部，并成立了一个以伯钊同志为团长的剧团。她将剧团命名为"蓝衫剧团"，含义是永远为劳动人民服务，后因国民党搞了个"蓝衣社"的反动组织，又将"蓝衫剧团"改名为工农剧社。红校俱乐部及其剧团每月都要举行几次文艺晚会，演出话剧、歌舞、京剧和双簧等节目。伯钊同志除全力组织整个演出活动，还亲自登台，又演话剧又跳舞，演过新编的戏，跳过《巴黎墙下》《海军舞》等外国舞蹈，他们的演出得到从中央领导人到苏区广大军民的一致欢迎。伯钊同志还将红校一些干部和教员也发动起来，组织他们一起参加创作和演出。我就曾在他们编演的话剧中担任过角色，荣幸地几次与伯钊同台演出。她那真实的表演和活泼的舞姿，给人们留下了深刻的印象。为进一步发展苏区的艺术事业，伯钊同志又创建了高尔基戏剧学校。她的这些工作在红军和苏区内影响很大。有次，她导演过一出戏，参加演出的竟有罗荣桓、罗瑞卿和李卓然等红军将领，连林彪都当过临时演员。这些活动对于活跃部队、鼓舞士气和密切军民与官兵关系，起了很大的作用，也为我党我军的文化工作和文艺事业，开拓了道路，奠定了基础。

长征中，伯钊同志随军进行政治宣传和鼓动工作。遵义会议时期，她带领宣传队在遵义演出街头剧，教唱革命歌曲，到处写标语、贴传单，还在群众大会上讲话，用各种形式宣传党和红军的政策主张。在她们的鼓动和影响下，大批劳动群众及知识青年参加了红军，有的女学生就是以伯钊同志为榜样，决心投身革命的。当地有的老人至今还记得当年那位活跃的女红军，她教唱的革命歌曲一直还被传唱着。她在长征途中，不论是雪山险滩，还是风霜雨雪，她既同大家一样徒步行军，又要不断鼓动行进中的红军战士，不少同志正是在她的歌声中发奋赶上队伍，终于走完征程的。部队前进到川北，时常遇到敌人骑兵袭击，彭德怀同志叫我提出了几条打骑兵的战术要领，伯钊同志也与陆定一同志合编了《打骑兵歌》，她还亲自下连队教唱，这首歌很快被各部队学会了。一、四方面军会师以后，伯钊同志奉命去四方面军开展文艺工作并随军行动，张国焘违反中央决议带兵南返时，她也被迫三过草地，吃了几倍于我们的苦，更受了张国焘的许多气。但她始终坚信中央，并且设法得到了张国焘成立伪中央的会议记录，后来交到了中央，为党提供了张国焘进行分裂活动的重要罪证。

伯钊同志历尽艰险回到中央，也回到她的战友和伴侣杨尚昆同志身边，我赶去看望并祝贺他们的团聚时，见她热情乐观不减当年，又增添了几分深沉和坚强。到延安后，她又成为根据地文艺工作特别是戏剧活动的领导人之一，我们陆续看到了她的作品和主持的演出。她曾率领晋东南鲁迅艺术学校师生，转战于太行山抗日前线，在反"扫荡"斗争中坚持创作演出和锻炼培养人才。她又曾为毛泽东同志的延安文艺座谈会讲话提供了不少情况和意见，并身体力行地带领边区的文艺工作者深入工农兵群众和斗争第一线，亲自参加了解放区的土地改革运动。抗日战争胜利以后，我奉命到东北工作，伯钊同志虽在华北，但是到东北开展文化工作的，许多都是她的学生和弟子，在地理上我们虽分两处，在精神上却还在并肩战斗。

新中国成立后，伯钊同志先后担任了首都文化界和中央戏剧学院的领导工作，既主编过普及性文学刊物《说说唱唱》，又主持过体现我国话剧艺术水平的北京人民艺术剧院，同时又出版过《女共产党》和《桦树沟》等文学作品。前者描述了老革命家帅孟奇同志的不屈性格，后者反映了土地改革的伟大斗争，都是作者的心血结晶。这一期间最能体现她创作思想和探索精神的，是她在 1950 年写作并演出的歌剧《长征》。这是我国第一部以红军长征为题材的重要作品，其中第一次出现了毛泽东同志的舞台形象，不论在伯钊同志个人的创作史上还是在我国的现代戏剧史上，都是一部史诗性的作品。她说自己创作这部歌剧不是偶然的。长征是中国革命史诗中的最壮丽篇章，集中体现了我国无产者的品德与意志。她作为长征老战士之一，有责任通过艺术形式再现它，以发扬革命传统，教育子孙后代。其后她又以更长的时间和更大的精力，从事她早在战争年代就开始了的艺术教育事业。她在这方面的功勋业绩，我虽然时有所闻，终究不如她的同行专家及门生弟子们了解得多，相信他们会作出更深入具体的评述的。

十年内乱一开始，尚昆同志首当其冲地受到林彪、江青之流的无耻诬陷和残酷迫害，伯钊同志立即受到株连，成为她所领导的中央戏剧学院的第一号打倒对象，遭到各种攻击、侮辱和折磨。还被投入监狱和长期流放，使这位在 20 世纪 20 年代就坐过国民党黑牢的老共产党员，在 60 年代的新中国重尝了囚徒之苦。面对横逆的伯钊同志，对党深情不变，每月从仅有的 20 元生活费中抽出五元交党费，被拒收后就按月存着，然后集中交纳。就在这种情况下，她竟仍然不忘用文艺武器来进行斗争。她在牢中不断高唱《国际歌》和《我是红军女战士》等歌曲，以此抗议和揭露林彪、江青之流对她的迫害。她在干校劳动时，有次听到被迫下放的学员之间发生争吵，她很为之不安，但因自己被禁止与别人接近，更不准"乱说乱动"，便对着他们高唱《团结就是力量》，委婉地教育他们携手共渡困难，不要自闹矛盾。尤其可贵的是她被隔离监禁时，身边既无资料更无助手，不顾一身病痛，潜心构思创作，满怀激情地要再现长征史诗。当时有人见她年高体衰病又重，劝她写封信给江青，以便改善处境。她一听就断然说："决不！"就是不向江青之流低头。直到周恩来同志过问后，她才能回京治病。

党的十一届三中全会后，伯钊同志终于重获解放，1979 年我利用假期去广州，看望了久违的尚昆、伯钊同志，见面后我一面为伯钊同志被折磨得一身病残而暗自难过，一面又为她更加坚强乐观而深受感动。她把自己身受的摧残折磨，看成是一种特殊的锻炼与考验，甚至是自己的光荣与骄傲，因为这恰恰证明了自己与林彪、江青之流从来泾渭分明，从未同流合污。她还透露自己正在精心修改在狱中开始构思的新作，仍然以长征为题材，热情赞颂毛泽东等老一辈无产阶级革命家。当时有人对这样的创作不以为然，甚至说伯钊同志吃的许多苦，有的正是毛泽东同志的错误造成的，现在她反而来歌颂毛泽东同志，也是一种愚忠。她坚决不同意这看法，严肃地说，自己跟随毛泽东同志几十年，比一般人更了解他。他晚年虽有错误，却是功大于过。我们的党、军队和国家，如果不是毛泽东同志就到不了今天，自己作为一个党员艺术家和历史见证人，决不能从个人恩怨的狭隘感情出发。她认为用历史唯物主义方法来如实反映历史，不是什么"愚忠"，而是科学态度。她正是怀着这样的责任感和艺术观，领着几位中青年作者，精心创作，八易其稿，终于在党的十一届六中全会时，上演了她主持创作的革命历史剧《北上》，我也在北京看到了她的这一新作。

《北上》一剧再现了党与张国焘分裂主义的艰险斗争，反映了作者对生活的真切感受与深刻认识，更浸透了伯钊同志对党和革命领袖的深情，也标志了她在思想和艺术上已达到一个新高度。1983 年毛泽东同志 90 诞辰时，中央歌剧舞剧院重排上演了伯钊同志 30 多年前创作的《长征》片段，她为此异常兴奋，一再表示要大改甚至重写这一作品，特别要加写和写好遵义会议一场。这几年来她一直在积累资料、研究素材并准备动笔。今年 1 月我去贵州参加遵义会议五十周年纪念活动前，去看望尚昆同志和她时，她说自己决心再写长征，已经写出了《三过草地》等革命回忆录，并在考虑写别的作品。为了完成这一任务，她正努力与疾病作斗争，每天做各种力所能及的体育锻炼，还不断用唱歌来训练自己的发声及语言能力。除了唱我国的革命历史歌曲和陕北民歌，还用俄语唱《伏尔加船夫曲》和《喀秋莎》等苏联歌曲。听说她还几次在公众集会上自动引吭高歌，俨然还是当年的红军宣传员，在新长征的道路上前进不息，搏击不止，并继续用歌声来鼓舞着大家。

正当她历年来带领并培养的一批批文艺战士都一一成为我国文艺战线特别是戏剧界的主力时，她早年参加开创的革命文艺传统及其道路正待进一步开拓发展时，我们也正在等着看她的新作并期待她早日恢复健康时，她却突然中止了自己正在不断前进的脚步。这不能不使人万分痛惜！据她身边的同志说，4月初她得知已故作曲家马可夫人杨蔚同志去世，执意去参加了她的追悼会，对老战友的深切怀念和哀痛之情，严重地影响了她的健康，回来第二天就病倒了，虽经大力挽救，还是一病不起，终于永远离开了我们！

这些日子里，我不断在默念着并对人讲述着伯钊同志的一生，别的同志也告诉了我不少有关她的事迹。在我的思想中，总觉得她不仅还在人间，并且依然以她那活泼的身影，在我们前头奔跑着；以她那爽朗的声音，在向我们呼唤着；更用她那如火热情谱写出的曲曲战歌，继续激励着正在新长征路上奋进的亿万人民！

忆我的老师

家乡的刊物《湖北教育》让我给家乡的中小学老师写点文字，谈谈在中小学时代老师对我的教育和影响。对这一任务，我欣然从命。因为人是不应忘本的，几十年来我能为党和人民做一点工作，固然有赖于党的培养，但也得益于从小学到中学的老师们对我的教育。正是他们，给了我最初的文化知识，使我获得了起码的服务于社会的能力，还对我进行了革命思想的启蒙教育，从而确定了我一生的革命道路。也正因此，对于当年为教育我付出过心血的老师的名字，几十年来我始终铭记在心，他们是：陈潭秋、张朗轩、钱介磐、熊器叔、何春桥、刘季良、江子麟……其中特别重要的是我们党的创始人之一的陈潭秋同志，他曾是我小学五年级的级任老师，对我进行了直接的教育、帮助，并亲自引导我走进了革命队伍。

我出生于武昌一个靠糊火柴盒等杂活为生的贫困家庭，小时不仅无钱上学，连饭都吃不饱，是老师们破例地允许我免交学费，才读了一点书。因为求学机会来之不易，更因为不能辜负老师对我的厚爱，所以我一入学就特别勤奋，在老师的悉心教育下，我四年学完了小学的全部课程，门门功课考试都名列前茅。小学毕业后，因生活所迫，我一度辍学当了学徒。几位老师和同学深深为我惋惜，在他们的资助和鼓励下，我又升入了武昌高等师范的附属中学。这时我已是一名 CY（中国共青团的英文缩写），又是学生中的活跃分子，除了要坚持正常的学习，还要从事许多秘密的革命活动和公开的社会工作，老师不仅给了我书本上的知识，还培养了我多方面的活动能力，使我在德、智、体、美诸方面获得了比较全面的发展。我从小学到中学，不仅文化课成绩优秀，而且在各种文体活动中也表现得十分出色。我小学四年级的级任老师熊器叔先生是个文艺爱好者。他主持全校每月一次的同乐会，组织大家进行演讲和演出话剧。他写的演说稿都交我去主讲，他编写的剧本也常由我担任主演。我们学校的话剧小队，曾经参加过全市大、中、小学的文艺会演，并获得过好评，我也曾成为一个活跃的业余演员。通过这些形式的锻炼，使我入团后在按党的指示去做街头宣传时，即使当着大群人发表演说，也能做到临场不惧，神色自如，取得很好的宣传效果。我在新中国成立后，几次到国际讲坛上发表演说，面临反对者的喧闹而镇定自如，维护了我党我国的尊严，这与我从小就受过这方面的锻炼是有一定关系的。

陈潭秋和张朗轩、钱介磐等老师，分别用不同的方式给过我重要的帮助，对我走上革命道路，起到了决定性的作用。陈老师不仅利用讲课的机会对我们灌输革命思想，还通过现实生活不断启发我们的革命意识。他曾联系我自己上不起学的境遇，教育启发我认识到必须改变不合理的社会制度，才能解决穷孩子都能上学等一系列社会问题；他又指着长江上停泊的外国军舰让我们认识到帝国主义侵略的危害，教育我们必须为民族独立而斗争；他还组织我们到工人居住的贫民区去帮助工人子弟学习，从而接触和了解工人阶级的生活状况，使我们受到具体生动的阶级教育。后来他又亲自介绍我加入了共青团（当时叫社会主义青年团），又进一步对我进行了党团知识和辩证唯物主义、历史唯物主义等基本的革命理论教育，这为我日后终于成长为一名共产主义战士，打下了很好的基础。钱介磐老师是我们学校各种公开革命活动的主要组织领导者，他一直把我当作一个骨干力量培养使用。1925 年就是他代表组织同我谈话，决定选派我去苏联学习，让我做好准备并做通家庭工作。我的家庭工作很好做，却在另一方面碰到了困难，就是当时党由于经费极少，规定出国学生必须自筹由家乡到上海去的路费和随身行李衣物。我家穷得叮当响，哪能拿出这笔"巨款"呢？正在我全家为难时，我小学六年级的级任老师张朗轩先生慷慨解囊，掏出自存的 40 元钱，让我买了去上海的船票和必需的衣物用品，这才使我如期赶到了党所指定的集结地点，从此开始了新的生活。

这些事大都已过去 60 多年了，但是如果没有各位老师当年对我学习上的帮助，思想上的影响，行动上的指导，直至经济上的支援，我不可能这样顺利地走上革命道路，甚至不会有今天的我。所以我虽早过古稀之年，我的老师们已先后辞世，但是他们对我的教育提携之谊和革命师友之情，我是终生难忘的。我们的老师们培养出了我们这一代革命者，新一代革命者就得靠现在的老师们去培养，可以肯定地说，未来的杰出人物和社会栋梁，就在现在的各个中小学里，而他们必将胜过我们这一代。中小学时代是人生的关键阶段，一个人的文化知识基础和思想品德修养，往往决定于这一时期。学校老师固然以传授文化科学知识为主，但是切切不可放松政治思想和道德品质的教育，老师本人的言传身教，为人表率，更将对学生形成巨大影响。只有使学生们从小树立正确的人生观、世界观，奠定为人民事业奋斗终生的思想基础，才能培养出真正的有用之才。青出于蓝而胜于蓝，一代胜似一代，这是社会发展的规律，相信今天的师生们能作出更大的贡献。

我当年是一个没有毕业的初中学生，后来参加革命赴莫斯科留学，今天是一个正在交班的革命老兵，谨以最大的希望和最美好的祝愿，献给当代的老师和他们的学生们！

根据作者写于 1984 年 10 月的文章整理

后　记

　　1997 年的 11 月 9 日，这是一个令我们刻骨铭心的日子。我们敬爱的父亲走了，他永远地离开了我们。他入院的时候还信心百倍，但就在医生和我们都以为他在好转的时候，却突然病危，遽然离我们而去。

　　我们的哀伤与悲痛是无法用语言来表达的。他带着曾经为祖国的解放而浴血奋斗的历程、带着奉献自己一生无悔无怨的信念、带着对祖国美好未来的祝愿走了。从此我们再也见不到敬爱的爸爸了！

　　他走得那么匆匆，那么突然，没有留下一句话，但他以自己一生的言行告诉了我们：人应该怎样生，人生的道路应该怎样行！

　　在父亲去世后的日子里，我们带着深深的哀伤为父亲操办后事。此时，父亲的音容笑貌便时时闪现在我们眼前。我们深切地感到，父亲这一代人所为之奉献一切甚至生命的事业，完全是为了祖国摆脱穷困落后，为了人民摆脱被奴役欺凌，为了多灾多难的祖国的繁荣昌盛，为了使中国人民能过上美好富足的生活。他们历尽磨难，九死一生，流血牺牲，在所不辞，谱写了一曲曲历史与人生的壮歌。

　　他为党的革命事业奋斗了终生，党和人民也没有忘记他。人们始终重视他、关心他、爱戴他。在他生前，江泽民等领导同志亲自到家探望、慰问他。在他去世后，时任中央办公厅主任的曾庆红同志第一个赶到 301 医院，随后总参、中央军委的领导也到医院与父亲告别。

　　11 月 20 日，组织上为父亲举行了隆重的告别仪式。江泽民、朱镕基、尉健行、胡锦涛等中央领导都亲自出席。他生前工作过单位的许许多多同志，包括老战友、老同事、老朋友都来向他做最后的告别。我们看到这么多领导和同志来到八宝山，向他表示哀悼和崇敬，一方面万分感谢他们的这一番深情，另一方面也为父亲感到欣慰。他一生 74 年的革命历程有了一个圆满的句号。

　　这个时候，我们才真正懂得，父亲不只属于我们这个家庭，父亲更属于祖国，属于党，属于人民。他把自己的一生献给了祖国和人民，在中国革命和共和国的历史上，留下了永不磨灭的印记。

许多老同志或给我们打电话，或亲自来看望我们。他们曾经与父亲一起战斗、工作过，有许多话要说，有许多事要写。那都是难忘的历史，都是战友的情谊，再不及时收集、整理，这些珍贵的资料，就可能会湮灭在时间的飞速流转之中。

我们专门征求了当代中国出版社的意见，并向他们求助。在他们的指导、支持下，我们收集、整理了许多父亲的老领导、老战友、老同事的题词和文章，编辑、出版了纪念文集《历史风云中的一代英杰——伍修权》。

但是，还有更多的同志希望我们能够整理出版父亲的回忆录，他们想更完整、更全面、更多地了解父亲，但我们却无能为力。

此时，这个工作得到了父亲家乡大冶市委的大力支持，解决了我们在重新编辑这本书时遇到的许多困难。整理、编辑父亲的回忆录的过程中，我们更加真切地感到他的一生其实也是中国共产党革命历程的缩影，是革命浪潮中的一束浪花。在革命队伍中，他虽然不是一位权高位重的决策者，但他是许多重大历史事件的执行者和亲历者。由人可以观史，由微观可以了解宏现。从父亲的身上，我们可以看到中国革命为什么会在神州大地上发生？它又为什么能够取得胜利？我们了解了历史，也就更加看清明天。

我们相信这本书在2024年再次出版对党史研究、对青少年教育、对一些人了解国情和党的知识都有一定的参考价值。

我们谨向为本书的出版给予极大支持的中共湖北省大冶市委表示衷心的感谢；向曾经关注并帮助过我们的甘肃省委、向关注帮助过我们的张长鹰同志、甘肃国际交流协会秘书长杨连德等同志表示衷心的感谢；向曾为《伍修权回忆录》的整理做了许多工作的洪炉和彭加瑾同志表示衷心的感谢；向所有曾对我们工作给予帮助和支持的同志们表示衷心的感谢！

伍一曼　伍天福　伍望生

伍连连　伍延力　伍　星